OEUVRES COMPLÈTES

DE

SHAKESPEARE

TRADUITES

PAR ÉMILE MONTÉGUT

TOME HUITIÈME

ANTOINE ET CLÉOPATRE

PÉRICLÈS

LE ROI LEAR

MACBETH

PARIS

LIBRAIRIE HACHETTE ET Cie

BOULEVARD SAINT-GERMAIN, N° 79

—

1871

OEUVRES COMPLÈTES
DE
SHAKESPEARE

PARIS. — TYPOGRAPHIE LAHURE
Rue de Fleurus, 9

OEUVRES COMPLÈTES
DE
SHAKESPEARE

TRADUITES

PAR ÉMILE MONTÉGUT

TOME HUITIÈME

ANTOINE ET CLÉOPATRE
PÉRICLÈS
LE ROI LEAR
MACBETH

PARIS
LIBRAIRIE HACHETTE ET Cie
BOULEVARD SAINT-GERMAIN, N° 79

1871
Tous droits réservés

ANTOINE ET CLÉOPATRE

IMPRIMÉ POUR LA PREMIÈRE FOIS DANS L'ÉDITION DE 1623.

DATE PROBABLE DE LA REPRÉSENTATION, 1607.

AVERTISSEMENT.

La première édition connue de cette pièce est celle de l'in-folio de 1623; mais comme on la trouve mentionnée sur les registres de la librairie en mai 1608, il est possible qu'un jour ou l'autre, un des in-quartos de cette édition perdue soit retrouvé. Cette dernière date fait conjecturer que la pièce a dû être écrite et représentée (si toutefois elle a été représentée) vers l'an 1607.

De toutes les pièces de Shakespeare, *Antoine et Cléopâtre* est celle où le grand poëte a le plus manqué aux lois de l'unité. Shakespeare n'est certes pas renommé comme trop strict observateur des lois de l'unité dramatique, et cependant c'est la première fois que nous lui adressons ce reproche, et que nous nous croyons autorisés à le lui adresser. C'est qu'il est un genre d'unité auquel Shakespeare ne manque jamais, — même dans ses pièces les plus compliquées, comme *le Roi Lear* par exemple, même lorsqu'il semble le plus s'en écarter, — l'unité morale que réclame son sujet. Seulement cette unité n'est pas soumise à des règles fixes, ou également applicables à tous les sujets, elle varie avec chacun, et l'on peut dire qu'il y a dans Shakespeare autant de genres d'unité que de pièces. Avec les unités gênantes de l'espace et du temps, il en prend sans doute à son aise ; pas tant qu'on pourrait le croire cependant, car il ne multiplie les changements de scène, et n'allonge les années qu'autant que le réclame strictement le développement nécessaire de sa pensée. Ainsi dans ce *Jules César* que nous venons de quitter, il a plusieurs fois resserré l'espace et raccourci les heures. Les événements qu'il nous montre dans cette pièce ont mis à se produire plus de temps qu'il ne le dit ; mais il a admirablement senti qu'en restant scrupuleusement fidèle à la chronologie, il ferait perdre à ces événements leur intérêt dramatique. La conspiration contre César a mis évidemment plusieurs mois à se nouer ; cependant le poëte a cru pouvoir en concentrer tous les détails dans l'espace d'une courte nuit. Octave et Antoine n'ont pas été non plus amis dès le jour même de l'assassinat de César, et avant d'en arriver à la formation du triumvirat, il leur fallut passer par la guerre civile de Modène ; mais la logique de l'histoire n'est pas celle du drame, et c'est très-justement que Shakespeare a supprimé cet épisode qui s'interposait comme un mur épais entre les prémisses de son drame et ses conséquences. La vengeance devait suivre immédiatement l'attentat, l'expiation devait suivre immédiatement le crime, et Shakespeare pour atteindre ce résultat a franchi judicieusement ces premiers moments confus de la guerre civile. C'est ainsi encore que dans *Roméo et Juliette*, le poëte pour rester fidèle à l'unité a créé ce fameux coup de foudre de la passion des deux amants qu'ont tant admiré certains critiques, et dont il n'est question ni dans Luigi da Porto, ni dans Bandello. Chez les conteurs italiens, l'amour de Roméo et de Juliette n'a rien de cette soudaineté et se développe de la manière la plus familière et la plus rationnelle. Les deux amants s'aiment dès le premier jour sans doute, mais ce n'est qu'après de longs mois qu'ils se l'avouent, et ce n'est même qu'après de nombreuses factions muettes sous les fenêtres de Juliette, que Roméo finit par se faire apercevoir de sa bien-aimée. Une pareille lenteur n'a rien qui choque dans un roman ou une nouvelle, mais il n'en est pas ainsi dans un drame ; aussi

Shakespeare s'est-il bien gardé de suivre sur ce point les auteurs d'où il a tiré son chef-d'œuvre. Qui ne voit encore que la jalousie d'*Othello* a mis forcément plus de temps à se développer que ne le dit Shakespeare, et que la catastrophe ne s'est pas précipitée avec cette incroyable rapidité? Les événements sont présentés de telle sorte dans cette pièce, qu'ils ont l'air de s'être passés en trois jours. Cassio est renvoyé par Othello dès le soir même de son débarquement, — c'est le lendemain qu'à la suite de la sollicitation du lieutenant, Iago lâche le mot fatal, et à partir de ce moment, le paroxysme de l'âme d'Othello est tel qu'on ne peut pas imaginer un pareil état mental se prolongeant au delà de quelques heures. Mais dans cette pièce Shakespeare a supprimé hardiment le temps, comprenant bien que la peinture de la passion d'Othello ne voulait être ni ralentie, ni refroidie, qu'elle devait être montrée tout d'une pièce, et sans temps d'arrêt.

Il n'en est pas ainsi d'*Antoine et Cléopâtre*. La violation des lois d'unité que nous reprochons à cette pièce a trois causes : l'action est trop morcelée, la scène est trop vaste, les passions sont trop compliquées d'éléments qui n'ont rien de dramatique par eux-mêmes. L'action est trop morcelée : c'est sur l'amour d'Antoine et Cléopâtre que devrait porter toute l'attention du lecteur; mais Shakespeare fidèle à son génie a voulu tracer une vaste peinture du monde romain, et pour atteindre ce but, il a été obligé de déplacer à chaque instant l'intérêt de son drame. Les divers épisodes qui nous sont présentés ne se rapportent que très-indirectement au sujet principal et même ne s'y rapportent pas du tout. L'épisode de Sextus Pompée est admirable; mais quel rapport a-t-il cependant avec l'amour d'Antoine et Cléopâtre? L'expédition de Ventidius contre les Parthes n'occupe qu'une seule petite scène, mais cette scène était-elle bien utile? Passe encore si Shakespeare nous eût présenté l'expédition d'Antoine lui-même contre ce peuple, terreur des soldats romains. Le récit qu'en fait Plutarque est un des plus dramatiques de cet incomparable narrateur. Que d'incidents singuliers ! quels dangers excentriques ! quelles bizarres souffrances ! D'ordinaire les souffrances d'une armée se réduisent à la famine et à la peste ; mais dans cette campagne, la nature inépuisable en délices et en tortures fait faire aux soldats romains la connaissance des accidents les plus nouveaux. Par exemple on traverse des déserts sans eau et sans arbres, où l'on ne découvre rien aussi loin que la vue s'étende à l'horizon ; tout à coup, comme s'ils étaient produits par la poussière, on se voit environné d'escadrons de cavaliers lançant de loin de longs dards pointus qui clouent les soldats tout debout, et leur donnent l'aspect de grenouilles embrochées par des pieux. Heureusement contre ce danger, les soldats romains ont le remède de *la tortue*, lequel consiste à appuyer les boucliers les uns contre les autres de manière à présenter l'aspect d'une vaste carapace impénétrable. Il y a d'autres périls plus étranges. Pressés par la famine, les soldats sont réduits à manger de l'herbe ; or il se trouve que cette herbe frappe de folie ; ceux qui en mangent sont atteints d'un genre de délire qui consiste à remuer et à retourner des pierres : imaginez si vous le pouvez l'aspect d'une armée occupée sur une immense plaine à cet étrange labeur. Après la faim vient la soif ; mais l'eau qu'on rencontre est de telle nature que loin de rafraîchir, elle altère. On conçoit sans peine que les soldats romains quand ils eurent franchis ces lieux d'enfer, et qu'ils se furent retrouvés en terre habitable, soient tombés dans les bras les uns des autres et se soient embrassés en pleurant. Shakespeare s'est privé très-judicieusement peut-être des ressources que lui fournissait ce bel épisode, et cependant cette expédition fut commandée par son héros même et non par son lieutenant ; et elle fut manquée parce qu'Antoine brûlait précisément de retrouver Cléopâtre. Puisque le poëte a cru devoir supprimer un épisode qui regardait indirectement son sujet, c'est-à-dire l'amour d'Antoine et de Cléopâtre, à quoi bon cette mention de l'expédition de Ventidius qui ne s'y rapporte ni de près ni de loin ?

La scène est trop vaste. Ce n'est pas que l'univers romain soit un théâtre trop grand pour le génie de Shakespeare; mais cette fois le théâtre, grâce à ses dispositions, gêne la vue du spectateur et l'imagination du lecteur. Nous accepterions facilement l'amplitude de cette scène si les différentes parties de l'action étaient fortement localisées; si nous n'étions qu'à Rome, lorsque nous sommes à Rome, qu'à Athènes lorsque nous sommes à Athènes, qu'à Alexandrie lorsque nous sommes à Alexandrie. Malheureusement il n'en est pas ainsi; l'intérêt principal ne se transporte jamais en entier dans le lieu momentané de l'action, le lecteur tient l'œil fixé en même temps sur Alexandrie, sur Rome, sur Athènes; il est placé dans l'espace, et non dans un point de l'espace. Les personnages sont eux-mêmes dans une situation semblable; ils se considèrent et se regardent pour ainsi dire à des distances énormes, comme s'ils étaient placés aux quatre coins d'une immense plaine, ou dans un cirque d'une circonférence incommensurable. Je ne puis mieux rendre l'impression que me fait *Antoine et Cléopâtre* qu'en disant que pendant toute cette lecture, on croit considérer les acteurs de ce drame comme à travers un télescope d'Herschell.

Enfin les passions sont trop compliquées d'éléments qui n'ont rien de dramatique par eux-mêmes. Autres sont les lois de l'histoire, autres les lois de l'art. L'art se contente de passions simples que repousse la gravité de l'histoire. Or l'amour d'Antoine et Cléopâtre n'est pas simple et ne peut pas être simple; il se complique d'intérêts politiques et moraux, autrement importants pour le philosophe qu'une pauvre passion de chair et de sang; mais ces intérêts malheureusement altèrent la substance de cette passion, en dénaturent le caractère, partagent l'attention du lecteur, et surtout ferment les sources de la sympathie et de la pitié naïves. Là est l'écueil de ce sujet d'*Antoine et Cléopâtre* qui par tant d'autres côtés est admirable, et cet écueil Shakespeare malgré tout son génie ne l'a pas entièrement évité.

Cela dit, il faut convenir que la peinture de l'âme de Cléopâtre est bien la plus ingénieuse, la plus pénétrante et la plus audacieuse qui ait jamais été tracée. Voilà bien cette reine qu'Antoine appelle son serpent du vieux Nil avec une spirituelle justesse, ondoyante et diverse, âme à facettes, à miroitements, à reflets, aux bonds légers et hardis comme ceux de la panthère, aux mouvements souples comme ceux de la couleuvre, aux effarements de biche, aux attitudes pareilles à celles de l'élégante antilope. Cléopâtre n'est composée que d'éléments féminins, et c'est pour cela qu'elle est irrésistible, surtout pour un homme qui de son côté n'est composé comme Antoine que d'éléments exclusivement masculins. Elle est le plus parfait résumé de tous les défauts inhérents à la nature féminine, défauts qui inspirent la passion parce qu'ils naissent de la faiblesse, et parce qu'ils sont enveloppés de la grâce. C'est en cela que consiste en effet l'incroyable puissance de la nature féminine, et ce qui explique comment des vices très-réels qui lorsqu'ils se montrent chez l'homme inspirent l'antipathie et la haine, inspirent au contraire l'amour chez la femme. C'est que chez l'homme les vices se montrent à nu, tandis que chez la femme ils sont inséparables de la grâce; c'est que chez l'homme les vices sont associés à la force, et qu'alors ils appellent l'antagonisme, tandis que chez la femme ils sont associés à la faiblesse, et appellent le dévouement et la protection. De toutes les détestables qualités qui peuvent faire une femme dangereuse, il n'en manque pas une seule à Cléopâtre, et c'est précisément pour cela qu'Antoine ne peut s'en détacher. Elle est coquette, elle est peureuse, elle est cupide, elle est cruelle, elle est lâche, elle est rampante, elle est altière. Avec quelle soudaine frénésie elle se précipite sur son poignard pour en percer l'esclave qui vient lui porter la nouvelle du mariage d'Antoine? et avec quel lâche empressement elle abandonne plus tard sa main au messager d'Octave? Comme elle est peureuse à Actium! comme elle est altière et courageuse à l'heure de la mort! Et cependant il n'y a chez elle aucune contradiction; ces mouvements si divers appartiennent à la même nature, toute de spontanéité et dominée par le fluide nerveux. Tel est le personnage de Cléopâtre, personnage que Shakespeare a merveilleusement compris, et dans lequel il a su reconnaître à travers les récits des historiens, un caractère qui fait exception dans le monde antique et qui semblerait devoir appartenir exclusivement au monde compliqué de nos civilisations romantiques. Nous avons fait remarquer dans notre avertissement sur *Jules César* ce côté du caractère de Cléopâtre, et nous n'avons pas à revenir sur ce que nous en avons dit.

Le personnage le plus curieux de la pièce, après Cléopâtre, c'est Énobarbus. Où donc Shakespeare a-t-il pris un tel caractère? Énobarbus figure à peine dans Plutarque, et Suétone n'en dit que quelques mots qui n'ont pu inspirer à Shakespeare cette peinture accomplie du vieux routier de guerre. Énobarbus n'a de moralité que celle qu'ont pu lui laisser les interminables scènes de pillage et de carnage auxquelles il a assisté. Le butin, la bombance, le tapage, les plaisirs, et les voluptés que le triomphe procure si aisément aux victorieux, il ne connaîtrait pas autre chose, s'il n'y joignait une affection de nature canine pour le général auquel il a dû tant de festins, de femmes grecques, syriennes et égyptiennes, et d'occasions de pillage. Où Shakespeare a pris ce personnage? peut-être dans le spectacle de son temps, plus sûrement dans sa connaissance de la nature humaine. Cependant j'imagine que pendant cet orageux seizième siècle, ou cette effroyable guerre de trente ans dont Shakespeare vit le début, lorsque se rencontraient quelques vieux routiers des bandes de Montluc et du duc d'Albe, de Mansfeld et de Tilly, la scène de Ménas et d'Énobarbus dut bien des fois se renouveler, et que bien des fois aussi sans doute plus d'un de ces officiers généraux si prompts à passer d'un camp dans l'autre selon les hasards de la victoire et les tentations de la cupidité, aura ressenti les remords d'Énobarbus, et regretté son roi Gustave-Adolphe ou son duc de Friedland, comme lui son Antoine.

PERSONNAGES DU DRAME.

MARC ANTOINE, \
OCTAVE CÉSAR, } triumvirs. \
ÉMILIUS LÉPIDUS,

SEXTUS POMPÉE.

DOMITIUS ÉNOBARBUS, \
VENTIDIUS, \
ÉROS, \
SCARUS, } amis d'ANTOINE. \
DERCETAS, \
DEMÉTRIUS, \
PHILO,

MÉCÈNE, \
AGRIPPA, \
DOLABELLA, \
PROCULÉIUS, } amis de CÉSAR. \
THYRÉUS, \
GALLUS,

MÉNAS, \
MÉNÉCRATES, } amis de POMPÉE. \
VARRIUS,

TAURUS, lieutenant général de CÉSAR.

CANIDIUS, lieutenant général d'ANTOINE.

SILIUS, officier dans l'armée de VENTIDIUS.

EUPHRONIUS, ambassadeur d'ANTOINE auprès de CÉSAR.

ALEXAS, \
MARDIAN, \
SÉLEUCUS, } serviteurs de CLÉOPÂTRE. \
DIOMÈDE,

Un devin.
Un paysan.
CLÉOPÂTRE, reine d'Égypte.
OCTAVIE, sœur de CÉSAR et femme d'ANTOINE.
CHARMIAN,
IRAS, } femmes de CLÉOPÂTRE.

Officiers, Soldats, Messagers et *autres comparses*.

Scène. — Diverses parties de l'empire romain.

ANTOINE ET CLÉOPATRE.

ACTE I.

SCÈNE PREMIÈRE.

ALEXANDRIE. — Un appartement dans le palais de CLÉOPATRE.

Entrent DÉMÉTRIUS *et* PHILO.

PHILO. — Certes, mais cet amour extravagant de notre général dépasse la mesure : ces yeux superbes qui rayonnaient comme ceux d'un Mars en armure quand ils inspectaient les défilés et les revues des troupes de guerre, concentrent maintenant toutes leurs fonctions, dévouent maintenant toute leur faculté de contemplation sur un visage bistré : son cœur de capitaine, qui dans les mêlées des grandes batailles faisait éclater sur sa poitrine les boucles de sa cuirasse, dément sa trempe, et sert maintenant de soufflet et d'éventail pour refroidir une Égyptienne en chaleur[1]. (*Fanfares dans l'intérieur du palais.*) Regardez, les voici qui viennent! Observez bien, et vous verrez un des trois piliers du monde métamorphosé dans le personnage du fou d'une catin : regardez et voyez.

Entrent ANTOINE *et* CLÉOPÂTRE *avec leurs suites; des eunuques éventent* CLÉOPÂTRE.

CLÉOPÂTRE. — Si vous m'aimez vraiment, dites combien vous m'aimez.

Antoine. — Il est bien pauvre l'amour qui peut se compter.

Cléopâtre. — Je veux savoir quelle est la borne où s'arrête l'amour que je puis inspirer.

Antoine. — En ce cas, il te faut de toute nécessité découvrir un nouveau ciel et une nouvelle terre.

Entre un serviteur.

Le serviteur. — Des nouvelles de Rome, mon bon Seigneur.

Antoine. — Elles m'ennuient : — leur substance.

Cléopâtre. — Voyons, écoutez-les, Antoine : Fulvia est peut-être en colère; ou, qui sait si le presque imberbe César ne vous a pas envoyé son mandat souverain : « Fais ceci, ou cela; prends ce royaume, affranchis celui-là ; accomplis nos ordres, ou nous te condamnons. »

Antoine. — Qu'est-ce à dire, mon amour?

Cléopâtre. — Peut-être, — et cela est vraiment très-probable, — ne devez-vous pas rester ici plus longtemps, votre démission vous étant envoyée par César; par conséquent, écoutez ce message, Antoine. — Où est la sommation de Fulvia? de César, voulais-je dire? ou de tous les deux? — Appelez les messagers. — Aussi vrai que je suis reine d'Égypte, tu rougis Antoine; ce sang-là rend hommage à César : ou bien peut-être est-ce ainsi que ta joue paye sa dette de honte lorsque gronde Fulvia à la voix criarde? — Les messagers!

Antoine. — Que Rome s'enfonce dans le Tibre, et que l'arc immense de l'architecture de l'empire s'effondre ! Ici est mon univers. Les royaumes sont de l'argile : notre terre fangeuse nourrit également la bête et l'homme : la noblesse de la vie consiste à faire cela (*il l'embrasse*), lorsqu'un tel couple, lorsque deux êtres tels que nous peuvent le faire; et à cet égard, je somme le monde, sous peine de châtiment, de déclarer que nous sommes incomparables.

Cléopâtre. — Excellente imposture! pourquoi a-t-il épousé Fulvia, s'il ne voulait pas l'aimer? J'aurai l'air de la sotte que je ne suis pas : quant à Antoine, il sera toujours lui-même.

ANTOINE. — Oui, mais mis en mouvement par Cléopâtre. Maintenant, pour l'amour de l'Amour et de ses douces heures, ne perdons pas le temps en aigres conférences : pas une minute de nos existences ne doit maintenant s'écouler sans embrasser un nouveau plaisir : — quel divertissement pour ce soir ?

CLÉOPÂTRE. — Écoutez les ambassadeurs.

ANTOINE. — Fi, reine querelleuse, à qui tout va bien, gronder, rire, pleurer ; chez qui toute passion lutte de toutes ses forces pour apparaître belle et se faire admirer avec toi ! Pas d'autre messager que toi-même, et tous seuls ce soir, nous irons errer à travers les rues, et nous observerons les mœurs du peuple. Venez, ma reine ; la dernière nuit vous avez exprimé ce désir. — Ne nous parlez pas. (*Sortent Antoine et Cléopâtre avec leurs suites.*)

DÉMÉTRIUS. — César est-il donc traité par Antoine avec si peu de considération ?

PHILO. — Seigneur, quelquefois quand il n'est plus Antoine, il oublie un peu trop cette grande dignité de conduite qui devrait toujours accompagner Antoine.

DÉMÉTRIUS. — Je suis chagrin à l'excès qu'il donne raison à la vulgaire médisance qui le représente à Rome tel que je l'ai vu : mais j'espère de plus nobles actions pour demain. — Heureux repos ! (*Ils sortent.*)

SCÈNE II.

ALEXANDRIE. — Un autre appartement dans le palais.

Entrent CHARMIAN, IRAS *et* ALEXAS.

CHARMIAN. — Seigneur Alexas, charmant Alexas, Alexas aux qualités universelles, Alexas le presque souverain, où est le devin que vous avez tant vanté à la reine ? Oh ! que je voudrais connaître ce mari qui, dites-vous, doit couronner ses cornes de guirlandes !

ALEXAS. — Devin !

Entre UN DEVIN.

LE DEVIN. — Que voulez-vous ?

CHARMIAN. — Est-ce là l'homme ? — Est-ce vous, Monsieur, qui connaissez les choses ?

LE DEVIN. — Je puis lire quelque peu dans le livre infini des secrets de la nature.

ALEXAS. — Montrez-lui votre main.

Entre ÉNOBARBUS.

ÉNOBARBUS. — Dressez le banquet vivement, et du vin en abondance pour boire à la santé de Cléopâtre.

CHARMIAN. — Mon bon Monsieur, donnez-moi une bonne fortune.

LE DEVIN. — Je ne crée pas, je prévois.

CHARMIAN. — Eh bien alors, prévoyez-moi une bonne fortune.

LE DEVIN. — Vous deviendrez encore bien plus belle que vous n'êtes.

CHARMIAN. — Il veut dire que j'engraisserai.

IRAS. — Non, que vous vous peindrez quand vous serez vieille.

CHARMIAN. — Veuillent les rides que non !

ALEXAS. — Ne troublez pas sa prescience : soyez attentives.

CHARMIAN. — Chut !

LE DEVIN. — Vous aimerez plus que vous ne serez aimée.

CHARMIAN. — J'aimerais mieux échauffer mon foie à force de boire.

ALEXAS. — Voyons, écoutez-le.

CHARMIAN. — Allons, mon brave homme, quelque excellente fortune ! Que je sois mariée à trois rois dans la même matinée et que je devienne veuve de tous trois : que j'aie à cinquante ans un fils auquel Hérode de Judée devra rendre hommage [2] : faites en sorte que je me marie avec

ACTE I, SCÈNE II.

Octave César, et rendez-moi de la sorte la camarade de ma maîtresse.

Le devin. — Vous survivrez à la Dame que vous servez.

Charmian. — Oh, excellent! j'aime mieux une longue vie que des figues [3].

Le devin. — Vous avez vu et éprouvé une première fortune plus belle que celle qui est à venir.

Charmian. — Tiens, peut-être que mes enfants n'auront pas de nom. Dis-moi, je t'en prie, combien dois-je avoir de garçons et de filles?

Le devin. — Si chacun de vos souhaits avait un ventre, et si chaque souhait était fertile, vous en auriez un million.

Charmian. — A bas, imbécile! je te pardonne parce que tu es sorcier.

Alexas. — Ah, vous croyez qu'il n'y a que vos draps qui soient dans le secret de vos souhaits.

Charmian. — Allons, maintenant dites à Iras sa bonne fortune.

Alexas. — Nous voulons tous savoir nos bonnes fortunes.

Énobarbus. — La mienne, et la plupart de nos bonnes fortunes, ce sera d'aller ce soir nous coucher ivres.

Iras. — Voici une paume qui présage la chasteté, si elle ne présage rien d'autre.

Charmian. — Oui, comme le Nil quand il déborde présage la famine.

Iras. — Allons donc, folle camarade de lit, vous ne savez pas deviner, vous.

Charmian. — Ma foi, si une paume huileuse n'indique pas la fécondité, je suis incapable de me gratter l'oreille. Je t'en prie, ne lui dis qu'une bonne fortune de tous les jours.

Le devin. — Vos fortunes sont pareilles.

Iras. — Mais comment cela, mais comment cela? donnez-moi les détails.

Le devin. — J'ai dit.

Iras. — Comment, est-ce que je n'ai pas une bonne fortune plus grande d'un pouce qu'elle ?

Charmian. — Et si vous aviez cette fortune plus grande d'un pouce, où aimeriez-vous mieux que ce pouce fût placé ?

Iras. — Ailleurs qu'au nez de mon mari.

Charmian. — Les cieux corrigent nos mauvaises pensées ! Alexas, — voyons, sa bonne fortune, sa bonne fortune ! Oh ! qu'il se marie avec une femme insupportable, douce Isis, je t'en conjure ! qu'elle meure, et alors donne-lui-en une pire ! que celle-là meure aussi, et donne-lui en une pire ! et que la pire suive la pire, jusqu'à ce que la pire de toutes le suive en riant à son tombeau, cinquante fois cocu ! Bonne Isis, écoute ma prière, quand bien même tu devrais me refuser une chose plus importante ; bonne Isis, je t'en conjure !

Iras. — *Amen*. Chère Déesse, écoute cette prière du peuple ! car si c'est un crève-cœur de voir un bel homme accouplé à une femme dissolue, c'est un chagrin mortel de contempler un odieux coquin qui n'est pas cocu : ainsi, chère Isis, tiens bon pour les convenances, et donne-lui la fortune qu'il mérite !

Charmian. — *Amen*.

Alexas. — Là, voyez-vous, s'il était en leur pouvoir de me faire cocu, elles se feraient putains, rien que pour cela.

Énobarbus. — Chut ! voici venir Antoine.

Charmian. — Non, ce n'est pas lui, mais la reine.

Entre CLÉOPÂTRE.

Cléopâtre. — Avez-vous vu mon Seigneur ?

Énobarbus. — Non, Madame.

Cléopâtre. — Est-ce qu'il n'était pas ici ?

Charmian. — Non, Madame.

Cléopâtre. — Il était disposé à la gaieté ; mais soudain une pensée de Rome l'a frappé. Énobarbus !

Énobarbus. — Madame ?

CLÉOPÂTRE. — Cherchez-le, et amenez-le ici. Où est Alexas?

ALEXAS. — Ici, à votre service. — Mon Seigneur s'avance.

CLÉOPÂTRE. — Nous ne voulons pas le regarder : venez avec nous. (*Sortent Cléopâtre, Énobarbus, Charmian, Iras, Alexas, et le devin.*)

Entre ANTOINE *avec* UN MESSAGER *et des gens de sa suite.*

LE MESSAGER. — Fulvia, ta femme, est la première descendue sur le champ de bataille.

ANTOINE. — Contre mon frère Lucius?

LE MESSAGER. — Oui : mais bientôt cette guerre prit fin, et les circonstances en ayant fait des amis, ils ont uni leurs troupes contre César, qui, plus heureux qu'eux dans la guerre, dès la première rencontre les a chassés d'Italie.

ANTOINE. — Bon, et quoi de pire encore?

LE MESSAGER. — Les mauvaises nouvelles sont de nature malfaisante pour celui qui les rapporte.

ANTOINE. — Lorsqu'elles concernent un sot ou un lâche. Continue : les choses passées n'ont plus pour moi d'importance. Je suis fait ainsi ; celui qui me dit la vérité, quand bien même son récit cacherait la mort, je l'écoute comme s'il flattait.

LE MESSAGER. — Labienus, — et cela c'est une rude nouvelle, — avec ses forces parthes, s'est saisi de l'Asie depuis l'Euphrate ; il a déployé sa bannière victorieuse depuis la Syrie jusqu'à la Lydie et à l'Ionie ; tandis que....

ANTOINE. — *Antoine*, voudrais-tu dire....

LE MESSAGER. — Ô mon Seigneur !

ANTOINE. — Parle-moi carrément, n'atténue pas l'opinion générale ; nomme Cléopâtre comme on la nomme à Rome ; raille-moi avec les phrases mêmes de Fulvia, et reproche-moi mes fautes avec une aussi pleine licence que peuvent le faire la franchise et la malice réunies. Oh, nous poussons de mauvaises herbes quand les vents froids ne soufflent pas, et nos malheurs, quand on nous les apprend, sont pour nous comme un labourage ! Porte-toi bien pour l'instant.

Le messager. — A votre noble plaisir, Seigneur. (*Il sort.*)

Antoine. — Les nouvelles de Sicyone, holà! appelez ici!

Premier homme de la suite. — L'homme de Sicyone! y a-t-il ici quelqu'un de tel?

Second homme de la suite. — Il attend votre bon plaisir.

Antoine. — Qu'il paraisse. Il faut que je brise ces puissants liens égyptiens, ou bien je vais me perdre dans cette passion.

Entre un second messager.

Antoine. — Qui êtes-vous?

Second messager. — Fulvia, ton épouse, est morte.

Antoine. — Où est-elle morte?

Second messager. — Dans Sicyone. La longueur de sa maladie, ainsi que les autres choses plus sérieuses qu'il t'importe de connaître, sont ici contenues. (*Il lui donne une lettre*[1].)

Antoine. — Laisse-moi. (*Sort le second messager.*) C'est une grande âme de partie! J'avais désiré ce qui arrive : mais ce que nos mépris repoussent loin de nous, souvent nous souhaitons le posséder de nouveau : le plaisir présent diminuant à mesure que le temps marche devient juste son contraire : elle est bonne, maintenant qu'elle est partie; la main qui l'écarta voudrait pouvoir la reprendre. Il faut que je brise avec cette reine enchanteresse : ma paresse couve dix mille malheurs pires que les maux que je connais. Holà! Énobarbus!

Rentre ÉNOBARBUS.

Énobarbus. — Quel est votre plaisir, Seigneur

Antoine. — Je dois partir d'ici en toute hâte.

Énobarbus. — Ah bien, alors, nous allons tuer toutes nos femmes. Nous voyons combien une dureté leur est mortelle; si elles permettent notre départ, la mort est le mot d'ordre.

Antoine. — Il faut que je parte.

Énobarbus. — Dans une occasion pressante, que les femmes meurent : ce serait pitié de les rejeter pour rien ; mais mises en balance avec une grande cause, elles doivent être estimées comme rien. Dès que Cléopâtre va saisir le plus petit bruit de cette affaire, elle va mourir immédiatement ; je l'ai vue mourir vingt fois pour des occasions bien moins importantes : je crois qu'il y a dans la mort une espèce de passion qui commet sur elle quelque action amoureuse, tant elle met de promptitude à mourir.

Antoine. — Elle est rusée au delà de toute imagination.

Énobarbus. — Hélas, non, Seigneur ; ses passions sont faites de la plus fine essence du pur amour. Nous ne pouvons pas appeler larmes et soupirs ses averses et ses coups de vent ; car ce sont de plus grandes tempêtes et de plus grands orages que n'en rapporte l'almanach : cela ne peut être habileté chez elle ; si c'est habileté, elle fait une ondée aussi bien que Jupiter.

Antoine. — Que je voudrais ne l'avoir jamais vue !

Énobarbus. — Ô Seigneur, en ce cas vous auriez laissé sans la voir une œuvre merveilleuse ; si vous n'aviez pas eu ce bonheur, votre voyage aurait été manqué.

Antoine. — Fulvia est morte.

Énobarbus. — Seigneur !

Antoine. — Fulvia est morte.

Énobarbus. — Fulvia !

Antoine. — Morte.

Énobarbus. — Eh bien, Seigneur, offrez aux Dieux un sacrifice de reconnaissance. Lorsqu'il plaît à leurs divinités d'enlever sa femme à un homme, ils découvrent à cet homme les tailleurs du ciel, et le consolent en lui montrant que lorsque les vieilles robes sont usées, il y a des ouvriers pour en faire de nouvelles. S'il n'y avait pas d'autres femmes que Fulvia, vous auriez en effet subi un malheur, et il faudrait se lamenter sur cet événement : mais ce chagrin est couronné par une consolation : votre vieille chemise vous procure un cotillon neuf, et vraiment, c'est un oignon qui contient les larmes dont il faut arroser cette douleur.

Antoine. — Les affaires qu'elle avait entamées dans l'État ne permettent pas mon absence.

Énobarbus. — Et les affaires que vous avez entamées ici ne peuvent se passer de vous ; particulièrement celle de Cléopâtre qui exige absolument votre séjour.

Antoine. — Plus de réponses légères. Que nos officiers aient connaissance de nos intentions. Je vais déclarer à la reine la cause de notre départ précipité, et obtenir de son amour notre congé. Ce n'est pas seulement la mort de Fulvia, ce sont de plus puissants motifs qui nous appellent ; d'ailleurs les lettres de beaucoup de nos amis dévoués dans Rome sollicitent aussi notre retour. Sextus Pompée a défié César, et commande l'empire de la mer : notre peuple versatile, dont l'affection ne se porte jamais sur l'homme méritant que lorsque ses mérites sont passés, commence à reporter le souvenir de Pompée et de tous ses triomphes sur son fils, qui, grand par le nom et la puissance, plus grand encore par l'ardeur et la vaillance, s'est élevé au rang du plus éminent soldat, éminence qui peut faire courir de grands dangers au monde, si elle persiste. Il y a bien des choses pareilles au crin du cheval qui ont déjà la vie sans avoir encore le poison du serpent[5]. Informez ceux qui sont sous nos ordres, que notre volonté requiert notre prompt départ d'ici.

Énobarbus. — Je vais le faire. (*Ils sortent.*)

SCÈNE III.

ALEXANDRIE. — Un autre appartement dans le palais.

Entrent CLÉOPÂTRE, CHARMIAN, IRAS *et* ALEXAS.

CLÉOPÂTRE. — Où est-il ?

CHARMIAN. — Je ne l'ai pas vu depuis ce moment.

CLÉOPÂTRE. — Voyez où il est, qui est avec lui, ce qu'il fait : — faites comme si je ne vous avais pas envoyé : — si vous le trouvez triste, dites-lui que je danse ; si vous le trouvez en gaieté, racontez-lui que je suis subitement tombée malade : vite, et revenez. (*Sort Alexas.*)

CHARMIAN. — Madame, il me semble que si vous l'aimez tendrement, vous ne suivez pas la bonne méthode pour arracher de lui le même amour.

CLÉOPÂTRE. — Que devrais-je faire que je ne fasse pas ?

CHARMIAN. — Cédez-lui en toute chose, ne le traversez en rien.

CLÉOPÂTRE. — Tu m'enseignes comme une sotte.... la route pour le perdre.

CHARMIAN. — Ne le mettez pas à trop dure épreuve ; prenez garde, je vous le conseille : avec le temps nous haïssons ce que nous craignons souvent. Mais voici venir Antoine.

CLÉOPÂTRE. — Je deviens malade et maussade.

Entre ANTOINE.

ANTOINE. — Je suis désolé d'être obligé de vous annoncer mon projet....

CLÉOPÂTRE. — Aide-moi à m'en aller, chère Charmian ; je vais tomber : cela ne peut durer longtemps ainsi, les forces de la nature ne le permettront pas.

ANTOINE. — Maintenant, ma très-chère reine....

CLÉOPÂTRE. — Je vous en prie, tenez-vous plus loin de moi.

ANTOINE. — Qu'y a-t-il ?

CLÉOPÂTRE. — Je lis dans vos yeux que vous avez reçu de bonnes nouvelles. Que dit la femme mariée? Vous pouvez partir : plût au ciel qu'elle ne vous eût jamais donné permission de venir! Qu'elle ne dise pas que c'est moi qui vous retiens ici, — je n'ai pas de pouvoir sur vous; vous êtes à elle.

ANTOINE. — Les Dieux savent mieux....

CLÉOPÂTRE. — Oh! jamais reine ne fut trahie à ce point! cependant j'ai vu dès l'origine planter ces trahisons....

ANTOINE. — Cléopâtre....

CLÉOPÂTRE. — Quand bien même vous feriez des serments à ébranler les Dieux sur leurs trônes, comment pourrais-je croire que vous êtes à moi et que vous êtes sincère, vous qui avez été faux envers Fulvia? Folie extravagante que de se laisser prendre au piège de ces serments faits de bouche qu'on vicie en même temps qu'on les prononce!

ANTOINE. — Très-charmante reine....

CLÉOPÂTRE. — Voyons, je vous en prie, ne cherchez pas de prétexte pour votre départ, mais dites-moi adieu, et partez : lorsque vous sollicitiez pour rester, c'était alors le temps des paroles : vous ne parliez pas de partir alors; — l'éternité était dans nos lèvres et dans nos yeux, le bonheur sur nos visages penchés l'un contre l'autre; nulle partie de nous-mêmes n'était si pauvre qu'elle ne contînt un avant-goût du ciel : il en est encore ainsi, ou toi, qui es le plus grand soldat du monde, tu en es devenu le plus grand menteur.

ANTOINE. — Qu'est-ce à dire, reine!

CLÉOPÂTRE. — Je voudrais avoir ta taille; tu saurais alors qu'il y eut un cœur en Égypte.

ANTOINE. — Écoutez-moi, reine : l'impérieuse nécessité des circonstances réclame mes services quelque temps; mais mon cœur tout entier reste en gage auprès de vous. Notre Italie étincelle des épées de la guerre civile : Sextus Pompée s'approche des portes de Rome : l'égalité de forces des deux partis nationaux engendre une ardeur factieuse : Pompée le condamné, riche de l'honneur de son père, s'insinue rapidement dans les cœurs de ceux qui n'ont pas prospéré sous le présent état de choses, et dont le nombre devient menaçant; et la tranquillité devenue malade à force de repos, chercherait volontiers un remède dans n'importe quel changement désespéré. Mon affaire plus purement personnelle, et celle qui plus que toute autre doit vous rassurer sur mon départ, c'est que Fulvia est morte.

Cléopâtre. — Quoique l'âge n'ait pu me libérer de la folie, il m'a cependant délivrée de l'enfantillage : — est-ce que Fulvia peut mourir?

Antoine. — Elle est morte, ma reine : regarde ici, et lis à ton souverain loisir les commotions qu'elle a soulevées ; et à la fin de la lettre, lis surtout quand et comment elle est morte.

Cléopâtre. — Ô très-faux amour! où sont les vases sacrés que tu devrais remplir des larmes de ta douleur? Maintenant je vois, je vois, par la mort de Fulvia, comment la mienne sera reçue.

Antoine. — Ne me querellez plus, mais préparez-vous à connaître les desseins que je médite, desseins qui s'exécuteront ou ne s'exécuteront pas, selon l'avis que vous émettrez : par le feu qui échauffe le limon du Nil, je pars d'ici ton soldat, ton serviteur, prêt à faire la paix ou la guerre, selon que tu l'aimeras mieux!

Cléopâtre. — Coupe mon lacet, Charmian, viens! mais non, laisse-le ; — je suis bien et mal en un clin d'œil ; c'est ainsi qu'Antoine aime.

Antoine. — Ma précieuse reine, épargnez-moi, et accordez une entière confiance à l'amour de celui qui va le soumettre à une épreuve d'honneur.

Cléopâtre. — C'est à quoi Fulvia m'encourage. Je t'en prie, détourne-toi, et pleure sur elle : puis fais-moi tes adieux, et dis que ces larmes appartiennent à la reine d'Égypte. Allons, mon cher, joue-moi une scène d'excellente dissimulation, et qu'elle donne l'illusion du parfait honneur.

Antoine. — Vous allez m'échauffer le sang : assez!

CLÉOPÂTRE. — Vous pouvez faire mieux encore; mais cela est déjà bien.

ANTOINE. — Vrai, par mon épée....

CLÉOPÂTRE. — Et votre bouclier! il y a progrès, mais ce n'est pas encore la perfection. Je t'en prie, Charmian, regarde comme ce Romain, descendant d'Hercule, fait honneur aux façons de son ancêtre[6].

ANTOINE. — Je vais vous laisser, Madame.

CLÉOPÂTRE. — Un mot, courtois Seigneur. Seigneur, vous et moi devons nous séparer, mais ce n'est pas ce que je voulais dire : — Seigneur, vous et moi nous nous sommes aimés, mais ce n'est pas encore cela ; cela vous le savez suffisamment bien : — je voulais dire quelque chose.... Oh, ma mémoire est un véritable Antoine, et je ne suis toute entière qu'oubli !

ANTOINE. — N'était que Votre Majesté compte la nonchalance parmi ses sujets, je vous prendrais pour la nonchalance elle-même.

CLÉOPÂTRE. — C'est un labeur bien fatigant que de porter une telle nonchalance aussi près du cœur que l'y porte Cléopâtre. Mais, Seigneur, pardonnez-moi, puisque les choses qui me plaisent me tuent dès qu'elles ne sont pas vues par vous d'un bon œil : votre honneur vous rappelle d'ici, soyez donc sourd à ma folie, dont vous ne devez pas avoir pitié, et que tous les Dieux aillent avec vous! que la victoire couronnée de lauriers guide votre épée! qu'un facile succès se lève sous chacun de vos pas!

ANTOINE. — Sortons. Venez : notre séparation est d'un caractère à la fois si sédentaire et si agile, que toi en résidant ici, tu pars cependant avec moi, et que moi en fuyant d'ici, je reste ici avec toi. Partons ! (*Ils sortent.*)

SCÈNE IV.

Rome. — Un appartement dans la demeure de César.

Entrent OCTAVE CÉSAR, LÉPIDUS, *et des gens de leur suite.*

César. — Ainsi, Lépide, vous le voyez, et désormais vous le saurez, ce n'est pas un vice naturel chez César de haïr notre grand collègue. Voici les nouvelles d'Alexandrie : — il pêche, boit, et passe dans les festins les heures de la nuit : il n'est pas plus viril que Cléopâtre, et la reine issue des Ptolémées n'est pas plus féminine que lui : c'est à peine s'il a daigné accorder audience, ou reconnaître qu'il avait des collègues : ces lettres vous le présenteront comme un résumé de tous les défauts qui égarent l'humaine nature.

Lépidus. — Je ne puis croire que ces défauts soient assez grands pour noircir toutes ses qualités : ses vices sont en lui comparables à ces taches lumineuses du ciel, dont les ténèbres de la nuit font d'autant mieux ressortir l'éclat ; ils sont héréditaires plutôt qu'acquis, et il peut d'autant moins les changer qu'il ne les a pas cherchés.

César. — Vous êtes trop indulgent. Accordons que ce n'est pas une faute de se vautrer sur le lit des Ptolémées, de donner un royaume pour un éclat de rire, de s'asseoir et de trinquer avec un esclave, de chanceler d'ivresse dans les rues en plein midi, et de faire assaut de coups de poing avec des drôles qui sentent la sueur : dites que cela lui convient, et il faudra déjà que sa nature soit d'une rare composition pour n'être pas salie par ces choses-là : mais Antoine n'a plus aucune excuse pour ses souillures, lorsque sa légèreté nous impose un si lourd fardeau. S'il n'employait à ses voluptés que ses loisirs, l'indigestion et l'épuisement suffiraient pour lui faire payer sa conduite ; mais gâcher un temps qui l'appelle à quitter ses plaisirs comme avec la voix d'un tambour, et qui lui parle aussi haut que sa fortune et la nôtre,— cela lui mériterait d'être grondé absolument comme nous grondons les adolescents qui, déjà mûrs de discernement, mettent sous clef leur expérience pour donner liberté à leurs plaisirs présents, et se révoltent ainsi contre le bon jugement.

Entre UN MESSAGER.

LÉPIDUS. — Voici d'autres nouvelles.

LE MESSAGER. — Tes ordres ont été exécutés, et d'heure en heure, très-noble César, tu recevras un rapport sur ce qui se passe. Pompée est fort sur mer, et il paraît très-aimé de ceux à qui César n'inspirait d'autre sentiment que la crainte : les mécontents se rendent aux ports, et l'opinion le présente comme un homme à qui on a fait grand tort.

CÉSAR. — J'aurais dû m'en douter : l'expérience nous a enseigné depuis l'existence du premier état, que l'homme au pouvoir n'a été désiré que jusqu'à ce qu'il y fût, et que l'homme naufragé qui ne fut jamais aimé et jamais digne d'amour, devient cher dès qu'on ne l'a plus. La multitude, pareille à un drapeau agité au-dessus des ondes, va et vient, obéissant avec servilité au mouvement changeant des flots, et se corrompant par son agitation même.

LE MESSAGER. — César, je t'apporte la nouvelle que Ménécrates et Ménas, pirates fameux, font leur esclave de la mer qu'ils labourent et blessent avec des navires de tout calibre : ils font en Italie maintes chaudes descentes ; les habitants des localités riveraines de la mer manquent de courage pour leur résister, et les jeunes gens qui en ont se révoltent : nul vaisseau ne peut mettre à la voile, qu'il ne soit capturé aussitôt qu'aperçu ; car le nom de Pompée seul inspire plus de crainte que n'en inspirerait son armée prête à livrer bataille.

CÉSAR. — Antoine, laisse là tes lascives bombances. Lorsqu'autrefois tu fus chassé de Modène, où tu tuas les consuls Hirtius et Pansa, la famine te suivit aux talons, et tu combattis contre elle, quoique tu eusses été élevé dans les délicatesses, avec une patience qui aurait lassé des sauvages : tu bus l'urine des chevaux et une eau croupie qui aurait fait tousser les bêtes : ton palais ne dédaigna pas alors la mûre la plus âcre de la haie la plus épineuse : oui, comme le cerf lorsque la neige étend son manteau sur le pâturage, tu broutas les écorces d'arbres; on rapporte que sur les Alpes tu mangeas d'une chair étrange qui fit mourir plusieurs hommes, rien qu'à la regarder : et tout cela (c'est un outrage pour ton honneur qu'il me faille le rappeler à cette heure), tu le supportas tellement comme un soldat, que ton visage n'en fut pas même altéré.

Lépidus. — C'est dommage pour lui.

César. — Que ses hontes le poussent bien vite vers Rome : il est temps que nous deux nous nous montrions sur le champ de bataille, et à cette fin il nous faut assembler immédiatement notre conseil. Pompée prospère par suite de notre nonchalance.

Lépidus. — Demain, César, je serai en mesure de t'informer exactement des forces de terre et de mer que mes moyens me permettent d'opposer aux nécessités présentes.

César. — Jusqu'à cette entrevue, pareils soins m'occuperont de mon côté. Adieu.

Lépidus. — Adieu, Seigneur : si durant cet intervalle vous apprenez des nouvelles de ce qui se passe, faites-les-moi connaître, je vous en conjure.

César. — N'ayez crainte, Seigneur; je sais que c'est une de mes obligations. (*Ils sortent.*)

SCÈNE V.

ALEXANDRIE. — Un appartement dans le palais.

Entrent CLÉOPÂTRE, CHARMIAN, IRAS, *et* MARDIAN.

CLÉOPÂTRE. — Charmian !

CHARMIAN. — Madame ?

CLÉOPÂTRE. — Ha, ha ! donne-moi à boire de la mandragore[7].

CHARMIAN. — Pourquoi, Madame ?

CLÉOPÂTRE. — Afin que je puisse dormir tout ce grand laps de temps pendant lequel mon Antoine va rester absent.

CHARMIAN. — Vous pensez beaucoup trop à lui.

CLÉOPÂTRE. — Oh c'est une trahison !

CHARMIAN. — J'ai la confiance que non, Madame.

CLÉOPÂTRE. — Eunuque Mardian !

MARDIAN. — Quel est le plaisir de Votre Altesse ?

CLÉOPÂTRE. — Ce n'est pas de t'entendre chanter maintenant ; je ne prends aucun plaisir à ce que peut un eunuque. Tu es bien heureux d'être châtré, puisque de la sorte tes pensées ne peuvent prendre leur vol libre loin de l'Égypte. As-tu des passions ?

MARDIAN. — Oui, gracieuse Madame.

CLÉOPÂTRE. — En vérité !

MARDIAN. — Non pas *en vérité*, Madame ; car je ne puis rien faire que ce qu'il est vraiment honnête de faire : mais j'ai de terribles passions, et je pense à ce que Mars fit avec Vénus.

CLÉOPÂTRE. — Ô Charmian ! où penses-tu qu'il soit à cette heure ? Est-il debout ou couché ? Se promène-t-il ? ou bien est-il sur son cheval ? Ô cheval heureux de porter le poids d'Antoine ! marche avec orgueil, cheval ! car sais-tu bien qui tu mènes ? c'est le demi-Atlas de cette terre, le bras et le casque du genre humain. Il se parle maintenant à lui-même, ou bien murmure : « Où est mon serpent du vieux Nil ? » car c'est ainsi qu'il m'appelle : — allons, voilà que je me nourris du plus délicieux poison. — Penser à moi, qui suis noire des amoureuses meurtrissures de Phœbus, et profondément ridée par les années ? César au vaste front, c'est lorsque tu étais vivant et ici, que j'étais un morceau de roi : alors le grand Pompée restait immobile et attachait ses yeux sur mon visage ; c'est là qu'il aurait voulu jeter l'ancre de sa vue, et mourir en regardant l'être qui était sa vie.

Entre ALEXAS.

ALEXAS. — Salut, souveraine d'Égypte !

CLÉOPÂTRE. — Tu ressembles bien peu à Marc Antoine ! cependant comme tu viens de le quitter, ce puissant élixir a suffi pour te dorer de sa teinte[8]. Comment vont les choses avec mon brave Marc Antoine ?

ALEXAS. — La dernière chose qu'il a faite, chère reine, a été de baiser — le dernier de baisers mille fois redoublés — cette perle d'Orient : — quant à ses paroles, elles sont attachées à mon cœur.

CLÉOPÂTRE. — Mon oreille doit les en arracher.

ALEXAS. — « Mon bon ami, m'a-t-il dit, rapporte que le ferme Romain envoie à la grande Égyptienne ce trésor d'une huître ; pour réparer ce que ce présent a de chétif, je décorerai de royaumes son trône opulent ; tout l'Orient, dis-le-lui bien, l'appellera sa reine. » Là-dessus il a fait un signe de tête, et puis il a gravement monté un coursier armé en guerre, qui a henni si fort, qu'il a bestialement étouffé sous le silence ce que j'aurais voulu dire.

CLÉOPÂTRE. — Voyons, était-il triste ou gai ?

ALEXAS. — Il était comme la saison de l'année qui est entre les extrêmes du chaud et du froid, ni triste, ni gai.

CLÉOPÂTRE. — Oh ! la disposition heureusement symétrique ! Remarque-le bien, remarque-le bien, ma bonne Charmian, c'est là tout l'homme ; mais remarque-le bien :

il n'était pas triste, parce qu'il ne voulait pas priver de la lumière de ses yeux ceux qui modèlent leurs regards sur les siens; il n'était pas gai, ce qui semblait leur dire que ses souvenirs étaient en Égypte avec ses joies; mais il était entre les deux : oh, le céleste mélange! Sois triste ou joyeux, l'excès de l'une ou de l'autre passion te pare, comme elle ne pare nul autre homme. — As-tu rencontré mes courriers?

ALEXAS. — Oui, Madame, vingt messagers différents : pourquoi en avez-vous envoyé une telle troupe?

CLÉOPÂTRE. — Celui qui naîtra le jour où je manquerai d'envoyer vers Antoine, mourra mendiant. Du papier et de l'encre, Charmian. Sois le bienvenu, mon bon Alexas. Charmian, ai-je jamais autant aimé César?

CHARMIAN. — Oh! ce brave César!

CLÉOPÂTRE. — Que ton exclamation t'étouffe, si tu la recommences! dis, *le brave Antoine!*

CHARMIAN. — Le vaillant César!

CLÉOPÂTRE. — Par Isis, je vais te casser les dents, si tu viens encore comparer à César mon plus grand des hommes!

CHARMIAN. — Avec votre très-gracieux pardon, je ne fais que chanter votre propre air d'autrefois.

CLÉOPÂTRE. — Dans mon temps d'herbe en pousse, quand j'étais verte encore de jugement, que mon sang était froid : venir aujourd'hui me répéter ce que je disais alors! Mais sortons, sortons : va me chercher de l'encre et du papier : il recevra chaque jour un message de tendresse, dussé-je dépeupler l'Égypte. (*Ils sortent.*)

ACTE II.

SCÈNE PREMIÈRE.

Messine. — Un appartement dans la demeure de Pompée.

Entrent SEXTUS POMPÉE, MÉNÉCRATES
et MÉNAS.

Pompée. — Si les puissants Dieux sont justes, ils aideront les entreprises des plus justes des hommes.

Ménécrates. — Sachez, noble Pompée, que ce qu'ils retardent, ils ne le refusent pas.

Pompée. — Tandis que nous sollicitons aux pieds de leurs trônes, la chose que nous sollicitons s'effondre.

Ménécrates. — Ignorants que nous sommes de nous-mêmes, nous sollicitons souvent notre propre mal, que leur sagesse suprême nous refuse pour notre bien, en sorte que nous trouvons notre profit en perdant nos prières.

Pompée. — Je réussirai : le peuple m'aime, et la mer est à moi ; ma puissance grandit, et mes espérances me présagent qu'elles se réaliseront entièrement. Marc Antoine est en train de festoyer en Égypte, et n'en sortira pas pour faire la guerre : César récolte de l'argent en perdant les cœurs : Lépidus les flatte l'un et l'autre, et il est flatté par l'un et l'autre ; mais il n'aime aucun des deux, et aucun des deux ne se soucie de lui.

Ménas. — César et Lépidus sont en campagne ; ils amènent une armée puissante.

Pompée. — De qui tenez-vous cela ? c'est faux.

Ménas. — De Silvius, Seigneur.

Pompée. — Il rêve ; je sais qu'ils sont ensemble à Rome, attendant Antoine. Mais, ô lubrique Cléopâtre, que tous les charmes de l'amour mettent la douceur sur tes lèvres fanées ! que la sorcellerie s'unisse en toi à la beauté, et la paillardise à l'une et à l'autre ! Enchaîne le libertin dans une campagne de fêtes ; tiens son cerveau fumant ; que des cuisiniers épicuriens aiguisent son appétit par des sauces stimulantes, afin que le sommeil et la bonne chère assoupissent son honneur jusqu'à ce qu'il soit tombé dans une léthargie du Léthé !

Entre VARRIUS.

Pompée. — Eh bien, Varrius ? qu'y a-t-il ?

Varrius. — Ce que j'ai à vous apprendre est très-certain : Marc Antoine est attendu à Rome d'heure en heure ; depuis le temps qu'il est parti d'Égypte, un plus long voyage aurait pu être accompli.

Pompée. — J'aurais prêté volontiers une oreille plus complaisante à une affaire moins sérieuse. — Ménas, je ne pensais pas que ce glouton d'amour aurait mis son casque pour une si chétive guerre : son talent militaire vaut deux fois celui des deux autres ; mais nous devons d'autant plus élever notre opinion de nous-mêmes, puisque notre entrée en campagne a pu arracher au giron de la veuve égyptienne Antoine à l'insatiable luxure[1].

Ménas. — Je ne crois pas que César et Antoine se revoient avec plaisir : sa femme, qui est morte, avait commis des offenses envers César ; son frère lui a fait la guerre ; bien que, dans mon opinion, ils ne fussent pas excités par Antoine.

Pompée. — Je ne sais pas, Ménas, jusqu'à quel point ces moindres inimitiés peuvent céder à une plus grande. Si nous ne nous étions pas levés contre eux tous, il est évident qu'ils se prendraient aux cheveux entre eux, car ils ont assez de motifs de tirer leurs épées les uns contre les autres : mais à quel point la crainte qu'ils ont de nous peut cimenter leurs divisions et enchaîner leurs petites querelles, nous ne le savons pas encore. Mais qu'il en soit comme il plaira à nos Dieux! ce qui est bien certain, c'est qu'il y va de notre salut de faire usage de toutes nos forces. Viens, Ménas. (*Ils sortent.*)

SCÈNE II.

Rome. — Un appartement dans la maison de Lépidus.

Entrent ÉNOBARBUS *et* LÉPIDUS.

Lépidus. — Bon Énobarbus, c'est un acte noble et qui vous fera grand honneur, de supplier votre capitaine d'être doux et affable dans son langage.

Énobarbus. — Je le supplierai d'avoir un langage conforme à son caractère : si César l'émoustille, eh bien, qu'Antoine regarde César par-dessus l'épaule, et parle aussi haut que Mars. Par Jupiter, si je portais la barbe d'Antoine, je ne la raserais pas aujourd'hui!

Lépidus. — Ce n'est pas le temps des querelles particulières.

Énobarbus. — Tous temps sont bons pour les affaires qu'elles font naître.

Lépidus. — Mais les petites affaires doivent céder la place à de plus grandes.

Énobarbus. — Non pas, si les petites viennent les premières.

Lépidus. — Votre langage n'est que passion : mais, je vous en prie, ne remuez pas les cendres chaudes. Voici venir le noble Antoine.

Entrent ANTOINE *et* VENTIDIUS.

Énobarbus. — Et là-bas César.

Entrent CÉSAR, MÉCÈNE *et* AGRIPPA.

Antoine. — Si nous tombons bien d'accord ici, alors chez les Parthes! entendez-vous, Ventidius?

César. — Je ne sais pas, Mécène; demandez à Agrippa.

Lépidus. — Nobles amis, le motif qui nous coalisa

fut très-grand, ne permettons pas qu'une action plus chétive nous divise. Que ce qui s'est passé de fâcheux soit écouté avec douceur; lorsque nous discutons tout haut nos misérables différends, nous commettons des meurtres en voulant panser des blessures : ainsi, nobles collègues, ne fût-ce qu'en considération des prières que je vous adresse, je vous en conjure, touchez les points les plus sensibles avec les termes les plus doux, et qu'il ne se mêle aucun emportement à la discussion.

Antoine. — C'est bien parlé. Si nous étions devant nos armées et prêts à combattre, je n'agirais pas autrement.

César. — Vous êtes le bienvenu dans Rome.

Antoine. — Je vous remercie.

César. — Asseyez-vous.

Antoine. — Asseyez-vous, Seigneur.

César. — Eh bien, en ce cas....

Antoine. — J'apprends que vous prenez mal des choses qui ne doivent pas être prises ainsi, ou qui, si elles sont mauvaises, ne vous regardent pas.

César. — Je ferais rire de moi, si je me disais offensé pour rien ou pour peu de chose, plus encore avec vous qu'avec tout autre homme au monde; et je prêterais plus à rire encore, s'il m'était arrivé seulement une fois de prononcer votre nom avec reproches, lorsqu'il ne me convenait pas de le prononcer.

Antoine. — En quoi mon séjour en Égypte vous importait-il, César?

César. — Pas plus que mon séjour ici à Rome ne vous importait en Égypte : cependant, si de là-bas vous intriguiez contre mon pouvoir, votre séjour en Égypte pouvait bien m'inquiéter.

Antoine. — Qu'entendez-vous par là, intriguer?

César. — Vous pouvez facilement comprendre ma pensée, si vous voulez bien vous rappeler ce qui m'est arrivé ici. Votre femme et votre frère m'ont fait la guerre : vous étiez le prétexte de leur hostilité, vous étiez le mot de passe de leurs guerres.

ANTOINE. — Vous vous méprenez. Jamais mon frère ne m'a pris pour prétexte de son action; je me suis informé, et je tire ma connaissance des faits des rapports exacts de quelques-uns de ceux qui ont tiré l'épée pour vous. Est-ce qu'il n'attaquait pas plutôt mon autorité en même temps que la vôtre? est-ce qu'il ne faisait pas la guerre contre mes propres intérêts, puisque ma cause était aussi la vôtre? Mes lettres vous avaient donné déjà toute satisfaction à cet égard. Si vous voulez soulever une querelle, comme vous n'avez pas de prétexte tout neuf à employer, ce n'est pas en ravaudant celui-là que vous y parviendrez.

CÉSAR. — Vous trouvez moyen de vous décerner des louanges en m'imputant des fautes de jugement; mais vos excuses furent mal plâtrées.

ANTOINE. — Non pas, non pas; il ne se pouvait point, j'en suis certain, que cette pensée toute naturelle vous échappât, que moi votre allié dans la cause contre laquelle il combattait, je ne pouvais pas voir avec des yeux satisfaits une guerre qui troublait ma propre paix. Quant à ma femme, je vous souhaiterais de trouver son âme dans une autre : le tiers du monde est à vous, et il vous est facile de le mener en laisse avec un bridon, mais une telle épouse, non.

ÉNOBARBUS. — Plût au ciel que nous eussions tous de telles épouses; les hommes pourraient alors aller à la guerre avec les femmes!

ANTOINE. — Indomptable comme elle l'était, je vous accorde avec douleur, César, que les soulèvements amenés par son impatience, et qui ne manquaient pourtant pas d'habileté politique, vous ont donné trop d'embarras; mais vous devez bien accorder, au moins, que je n'y pouvais rien.

CÉSAR. — Je vous ai écrit, lorsque vous étiez à faire la débauche dans Alexandrie; vous avez mis mes lettres dans votre poche, et vous avez refusé audience à mon courrier avec sarcasmes et railleries.

ANTOINE. — Seigneur, il se présenta devant moi avant

d'être admis ; je venais alors de donner une fête à trois rois, et à ce moment-là, je n'étais pas le même que dans la matinée : mais le lendemain, je le lui déclarai moi-même, ce qui équivalait à lui demander pardon. Que ce garçon n'entre pour rien dans notre dispute : si nous devons nous quereller, mettons-le hors de question.

César. — Vous avez brisé l'article de votre engagement, ce que vous ne pourrez jamais me reprocher.

Lépidus. — Doucement, César !

Antoine. — Non, Lépidus, laisse-le parler ; l'engagement d'honneur dont il parle, en alléguant que j'y ai manqué, est sacré. — Mais continue, César ; l'article de mon engagement....

César. — Il consistait à me prêter vos armes et votre aide lorsque je les demanderais, et vous m'avez refusé les deux.

Antoine. — Négligé de vous les accorder plutôt, et cela lorsque des heures d'ensorcellement m'avaient enlevé entièrement à la connaissance de moi-même. Je veux bien me montrer aussi repentant que possible envers vous ; mais ma dignité ne consentira jamais à humilier ma grandeur, pas plus que ma puissance ne consentira à agir sans le concours de ma dignité. La vérité est que Fulvia fit la guerre ici pour m'arracher d'Égypte, événement pour lequel, moi qui en fus le prétexte à mon insu, je vous demande pardon autant qu'il convient à mon honneur de s'abaisser en telle circonstance.

Lépidus. — C'est un noble langage.

Mécène. — Qu'il vous plaise de ne pas insister plus longtemps sur vos griefs mutuels : les oublier tout à fait serait rappeler à votre souvenir que l'heure présente vous parle de réconciliation nécessaire.

Lépidus. — Noblement parlé, Mécène.

Énobarbus. — D'ailleurs, si vous voulez bien vous prêter réciproquement affection pour le moment, vous pourrez revenir à vos griefs, lorsque vous n'entendrez plus parler de Pompée : vous aurez tout le temps de vous disputer, quand vous n'aurez rien d'autre à faire.

Antoine. — Tu n'es qu'un soldat : ne parle pas davantage.

Énobarbus. — J'avais presque oublié que la vérité doit être silencieuse.

Antoine. — Vous manquez de respect à cette assemblée ; ainsi, ne parlez pas davantage.

Énobarbus. — Eh bien, poursuivez ; me voilà muet comme une pierre.

César. — C'est la forme de son discours que je blâmerais, mais non le fonds ; car il ne se peut pas que nous restions alliés, avec des manières d'agir si différentes. Cependant, si je savais qu'il existe un cercle capable de nous tenir étroitement unis, j'irais d'un bout du monde à l'autre pour le trouver.

Agrippa. — Donne-moi permission, César....

César. — Parle, Agrippa.

Agrippa. — Tu as une sœur du côté de ta mère, Octavie, objet de toutes les admirations : le grand Marc Antoine est maintenant veuf [2].

César. — Ne parle pas ainsi, Agrippa ; si Cléopâtre t'entendait, ses rebuffades puniraient bien justement la témérité de ton langage.

Antoine. — Je ne suis pas marié, César ; permettez-moi de continuer à écouter Agrippa.

Agrippa. — Si vous voulez être unis par les liens d'une amitié perpétuelle, faire de vous des frères, et enlacer vos cœurs d'un nœud indissoluble, il faut qu'Antoine prenne pour femme Octavie, dont la beauté ne réclame pas moins pour mari que le plus éminent des hommes, dont la vertu et les grâces de tout genre parlent un langage que nulle autre ne pourrait parler. Par ce mariage, toutes ces petites jalousies qui maintenant semblent si grandes, et toutes ces grandes craintes qui menacent de leurs dangers, seraient alors réduites à rien : l'amour qu'elle aurait pour vous deux vous enchaînerait l'un à l'autre, et vous assurerait les cœurs de tous qu'elle traînerait après elle. Pardonnez-moi ce que j'ai dit ; ce n'est pas une pensée spontanée, mais étudiée, élaborée par mon dévouement.

Antoine. — César veut-il parler?

César. — Non, pas avant qu'il ait appris jusqu'à quel point Antoine est touché de ce qui vient d'être dit déjà.

Antoine. — Et si je disais, « Agrippa, qu'il en soit ainsi, » quel pouvoir aurait Agrippa pour réaliser ce désir?

César. — Le pouvoir de César, et le pouvoir du même César sur Octavie.

Antoine. — Puissé-je ne jamais rêver d'un obstacle à ce noble projet qui se présente si heureusement! Donne-moi ta main; persévère dans cette toute gracieuse action, et qu'à partir de cette heure, un même cœur fraternel gouverne notre affection mutuelle et dirige nos grands desseins[3]!

César. — Voici ma main. Je vous lègue une sœur telle qu'il n'en fut jamais d'aussi tendrement aimée par son frère : qu'elle vive pour unir nos royaumes et nos cœurs : et puisse notre amour mutuel ne plus jamais s'envoler!

Lépidus. — Je dis *Amen!* à cet heureux vœu.

Antoine. — Je ne songeais pas à tirer mon épée contre Pompée; car il m'a donné tout récemment de rares et grandes marques de courtoisie : je dois lui envoyer mes remercîments de peur de passer pour avoir mauvaise et ingrate mémoire; cela fait, je puis me déclarer son ennemi.

Lépidus. — Le temps nous presse : il nous faut immédiatement chercher Pompée, ou c'est lui qui va nous chercher.

Antoine. — Où se trouve-t-il?

César. — Aux environs du mont Misène.

Antoine. — Quelles sont ses forces de terre?

César. — Grandes et croissantes : mais il est maître absolu sur mer.

Antoine. — C'est ce qu'on dit. Que n'avons-nous pu converser ensemble! Dépêchons-nous de l'attaquer; cependant, avant de prendre les armes, achevons bien vite l'affaire dont nous avons parlé.

ACTE II, SCÈNE II.

César. — Avec très-grande joie, et je vous invite à venir voir ma sœur, chez qui je vais vous conduire de ce pas.

Antoine. — Ne nous privez pas de votre compagnie, Lépidus.

Lépidus. — Noble Antoine, la maladie elle-même ne pourrait pas me retenir. (*Fanfares. Sortent César, Antoine et Lépidus.*)

Mécène. — Vous êtes le bienvenu à votre retour d'Égypte, Seigneur !

Énobarbus. — Le digne Mécène, la moitié du cœur de César ! — Mon honorable ami Agrippa !

Agrippa. — Mon bon Énobarbus !

Mécène. — Nous avons sujet d'être heureux que les affaires se soient si bien arrangées. Vous avez fait bon séjour en Égypte.

Énobarbus. — Oui, Seigneur ; nous mettions le jour à la porte en dormant tant qu'il était long, et nous faisions les nuits courtes en buvant.

Mécène. — Huit sangliers sauvages rôtis en entier pour un seul déjeuner, et douze personnes présentes seulement ! est-ce vrai ?

Énobarbus. — Oh, cela, ce n'était qu'une mouche comparée à un aigle : nous avons eu des festins bien autrement extraordinaires, et qui méritaient en toute justice d'être mentionnés.

Mécène. — C'est une dame tout à fait irrésistible, si sa réputation dit vrai.

Énobarbus. — Dès sa première rencontre avec Marc Antoine, elle mit son cœur dans sa poche ; c'était sur la rivière Cydnus.

Agrippa. — C'est là qu'elle apparut d'abord en effet ; ou bien celui qui me l'a rapporté avait heureusement imaginé la circonstance.

Énobarbus. — Je vais vous raconter le fait. La galère dans laquelle elle était assise, resplendissante comme un trône, semblait brûler sur l'eau : la poupe était d'or battu, les voiles étaient de pourpre, et si parfumées, que les vents semblaient languir d'amour pour elles ; les rames, qui étaient d'argent, frappaient en cadence au son des flûtes, et forçaient l'eau qu'elles battaient à suivre plus vite, comme si elle eût été amoureuse de leurs coups. Quant à la personne même de Cléopâtre, elle rendait toute description misérable. Couchée dans son pavillon de tissus d'or, elle surpassait la peinture de cette Vénus, où nous voyons cependant l'imagination surpasser la nature : à chacun de ses côtés, se tenaient de gentils enfants à fossettes, pareils à des Cupidons souriants, avec des éventails de diverses couleurs dont le vent semblait allumer les délicates joues en même temps qu'il les rafraîchissait, faisant ainsi ce qu'il défaisait.

Agrippa. — Oh, la belle chose pour Antoine !

Énobarbus. — Ses femmes, pareilles aux Néréides, comme autant de nymphes marines, épiaient des yeux ses désirs, et ajoutaient à la beauté de la scène par la grâce de leurs révérences : au gouvernail, une d'elles, qu'on pourrait prendre pour une sirène, dirige l'embarcation ; la voilure de soie se gonfle sous la manœuvre de ces mains douces comme des fleurs qui accomplissent alertement leur office. De l'embarcation s'échappe invisible un parfum étrange qui vient frapper les sens, sur les quais voisins. La ville envoie son peuple entier à sa rencontre, et Antoine reste seul, assis sur son trône, dans la place du marché, sifflant à l'air qui, s'il avait pu lui-même se faire remplacer, serait allé lui aussi contempler Cléopâtre, et aurait créé un vide dans la nature[4].

Agrippa. — Merveilleuse Égyptienne !

Énobarbus. — Dès qu'elle fut débarquée, Antoine envoya auprès d'elle, l'invita à souper : elle répondit qu'il serait mieux qu'il fût son hôte, et insista pour qu'il en fût ainsi : notre courtois Antoine, à qui jamais femme n'entendit dire non, après s'être fait raser dix fois, se rend au festin, et là pour écot, il donne son cœur en payement de ce que ses yeux seuls avaient mangé.

Agrippa. — Royale courtisane ! elle força le grand

César à mettre son épée au lit ; il la laboura, et elle porta moisson.

Énobarbus. — Je l'ai vue une fois sauter à cloche-pied quarante pas dans la rue, et quand elle eut perdu souffle, elle parla et palpita de telle sorte, qu'elle fit de cette défaillance une perfection, et que de ce manque de souffle elle exhala une puissance de séduction.

Mécène. — Voilà qu'Antoine est obligé de la quitter tout à fait.

Énobarbus. — Jamais ; il ne voudra pas ; l'âge ne peut la flétrir, ni l'habitude blaser sur l'infinie variété qui est en elle : les autres femmes rassasient les appétits auxquels elles donnent pâture ; mais elle, plus elle satisfait la faim, plus elle l'aiguise : car les choses les plus viles prennent en elle un tel attrait que les prêtres saints la bénissent quand elle est lascive.

Mécène. — Si la beauté, la sagesse, la pudeur peuvent fixer le cœur d'Antoine, Octavie sera pour lui un heureux lot.

Agrippa. — Partons. Mon bon Énobarbus, soyez mon convive, pendant que vous séjournerez ici.

Énobarbus. — Je vous remercie très-humblement, Seigneur. (*Ils sortent.*)

SCÈNE III.

Rome. — Un appartement dans le palais de César.

Entrent CÉSAR, ANTOINE, OCTAVIE *entre eux deux, et des gens de leurs suites.*

Antoine. — Le monde et mes grands devoirs m'arracheront quelque temps à vos bras.

Octavie. — Tout ce temps-là, agenouillée devant les Dieux, mes prières les supplieront pour vous.

Antoine. — Bonne nuit, Seigneur. — Mon Octavie, ne juge pas de mes fautes sur les récits du monde : je n'ai pas toujours suivi la droite ligne, mais à l'avenir tout se passera selon les règles. Bonne nuit, chère Dame.

Octavie. — Bonne nuit, Seigneur.

César. — Bonne nuit. (*Sortent César et Octavie.*)

Entre le devin.

Antoine. — Eh bien, maraud, voudrais-tu encore être en Égypte?

Le devin. — Plût au ciel que je n'en fusse jamais parti, et que vous ne fussiez jamais venu ici!

Antoine. — Votre raison, si cela vous est possible?

Le devin. — Elle consiste en un pressentiment, mais ma langue ne pourrait la dire : toutefois, retournez bien vite en Égypte.

Antoine. — Dis-moi quel est celui dont la fortune s'élèvera le plus haut, César ou moi?

Le devin. — César. En conséquence, Antoine, ne reste pas près de lui : ton démon, c'est-à-dire l'esprit qui te protége, est noble, courageux, élevé, incomparable, tandis que celui de César ne l'est point; mais quand tu es près de lui, ton bon ange devient un génie de l'effroi, comme s'il était dominé ; ainsi, mets un espace suffisant entre vous deux.

Antoine. — Ne me parle plus de cela.

Le devin. — Je n'en parle qu'à toi, et je n'en parlerai davantage que lorsqu'il me faudra t'en parler à toi-même. Si tu joues avec lui à n'importe quel jeu, tu es sûr de perdre; par son bonheur naturel, il te bat contre toutes les chances : ton éclat s'assombrit, lorsqu'il brille auprès de toi : je te le répète, ton bon génie craint de te gouverner, lorsque tu es près de lui; mais lui une fois parti, il redevient noble [5].

Antoine. — Allons, pars : dis à Ventidius que je voudrais lui parler. (*Sort le devin.*) Il ira dans le pays des Parthes. — Cet homme a dit vrai, soit art, soit hasard : les dés eux-mêmes obéissent à César, et dans nos récréations, mon habileté supérieure succombe devant sa chance : si nous tirons au sort, c'est lui qui gagne; ses coqs remportent toujours la bataille sur les miens, et ses cailles battent toujours les miennes [6], contre toutes chances, et les poussent hors de l'arène. J'irai en Égypte : quoique je fasse ce mariage pour avoir la paix, c'est en Orient qu'est ma volupté.

Entre VENTIDIUS.

ANTOINE. — Oh! venez, Ventidius : il faut que vous partiez pour le pays des Parthes : votre commission est prête; suivez-moi, et venez la recevoir. (*Ils sortent.*)

SCÈNE IV.

ROME. — Une rue.

Entrent LÉPIDUS, MÉCÈNE *et* AGRIPPA.

LÉPIDUS. — Je vous en prie, ne vous dérangez pas plus longtemps : dépêchez-vous de rejoindre vos généraux.
AGRIPPA. — Seigneur, Marc Antoine ne demande que le temps d'embrasser Octavie, et puis nous partons.
LÉPIDUS. — Eh bien, adieu, jusqu'à ce que je vous revoie sous votre uniforme de soldats qui vous ira si bien à tous deux.
MÉCÈNE. — Si je me rends bien compte du voyage, nous serons avant vous au mont Misène, Lépidus.
LÉPIDUS. — Votre route est la plus courte; mes projets me feront faire de longs détours : vous gagnerez deux jours sur moi.
MÉCÈNE *et* AGRIPPA *ensemble*. — Bon succès, Seigneur!
LÉPIDUS. — Adieu. (*Ils sortent.*)

SCÈNE V.

ALEXANDRIE. — Un appartement dans le palais.

Entrent CLÉOPÂTRE, CHARMIAN, IRAS, ALEXAS,
et des gens de la suite.

CLÉOPÂTRE. — Faites-moi de la musique, — la musique, notre aliment fantasque à nous qui vivons d'amour.

UN HOMME DE LA SUITE. — La musique, holà!

Entre MARDIAN.

CLÉOPÂTRE. — Non, laissons là la musique : allons jouer au billard : viens, Charmian.

CHARMIAN. — Mon bras me fait mal; jouez plutôt avec Mardian.

CLÉOPÂTRE. — Pour une femme, autant vaut jouer avec un eunuque qu'avec une femme. Allons, voulez-vous jouer avec moi, Monsieur?

MARDIAN. — Aussi bien que je pourrai, Madame.

CLÉOPÂTRE. — Quand il montre de la bonne volonté, quoiqu'elle se trouve insuffisante, l'acteur est en droit de prier qu'on l'excuse. Je ne veux plus jouer maintenant : — donnez-moi ma ligne, nous irons au fleuve : et là, pendant que ma musique jouera au loin, je trahirai les poissons aux brunes nageoires; mon hameçon tendu traversera leurs mâchoires limoneuses, et quand je les retirerai, je m'imaginerai que chacun d'eux est un Antoine, et je lui dirai : « Ah, ah, vous êtes pris! »

CHARMIAN. — Ce fut bien plaisant le jour où vous fîtes des paris à propos de votre pêche, et où votre plongeur attacha à l'hameçon d'Antoine un poisson salé qu'il tira de l'eau avec transport.

CLÉOPÂTRE. — Ce jour-là, — oh, quel temps c'était! — je ris de lui à lui faire perdre patience; et le soir, je ris de lui à le remettre en patience; et le lendemain matin, avant la neuvième heure, je l'enivrai à le faire

ACTE II, SCENE V.

mettre au lit : alors je plaçai sur lui mes vêtements et mes manteaux, pendant que je me ceignais de son épée Philippine⁷.

Entre UN MESSAGER.

CLÉOPÂTRE. — Oh! un messager d'Italie! Bourre de ta provision de nouvelles mes oreilles qui si longtemps ont été laissées vides.

LE MESSAGER. — Madame, Madame....

CLÉOPÂTRE. — Antoine est mort! — Si c'est là ce que tu me dis, scélérat, tu tues ta maîtresse : mais si tu viens me dire, il est en bonne santé et libre, si c'est ainsi que tu me le dépeins, voici de l'or, et voici à baiser mes veines au sang bleu le plus pur, une main que des rois ont touchée de leurs lèvres et baisée en tremblant.

LE MESSAGER. — D'abord, Madame, il est en bonne santé.

CLÉOPÂTRE. — Eh bien, voici encore de l'or. Mais, maraud, fais attention; nous avons coutume de dire que les morts vont bien : si c'est ainsi qu'il faut entendre tes paroles, cet or que je te donne, je le ferai fondre et verser dans ta gorge organe de malheur.

LE MESSAGER. — Bonne Madame, écoutez-moi.

CLÉOPÂTRE. — Bien, marche, je t'écouterai; mais ta figure ne dit rien de bon : si Antoine est libre et en bonne santé, à propos de quoi cette physionomie morose pour proclamer de si bonnes nouvelles! s'il ne va pas bien, tu devrais venir comme une Furie couronnée de serpents, et non comme un homme de sang-froid.

LE MESSAGER. — Vous plairait-il de m'écouter?

CLÉOPÂTRE. — J'ai une envie de te frapper avant que tu parles : cependant, si tu dis qu'Antoine vit, qu'il est en bonne santé, ami avec César, ou qu'il n'est pas son captif, je ferai tomber une pluie d'or et une grêle de riches perles sur toi⁸.

LE MESSAGER. — Madame, il est en bonne santé.

CLÉOPÂTRE. — Bien dit.

LE MESSAGER. — Et ami avec César.

CLÉOPÂTRE. — Tu es un honnête homme.

LE MESSAGER. — César et lui sont plus grands amis que jamais.

CLÉOPÂTRE. — Fais-toi donner par moi une fortune.

LE MESSAGER. — Mais cependant, Madame....

CLÉOPÂTRE. — Je n'aime pas *mais cependant* : cela atténue tes bonnes paroles précédentes : fi de ce *mais cependant*! *Mais cependant* est comme un geôlier chargé de faire avancer quelque malfaiteur monstrueux. Je t'en prie, mon ami, verse dans mon oreille tout le paquet de tes nouvelles, bonnes et mauvaises ensemble : il est ami avec César; il est en bon état de santé, dis-tu; et libre, dis-tu.

LE MESSAGER. — Libre, Madame! non, je n'ai rapporté rien de semblable : il est lié à Octavie.

CLÉOPÂTRE. — Pour quel bon manége?

LE MESSAGER. — Pour le meilleur manége du lit.

CLÉOPÂTRE. — Je suis pâle, Charmian.

LE MESSAGER. — Madame, il est marié à Octavie.

CLÉOPÂTRE. — Que la peste la plus maligne tombe sur toi! (*Elle le frappe.*)

LE MESSAGER. — Bonne Madame, ayez patience.

CLÉOPÂTRE. — Que dites-vous? Hors d'ici, horrible scélérat! (*elle le frappe de nouveau*) ou bien je vais faire rouler tes yeux devant moi comme des billes; je vais arracher tous les cheveux de ta tête (*elle le bouscule*); tu seras fouetté avec un fouet de fils de fer, et roulé dans le sel, et tu cuiras lentement dans la saumure.

LE MESSAGER. — Gracieuse Madame, j'apporte les nouvelles, je n'ai pas fait le mariage.

CLÉOPÂTRE. — Dis que cela n'est pas, et je te donnerai une province, et je te ferai une fortune brillante : le coup que tu as reçu te fera pardonner de m'avoir mise en colère, et je t'accorderai, en outre, n'importe quel don que ton humble condition pourra me mendier.

LE MESSAGER. — Il est marié, Madame.

CLÉOPÂTRE. — Coquin, tu as vécu trop longtemps. (*Elle tire un poignard.*)

Le messager. — Oh bien alors, je vais me sauver. Que prétendez-vous, Madame? je n'ai pas commis d'offense. (*Il sort.*)

Charmian. — Bonne Madame, contenez-vous : cet homme est innocent.

Cléopâtre. — Il y a des innocents qui n'échappent pas au tonnerre. Que l'Égypte s'effondre dans le Nil! et que toutes les créatures bienfaisantes se changent en serpents! Rappelez l'esclave : quoique je sois folle, je ne le mordrai pas : — appelez!

Charmian. — Il craint de venir.

Cléopâtre. — Je ne lui ferai pas de mal. (*Sort Charmian.*) Elles manquent à la noblesse ces mains qui frappent un plus petit que moi, alors que je n'ai d'autre motif que celui que je me suis donné moi-même.

Rentrent CHARMIAN *et* le messager.

Cléopâtre. — Venez ici, Monsieur. Quoique cela soit honnête, cela n'est jamais bon d'apporter de mauvaises nouvelles : donnez une armée de langues aux bonnes nouvelles; mais pour les mauvaises nouvelles, laissez-les se raconter elles-mêmes en se faisant sentir.

Le messager. — J'ai fait mon devoir.

Cléopâtre. — Est-il marié? Je ne puis te haïr plus que je ne fais, si tu me dis encore *oui*.

Le messager. — Il est marié, Madame.

Cléopâtre. — Les Dieux te confondent! tu oses encore persister?

Le messager. — Devrais-je mentir, Madame?

Cléopâtre. — Oh! je voudrais que tu eusses menti, dût pour cela la moitié de mon Égypte être submergée, et transformée en une citerne de serpents écailleux! Va, retire-toi d'ici : quand bien même tu aurais le visage de Narcisse, tu m'apparaîtrais hideux au possible. Il est marié?

Le messager. — J'implore le pardon de Votre Altesse.

Cléopâtre. — Il est marié?

Le messager. — Ne prenez pas en offense ce que je

ne dis pas pour vous offenser : me punir pour exécuter ce que vous-même m'ordonnez me paraît fort injuste : il est marié à Octavie.

CLÉOPÂTRE. — Eh, plût au ciel que sa faute eût fait un coquin de toi qui ne l'es pas ! Comment, tu es sûr de cela ? Pars d'ici : les marchandises que tu as rapportées de Rome sont toutes trop chères pour moi : puissent-elles te rester sur les bras et te ruiner ! (*Sort le messager.*)

CHARMIAN. — Patience, bonne Altesse.

CLÉOPÂTRE. — Quand j'ai loué Antoine, j'ai dénigré César.

CHARMIAN. — Bien des fois, Madame.

CLÉOPÂTRE. — J'en suis payée maintenant. Conduis-moi hors d'ici ; je m'évanouis. — Ô Iras ! Charmian ! — Bah ! peu importe. — Va trouver ce garçon, mon bon Alexas ; ordonne-lui de te décrire la personne d'Octavie ; qu'il te renseigne sur son âge, ses inclinations, et qu'il n'oublie pas la couleur de sa chevelure : — rapporte-moi réponse promptement. (*Sort Alexas.*) Qu'il parte pour toujours : — mais non, ne le laisse pas partir, Charmian, quoiqu'il soit peint d'un côté comme une Gorgone et de l'autre comme un Mars[9]. — (*A Mardian.*) Ordonnez à Alexas de me rapporter des renseignements sur sa taille. — Aie compassion de moi, Charmian, mais ne me parle pas. — Conduis-moi dans ma chambre. (*Elles sortent.*)

SCÈNE VI.

Près de Misène.

Fanfares. Entrent d'un côté POMPÉE et MÉNAS, avec tambours et trompettes ; de l'autre, CÉSAR, ANTOINE, LÉPIDUS, ÉNOBARBUS, MÉCÈNE, avec des soldats en marche.

POMPÉE. — J'ai vos otages, vous avez les miens ; nous pouvons donc conférer avant de combattre.

CÉSAR. — Il est parfaitement convenable que nous en

venions d'abord aux paroles, et c'est pour cela que nous nous sommes fait précéder par nos propositions écrites; si tu les a méditées, fais-nous savoir si elles remettront au fourneau ton épée mécontente, et ramèneront en Sicile tant de braves jeunes gens qui, dans le cas contraire, devront périr ici.

Pompée. — Salut à vous trois, seuls sénateurs de ce vaste univers, premiers agents des Dieux! Je ne comprends pas pourquoi mon père manquerait de vengeurs, ayant un fils et des amis; puisque Jules-César, dont le fantôme visita le vertueux Brutus à Philippes, vous vit dans Philippes même travailler à le venger. Qu'est-ce qui poussa le pâle Cassius à conspirer? qu'est-ce qui poussa, de compagnie avec les autres courtisans armés de la séduisante liberté, cet honnête Romain, honoré de tous, Brutus, à ensanglanter le Capitole, si ce n'est qu'ils voulaient qu'un homme ne fût pas plus qu'un homme? Et c'est là la raison qui m'a fait équiper ma flotte sous le poids de laquelle écume l'Océan courroucé, et dont je prétends me servir pour châtier l'ingratitude que la méchante Rome a montrée à mon noble père.

César. — Choisissez votre temps.

Antoine. — Tu ne peux nous effrayer avec tes navires, Pompée; nous te tiendrons tête sur mer: sur terre, tu sais combien tu es loin de compte avec nous.

Pompée. — Sur terre, tu es loin de compte avec moi de toute la valeur de la maison de mon père, voilà ce qui est certain: mais puisque le coucou ne bâtit pas pour lui-même, restes-y tant que tu pourras [10].

Lépidus. — Qu'il vous plaise de nous dire (car ces récriminations n'ont rien à faire avec l'objet de notre réunion) comment vous prenez les offres que nous vous avons envoyées.

César. — C'est là le point.

Antoine. — Tu n'es pas supplié de les accepter, mais de voir si elles valent la peine que tu les acceptes.

César. — Et de considérer ce qui arriverait si vous cherchiez une plus haute fortune.

Pompée. — Vous m'avez offert la Sicile, la Sardaigne, et je dois me charger de purger toute la mer des pirates; en outre je devrai envoyer tant de mesures de blé à Rome; une fois tombés d'accord à cet égard, nous nous retirerons avec nos épées sans brèche et nos boucliers sans bosselure.

César, Antoine et Lépidus. — C'est notre offre.

Pompée. — Sachez donc que j'étais venu devant vous ici, tout décidé à accepter cette offre : mais Marc Antoine m'a causé quelque impatience. — Bien que je perde la louange due à cette action en la rapportant, vous devez savoir que lorsque César et votre frère étaient aux prises, votre mère vint en Sicile et y trouva une cordiale bienvenue.

Antoine. — Je l'ai appris, Pompée, et je suis fort disposé à vous exprimer les remercîments infinis que je vous dois.

Pompée. — Donnez-moi votre main : je n'aurais pas cru vous rencontrer ici, Seigneur.

Antoine. — Les lits sont doux en Orient; mais j'ai à vous faire bien des remercîments à vous qui m'avez rappelé ici plutôt que je n'en avais dessein; j'ai gagné à ce retour.

César. — Vous êtes changé depuis la dernière fois que je vous ai vu.

Pompée. — Bon, je ne sais pas quels changements l'âpre Fortune a pu faire subir à mon visage; mais ce que je sais bien, c'est qu'elle n'entrera jamais dans ma poitrine pour faire de mon cœur son vassal.

Lépidus. — Vous êtes le bienvenu ici.

Pompée. — Je l'espère, Lépidus. Ainsi nous sommes d'accord : je demande que notre convention soit écrite, et scellée entre nous.

César. — C'est la première chose à faire.

Pompée. — Nous nous traiterons les uns les autres avant de nous séparer; tirons au sort à qui commencera.

Antoine. — Ce sera moi, Pompée.

ACTE II, SCÈNE VI.

Pompée. — Non, Antoine, acceptez la décision du sort : mais qu'elle vienne la première ou la dernière, votre exquise cuisine égyptienne remportera la victoire. J'ai entendu dire que les festins de ce pays-là avaient engraissé Jules César.

Antoine. — Vous en avez appris long.

Pompée. — Mes pensées sont irréprochables, Seigneur.

Antoine. — Et irréprochables aussi les mots dont vous les enveloppez, Seigneur.

Pompée. — J'en ai appris aussi long que cela, et j'ai entendu dire qu'Apollodore avait porté....

Énobarbus. — Assez là-dessus, il la porta[11].

Pompée. — Quoi, je vous prie ?

Énobarbus. — Une certaine reine à César, sur un matelas.

Pompée. — Je te reconnais maintenant : comment te portes-tu, soldat ?

Énobarbus. — Bien, et je me dispose à mieux me porter encore ; car je m'aperçois qu'il y a quatre festins en préparation.

Pompée. — Permets-moi de te donner une poignée de main ; je ne t'ai jamais haï : je t'ai vu combattre, et j'ai admiré ta vaillance.

Énobarbus. — Seigneur, je ne vous ai jamais beaucoup aimé ; mais j'ai fait votre éloge dans des occasions où vous méritiez dix fois plus de louanges que je ne vous en donnais.

Pompée. — Sois franc à ton plaisir, cela ne te va pas mal du tout. Je vous invite tous à bord de ma galère : voulez-vous ouvrir la route, Seigneurs ?

César, Antoine et Lépidus. — Montrez-nous le chemin, Seigneur.

Pompée. — Venez. (*Tous sortent, sauf Énobarbus et Ménas.*)

Ménas, *à part*. — Ton père, Pompée, n'aurait jamais fait ce traité. (*A Énobarbus.*) Nous nous sommes connus vous et moi, Seigneur.

Énobarbus. — Sur mer, je crois.

Ménas. — Oui, Seigneur.

Énobarbus. — Vous vous êtes bien comporté sur mer.

Ménas. — Et vous sur terre.

Énobarbus. — Je louerai tout homme qui me louera, quoiqu'on ne puisse nier ce que j'ai fait sur terre.

Ménas. — Non plus que ce que j'ai fait sur mer.

Énobarbus. — Pardon, vous pouvez nier quelque chose pour votre propre sécurité : vous avez été un grand voleur sur mer.

Ménas. — Et vous sur terre.

Énobarbus. — Ici, je dénie mon service de terre. Mais, donnez-moi votre main, Ménas : si nos yeux étaient des magistrats, ils pourraient surprendre ici deux voleurs s'embrassant.

Ménas. — Les visages de tous les hommes sont sincères, quelles que soient leurs mains.

Énobarbus. — Mais une belle femme n'a pas toujours un visage sincère.

Ménas. — Pas de médisance ; elles volent les cœurs.

Énobarbus. — Nous étions venus ici pour combattre avec vous.

Ménas. — Pour ma part, je suis désolé que les choses aient tourné en rasades. Pompée aujourd'hui a congédié sa fortune en riant.

Énobarbus. — S'il l'a fait, à coup sûr il ne la ramènera pas en pleurant.

Ménas. — Vous dites fort vrai, Seigneur. Nous ne nous attendions pas à voir ici Marc Antoine. Dites-moi, je vous prie, est-ce qu'il est marié à Cléopâtre ?

Énobarbus. — La sœur de César s'appelle Octavie.

Ménas. — C'est vrai, Seigneur ; elle était femme de Caïus Marcellus.

Énobarbus. — Mais elle est maintenant la femme de Marc Antoine.

Ménas. — S'il vous plaît, Seigneur ?

Énobarbus. — Je vous dis la vérité.

Ménas. — Alors César et lui sont pour toujours unis.

ÉNOBARBUS. — Si j'étais obligé de prédire à propos de cette union, je ne prophétiserais pas ainsi.

MÉNAS. — Je pense que la politique a eu plus de part dans ce mariage que l'amour des parties.

ÉNOBARBUS. — Je le pense aussi. Mais vous verrez que le lien qui semble serrer leur amitié sera le cordon même qui l'étranglera. Octavie est pieuse, froide, de commerce paisible.

MÉNAS. — Qui ne voudrait pas que sa femme fût telle?

ÉNOBARBUS. — Celui qui n'est pas tel lui-même, et c'est là le cas de Marc Antoine. Il retournera à son plat égyptien : alors les soupirs d'Octavie souffleront le feu dans le cœur de César, et, ainsi que je vous l'ai dit, ce mariage qui est la force de leur union, deviendra l'auteur immédiat de leur division. Antoine persistera dans son affection : il n'a épousé ici qu'une occasion d'intérêt.

MÉNAS. — Cela peut bien être. Allons, Seigneur, voulez-vous venir à bord? j'ai une santé à vous porter.

ÉNOBARBUS. — Je l'accepterai, Seigneur; nous avons fait faire de l'exercice à nos gosiers en Égypte.

MÉNAS. — Allons, partons. (*Ils sortent.*)

SCÈNE VII.

A bord de la galère de POMPÉE, près de MISÈNE.

Musique. Entrent DEUX OU TROIS SERVITEURS *avec un dessert.*

PREMIER SERVITEUR. — Ils vont venir ici, l'ami. Les plantes des pieds de quelques-uns sont déjà fort déracinées, le moindre vent qui soufflera dans le monde les renversera.

SECOND SERVITEUR. — Lépidus est bien rouge.

PREMIER SERVITEUR. — Ils lui ont fait boire tout ce qu'ils avaient de trop.

SECOND SERVITEUR. — Toutes les fois qu'ils se piquent à leurs endroits sensibles, il leur crie : *assez*, les réconcilie par ses instances et se réconcilie lui-même avec le vin.

Premier serviteur. — Mais cela ne fait que soulever une guerre plus grande entre lui et sa prudence.

Second serviteur. — Parbleu, voilà ce que c'est que d'avoir son nom fourré dans la société des grands hommes ; j'aimerais mieux avoir un roseau dont je pourrais me servir, qu'une pertuisane que je ne pourrais soulever.

Premier serviteur. — Être appelé dans une sphère supérieure, sans qu'on vous y voie vous mouvoir, c'est comme avoir des trous là où il devrait y avoir des yeux, ce qui endommage pitoyablement le visage.

Une fanfare sonne. Entrent CÉSAR, ANTOINE, LÉPIDUS, POMPÉE, AGRIPPA, MÉCÈNE, ÉNOBARBUS, MÉNAS, *et autres capitaines.*

Antoine. — Voici comment ils procèdent, Seigneur : ils mesurent le flux du Nil par certaines échelles sur les Pyramides ; selon que le flot est haut, bas, ou moyen, ils savent ce qui va venir, la disette ou l'abondance. Plus haut monte le Nil, plus grandes sont ses promesses : lorsqu'il reflue, le semeur jette son grain sur le limon et la boue, et peu de temps après vient la moisson [12].

Lépidus. — Vous avez d'étranges serpents dans ce pays.

Antoine. — Oui, Lépidus.

Lépidus. — Voyez-vous, votre serpent d'Égypte est engendré de la boue par l'opération du soleil : de même pour votre crocodile.

Antoine. — C'est la vérité.

Pompée. — Asseyons-nous, — et du vin ! Une santé à Lépidus !

Lépidus. — Je ne suis pas aussi bien que je voudrais l'être, mais jamais je ne me laisserai mettre hors d'une santé à porter.

Énobarbus. — Pas avant que vous ayez dormi au moins ; je crains bien que vous ne restiez *dedans* jusque-là.

Lépidus. — Oui, certainement, j'ai entendu dire que les

ACTE II, SCENE VII.

pyramides des Ptolémées sont de très-belles choses; sans contredit, je l'ai entendu dire.

MÉNAS, *à part, à Pompée*. — Pompée, un mot.

POMPÉE, *à part, à Ménas*. — Dis-le-moi à l'oreille, de quoi s'agit-il?

MÉNAS, *à part, à Pompée*. — Quitte ta place, je t'en prie, capitaine, et écoute-moi te dire un mot.

POMPÉE, *à part, à Ménas*. — Attends-moi quelques minutes. — Cette santé à Lépidus!

LÉPIDUS. — Quelle espèce d'être est-ce que votre crocodile?

ANTOINE. — Il a juste la forme qu'il a, Seigneur; il est large de toute sa largeur, juste haut comme sa hauteur, et il se meut par ses propres organes : il vit de ce qui le nourrit, et quand les éléments qui le composent se dissolvent, il transmigre.

LÉPIDUS. — De quelle couleur est-il?

ANTOINE. — De sa propre couleur.

LÉPIDUS. — C'est un étrange serpent.

ANTOINE. — Oui, et ses larmes sont humides.

CÉSAR. — Cette description pourra-t-elle le satisfaire?

ANTOINE. — Oui, avec la santé que lui porte Pompée, ou bien c'est un véritable Épicure.

POMPÉE, *à part, à Ménas*. — Allez vous faire pendre, Monsieur, allez vous faire pendre! me parler de cela? assez! Faites ce que je vous ai ordonné. — Où est cette coupe que j'avais demandée?

MÉNAS, *à part, à Pompée*. — Si tu daignes m'entendre en considération de mes services, lève-toi de ton siége.

POMPÉE, *à part, à Ménas*. — Je crois que tu es fou. Qu'y a-t-il? (*Il se lève et fait quelques tours de promenade avec Ménas.*)

MÉNAS. — Je me suis toujours tenu chapeau bas devant ta fortune.

POMPÉE. — Tu m'as servi avec beaucoup de fidélité. Qu'as-tu d'autre à me dire? — De l'entrain, Seigneurs.

ANTOINE. — Prenez garde à ces sables mouvants, Lépidus; retirez-vous-en, car vous enfoncez.

Ménas. — Veux-tu être Seigneur du monde entier?

Pompée. — Que dis-tu?

Ménas. — Veux-tu être Seigneur du monde entier? c'est pour la deuxième fois que je pose cette question.

Pompée. — Comment cela se pourrait-il?

Ménas. — Fais seulement ce que je vais te dire, et quoique tu me supposes pauvre, je te donnerai le monde entier.

Pompée. — Est-ce que tu as trop bu?

Ménas. — Non, Pompée, je me suis abstenu de la coupe. Tu es, si tu l'oses, le Jupiter terrestre : tout ce que l'océan embrasse, tout ce que le ciel recouvre, est tien si tu le veux.

Pompée. — Montre-moi comment.

Ménas. — Ces trois copartageants du monde, ces trois associés sont sur ton vaisseau; laisse-moi couper le câble, puis quand nous serons en pleine mer, coupons-leur la gorge, et alors tout est à toi.

Pompée. — Eh, il fallait faire cela, et non pas me le dire! en moi c'est scélératesse, en toi c'eût été bon service. Tu dois savoir que ce n'est pas mon intérêt qui sert de guide à mon honneur, mais mon honneur qui dirige mon intérêt. Repens-toi d'avoir laissé ta langue trahir ton intention : si tu l'avais exécutée à mon insu, j'aurais trouvé ensuite que c'était bien fait; mais à présent, je dois la condamner. Renonces-y, et allons boire. (*Il retourne vers ses convives.*)

Ménas, *à part.* — Après ce refus, je ne veux plus suivre ta fortune pâlissante. Quiconque cherche, et ne prend pas lorsqu'on lui offre, ne trouvera jamais plus.

Pompée. — Cette santé à Lépidus!

Antoine. — Portez-le à terre. — Je vais vous faire raison à sa place, Pompée.

Énobarbus. — A ta santé, Ménas!

Ménas. — Bonheur à toi, Énobarbus!

Pompée. — Remplissez la coupe jusqu'aux bords.

Énobarbus, *désignant du doigt les gens qui emportent Lépidus.* — Voilà un vigoureux camarade, Ménas.

MÉNAS. — Pourquoi ?

ÉNOBARBUS. — Il porte le tiers du monde, l'ami ; ne vois-tu pas ?

MÉNAS. — En ce cas le tiers du monde est ivre : je voudrais qu'il fût tel tout entier, afin qu'il tournât sur des roues !

ÉNOBARBUS. — Alors bois pour augmenter la rapidité du tourbillon.

MÉNAS. — Volontiers.

POMPÉE. — Ce n'est pas encore là une fête d'Alexandrie.

ANTOINE. — Cela commence à en approcher. — Choquez les coupes, holà ! — A la santé de César !

CÉSAR. — Je m'en passerais bien. C'est un monstrueux travail lorsque mon cerveau devient d'autant plus trouble que je le lave davantage.

ANTOINE. — Il faut tenir tête à la circonstance.

CÉSAR. — Eh bien portez-moi cette santé, j'y répondrai : mais j'aimerais mieux jeûner quatre jours que de boire autant en un seul.

ÉNOBARBUS, à Antoine. — Ah, mon brave empereur ! Danserons-nous maintenant les bacchanales égyptiennes, et célébrerons-nous notre ivresse ?

POMPÉE. — Faisons cela, brave soldat.

ANTOINE. — Allons, prenons-nous tous les mains jusqu'à ce que le vin vainqueur ait engourdi nos sens dans un doux et délicat Léthé !

ÉNOBARBUS. — Prenez-vous tous par la main. Canonnez nos oreilles d'une musique bruyante : — pendant qu'elle jouera je vais vous placer ; puis l'enfant chantera, et chacun entonnera le refrain aussi fort que ses poumons le lui permettront. (*La musique joue. Énobarbus leur met la main dans la main.*)

CHANSON.

Viens, ô toi monarque du vin,
Bacchus joufflu aux yeux clignotants !
Que nos soucis soient noyés dans tes cuves,
Que tes grappes couronnent nos chevelures !

Tous. — Verse-nous, jusqu'à ce que le monde tourne;
Verse-nous, jusqu'à ce que le monde tourne!

César. — Que voudriez-vous de plus? — Pompée, bonne nuit. Mon bon frère, permettez-moi de vous emmener, cette légèreté fait honte à nos graves affaires. Aimables Seigneurs, séparons-nous. Voyez comme nos joues sont enflammées: le vigoureux Énobarbus est plus faible que le vin, et ma propre langue hache ce qu'elle dit : cette folle équipée nous a tous rendus presque grotesques. Qu'avons-nous besoin d'en dire davantage? bonne nuit. Votre main, mon bon Antoine.

Pompée. — Je vais vous accompagner à terre.

Antoine. — Accepté, Seigneur : donnez-nous votre main.

Pompée. — O Antoine, vous avez la maison de mon père.... mais qu'importe? nous sommes amis. Descendons dans le bateau.

Énobarbus. — Prenez garde de tomber. (*Sortent César, Pompée, Antoine et des gens de leurs suites.*) Ménas, je n'irai pas à terre.

Ménas. — Non, venez à ma cabine. — En avant les tambours! les trompettes! les flûtes! Allons! que Neptune entende quel adieu bruyant nous souhaitons à ces grands compagnons : sonnez, et puis allez au diable! sonnez comme il faut! *Fanfares avec tambours.*)

Énobarbus. — Hourrah! mon chapeau en l'air!

Ménas. — Hourrah! venez, noble capitaine. (*Ils sortent.*)

ACTE III.

SCÈNE PREMIÈRE.

Une plaine en SYRIE.

Entre VENTIDIUS *en triomphe, avec* SILIUS *et d'autres Romains, officiers et soldats; le cadavre de* PACORUS *est porté devant lui.*

VENTIDIUS. — Eh bien, te voilà frappé maintenant, pays des Parthes sagittaires, et il a plu à la fortune de me faire le vengeur de la mort de Marcus Crassus. Portez devant notre armée le corps du fils du roi. — Orodes, ton Pacorus paye pour Marcus Crassus.

SILIUS. — Noble Ventidius, tant que ton épée est encore chaude du sang parthe, poursuis les Parthes fugitifs; éperonne-les à travers la Médie, la Mésopotamie, et tous les asiles vers lesquels ils se précipitent en déroute; et plus tard ton grand général, Antoine, t'installera sur des chars de triomphe et posera des couronnes sur ta tête.

VENTIDIUS. — Ô Silius, Silius! j'ai assez accompli : une place inférieure, note-le bien, peut faire contraste avec un exploit trop grand; car, sache cela, Silius, il vaut bien mieux laisser une chose inachevée que d'acquérir une trop haute renommée, lorsque le chef que nous servons est absent. César et Antoine ont toujours vaincu plus par leurs lieutenants que par eux-mêmes : Sossius, son lieutenant qui tenait ma place en Syrie, ayant en un rien de temps acquis une masse de gloire rapidement accumulée, perdit la faveur dont il jouissait. Quiconque fait dans la guerre plus que ne peut faire son général, devient le général de son général, et l'ambition, cette vertu du soldat, préfère une perte à un gain qui l'éclipse. Je pourrais faire davantage dans l'intérêt d'Antoine, mais cela l'offenserait, et sous cette offense mes exploits périraient[1].

Silius. — Tu possèdes, Ventidius, cette faculté sans laquelle un soldat n'est guère qu'une épée. Tu écriras à Antoine ?

Ventidius. — Je lui signifierai humblement ce que nous avons accompli en son nom, ce mot magique de guerre; comment nous avons, avec ses bannières et ses légions bien payées, bousculé hors du champ de bataille la cavalerie parthe qui ne fut encore jamais battue.

Silius. — Où est-il maintenant ?

Ventidius. — Il se propose d'aller à Athènes, où nous allons apparaître devant lui, aussi rapidement que nous le permettra le poids que nous traînons. — En avant, par ici ! défilez ! (*Ils sortent.*)

SCÈNE II.

Rome. — Une antichambre dans la maison de César.

Entrent en se rencontrant AGRIPPA *et* ÉNOBARBUS.

Agrippa. — Eh bien, les frères se sont-ils séparés ?

Énobarbus. — Ils en ont fini avec Pompée, il est parti, et les trois autres scellent le traité. Octavie pleure d'avoir à quitter Rome : César est triste; et depuis la fête de Pompée, Lépidus, comme le dit Ménas, est attaqué des pâles couleurs.

Agrippa. — Ce noble Lépidus !

Énobarbus. — Un homme bien remarquable : oh, comme il aime César !

Agrippa. — Certes, mais comme il adore tendrement Marc Antoine !

ÉNOBARBUS. — César? mais c'est parbleu le Jupiter des hommes!

AGRIPPA. — Et qu'est-ce qu'Antoine? le Dieu de Jupiter.

ÉNOBARBUS. — Parlez-vous de César? Oh, l'incomparable!

AGRIPPA. — Ô Antoine! Ô phénix d'Arabie!

ÉNOBARBUS. — Voulez-vous vanter César, dites *César*, et n'allez pas plus loin (a).

AGRIPPA. — Vraiment il les a comblés tous deux d'excellentes louanges.

ÉNOBARBUS. — Mais c'est César qu'il aime le mieux; cependant il aime Antoine. Oh! les cœurs, les langues, les figures, les écrivains, les chanteurs, les poëtes ne pourraient sentir, exprimer, figurer, écrire, chanter, mesurer son amour pour Antoine : oh! Mais quant à ce qui est de César, agenouillez-vous, agenouillez-vous, et admirez!

AGRIPPA. — Il les aime tous deux.

ÉNOBARBUS. — Ils sont ses antennes, et il est, lui, leur hanneton. (*Bruit de trompettes.*) Voilà qui nous appelle à monter à cheval. Adieu, noble Agrippa.

AGRIPPA. — Bonne fortune, noble soldat, et adieu. (*Ils se retirent à l'écart.*)

Entrent CÉSAR, ANTOINE, LÉPIDUS *et* OCTAVIE.

ANTOINE. — N'allez pas plus loin, Seigneur.

CÉSAR. — Vous me séparez d'une grande partie de moi-même, traitez-moi bien dans cette chère moitié. — Sœur, montre-toi une épouse telle que ma pensée l'ambitionne, et que ta conduite justifie tout ce que j'oserais garantir de toi. — Très-noble Antoine, que ce modèle de vertu, qui est placé entre nous comme le ciment chargé de maintenir l'édifice de notre affection, ne devienne jamais un bélier pour battre en brèche notre forteresse d'amitié : car

(a) Avons-nous besoin de faire remarquer qu'Agrippa et Énobarbus parodient à qui mieux mieux l'emphase de Lépidus quand il parle de ses deux collègues dont le mérite éblouit sa médiocrité?

mieux eût valu nous aimer sans ce lien, s'il ne doit pas être soigneusement ménagé des deux côtés.

Antoine. — Ne m'offensez pas de votre défiance.

César. — J'ai dit.

Antoine. — Quelque attentive minutie que vous portiez à l'examen de ma conduite, vous n'y trouverez pas le moindre sujet de vous alarmer à propos de ce que vous paraissez craindre : là-dessus, veuillent les Dieux vous protéger et disposer à vos desseins les cœurs des Romains ! Nous allons nous séparer ici.

César. — Adieu, ma très-chère sœur, porte-toi bien. Puissent les éléments être tendres pour toi, et ne te donner que santé et joie ! Porte-toi bien.

Octavie. — Mon noble frère !

Antoine. — Avril est dans ses yeux : là est le printemps de l'amour, et ces larmes sont les averses chargées de le faire naître. — Soyez joyeuse.

Octavie. — Seigneur, veillez bien à la maison de mon époux, et....

César. — Quoi, Octavie ?

Octavie. — Je vais vous le dire à l'oreille.

Antoine. — Sa langue refuse d'obéir à son cœur, et son cœur est impuissant à enseigner sa langue ; tel le duvet du cygne qui flotte sur l'onde à la marée haute, sans incliner d'aucun côté.

Énobarbus, *à part, à Agrippa*. — César pleurera-t-il ?

Agrippa, *à part, à Énobarbus*. — Il a un nuage sur le visage.

Énobarbus, *à part, à Agrippa*. — Il n'en serait que plus mauvais s'il était un cheval, à plus forte raison étant un homme[2].

Agrippa, *à part, à Énobarbus*. — Qu'est-ce à dire, Énobarbus ? Lorsque Antoine trouva mort Jules César, il gémit jusqu'à rugir, et il pleura lorsque à Philippes il trouva Brutus tué.

Énobarbus, *à part, à Agrippa*. — Cette année-là, il était incommodé par un rhume ; il se lamentait sur celui qu'il avait volontairement détruit; croyez à ses larmes, lorsque je pleurerai aussi.

César. — Non, aimable Octavie, vous apprendrez toujours de mes nouvelles; le temps n'affaiblira pas votre souvenir dans ma pensée.

Antoine. — Allons, Seigneur, allons, je veux lutter avec vous de force d'amour : voyez, je vous étreins, — et maintenant je vous lâche, et je vous remets aux Dieux.

César. — Adieu; sois heureux!

Lépidus. — Que toute la multitude des étoiles éclaire ton heureux voyage!

César. — Adieu, adieu! (*Il embrasse Octavie.*)

Antoine. — Adieu! (*Fanfares. Ils sortent.*)

SCÈNE III.

Alexandrie. — Un appartement dans le palais.

Entrent CLÉOPÂTRE, CHARMIAN, IRAS *et* ALEXAS.

Cléopâtre. — Où est ce garçon?

Alexas. — Il n'ose pas trop venir.

Cléopâtre. — Allez donc, allez donc. — Venez ici, Monsieur.

Entre un messager.

Alexas. — Noble Altesse, Hérode de Judée n'ose vous regarder que lorsque vous êtes de bonne humeur.

Cléopâtre. — J'aurai la tête de cet Hérode : mais comment l'avoir, maintenant qu'il est parti, cet Antoine auquel j'aurais pu donner l'ordre de me l'apporter? — Approche.

Le messager. — Très-gracieuse Majesté!

Cléopâtre. — As-tu vu Octavie?

Le messager. — Oui, redoutée reine.

Cléopâtre. — Où ça?

Le messager. — Madame, à Rome; je l'ai contemplée

en face, et je l'ai vue conduite entre son frère et Marc Antoine.

CLÉOPÂTRE. — Est-elle aussi grande que moi?

LE MESSAGER. — Non, Madame.

CLÉOPÂTRE. — L'as-tu entendue parler? A-t-elle la voix aiguë ou sourde?

LE MESSAGER. — Madame, je l'ai entendue parler; elle a la voix sourde.

CLÉOPÂTRE. — Cela ne vaut pas une voix aiguë : il ne peut l'aimer longtemps.

CHARMIAN. — *L'aimer!* Ô Isis, c'est impossible!

CLÉOPÂTRE. — Je le crois, Charmian : naine et la langue épaisse! — A-t-elle de la majesté dans la démarche? Rappelle-toi cela, si tu as contemplé quelquefois la majesté.

LE MESSAGER. — Elle se traîne : qu'elle soit immobile, ou qu'elle marche, elle est toujours la même; elle a l'air d'un corps plutôt que d'une âme, d'une statue plutôt que d'une personne qui respire.

CLÉOPÂTRE. — Est-ce certain?

LE MESSAGER. — Oui, ou bien je n'ai pas le don d'observation.

CHARMIAN. — Il n'y en a pas trois en Égypte qui pourraient faire mieux un rapport.

CLÉOPÂTRE. — Il est très-intelligent, je m'en aperçois. — Eh bien, je ne vois encore rien en elle : — ce garçon est doué d'un bon jugement.

CHARMIAN. — Excellent.

CLÉOPÂTRE. — Informe-moi sur son âge, je t'en prie....

LE MESSAGER. — Madame, elle était veuve.

CLÉOPÂTRE. — *Veuve!* entends-tu, Charmian?

LE MESSAGER. — Et je le crois bien, elle a trente ans.

CLÉOPÂTRE. — Et as-tu bien son visage dans l'esprit? est-il ovale ou rond?

LE MESSAGER. — Rond jusqu'à l'imperfection.

CLÉOPÂTRE. — Ceux qui ont le visage rond, sont aussi pour la plupart des imbéciles. Et sa chevelure, de quelle couleur est-elle?

LE MESSAGER. — Brune, Madame, et son front est aussi bas que si elle l'avait commandé tel.

CLÉOPÂTRE. — Voici de l'or pour toi. Il ne te faut pas prendre mal ma précédente rudesse : je vais te faire faire un nouveau voyage ; je te trouve tout à fait propre aux affaires : allons, va te disposer ; nos lettres sont prêtes. (*Sort le messager.*)

CHARMIAN. — C'est un homme très-convenable.

CLÉOPÂTRE. — Oui, en vérité : je me repens beaucoup de l'avoir molesté comme je l'ai fait. Vraiment, il me semble que d'après lui cette créature n'est pas grand'chose.

CHARMIAN. — Ce n'est rien du tout, Madame.

CLÉOPÂTRE. — Cet homme a vu certaines personnes majestueuses, et il doit s'y connaître.

CHARMIAN. — S'il a vu des personnes majestueuses ? Isis défende qu'après vous avoir servie si longtemps, il ignore ce qu'est la majesté !

CLÉOPÂTRE. — J'ai encore une chose à lui demander, ma bonne Charmian : mais peu importe ; tu me le mèneras dans l'appartement où je vais écrire. Tout peut encore bien aller.

CHARMIAN. — Je vous le garantis, Madame. (*Sortent les personnages.*)

SCÈNE IV.

ATHÈNES. — Un appartement dans la demeure d'ANTOINE.

Entrent ANTOINE *et* OCTAVIE.

ANTOINE. — Non, non, Octavie, ce n'est pas seulement cela, — cela serait excusable, cela et mille autres offenses de pareille importance ; — mais il a entrepris de nouvelles guerres contre Pompée : il a fait son testament, et l'a lu en public : il a parlé de moi légèrement, et dans les occasions où il n'a pu se dispenser de faire mon éloge, il s'est exprimé en termes froids et sans force : il m'a fait aussi petite mesure que possible : lorsqu'il a eu l'occasion de me rendre justice, il ne l'a pas saisie, ou bien il a parlé de moi du bout des lèvres.

OCTAVIE. — Ô mon bon Seigneur, ne croyez pas tout ; ou si vous voulez tout croire, ne prenez pas tout avec ressentiment. Jamais il ne s'est rencontré plus malheureuse Dame que moi, puisque si cette querelle éclate, il me faudra me tenir entre vous deux, priant pour les deux partis. Les Dieux bons vont se moquer tout à l'heure, lorsque après leur avoir dit : « Oh! bénissez mon Seigneur et mon époux! » ils m'entendront défaire cette prière en criant tout aussi haut : « Oh! bénissez mon frère! » Triomphe mon époux, triomphe mon frère, ma prière détruit ma prière ; il n'y a pas de milieu entre ces extrémités.

ANTOINE. — Charmante Octavie, que votre meilleur amour penche du côté de celui qui fait les meilleurs efforts pour le conserver ; si je perds mon honneur, je me perds moi-même : mieux vaudrait n'être pas vôtre, que de vous appartenir ainsi mutilé. Mais, ainsi que vous l'avez demandé, vous servirez d'intermédiaire entre nous deux : pendant ce temps, Madame, je ferai les préparatifs d'une guerre capable de replonger votre frère dans l'ombre : faites votre plus prompte diligence ; ainsi, vous avez vos pleins désirs.

OCTAVIE. — Merci à mon Seigneur. Veuille le puissant Jupiter faire de moi, bien faible, bien faible, l'instrument de votre réconciliation! Une guerre entre vous deux, mais c'est comme si le monde se fendait ; et qu'il fallût combler le gouffre avec des cadavres!

ANTOINE. — Lorsque vous aurez découvert qui a commencé, vous voudrez bien tourner votre déplaisir du côté de celui-là ; car nos fautes ne peuvent être si égales, que votre amour en soit partagé également entre nous deux. Faites vos préparatifs de départ, choisissez les personnes qui vous accompagneront, et commandez n'importe quelle dépense qu'il vous plaira. (*Ils sortent.*)

SCÈNE V.

Athènes. — Un autre appartement dans la demeure d'Antoine.

Entrent en se rencontrant ÉNOBARBUS *et* ÉROS.

Énobarbus. — Eh bien, qu'y a-t-il, ami Éros?

Éros. — Oh! il est arrivé d'étranges nouvelles, Seigneur.

Énobarbus. — Quelles, l'ami?

Éros. — César et Lépidus ont fait la guerre à Pompée.

Énobarbus. — C'est une vieille nouvelle : quelles en sont les conséquences?

Éros. — Après s'être servi de Lépidus dans la guerre contre Pompée, César lui a nié son titre de collègue; il n'a pas voulu qu'il participât à la gloire de l'action : et il ne s'est pas arrêté là; il l'accuse de lettres qu'il aurait écrites auparavant à Pompée, et sur cette accusation, il l'a fait arrêter, si bien que le pauvre triumvir est encagé jusqu'à ce que la mort le délivre.

Énobarbus. — Eh bien, en ce cas, ô univers, tu n'as que deux mâchoires, pas davantage; et jette entre elles toute la nourriture que tu contiens, elles frapperont l'une contre l'autre. — Où est Antoine?

Éros. — Il se promène dans le jardin, — comme cela, — et il pousse du pied les roseaux qui sont devant lui, comme cela, — et il crie : « Stupide Lépidus! » et il jure de couper la gorge de l'officier qui a tué Pompée.

Énobarbus. — Notre grande flotte est équipée.

Éros. — Pour l'Italie et contre César. Il y a autre chose, Domitius; mon Seigneur désire que vous alliez le trouver immédiatement : j'aurais dû garder mes nouvelles pour plus tard.

Énobarbus. — Il n'aura rien à me dire : mais soit. Conduis-moi vers Antoine.

Éros. — Venez, Seigneur. (*Ils sortent.*)

SCÈNE VI.

Rome. — Un appartement dans la demeure de César.

Entrent CÉSAR, AGRIPPA *et* MÉCÈNE.

César. — Il a fait tout cela, et plus encore, au mépris de Rome, dans Alexandrie ; et voici comment les choses se sont passées. Sur la place du marché, au sommet d'une tribune d'argent, Cléopâtre et lui furent publiquement installés dans des trônes d'or : à leurs pieds étaient assis Césarion, qu'ils appellent le fils de mon père, et toute la postérité illégitime que leur concupiscence leur a depuis engendrée. Il lui donna l'apanage de l'Égypte, et la fit reine absolue de la Basse-Syrie, de Chypre et de la Lydie.

Mécène. — Et cela aux yeux du public?

César. — Dans la grande place publique où l'on fait les exercices. Il proclama là ses fils rois des rois : à Alexandre, il donna la grande Médie, la Parthie et l'Arménie ; à Ptolémée, il assigna la Syrie, la Cilicie et la Phénicie. Ce jour-là la reine apparut sous les vêtements de la déesse Isis, et souvent avant ce jour, elle avait, dit-on, donné ses audiences ainsi[2].

Mécène. — Que Rome soit informée de ces faits-là.

Agrippa. — Rome, qui déjà écœurée de son insolence, lui retirera toute estime.

César. — Le peuple le sait, et il a déjà reçu ses accusations.

Agrippa. — Qui accuse-t-il?

César. — César : il se plaint qu'ayant dépouillé Sextus Pompée de la Sicile, nous ne lui ayons pas donné sa part de l'île : il dit ensuite qu'il m'a prêté quelques vaisseaux qui n'ont pas été rendus : enfin, il trépigne parce que Lépidus a été déposé du triumvirat, et parce que, une fois déposé, nous avons retenu tous ses revenus.

Agrippa. — Seigneur, cela mérite une réponse.

César. — Elle est faite déjà, et le messager est parti. Je lui ai répondu que Lépidus était devenu trop cruel, qu'il avait abusé de sa haute autorité, et qu'il méritait sa destitution; que quant à mes conquêtes, je lui en accordais une partie, mais qu'alors je demandais la réciprocité pour son Arménie et les autres royaumes conquis par lui.

Mécène. — Il ne consentira jamais à cela.

César. — En ce cas, je ne consentirai pas de mon côté à ce qu'il me demande.

Entre OCTAVIE *avec sa suite.*

Octavie. — Salut, César et mon Seigneur! Salut, très-cher César!

César. — Pourquoi faut-il qu'il soit venu un jour où j'ai dû t'appeler répudiée!

Octavie. — Vous ne m'avez pas appelée ainsi, et vous n'avez aucune raison de m'appeler ainsi.

César. — Pourquoi, en ce cas, venez-vous furtivement ainsi nous trouver? Vous ne venez pas comme il convient à la sœur de César : une armée devrait précéder la femme d'Antoine, et les hennissements des chevaux devraient annoncer son approche longtemps avant qu'elle apparût; tout le long de la route les arbres auraient dû être chargés de curieux remplis de la fièvre de l'attente, et désappointés de ne pas apercevoir l'objet de leur impatience : la poussière soulevée par votre nombreux cortége aurait dû monter jusqu'à la voûte même du ciel : mais vous êtes venue à Rome comme une fille du marché, sans nous permettre de vous donner les marques ostensibles de notre affection, car lorsque ces marques extérieures manquent, bien souvent l'affection manque aussi : nous serions allés à votre rencontre sur terre et sur mer, et à chaque étape de votre voyage, nous vous aurions souhaité une bienvenue toujours croissante en éclat.

Octavie. — Mon bon Seigneur, je n'ai pas été contrainte de venir ainsi : c'est librement que je l'ai fait. Marc Antoine, mon époux, ayant appris que vous faisiez des préparatifs de guerre, a dû affliger mes oreilles de ces nouvelles, et alors je l'ai prié de me permettre de revenir.

César. — Ce qu'il vous a bien vite accordé, votre personne étant un obstacle entre lui et sa luxure.

Octavie. — Ne parlez pas ainsi, mon Seigneur.

César. — J'ai les yeux sur lui, et le vent m'a porté des nouvelles de ses affaires. Où est-il maintenant?

Octavie. — Dans Athènes, mon Seigneur.

César. — Non, ma sœur très-outragée; Cléopâtre lui a fait signe de venir le rejoindre. Il a remis son empire à une catin, et maintenant ils sont occupés à nouer pour une guerre une coalition de tous les rois de la terre : il a déjà réuni Bocchus, roi de Libye; Archélaüs, roi de Cappadoce; Philadelphos, roi de Paphlagonie; Adallas, le roi de Thrace; le roi Malchus d'Arabie; le roi du Pont; Hérode de Judée; Mithridate, roi de Comagène; Polémon et Amyntas, rois de Médie et de Lycaonie, et bien d'autres porte-sceptres encore.

Octavie. — Ah! malheureuse que je suis, moi dont le cœur est partagé entre deux parents qui se blessent l'un l'autre!

César. — Soyez ici la bienvenue : vos lettres ont retardé l'éclat de notre rupture, jusqu'au jour où j'ai vu à quel point vous étiez outragée, et quel danger nous courrions par négligence. Ayez courage : ne vous laissez pas troubler par les circonstances qui suspendent sur votre bonheur ces nécessités inévitables; laissez à la destinée les choses décrétées d'avance, sans essayer de les arrêter et sans en gémir. Soyez la bienvenue dans Rome! nulle personne ne m'est plus chère que vous. Vous êtes outragée au delà de toute imagination, et pour vous faire justice, les grands Dieux ont fait choix de nous et de ceux qui vous aiment comme ministres de leur vengeance. Ayez bon courage, et soyez pour toujours la bienvenue parmi nous!

Agrippa. — Soyez la bienvenue, Madame!

Mécène. — Soyez la bienvenue, chère Madame! tous

les cœurs dans Rome vous aiment et vous plaignent : seul, l'adultère Antoine, sans frein dans ses désordres, se détourne de vous, pour remettre son pouvoir redoutable à une catin qui s'en sert contre nous avec vacarme.

Octavie. — En est-il ainsi, Seigneur ?

César. — C'est trop certain. Soyez la bienvenue, ma sœur : je vous en prie, que votre patience ne se lasse jamais. Ma très-chère sœur ! (*Ils sortent.*)

SCÈNE VII.

Le camp d'Antoine près du promontoire d'Actium.

Entrent CLÉOPÂTRE *et* ÉNOBARBUS.

Cléopâtre. — Je te le ferai payer, n'en doute pas.

Énobarbus. — Mais pourquoi, pourquoi, pourquoi ?

Cléopâtre. — Tu t'es prononcé contre ma présence dans cette guerre, en disant qu'elle n'était pas convenable.

Énobarbus. — Bien, et l'est-elle ? l'est-elle ?

Cléopâtre. — Et si ce n'est pas contre nous que cette guerre est dénoncée, pourquoi ne serions-nous pas ici en personne ?

Énobarbus, *à part*. — Bon, je sais bien ce que je pourrais répondre : — si nous nous servions à la fois de chevaux et de cavales, les chevaux ne nous rendraient absolument aucun service, car chaque cavale porterait un soldat et son cheval.

Cléopâtre. — Eh bien, qu'est-ce que vous dites ?

Énobarbus. — Que votre présence doit nécessairement gêner Antoine, et lui prendre une partie de son cœur, de sa tête et de son temps, choses dont il ne saurait avoir trop pour l'instant. On le taxe déjà de légèreté, et l'on dit, dans Rome, que cette guerre est dirigée par Photinus, un eunuque, et vos femmes.

Cléopâtre. — Crève Rome ! et pourrissent les langues de tous ceux qui parlent contre nous ! Nous avons des intérêts engagés dans cette guerre, et comme chef de mon royaume, je dois être ici tout comme si j'étais homme. Ne parlez pas contre ma présence, je ne m'en irai pas.

Énobarbus. — Bon, j'ai fini. Voici venir l'empereur.

Entrent ANTOINE *et* CANIDIUS.

Antoine. — N'est-il pas étrange, Canidius, que de Tarente et de Brindes il ait pu si vite couper la mer Ionienne et enlever Toryne? — Vous avez appris cela, ma chérie?

Cléopâtre. — La célérité n'est jamais autant admirée que par les négligents.

Antoine. — Excellente rebuffade! cela honorerait les plus vaillants hommes d'être ainsi raillés à propos de leur indolence. Canidius, nous le combattrons sur mer.

Cléopâtre. — Sur mer! et où voudriez-vous le combattre?

Canidius. — Pourquoi mon Seigneur s'arrête-t-il à cette résolution?

Antoine. — Parce que c'est sur mer qu'il nous défie.

Énobarbus. — Mon Seigneur l'a aussi défié en combat singulier.

Canidius. — Oui, et vous lui avez offert de livrer cette bataille à Pharsale, où César combattit avec Pompée : mais il rejette les offres qui ne sont pas à son avantage; vous devriez en faire autant.

Énobarbus. — Vos vaisseaux ne sont pas bien équipés; vos marins sont des muletiers, des moissonneurs, gens levés en toute hâte pour vos besoins; la flotte de César est dirigée par les marins qui ont souvent combattu contre Pompée : ses vaisseaux sont légers, les vôtres pesants. Il n'y a aucun déshonneur à refuser le combat sur mer, lorsque vous êtes prêt pour un combat sur terre.

Antoine. — Sur mer, sur mer.

Énobarbus. — Très-noble Seigneur, vous renoncez en ce cas à l'absolue supériorité militaire que vous avez sur terre; vous mutilez votre armée qui consiste surtout dans des fantassins éprouvés par la guerre; vous renoncez à profiter de votre expérience si renommée ; vous quittez la voie qui donne des promesses certaines, et vous vous départez d'une ferme certitude pour vous livrer simplement à la chance et au hasard.

ANTOINE. — Je combattrai sur mer.

CLÉOPÂTRE. — J'ai soixante voiles, César n'en a pas de meilleures.

ANTOINE. — Nous brûlerons le surplus de notre flotte, et avec le reste solidement équipé, des hauteurs d'Actium nous battrons César quand il approchera. Si nous échouons, alors nous pourrons livrer bataille sur terre.

Entre UN MESSAGER.

ANTOINE. — Qu'as-tu à dire?

LE MESSAGER. — Les nouvelles sont vraies, mon Seigneur ; il est signalé ; César a pris Toryne.

ANTOINE. — Se peut-il qu'il soit ici en personne? c'est impossible ; il est étrange que ses forces y soient. — Canidius, tu resteras à terre à la tête de nos dix légions et de nos douze mille cavaliers. — Nous, retournons à notre navire : partons, ma Thétis !

Entre UN SOLDAT.

ANTOINE. — Eh bien, qu'y a-t-il, brave soldat?

LE SOLDAT. — Ô noble empereur, ne combattez pas sur mer; ne vous fiez pas aux planches pourries : ne pouvez-vous en croire mon épée et mes blessures? Laissez les rôles de canards aux Phéniciens et aux Égyptiens ; nous, c'est sur terre que nous avons coutume de vaincre, en combattant pied contre pied.

ANTOINE. — Bon, bon, partons ! (*Sortent Antoine, Cléopâtre et Énobarbus.*)

LE SOLDAT. — Par Hercule, je suis sûr que je suis dans le vrai[4]!

CANIDIUS. — Oui, soldat ; mais sa conduite ne s'appuie plus sur sa force légitime, en sorte que notre chef est mené et que nous sommes les soldats de femmes.

Le soldat. — Vous commandez à terre toutes les légions et toute la cavalerie, n'est-ce pas?

Canidius. — Marcus Octavius, Marcus Justeius, Publicola et Cœlius sont pour la mer : mais nous commandons à toutes les forces de terre. Cette célérité de César dépasse toute croyance.

Le soldat. — Lorsqu'il était encore à Rome, il a fait partir ses troupes par détachements, de manière à tromper tous les espions.

Canidius. — Quel est son lieutenant, savez-vous?

Le soldat. — Un certain Taurus, dit-on.

Canidius. — Bon, je connais l'homme.

Entre un messager.

Le messager. — L'empereur appelle Canidius.

Canidius. — L'heure présente est en travail de nouvelles, et chaque minute en enfante quelqu'une. (*Ils sortent.*)

SCÈNE VIII.

Une plaine près d'Actium.

Entrent CÉSAR, TAURUS, des officiers, *et autres*.

César. — Taurus!

Taurus. — Mon Seigneur?

César. — N'agis pas sur terre, garde tes forces intactes; ne présente pas la bataille avant que nous ayons terminé sur mer. Ne va pas au delà des prescriptions de ce parchemin : notre fortune tient toute entière à cette chance. (*Ils sortent.*)

SCÈNE IX.

Une autre partie de la plaine.

Entrent ANTOINE *et* ÉNOBARBUS.

Antoine. — Plaçons nos escadrons là-bas, de ce côté

de la colline, en vue des bataillons de César; de cet endroit nous pourrons distinguer le nombre des vaisseaux et agir en conséquence. (*Ils sortent.*)

SCÈNE X.

Une autre partie de la plaine.

Entrent CANIDIUS *traversant le théâtre avec son armée de terre, et* TAURUS, *le lieutenant de* CÉSAR *qui le traverse de l'autre côté. Après qu'ils sont sortis, on entend le bruit d'un combat sur mer. Alarme. Entre* ÉNOBARBUS.

ÉNOBARBUS. — Perdu, perdu, tout est perdu! je ne puis en voir davantage: *l'Antoniade*, le vaisseau amiral égyptien, tourne le gouvernail, et fuit avec tous leurs soixante vaisseaux : mes yeux sont malades de voir telle chose.

Entre SCARUS.

SCARUS. — Par tous les dieux et déesses de l'assemblée olympienne!

ÉNOBARBUS. — Que signifie ta véhémence?

SCARUS. — Nous avons perdu par simple stupidité la plus grande portion du monde; nous avons donné le baiser d'adieu à une foule de royaumes et de provinces.

ÉNOBARBUS. — Quelle est la physionomie du combat?

SCARUS. — De notre côté, c'est celle de la peste bien dûment déclarée avec perspective de mort certaine. Cette infâme jument d'Égypte, que la lèpre l'emporte[5]! au milieu du combat, alors que les avantages étaient balancés des deux côtés, égaux des deux côtés, et que nous semblions même avoir la supériorité, voilà qu'une mouche la piquant, comme une vache en juin, elle fait lever les voiles et s'enfuit!

ÉNOBARBUS. — Cela, je l'ai vu : mes yeux à ce spectacle

sont devenus malades, et je n'ai pu le contempler plus longtemps.

Scarus. — Elle, ayant viré de bord, cette noble ruine de sa magie, Antoine, comme un canard affolé, laisse le combat au plus chaud moment, lève ses voiles et court à sa poursuite : je n'ai jamais vu action si honteuse ; l'expérience, la virilité, l'honneur, ne se sont jamais infligé pareil affront.

Énobarbus. — Hélas, hélas !

Entre CANIDIUS.

Canidius. — Notre fortune sur mer est à l'agonie et s'affaisse d'une manière lamentable. Si notre général avait été ce qu'il avait l'habitude d'être, tout se serait bien passé : il nous a donné trop clairement l'exemple de la fuite, en fuyant lui-même.

Énobarbus. — Oui-da, c'est là que vous en êtes ? ah bien, en ce cas, bonne nuit, ma foi.

Canidius. — Ils ont fui vers le Péloponèse.

Scarus. — Il est facile de se sauver de ce côté ; j'irai, et là j'attendrai les événements.

Canidius. — Je vais remettre à César mes légions et ma cavalerie ; six rois m'ont déjà montré comment on se rend.

Énobarbus. — Je continuerai encore à suivre la fortune blessée d'Antoine, quoique ma raison me souffle le conseil contraire. (*Ils sortent.*)

SCÈNE XI.

Alexandrie. — Un appartement dans le palais.

Entrent ANTOINE *et les gens de sa suite.*

Antoine. — Écoutez ! la terre me défend de la fouler plus longtemps ; elle est honteuse de me porter ! — Amis, venez ici : je me suis tellement attardé dans le monde que j'ai pour toujours perdu mon chemin : — j'ai un vaisseau chargé d'or; prenez-le, partagez-le entre vous; fuyez, et faites votre paix avec César.

Tous. — *Fuir!* non, nous ne fuirons pas.

Antoine. — J'ai fui moi-même, et j'ai appris aux lâches à courir et à montrer leurs épaules. Amis, partez; je me suis arrêté à une résolution pour laquelle je n'ai pas besoin de vous; partez, mon trésor est dans le port, prenez-le. Oh! j'ai poursuivi ce que je rougis maintenant de regarder! Mes cheveux même se révoltent, car les blancs reprochent aux bruns leur précipitation téméraire, et les bruns blâment les blancs pour leur crainte et leur radotage. Partez, compagnons, je vous donnerai des lettres pour certains amis qui débarrasseront votre route des obstacles. Je vous en prie, ne paraissez pas tristes, ne me répondez pas que ce parti vous répugne. Suivez l'avis que vous donne mon désespoir : abandonnez celui qui s'abandonne lui-même : au rivage sur-le-champ : je vais vous mettre en possession de ce vaisseau et de ce trésor. Laissez-moi un peu, je vous prie : — je vous prie à cette heure : voyons, faites ce que je vous dis; j'ai perdu maintenant tout pouvoir pour vous commander, c'est pourquoi je vous prie : — je vous rejoins tout à l'heure. (*Il s'assied.*)

Entre CLÉOPÂTRE, *conduite par* IRAS *et* CHARMIAN; ÉROS *les suit.*

Éros. — Allons, bonne Madame, approchez-vous de lui, consolez-le.

Iras. — Faites cela, très-chère reine.

Charmian. — *Faites!* Eh! que pourrait-elle faire d'autre?

Cléopâtre. — Laissez-moi m'asseoir. Ô Junon!

Antoine. — Non, non, non, non, non!

Éros. — Voyez-vous qui est ici, Seigneur?

Antoine. — Oh! fi, fi, fi!!

Charmian. — Madame....

Iras. — Madame! ô bonne impératrice!..

Éros. — Seigneur, Seigneur....

Antoine. — Oui, il est mon Seigneur, oui : — lui qui à Philippes portait son épée comme un danseur,, tandis que je frappais le maigre et ridé Cassius ; et ce fut moi qui achevai la déroute du fou Brutus : — alors il agissait seulement comme mon lieutenant, et il n'avait aucune expérience des vaillantes manœuvres de la guerre, et à cette heure cependant... Peu importe.

Cléopâtre. — Oh, écartez-vous !

Éros. — La reine, mon Seigneur, la reine !

Iras. — Approchez-vous de lui, Madame, parlez-lui : la honte lui fait oublier complétement ce qu'il est.

Cléopâtre. — Eh bien alors, soutenez-moi : — oh !

Éros. — Très-noble Seigneur, levez-vous ; la reine s'avance ; sa tête s'affaisse sur son épaule, et la mort va s'emparer d'elle, si vous ne la secourez pas par vos consolations.

Antoine. — J'ai taché ma réputation, — une fuite très-ignoble....

Éros. — Seigneur, la reine.

Antoine. — Oh ! reine d'Égypte, où m'as-tu conduit ? Vois comme je détourne ma honte de tes yeux, en portant mes regards en arrière sur les choses que j'ai laissées au loin brisées sous le déshonneur.

Cléopâtre. — Ô mon Seigneur, mon Seigneur ! pardonnez à mon vaisseau timide ! Je ne pensais pas que vous m'auriez suivie.

Antoine. — Reine d'Égypte, tu savais trop bien que mon cœur était lié par ses fibres à ton gouvernail, et que tu me traînerais après toi ; tu connaissais ton entière suprématie sur mon esprit, et tu savais bien que sur un signe de toi j'aurais désobéi aux Dieux mêmes !

Cléopâtre. — Oh ! pardonne-moi !

Antoine. — Maintenant il faut que j'envoie au jeune homme d'humbles propositions, que je rampe et que je biaise dans les détours tortueux de la bassesse, moi qui, maître de la moitié du monde, jouais le jeu qu'il me plaisait, élevant et renversant les fortunes. Vous saviez à quel point vous étiez maîtresse de moi-même et que mon épée affaiblie par mon amour lui obéirait en toute circonstance.

Cléopâtre. — Pardon! pardon!

Antoine. — Voyons, ne laisse pas tomber une larme; une seule d'elles égale tout ce qui a été joué et perdu. Donne-moi un baiser; cela me paye entièrement. — Nous avons envoyé en message notre précepteur; est-il de retour? — Chérie, je suis pesant comme du plomb. — Du vin, là dedans, et notre repas! La fortune sait bien que c'est à l'heure où elle nous frappe le plus fortement que nous la méprisons le plus. (*Ils sortent.*)

SCÈNE XII.

Le camp de César en Égypte.

Entrent CÉSAR, DOLABELLA, THYRÉUS *et autres.*

César. — Faites entrer l'homme qui est venu de la part d'Antoine. Le connaissez-vous?

Dolabella. — C'est le précepteur de ses enfants, César : preuve qu'il est bien bas, puisqu'il envoie une si pauvre plume de son aile, celui qui, il y a peu de lunes, avait pour messagers des rois plus qu'il n'en voulait[6].

Entre EUPHRONIUS.

César. — Approche, et parle.

Euphronius. — Humble comme je suis, je viens de la part d'Antoine : j'étais, il n'y a pas bien longtemps, aussi peu important dans ses affaires, que la goutte de rosée sur la feuille de myrte est peu importante pour la vaste mer.

César. — Soit; exprime ton message.

Euphronius. — Antoine te salue comme maître de sa fortune, et demande la permission de vivre en Égypte : si cela ne lui est pas accordé, il se résout à amoindrir sa demande, et te supplie de le laisser respirer entre ciel et terre, comme simple particulier, dans Athènes : voilà pour lui. Ensuite Cléopâtre confesse ta grandeur, se soumet à ta puissance, et sollicite de toi pour ses héritiers le diadème des Ptolémées, dont ta grâce peut disposer maintenant.

César. — Pour ce qui est d'Antoine, je n'ai pas d'oreilles pour ses requêtes. Quant à la reine, je ne lui refuse ni audience, ni satisfaction, pourvu qu'elle chasse d'Égypte son amant si complétement déshonoré ou qu'elle lui enlève la vie. Si elle fait cela, elle ne sollicitera pas sans être entendue. Voilà pour l'un et l'autre.

Euphronius. — Que la Fortune t'accompagne !

César. — Conduisez-le à travers les troupes. (*Sort Euphronius.*) (*A Thyréus.*) Voici l'heure d'essayer ton éloquence : dépêche-toi ! Détache Cléopâtre d'Antoine : promets-lui, et cela en notre nom, ce qu'elle demande ; ajoutes-y d'autres offres de ta propre invention : les femmes ne sont pas fortes dans la meilleure fortune ; mais la nécessité ferait parjurer la vestale immaculée. Fais l'épreuve de ton habileté, Thyréus ; rédige toi-même l'ordonnance de la rémunération due à tes peines, nous l'exécuterons comme une loi.

Thyréus. — J'y vais, César.

César. — Observe la façon dont Antoine prend son naufrage, et dis-moi ce que tu conjectures de son attitude et ce que laissent présager ses mouvements.

Thyréus. — Je le ferai, César[7]. (*Ils sortent.*)

SCÈNE XIII.

Alexandrie. — Un appartement dans le palais.

Entrent CLÉOPÂTRE, ÉNOBARBUS, CHARMIAN
et IRAS.

Cléopâtre. — Qu'avons-nous à faire, Énobarbus ?

Énobarbus. — Désespérer et mourir.

Cléopâtre. — Est-ce à Antoine ou à nous que revient cette faute ?

ÉNOBARBUS. — A Antoine seul, qui a voulu que sa passion fût maîtresse de sa raison. Qu'est-ce que cela faisait que vous vous fussiez enfuie devant ce grand spectacle de la guerre, alors que les divers rangs s'épouvantaient l'un l'autre? qu'avait-il besoin de vous suivre? La démangeaison de son amour n'aurait pas dû alors polluer sa réputation de capitaine; en pareil moment, alors que la moitié du monde était engagée contre l'autre moitié, la seule question pour lui était de vaincre, et ce fut une honte égale à celle de sa défaite que de courir après votre drapeau fugitif et de laisser sa flotte le regarder avec stupéfaction.

CLÉOPÂTRE. — Paix, je t'en prie.

Entrent ANTOINE *et* EUPHRONIUS.

ANTOINE. — Est-ce là sa réponse?

EUPHRONIUS. — Oui, mon Seigneur.

ANTOINE. — Ainsi la reine aura ses bonnes grâces, pourvu qu'elle nous remette entre ses mains.

EUPHRONIUS. — C'est ce qu'il dit.

ANTOINE. — Informons-l'en. — Envoie à l'enfant César cette tête grisonnante, et il te comblera de royaumes au delà de tes souhaits.

CLÉOPÂTRE. — Cette tête, mon Seigneur?

ANTOINE. — Retourne vers lui : dis-lui qu'il porte sur ses joues les roses de la jeunesse, ce qui fait que le monde espère le voir se signaler par quelque exploit tout particulier; car un lâche peut posséder son trésor, ses vaisseaux, ses légions; car ses généraux peuvent triompher sous les ordres d'un enfant tout aussi bien que sous le commandement de César : je l'invite donc à mettre de côté tous ces heureux avantages, et à venir se mesurer seul à seul, épée contre épée, avec moi qui suis déjà sur le déclin de l'âge. Je vais lui écrire ce cartel; suis-moi. (*Sortent Antoine et Euphronius.*)

ÉNOBARBUS, *à part*. — Ah oui, comme il est probable que César, entouré d'une armée formidable, ira jouer son bonheur et se donner en spectacle en se mesurant avec un ferrailleur! Je vois que les jugements des hommes sont une partie de leurs fortunes, et que les événements extérieurs tirent à eux les facultés intérieures pour leur faire subir même sort qu'à eux-mêmes. Est-il possible qu'il rêve, connaissant les mesures des choses, que César regorgeant de pouvoir va s'en aller lui répondre à lui qui en est dénué? César, tu as conquis aussi son bon sens.

Entre UN SERVITEUR.

LE SERVITEUR. — Un messager de la part de César.

CLÉOPÂTRE. — Quoi, sans plus de cérémonie que cela? Voyez mes femmes! ceux qui s'agenouillaient devant la rose en bouton, peuvent se boucher le nez devant la rose effeuillée. — Introduisez-le, Monsieur. (*Sort le serviteur.*)

ÉNOBARBUS, *à part*. — Mon honnêteté et moi nous commençons à nous quereller. La loyauté fidèlement gardée à des fous fait de notre foi une pure sottise : cependant l'homme capable de suivre avec déférence un maître tombé, conquiert le conquérant de son maître, et se gagne un nom dans l'histoire.

Entre THYRÉUS.

CLÉOPÂTRE. — Quelle est la volonté de César?

THYRÉUS. — Écoutez-la en particulier.

CLÉOPÂTRE. — Il n'y a ici que des amis; parlez hardiment.

THYRÉUS. — Peut-être sont-ils en même temps les amis d'Antoine.

ÉNOBARBUS. — Il lui en faut autant que César en a, Monsieur; ou bien il n'a pas besoin de nous. S'il plaît à César, notre maître accourra au-devant de son amitié : pour nous, vous savez que nous sommes à qui il est, par conséquent à César, s'il le veut.

THYRÉUS. — Bon. — Eh bien, illustre reine, César te supplie de ne pas t'effrayer de ta situation plus qu'il ne faut, et de penser qu'il est César.

CLÉOPÂTRE. — Continuez : voilà qui est très-royal!

Thyréus. — Il sait que vous continuez à rester attachée à Antoine non par amour, mais par crainte.

Cléopâtre. — Oh!

Thyréus. — Aussi déplore-t-il les blessures faites à votre honneur comme des outrages forcés, et non mérités.

Cléopâtre. — C'est un Dieu, et il sait ce qui est vraiment juste : mon honneur n'a pas cédé, il a été simplement conquis.

Énobarbus, *à part*. — Pour être sûr de cela je vais le demander à Antoine. Seigneur, Seigneur, tu es si effondré que nous devons te laisser enfoncer, car ce que tu as de plus cher t'abandonne. (*Il sort.*)

Thyréus. — Quelle chose demanderai-je à César de votre part? car il ne demande qu'à vous entendre désirer pour accorder. Le comble de ses vœux serait que vous consentissiez à vous appuyer sur sa fortune : mais il serait transporté d'aise s'il apprenait par moi que vous avez abandonné Antoine, et que vous vous êtes placée sous la protection de celui qui est le possesseur du monde.

Cléopâtre. — Quel est votre nom?

Thyréus. — Mon nom est Thyréus.

Cléopâtre. — Excellent messager, dites ceci au grand César : j'embrasse sans plus parlementer sa main conquérante; je m'empresse, dites-le-lui, de déposer ma couronne à ses pieds devant lesquels je m'agenouille; et dites-lui encore que j'attends de sa voix, à laquelle tout obéit, le sort de l'Égypte.

Thyréus. — C'est votre plus noble parti. Lorsque la sagesse et la fortune sont aux prises, si la première n'ose pas au delà de ce qui lui est possible, nul événement ne peut ébranler ce qu'elle possède. Accordez-moi la grâce de déposer sur votre main l'expression de mon respect.

Cléopâtre. — Souvent le père de votre César, lorsqu'il avait rêvé à la conquête de royaumes, permit à ses lèvres de séjourner sur cette indigne place, et d'y déposer des baisers comme s'il en pleuvait

Rentre ANTOINE *avec* ÉNOBARBUS.

ANTOINE. — Des faveurs, par Jupiter tonnant! Qui es-tu, mon garçon?

THYRÉUS. — Quelqu'un qui accomplit seulement les ordres de l'homme puissant entre tous, et le plus digne que ses ordres soient obéis.

ÉNOBARBUS, *à part*. — Vous allez être fouetté.

ANTOINE. — Avancez ici, eh! — Ah, oiseau de proie! — Dieux et diables! mon autorité fond à vue d'œil; tout récemment encore, quand je criais *holà!* des rois accouraient en toute hâte, comme des enfants qui se poussent à la course, et répondaient : « Quelle est votre volonté? » — N'avez-vous pas d'oreilles? je suis encore Antoine.

Entrent DES SERVITEURS.

ANTOINE. — Prenez-moi ce bouffon-là et fouettez-le.

ÉNOBARBUS, *à part*. — Il est plus sûr de jouer avec un lionceau qu'avec un vieux lion mourant.

ANTOINE. — Lune et étoiles! — Fouettez-le. — Y eût-il ici vingt des plus grands tributaires qui reconnaissent César, si je les surprenais à être aussi hardis avec la main de celle-là.... — quel est son nom depuis qu'elle était Cléopâtre? — Fouettez-le, mes enfants, jusqu'à ce que vous le voyiez prendre une figure pleurnicheuse comme un bambin, et gémir tout haut pour demander grâce : emmenez-le d'ici.

THYRÉUS. — Marc Antoine....

ANTOINE. — Arrachez-le d'ici, et lorsqu'il aura été fouetté, ramenez-le : ce bouffon de César lui rapportera un message de notre part. (*Sortent les serviteurs avec Thyréus.*) Vous étiez à moitié flétrie avant même que je vous connusse : ah! ai-je donc laissé mon lit vide dans Rome, ai-je négligé d'engendrer une race légitime, et cela par deux femmes d'élite, pour être ainsi berné par une personne qui jette les yeux sur des inférieurs?

CLÉOPÂTRE. — Mon bon Seigneur....

ACTE III, SCÈNE XIII.

Antoine. — Vous avez toujours été fausse ; mais lorsque nous nous enfonçons dans nos dispositions vicieuses, — oh! quelle misère cela est! — les justes Dieux nous aveuglent, éteignent dans notre fange la clarté de notre jugement, nous font adorer nos erreurs, et rient de nous, pendant que nous trébuchons contre notre ruine.

Cléopâtre. — Oh! les choses en sont-elles venues là?

Antoine. — Je vous trouvai comme un morceau froid du garde-manger de César ; bien mieux, vous étiez un reste de Cnéius Pompée ; outre les chaudes heures, non enregistrées dans le souvenir du public, que vous vous êtes luxurieusement passées : car, j'en suis sûr, quoiqu'il vous soit possible de soupçonner ce que doit être la tempérance, vous ignorez ce qu'elle est.

Cléopâtre. — Pourquoi tout cela?

Antoine. — Laisser un garçon qui va recevoir des pourboires, et dire *Dieu vous le rende!* prendre des familiarités avec votre main qui est ma compagne de plaisir, avec ce sceau royal et ce garant des grands cœurs! Oh! que ne suis-je sur la colline de Basan pour dominer de mes mugissements le troupeau des bêtes à cornes! car cette colère sauvage a trop juste cause ; mais expliquer cette cause avec calme, serait aussi difficile qu'à un homme ayant la corde au cou de remercier le bourreau d'avoir la main adroite avec lui.

Rentrent les gens de la suite avec THYRÉUS.

Antoine. — Est-il fouetté?

Premier homme de la suite. — Solidement, Monseigneur.

Antoine. — A-t-il crié et demandé pardon?

Premier homme de la suite. — Il a demandé grâce.

Antoine. — Si ton père vit, qu'il se repente de n'avoir pas eu une fille à ta place ; regrette de suivre César dans son triomphe, puisque tu as été fouetté pour l'avoir suivi : que désormais la blanche main d'une Dame te donne la fièvre, aie le frisson en la regardant. — Retourne auprès de César, raconte-lui ta réception : vois et dis-lui à quel point il m'a irrité; car il se montre envers moi hautain et dédaigneux, et il me traite selon ce que je suis, non selon ce qu'il sait que j'étais : il m'irrite, et cela est bien aisé surtout à ce moment où mes bonnes étoiles qui me guidaient autrefois ont laissé leurs orbes vides et lancé leurs feux dans l'abîme de l'enfer. Si mon discours et mon action présente lui déplaisent, dis-lui qu'il possède Hipparque, mon esclave affranchi, et qu'il peut à son plaisir le fouetter, le pendre ou le torturer, comme il l'aimera mieux, pour s'acquitter envers moi : pousse-le à cela toi-même! Hors d'ici avec ta fustigation, file! (*Sort Thyréus.*)

CLÉOPÂTRE. — Avez-vous bientôt fini?

ANTOINE. — Hélas ! notre lune terrestre est maintenant éclipsée, et elle présage seulement la chute d'Antoine!

CLÉOPÂTRE. — Il faut que j'attende son bon plaisir.

ANTOINE. — Pour flatter César, avez-vous donc besoin d'échanger des œillades avec quelqu'un qui lui lie ses aiguillettes?

CLÉOPÂTRE. — Vous ne me connaissez pas encore?

ANTOINE. — Qu'est-ce que je ne connais pas? que votre cœur est de glace pour moi?

CLÉOPÂTRE. — Ah! chéri, si cela est, que le ciel de mon cœur glacé tire de la grêle et l'empoisonne dans sa source; que le premier grêlon tombe sur mon cou, et lorsqu'il fondra, qu'avec lui fonde ma vie! Que le second frappe Césarion! et ainsi de suite, jusqu'à ce que tout souvenir de ma postérité et tous mes braves Égyptiens gisent sans sépulture sous cet ouragan de grêle fondante, jusqu'à ce que les mouches et les insectes du Nil les aient ensevelis en en faisant leur proie!

ANTOINE. — Ma colère est passée. César est établi devant Alexandrie; c'est là que je lutterai contre sa fortune. Notre force de terre a noblement tenu; nos navires dispersés se sont ralliés de nouveau, et notre flotte présente un aspect redoutable. Où étais-tu, mon cœur? — Entends-tu, Dame? si une fois encore je reviens du champ de bataille pour baiser ces lèvres, j'apparaîtrai tout sanglant;

moi et mon épée nous conquerrons notre chronique : il y a encore de l'espoir.

CLÉOPÂTRE. — Ah! revoilà mon vaillant Seigneur!

ANTOINE. — J'aurai triples nerfs, triple cœur, triple souffle, et je combattrai sans pitié : lorsque la fortune m'était heureuse et douce, les gens rachetaient de moi leurs vies avec une plaisanterie ; mais maintenant je tiendrai les dents serrées, et j'enverrai au séjour de ténèbres tous ceux qui me feront obstacle. Allons, ayons une autre nuit de fêtes : appelez-moi tous mes capitaines attristés, remplissez nos coupes ; une fois encore, moquons-nous de la cloche de minuit.

CLÉOPÂTRE. — C'est le jour anniversaire de ma naissance ; j'avais pensé à le passer tristement, mais puisque mon Seigneur est redevenu Antoine, je serai Cléopâtre.

ANTOINE. — Nous marcherons encore bien.

CLÉOPÂTRE. — Appelez auprès de mon Seigneur tous ses nobles capitaines.

ANTOINE. — Faites cela, nous les haranguerons ; et ce soir je veux que le vin suinte de leurs cicatrices. — Allons, ma reine ; il y a encore de la ressource. La première fois que je combattrai, je forcerai la mort à m'aimer, car je combattrai même contre sa faux cruelle. (*Tous sortent, hormis Énobarbus.*)

ÉNOBARBUS. — Maintenant il va dépasser la foudre. Être furieux c'est n'avoir plus peur à force d'avoir peur, et dans cette disposition la colombe frapperait l'autruche du bec : je vois que notre capitaine reprend cœur en perdant sa tête ; lorsque la valeur dévore la raison, elle mange l'épée avec laquelle elle combat. Je vais chercher quelque moyen de le quitter. (*Il sort.*)

ACTE IV.

SCÈNE PREMIÈRE.

Le camp de César devant Alexandrie.

Entrent CÉSAR, *lisant une lettre*, AGRIPPA, MÉCÈNE *et autres*.

César. — Il m'appelle bambin, et me morigène comme s'il avait le pouvoir de me chasser d'Égypte ; il a fait fouetter de verges mon messager, il me défie en combat personnel : César contre Antoine ! Que le vieux ruffian sache que j'ai d'autres manières de mourir ; en attendant, je ris de son défi.

Mécène. — César doit songer que lorsque quelqu'un d'aussi grand commence à entrer en rage, il est poussé aux excès jusqu'à ce qu'il tombe. Ne lui laissez pas reprendre haleine, mais prenez maintenant avantage de sa folie : — jamais la colère ne fit bonne garde pour sa sûreté.

César. — Que nos principaux chefs sachent que demain nous avons l'intention de livrer la dernière de bien des batailles : nos légions contiennent assez de récents serviteurs de Marc Antoine pour aller l'empoigner. Voyez à ce que cela soit fait : donnez une fête à l'armée ; nous avons amplement de quoi la donner, et les soldats ont bien mérité qu'on les traite sans parcimonie. Pauvre Antoine ! (*Ils sortent.*)

SCÈNE II.

ALEXANDRIE. — Un appartement dans le palais.

Entrent ANTOINE, CLÉOPÂTRE, ÉNOBARBUS, CHARMIAN, IRAS, ALEXAS *et autres.*

ANTOINE. — Il ne veut pas combattre avec moi, Domitius ?

ÉNOBARBUS. — Non.

ANTOINE. — Pourquoi ne veut-il pas ?

ÉNOBARBUS. — Il pense qu'ayant une fortune vingt fois meilleure, il vaut vingt hommes contre un seul.

ANTOINE. — Demain, soldat, je combattrai sur terre et sur mer : ou bien je vivrai, ou bien je rendrai vie à mon honneur mourant en lui donnant un bain de sang. Combattras-tu bien ?

ÉNOBARBUS. — Je frapperai, et je crierai : *enlevez tout !*

ANTOINE. — Bien dit ; en avant. — Appelez les serviteurs de ma maison ; soyons magnifiques dans notre repas de ce soir.

Entrent DES SERVITEURS.

ANTOINE. — Donne-moi ta main, tu as été strictement honnête ; — et toi aussi ; — et toi, — et toi, — et toi : — vous m'avez bien servi, et des rois ont été vos compagnons de service.

CLÉOPÂTRE, *à part, à Énobarbus.* — Que signifie cela ?

ÉNOBARBUS, *à part, à Cléopâtre.* — C'est une de ces lubies étranges que le chagrin fait jaillir de l'âme.

ANTOINE. — Et tu es honnête aussi, toi. Je voudrais être multiplié en autant d'hommes que vous êtes, et que vous ne formassiez à vous tous qu'un seul Antoine, afin de vous servir aussi loyalement que vous m'avez servi.

LES SERVITEURS. — Les Dieux le défendent !

ANTOINE. — Allons, mes bons amis, servez-moi ce soir : n'épargnez pas mes coupes, et ayez pour moi les mêmes égards que lorsque mon empire était votre compagnon et obéissait comme vous à mes ordres.

CLÉOPÂTRE, *à part, à Énobarbus.* — Quelle est son intention ?

ÉNOBARBUS, *à part, à Cléopâtre.* — Faire pleurer ses serviteurs.

ANTOINE. — Servez-moi ce soir ; peut-être est-ce le terme de votre obéissance : probablement vous ne me verrez plus, ou si vous me voyez ce sera l'ombre mutilée de moi-même : il se peut que demain vous serviez un autre maître. Je vous contemple comme un homme qui prend son congé. Mes honnêtes amis, je ne vous renvoie pas ; au contraire, comme un maître marié à votre bon service, je ne vous quitte qu'à la mort : servez-moi deux heures ce soir, je ne vous en demande pas davantage, et que les Dieux vous en récompensent !

ÉNOBARBUS. — A quoi pensez-vous, Seigneur, en leur faisant ce chagrin ? Voyez, ils pleurent, et mes yeux à moi-même, âne que je suis, ont l'air d'avoir été frottés d'oignon : par pudeur, ne nous métamorphosez pas en femmes.

ANTOINE. — Oh, oh, oh ! Que la sorcière m'enlève si c'est là ce que je voulais[1] ! Croisse la grâce là où ces larmes tombent ! Mes cordiaux amis, vous prenez mes paroles dans un sens trop douloureux ; car c'était pour vous donner courage que je vous parlais, pour vous exprimer le désir de vous voir consumer cette nuit à la lueur des torches : sachez, mes chers cœurs, que j'augure bien de demain, et que j'espère vous conduire plutôt vers une vie victorieuse, que vers une mort associée à l'honneur. Allons souper ; venez, et noyons toute préoccupation dans l'ivresse. (*Ils sortent.*)

SCÈNE III.

ALEXANDRIE. — Devant le palais.

Entrent DEUX SOLDATS *qui viennent monter la garde.*

PREMIER SOLDAT. — Bonne nuit, frère : demain est le grand jour.

SECOND SOLDAT. — Cela décidera les choses dans un sens ou dans l'autre : portez-vous bien. N'avez-vous entendu rien d'étrange dans les rues?

PREMIER SOLDAT. — Rien. Quelles nouvelles?

SECOND SOLDAT. — Ce n'est peut-être qu'une rumeur. Bonne nuit.

PREMIER SOLDAT. — Eh bien, bonne nuit, l'ami.

Entrent DEUX AUTRES SOLDATS.

DEUXIÈME SOLDAT. — Soldats, faites soigneuse garde.

TROISIÈME SOLDAT. — Et vous de même. Bonne nuit, bonne nuit. (*Le premier et le second soldat se rendent à leurs postes.*)

QUATRIÈME SOLDAT. — C'est là notre poste, à nous. (*Ils prennent leurs postes.*) Si demain notre flotte a du bonheur, j'ai l'espoir certain que nos troupes de terre tiendront bon.

TROISIÈME SOLDAT. — C'est une brave armée, et pleine de résolution. (*Musique de hautbois sous terre.*)

QUATRIÈME SOLDAT. — Paix! qu'est-ce que ce bruit?

PREMIER SOLDAT. — Écoutez, écoutez!

SECOND SOLDAT. — Chut!

PREMIER SOLDAT. — De la musique dans l'air!

TROISIÈME SOLDAT. — Sous terre!

QUATRIÈME SOLDAT. — C'est bon signe, n'est-ce pas?

TROISIÈME SOLDAT. — Non.

PREMIER SOLDAT. — Paix, dis-je! Qu'est-ce que cela peut signifier?

SECOND SOLDAT. — C'est le dieu Hercule qu'aimait Antoine, et qui le quitte à cette heure.

PREMIER SOLDAT. — Marchons, voyons si d'autres gardes entendent le même bruit que nous. (*Ils s'avancent vers l'autre poste.*)

SECOND SOLDAT. — Eh bien, mes maîtres !

LES SOLDATS, *parlant tous à la fois*. — Eh bien ! eh bien ! entendez-vous cela ?

PREMIER SOLDAT. — Oui, n'est-ce pas étrange ?

TROISIÈME SOLDAT. — Entendez-vous, mes maîtres ? entendez-vous ?

PREMIER SOLDAT. — Suivons le bruit aussi loin qu'il nous est permis d'aller ; voyons comment il cessera.

LES SOLDATS, *parlant ensemble*. — Volontiers. C'est étrange. (*Ils sortent.*)

SCÈNE IV.

ALEXANDRIE. — Un appartement dans le palais.

Entrent ANTOINE *et* CLÉOPÂTRE ; CHARMIAN, IRAS, *et autres personnes de service.*

ANTOINE. — Éros ! mon armure, Éros !

CLÉOPÂTRE. — Dormez un peu.

ANTOINE. — Non, ma poulette. — Éros, arrive ; mon armure, Éros !

Entre ÉROS *avec une armure.*

ANTOINE. — Avance, mon bon garçon, mets-moi mon armure : si la Fortune ne se rend pas à nous aujourd'hui, ce sera parce que nous la bravons : — allons.

CLÉOPÂTRE. — Mais je veux vous aider moi aussi. Pourquoi c'est-il cet objet-là ?

ANTOINE. — Oh ! laisse, laisse cela ! Toi, tu es l'armurier de mon cœur ; — de travers, de travers ; comme cela, comme cela.

CLÉOPÂTRE. — Doucement, je veux vous aider, là : cela doit être mis probablement ainsi.

ANTOINE. — Bon, bon : certainement nous réussirons. — Allons, mon bon garçon, va te mettre sous les armes.

ÉROS. — Immédiatement, Seigneur.

CLÉOPÂTRE. — N'est-ce pas bien bouclé?

ANTOINE. — Extrêmement bien, extrêmement bien. Celui qui débouclera cela avant qu'il nous plaise de le défaire pour notre repos, essuiera un rude assaut. — Tes doigts manœuvrent mal, Éros, et ma reine est un écuyer plus habile que toi : dépêche-toi. — Ô ma chérie, si tu pouvais voir ma bataille d'aujourd'hui, et si tu savais quelle royale occupation cela est! tu verrais un fameux ouvrier à cette besogne.

Entre un officier sous les armes.

ANTOINE. — Bien le bonjour à toi; sois le bienvenu. Tu as la mine d'un homme qui sait ce qu'est une charge guerrière. Nous nous levons de bonne heure pour aller à la besogne qui nous plaît, et nous nous y rendons avec joie.

L'OFFICIER. — Quoiqu'il soit de bon matin, mille autres ont aussi revêtu leur équipement de guerre, et vous attendent au port, Seigneur. (*Fanfares de trompettes et acclamations à l'extérieur.*)

Entrent d'autres officiers et des soldats.

DEUXIÈME OFFICIER. — La matinée est belle. — Bonjour, général.

TOUS. — Bonjour, général.

ANTOINE. — Belle musique que la vôtre, mes enfants : cette matinée, pareille à l'âme d'un jeune homme qui aspire à devenir illustre, commence de bonne heure. Là, là; allons, donnez-moi cela : de ce côté; — c'est bien dit. Sois heureuse, Dame, quoi qu'il advienne de moi. Ce baiser est celui d'un soldat. (*Il l'embrasse.*) S'arrêter à de plus longues étreintes serait digne de reproche et me mériterait de justes censures; je dois te quitter à cette heure comme un homme d'acier. Vous qui désirez combattre, suivez-moi, je vais vous mener au champ de bataille. Adieu. (*Sortent Antoine, Éros, les officiers et les soldats.*)

CHARMIAN. — Vous plairait-il de vous retirer dans votre chambre?

CLÉOPÂTRE. — Conduis-moi. Il s'éloigne d'un air fort vaillant. Ah! que ne peuvent-ils, lui et César, décider cette grande guerre en combat singulier! Alors Antoine, — mais maintenant, — bon, marchons. (*Elles sortent.*)

SCÈNE V.

Le camp d'ANTOINE près d'ALEXANDRIE.

Les trompettes sonnent. Entrent ANTOINE *et* ÉROS; UN SOLDAT *vient à leur rencontre.*

LE SOLDAT. — Les Dieux fassent que ce jour soit heureux pour Antoine!

ANTOINE. — Plût au ciel que toi et tes blessures vous m'eussiez persuadé un certain jour de combattre sur terre!

LE SOLDAT. — Si tu avais agi ainsi, les rois qui se sont révoltés, et le soldat qui t'a quitté ce matin, suivraient encore tes talons.

ANTOINE. — Qui est parti ce matin?

LE SOLDAT. — Qui! quelqu'un qui te touchait de très-près : appelle Énobarbus, il ne t'entendra pas, ou bien du camp de César, il te criera, « je ne suis pas des tiens[2]. »

ANTOINE. — Que dis-tu?

LE SOLDAT. — Il est avec César, Seigneur.

ÉROS. — Seigneur, il n'a pas emporté avec lui ses caisses et son trésor.

ANTOINE. — Est-il parti?

LE SOLDAT. — C'est très-certain.

ANTOINE. — Va, Éros, envoie-lui son trésor; fais cela; n'en retiens pas un liard, je te l'ordonne : écris-lui, —

je la signerai, — une lettre de félicitations et d'aimables adieux ; dis-lui que je souhaite qu'il n'ait jamais plus cause de changer de maître. — Oh ! ma Fortune a corrompu les hommes honnêtes ! — Dépêche-toi. — Énobarbus ! (*Ils sortent.*)

SCÈNE VI.

Le camp de César devant Alexandrie.

Fanfares. Entre CÉSAR *avec* AGRIPPA, ÉNOBARBUS *et autres.*

César. — Avance, Agrippa, et engage le combat : notre volonté est qu'Antoine soit pris vivant ; fais-le savoir.

Agrippa. — César, cela sera fait. (*Il sort.*)

César. — Le temps de la paix universelle est proche ; que ce jour-ci soit un jour prospère, et le monde aux trois angles portera librement l'olivier.

Entre un messager.

Le messager. — Antoine est arrivé sur le champ de bataille.

César. — Allez, commandez à Agrippa de faire placer à l'avant-garde ceux qui ont déserté, afin qu'Antoine paraisse épuiser sa colère sur lui-même. (*Tous sortent, sauf Énobarbus.*)

Énobarbus. — Alexas s'est révolté ; il s'était rendu en Judée pour les affaires d'Antoine ; là il a persuadé au puissant Hérode qu'il devait incliner du côté de César, et abandonner son maître Antoine : pour ses peines, César l'a fait pendre[3]. Canidius, et les autres qui ont fait défection, ont de l'emploi, mais ne jouissent d'aucune honorable confiance. J'ai mal fait, et de cela je m'accuse si amèrement que désormais je ne connaîtrai plus la joie.

Entre un soldat *de l'armée de* César.

Le soldat. — Énobarbus, Antoine t'envoie tout ton trésor, avec sa générosité en surplus. Le messager est venu sous ma garde, et il est occupé maintenant dans ta tente à décharger ses mules.

ÉNOBARBUS. — Je t'en fais don.

LE SOLDAT. — Ne raillez pas, Énobarbus. Je vous dis la vérité : vous feriez bien de faire reconduire hors du camp le porteur en toute sûreté; je l'aurais fait moi-même, si je n'avais pas à remplir ma consigne. Votre empereur continue à être un Jupiter. (*Il sort.*)

ÉNOBARBUS. — Je suis le plus grand scélérat qu'il y ait au monde, et je me sens tel. Ô Antoine, mine de générosité, de quel prix n'aurais-tu pas payé mes bons services, puisque tu donnes à ma turpitude cette couronne d'or! Voilà qui gonfle mon cœur, et si cette pensée rapide ne suffit pas à le briser, un moyen plus rapide devancera la pensée en la détruisant elle-même; mais la pensée y suffira, je le sens. Moi, combattre contre toi! Non, je chercherai quelque fossé où mourir ; le plus boueux est celui qui mieux convient à la dernière partie de ma vie. (*Il sort.*)

SCÈNE VII.

Un champ de bataille entre les deux camps.

Alarme. Tambours et trompettes. Entrent AGRIPPA *et autres.*

AGRIPPA. — Retirons-nous! nous nous sommes engagés trop avant : César lui-même a fort à faire, et le poids qu'il nous faut soutenir excède ce que nous attendions. (*Ils sortent.*)

Alarme. Entrent ANTOINE *et* SCARUS *blessé.*

SCARUS. — Ô mon brave empereur, voilà qui est combattre! Si nous avions d'abord combattu ainsi, nous les aurions poussés dans leur camp avec des torchons sur leurs têtes.

ANTOINE. — Ton sang coule à flots.

SCARUS. — J'avais une blessure qui était comme un T, mais maintenant elle est comme une H.

ANTOINE. — Ils se retirent.

SCARUS. — Nous les repousserons jusque dans des trous de rats : j'ai encore place sur mon corps pour six autres balafres.

Entre ÉROS.

ÉROS. — Ils sont battus, Seigneur, et notre avantage peut passer pour une belle victoire.

SCARUS. — Écorchons-leur le derrière, et attrapons-les comme nous attrapons les lièvres, par l'échine; c'est un plaisir que de rosser un fuyard.

ANTOINE. — Je te récompenserai une fois pour la vive façon dont tu me redonnes du cœur, et dix fois pour ta valeur sans seconde. Viens avec moi.

SCARUS. — Je vous suis en boitant. (*Ils sortent.*)

SCÈNE VIII.

Sous les murs d'ALEXANDRIE.

Alarme. Entrent ANTOINE *en marche*, SCARUS *et ses forces.*

ANTOINE. — Nous l'avons repoussé jusqu'à son camp : que quelqu'un coure en avant, et informe la reine de nos exploits. Demain, avant que le soleil nous contemple, nous répandrons le sang qui nous a échappé aujourd'hui. Je vous remercie tous; car vous êtes solides du poignet, et vous avez combattu, non comme des gens qui servent une cause commune, mais comme si cette cause était celle de chacun de vous, comme elle est la mienne; vous vous êtes montrés autant d'Hectors. Entrez dans la ville, embrassez vos femmes, vos amis, dites-leur vos hauts faits, tandis qu'eux de leurs larmes de joie laveront le sang caillé issu de vos blessures, et guériront par leurs baisers vos balafres d'honneur.

Entre CLÉOPÂTRE *avec sa suite.*

ANTOINE, *à Scarus.* — Donne-moi ta main, je veux louer tes actions devant cette grande enchanteresse, et attirer sur toi le bonheur de ses remercîments. — Ô toi, lumière du monde, enlace de tes bras mon cou recouvert de l'armure ! saute jusqu'à mon cœur, en traversant cuirasse et tout, et là triomphe en t'asseyant sur ce cœur palpitant de joie !

CLÉOPÂTRE. — Seigneur des Seigneurs ! ô vaillance sans mesure ! c'est donc ainsi que le sourire aux lèvres tu sors sans être pris du grand piége du monde ?

ANTOINE. — Mon rossignol, nous les avons envoyés se coucher en toute hâte. Hé ! hé ! chérie, quoique quelques nuances grises se mêlent au brun plus jeune de notre chevelure, nous avons encore un cerveau qui nourrit nos nerfs, et nous pouvons lutter de vitesse avec les jeunes pour atteindre le but. Contemple cet homme ; accorde à ses lèvres la faveur de ta main ; — baise-la, mon guerrier : — il a combattu aujourd'hui, comme si un Dieu en haine du genre humain avait emprunté pour le carnage la forme humaine.

CLÉOPÂTRE. — Je te donnerai une armure toute d'or, ami ; c'était celle d'un roi [4].

ANTOINE. — Il l'a méritée, fût-elle resplendissante de diamants comme le char du divin Phébus. — Donne-moi ta main. — Faisons à travers Alexandrie une marche joyeuse : portons nos boucliers criblés de balafres comme leurs maîtres. Si notre grand palais était assez vaste pour permettre à notre armée d'y camper, nous souperions tous ensemble, et nous boirions force rasades aux chances du jour de demain qui nous promet un péril royal. — Trompettes, assourdissez l'oreille de la cité de votre tintamarre d'airain ; mêlez ce tintamarre au rataplan de vos tambours, en sorte que le ciel et la terre, retentissant à la fois, applaudissent à notre approche. (*Ils sortent.*)

SCÈNE IX.

Le camp de César.

Des SENTINELLES *à leurs postes.*

PREMIER SOLDAT. — Si nous ne sommes pas relevés d'ici à une heure, nous devrons retourner au corps de garde : la nuit est claire, et l'on dit que nous nous rangerons en bataille à la deuxième heure du matin.

SECOND SOLDAT. — Cette dernière journée nous a été cruelle.

Entre ÉNOBARBUS.

ÉNOBARBUS. — Ô nuit, porte-moi témoignage....

TROISIÈME SOLDAT. — Quel homme est-ce là ?

SECOND SOLDAT. — Tenons-nous tout proche, et écoutons-le.

ÉNOBARBUS. — Ô lune divine, lorsque l'histoire poursuivra les traîtres d'un souvenir odieux, sois-moi témoin que le pauvre Énobarbus s'est repenti devant ta face !

PREMIER SOLDAT. — Énobarbus !

TROISIÈME SOLDAT. — Paix ! continuons à écouter.

ÉNOBARBUS. — Ô souveraine maîtresse de la tristesse sincère, verse sur moi l'humidité pestilentielle de la nuit, afin que la vie qui regimbe contre ma volonté, ne s'obstine plus à s'attacher à moi : jette mon cœur contre la dure pierre de ma faute, afin qu'il se brise en poudre, lui qui est desséché de douleur, et mette fin à toutes ignobles pensées. Ô Antoine, toi qui es plus noble que ma révolte n'est infâme, pardonne-moi dans le secret de ton cœur, mais que le monde me range dans ses registres parmi les déserteurs de leurs maîtres et les fugitifs ! Ô Antoine ! ô Antoine ! (*Il meurt*[5].)

SECOND SOLDAT. — Parlons-lui.

PREMIER SOLDAT. — Écoutons-le, car les choses qu'il dit peuvent intéresser César.

Troisième soldat. — Oui, c'est cela. Mais il sommeille.

Premier soldat. — Il s'est évanoui plutôt, car une si mauvaise prière que la sienne ne conduisit jamais au sommeil.

Second soldat. — Avançons-nous vers lui.

Troisième soldat. — Réveillez-vous, Seigneur, réveillez-vous ! parlez-nous.

Second soldat. — Entendez-vous, Seigneur?

Premier soldat. — La main de la mort l'a saisi ! (*Tambours dans le lointain.*) Écoutez ! les tambours réveillent les dormeurs avec leurs graves roulements. Portons-le au corps de garde ; c'est un homme important : notre heure de faction est entièrement accomplie.

Troisième soldat. — Marchons en ce cas ; il peut encore revenir à lui. (*Ils sortent emportant le corps.*)

SCÈNE X.

Un terrain entre les deux camps.

Entrent ANTOINE *et* SCARUS *avec des forces en marche.*

Antoine. — Leurs préparatifs sont faits aujourd'hui pour un combat sur mer ; nous ne leur plaisons pas sur terre.

Scarus. — Leurs préparatifs sont faits sur terre et sur mer, mon Seigneur.

Antoine. — Je voudrais qu'ils pussent combattre dans le feu ou dans l'air ; nous les y combattrions aussi. Mais les choses sont ainsi réglées ; notre infanterie restera avec nous sur les collines adjacentes à la ville : — ordre est donné pour un combat de mer ! — Leur flotte est sortie du port. Des collines, nous pourrons mieux discerner quelles sont leurs mesures prises et surveiller leurs manœuvres. (*Ils sortent.*)

ACTE IV, SCENE X.

Entre CÉSAR *avec ses forces en marche.*

César. — A moins que nous ne soyons chargés, nous ne ferons aucun mouvement sur terre, et si je juge bien, nous n'aurons à en faire aucun, car ses principales forces sont dirigées sur ses galères. A la vallée! et saisissons-nous de la position la plus favorable. (*Ils sortent.*)

Rentrent ANTOINE *et* SCARUS.

Antoine. — Ils n'ont pas encore opéré leur jonction : de ce pin qui s'élève là-bas, je pourrai tout découvrir : je reviens dans un instant te dire comment les choses vont probablement tourner. (*Il sort.*)

Scarus. — Les hirondelles ont bâti leurs nids dans les navires de Cléopâtre : les augures disent qu'ils ne comprennent pas.... qu'ils ne peuvent dire ; — ils ont une physionomie assombrie et n'osent pas révéler ce qu'ils savent[6]. Antoine est à la fois vaillant et abattu, et sa fortune ballottée lui donne par soubresauts fiévreux, tantôt l'espoir, tantôt la crainte, de ce qu'il a et de ce qu'il n'a pas. (*Rumeur pareille à celle d'un combat naval dans le lointain.*)

Rentre ANTOINE.

Antoine. — Tout est perdu! cette ignoble Égyptienne m'a trahi! Ma flotte a cédé à l'ennemi; et ils sont là-bas tous ensemble qui jettent leurs bonnets en l'air et fraternisent comme des amis longtemps séparés! Triple catin! c'est toi qui m'as vendu à ce novice; mon cœur n'est plus en guerre qu'avec toi seule. — Ordonne-leur à tous de s'enfuir! car lorsque je me serai vengé de ma sorcière, j'aurai tout achevé : ordonne-leur à tous de fuir! pars! (*Sort Scarus.*) Ô soleil, je ne verrai plus ton lever : la Fortune et Antoine se séparent ici; oui, ici même nous nous donnons la dernière poignée de main. Les cœurs qui me suivaient aux talons comme des épagneuls, dont j'exauçais tous les vœux, se fondent et laissent tomber leur sucre sur César à la verdoyante fortune; et il est écorcé ce pin qui les dominait tous! Je suis trahi : oh! cette âme menteuse d'Égyptienne! cette fatale charmeresse dont l'œil donnait le signal de mes guerres et le signal de mes retraites, dont le sein était ma couronne, mon bien suprême, — comme une véritable Égyptienne qu'elle est (*a*), par la subtilité de son jeu faux, elle me plonge au fin fond de la ruine. Hé! Éros, Éros!

Entre CLÉOPÂTRE.

ANTOINE. — Ah, sorcière! arrière!

CLÉOPÂTRE. — Pourquoi mon Seigneur est-il furieux contre sa bien-aimée?

ANTOINE. — Disparais! ou je vais te servir selon tes mérites, et faire tort ainsi au triomphe de César. Qu'il s'empare de toi, et qu'il te hisse en spectacle devant les plébéiens aux retentissantes acclamations : suis son chariot comme la plus grande tache vivante de tout ton sexe : être plus que monstrueux, sois montrée pour les plus pauvres rétributions, pour quelques liards; et que la patiente Octavie laboure ton visage avec ses ongles qui sont tout prêts. (*Sort Cléopâtre.*) Tu as bien fait de partir, s'il est bon de vivre; mais mieux il eût valu que tu fusses tombée sous ma fureur, car une seule mort aurait pu en prévenir beaucoup. — Éros, holà! — J'ai sur moi la chemise de Nessus : — Alcide, ô toi mon ancêtre, enseigne-moi ta fureur : donne-moi la force de lancer Lichas sur les cornes de la Lune [7], et de ces mains qui ont brandi la plus pesante des massues écrase mon indigne magicienne. La sorcière mourra! elle m'a vendue au jeune bambin romain, et je succombe sous ses trames : elle mourra pour ce fait! — Éros, holà! (*Il sort.*)

(*a*) Léger anachronisme. Antoine prend ici le mot d'Égyptienne comme synonyme de bohémienne, de *zingara*. On sait que les bohémiennes, diseuses de bonne fortune, sont renommées pour leur art de mentir et leur subtile perfidie.

SCÈNE XI.

ALEXANDRIE. — Un appartement dans le palais.

Entrent CLÉOPÂTRE, CHARMIAN, ÉROS *et* MARDIAN.

CLÉOPÂTRE. — Au secours, mes femmes ! Oh ! il est plus fou que Télamon pour son bouclier [8] ; le sanglier de Thessalie n'écuma jamais d'une telle rage.

CHARMIAN. — Au monument funèbre ! enfermez-vous-y, et envoyez-lui dire que vous êtes morte. L'âme ne se sépare pas du corps avec plus de souffrance que n'en éprouve la créature humaine quand elle se sépare de la grandeur.

CLÉOPÂTRE. — Au monument funèbre ! — Mardian, va lui dire que je me suis tuée ; dis-lui que le dernier mot que j'ai prononcé a été Antoine, et dis-lui cela, je t'en prie, d'un ton affligé : pars, Mardian, et viens me dire comment il prend ma mort. — Au monument funèbre ! (*Ils sortent.*)

SCÈNE XII.

Un autre appartement dans le palais.

Entrent ANTOINE *et* ÉROS.

ANTOINE. — Éros, tu me contemples encore ?
ÉROS. — Oui, noble Seigneur.
ANTOINE. — Quelquefois nous voyons un nuage qui ressemble à un dragon ; une vapeur qui présente l'image d'un ours ou d'un lion, d'une citadelle garnie de tours, d'un rocher suspendu, d'une montagne à double cime, d'un bleu promontoire couvert d'arbres ; ces images se balancent au-dessus de nos têtes, et trompent nos yeux par une moquerie aérienne : tu as vu ces images ? ce sont les splendeurs du soir assombri.

Éros. — Oui, mon Seigneur.

Antoine. — Ce qui est maintenant un cheval, en un instant une traînée de vapeur l'efface, et le rend indistinct comme l'eau est indistincte dans l'eau.

Éros. — Oui, mon Seigneur.

Antoine. — Mon bon garçon, Éros, ton capitaine est à cette heure un phénomène semblable : me voici bien, moi, Antoine, et cependant, mon garçon, je ne puis conserver cette forme visible. J'ai fait ces guerres pour l'Égypte, et la reine dont je croyais avoir le cœur, car elle avait le mien, — mon cœur qui alors qu'il m'appartenait, s'en était attaché un million d'autres maintenant perdus, — la reine, Éros, a faussé les cartes pour César, et a filouté ma gloire pour le triomphe de mon ennemi! Allons, ne pleure pas, gentil Éros; nous nous restons à nous-mêmes pour mettre fin à nos destins.

Entre MARDIAN.

Antoine. — Oh! ta vile maîtresse! elle m'a volé de mon épée.

Mardian. — Non, Antoine; ma maîtresse t'aimait, et elle a associé jusqu'au bout sa fortune à la tienne.

Antoine. — Hors d'ici, eunuque impudent; paix! Elle m'a trahie, et elle payera sa trahison de sa mort.

Mardian. — La mort est une dette que chacun ne paye qu'une fois, et elle a payé cette dette. Ce que tu voudrais faire, a été fait sans le secours de ton bras : les derniers mots qu'elle a prononcés ont été *Antoine! très-noble Antoine!* Alors, tandis qu'elle les prononçait, un soupir déchirant a divisé le nom d'Antoine par le milieu entre son cœur et ses lèvres : elle a rendu la vie avec ton nom ainsi enseveli en elle.

Antoine. — Elle est donc morte?

Mardian. — Morte.

Antoine. — Désarme-toi, Éros; la tâche de cette longue journée est achevée, et nous devons aller dormir! — Tiens-toi pour amplement payé de ton message; puisque tu t'en retournes sain et sauf. Va. (*Sort Mardian.*)

Enlève, enlève-moi tout cela! Le bouclier aux sept enveloppes d'Ajax ne pourrait comprimer les battements de mon cœur. Oh! déchirez-vous mes flancs! Mon cœur, sois une fois plus fort que ton habitation, fais craquer ton fragile étui! — Dépêche, Éros, dépêche! — Je ne suis plus un soldat : — pièces brisées de mon armure, adieu; vous avez été noblement portées. — Laisse-moi quelques instants. (*Sort Éros.*) Je vais aller te rejoindre, Cléopâtre, et je pleurerai pour te demander pardon. Il en doit être ainsi, car maintenant toute prolongation d'existence est une torture. Puisque la torche est éteinte, couchons-nous, et ne nous égarons pas davantage. Maintenant tout effort gâterait ce qu'il entreprendrait ; oui, la force elle-même s'embarrasse dans ses propres mouvements : apposons notre sceau, et que tout soit fini! — Éros! — Je viens, ma reine. — Éros! — Attends-moi : nous irons ensemble dans ces lieux où les ombres sont couchées sur les fleurs, et nous tenant par la main, nous attirerons les regards de toutes les âmes par la grâce de notre démarche : Didon et son Énée se verront déserter, et toute la foule des mânes se portera vers nous. — Viens, Éros! Éros!

Rentre ÉROS.

Éros. — Que veut mon Seigneur?

Antoine. — Depuis que Cléopâtre est morte, vivre est pour moi un tel déshonneur que les Dieux détestent ma bassesse. Moi qui de mon épée ai partagé le monde, moi qui par mes flottes construisais des cités sur le dos du vert Neptune, je m'accuse de manquer du courage d'une femme; mon âme est moins noble que la sienne, à elle qui par sa mort vient de dire à notre César : « J'ai fait la conquête de moi-même. » Tu m'as juré, Éros, que lorsque la nécessité s'en présenterait (et elle se présente aujourd'hui vraiment), que lorsque je verrais derrière moi l'inévitable poursuite de la disgrâce et de l'horreur, tu me tuerais sur l'ordre que je t'en donnerais : tue-moi, l'heure en est venue; ce n'est pas moi que tu frappes, c'est César dont tu triomphes. Rappelle la couleur à tes joues.

Éros. — Les Dieux m'en préservent! Ferai-je ce que tous les dards parthes, bien qu'ennemis, n'ont pu réussir à faire?

Antoine. — Éros, voudrais-tu regarder par une fenêtre de la grande Rome, et voir ton maître, les bras ainsi croisés, courbant son cou soumis, son visage couvert d'une honte humiliante, tandis que le char de l'heureux César le précédant, raillerait la bassesse du captif qui suivrait ses roues?

Éros. — Je ne voudrais pas voir un tel spectacle.

Antoine. — Avance, en ce cas; car c'est par une blessure que je dois être guéri. Tire ton honnête épée que tu as portée avec utilité pour ton pays.

Éros. — Ô Seigneur, pardonnez-moi!

Antoine. — Lorsque je te fis libre, ne juras-tu pas que tu exécuterais cet ordre lorsque je te le donnerais? exécute-le sur-le-champ, ou bien tous tes précédents services ne sont plus pour moi que des accidents auxquels ta volonté n'eut pas de part. Tire ton épée, et avance.

Éros. — Détournez de moi, alors, ce noble visage où se lit la majesté du monde entier.

Antoine, *se détournant*. — Là, ainsi!

Éros. — Mon épée est tirée.

Antoine. — Eh bien, exécute sans délai la chose pour laquelle tu l'as tirée.

Éros. — Mon cher maître, mon capitaine, et mon empereur, avant de frapper ce coup cruel, laissez-moi vous dire adieu.

Antoine. — Volontiers, ami. Adieu.

Éros. — Adieu, grand général. Frapperai-je maintenant?

Antoine. — Maintenant, Éros.

Éros. — Eh bien! en ce cas, voici comment j'échappe à la douleur de la mort d'Antoine. (*Il se perce de son épée et meurt.*)

Antoine. — Trois fois plus noble que moi-même! Ô vaillant Éros, tu m'enseignes que c'est moi qui dois faire ce que tu n'as pu accomplir. Ma reine et Éros, par la vaillante leçon de leur exemple, ont inscrit leur noblesse avant moi sur le livre de l'histoire : mais je veux être un fiancé pour la mort, et je volerai dans ses bras comme au lit d'une bien-aimée. Allons : — Éros, ton maître meurt ton écolier ; c'est de toi que j'ai appris à faire ainsi. (*Il se jette sur son épée.*) Comment ! pas encore mort ? pas encore mort ? La garde, holà ! Oh ! achevez-moi !

Entre DERCETAS *avec une garde.*

PREMIER GARDE. — Quel est ce bruit ?

ANTOINE. — J'ai mal fait mon ouvrage, amis : oh ! achevez ce que j'ai commencé !

DEUXIÈME GARDE. — L'étoile est tombée !

PREMIER GARDE. — Et la période de son cours est achevée.

TOUS. — Hélas, malheur !

ANTOINE. — Que celui qui m'aime me frappe à mort.

PREMIER GARDE. — Ce ne sera pas moi.

SECOND GARDE. — Ni moi.

TROISIÈME GARDE. — Ni personne. (*Sortent les gardes.*)

DERCETAS. — Ta mort et ta fortune donnent à tes partisans l'avis de fuir. Montrer seulement cette épée à César, et lui porter cette nouvelle, me gagnera sa faveur.

Entre DIOMÈDE.

DIOMÈDE. — Où est Antoine ?

DERCETAS. — Ici, Diomède, ici.

DIOMÈDE. — Vit-il ? ne me répondras-tu pas, l'ami ? (*Sort Dercetas.*)

ANTOINE. — Est-ce toi qui es ici, Diomède ? Tire ton épée, et donne-moi un coup suffisant pour me tuer.

DIOMÈDE. — Très-souverain Seigneur, ma maîtresse Cléopâtre m'a envoyé vers toi.

ANTOINE. — Quand t'a-t-elle envoyé ?

DIOMÈDE. — A l'instant, Seigneur.

ANTOINE. — Où est-elle ?

DIOMÈDE. — Enfermée dans son monument funèbre.

Elle a eu un pressentiment de ce qui est arrivé. Lorsqu'elle vit que vous la soupçonniez d'être entrée en arrangements avec César (chose qui ne sera jamais), et que votre rage ne pouvait s'apaiser, elle vous a fait dire qu'elle était morte ; mais craignant les conséquences de ce message, elle m'a envoyé pour vous dire la vérité, et je suis venu, trop tard, je le crains.

Antoine. — Trop tard, mon bon Diomède. Appelle ma garde, je te prie.

Diomède. — Holà, ho ! la garde de l'empereur ! Holà, ho ! la garde ! Venez, votre Seigneur appelle !

Entrent quelques-uns des GARDES.

Antoine. — Mes bons amis, portez-moi là où est Cléopâtre ; c'est le dernier service que je vous commanderai.

Premier garde. — Tristes, tristes nous sommes, Seigneur, que vous ne puissiez pas survivre à tous vos fidèles partisans.

Tous. — Ô très-douloureux jour !

Antoine. — Allons, mes bons camarades, ne faites pas au destin le plaisir de l'honorer de votre douleur : souhaitez la bienvenue au sort qui vient nous punir ; nous le punissons à notre tour, quand nous paraissons le porter avec insouciance. Relevez-moi : je vous ai souvent conduits ; emportez-moi maintenant, mes bons amis, et recevez tous mes remercîments. (*Ils sortent, emportant Antoine.*)

SCÈNE XIII.

Alexandrie. — Un monument funèbre.

Entrent dans les chambres supérieures CLÉOPÂTRE, CHARMIAN *et* IRAS.

Cléopâtre. — Ô Charmian, je ne sortirai jamais d'ici.

Charmian. — Chère Madame, laissez-vous consoler.

Cléopâtre. — Non, je ne veux pas : tous les événements terribles et inattendus sont les bienvenus, mais nous méprisons les consolations : la taille de notre douleur doit être proportionnée à sa cause, elle doit être aussi grande que ce qui l'engendre.

Entre DIOMÈDE en bas du monument.

Cléopâtre. — Eh bien, quelles nouvelles? est-il mort?

Diomède. — La mort le tient, mais il n'est pas mort. Regardez de l'autre côté de votre monument; sa garde l'y a porté.

Entre en bas du monument ANTOINE porté par ses gardes.

Cléopâtre. — Ô soleil, brûle la grande sphère dans laquelle tu te meus ! ténèbres, recouvrez éternellement le rivage changeant du monde! Ô Antoine, Antoine, Antoine ! à l'aide, Charmian ! à l'aide, Iras ! à l'aide ! — à l'aide, vous qui êtes en bas, mes amis! hissons-le ici.

Antoine. — Paix ! ce n'est pas la valeur de César qui a renversé Antoine, mais la valeur d'Antoine qui a triomphé d'elle-même.

Cléopâtre. — Il en devait être ainsi, nul autre qu'Antoine ne devait vaincre Antoine : mais malheur qu'il en soit ainsi !

Antoine. — Je meurs, reine d'Égypte, je meurs ; seulement je viens ici importuner un instant la mort, pour qu'elle attende jusqu'à ce que de tant de baisers j'aie placé sur tes lèvres le pauvre dernier.

Cléopâtre. — Je n'ose pas, chéri — cher Seigneur, pardon, — je n'ose pas descendre, de peur d'être prise. Le triomphe orgueilleux de ce César, favori de la Fortune, ne sera jamais décoré de ma personne ; si les poignards, les poisons, les serpents ont pointe, effet, aiguillon, je suis en sûreté : votre épouse Octavie, aux regards prudes et à l'invariable maintien, n'aura jamais l'honneur de m'insulter de son dédain. Mais, viens, viens, Antoine ; — aidez-moi, mes femmes ; — nous allons te hisser ici ; — aidez-nous, mes bons amis !

Antoine. — Oh vite, ou je suis mort!

Cléopâtre. — Voilà un exercice ma foi! — Comme mon Seigneur est pesant! toutes nos forces ont été épuisées par la douleur; voilà ce qui te rend pesant. Si j'avais le pouvoir de la grande Junon, Mercure aux fortes ailes t'enlèverait et te placerait aux côtés de Jupiter. Mais, viens ici un peu, — ceux qui font des souhaits sont toujours fous, — oh! viens, viens, viens! (*Elles hissent Antoine en haut du monument.*) Oh! sois le bienvenu, et le bienvenu! meurs là où tu as vécu! ressuscite sous mes baisers! ah! si mes lèvres avaient ce pouvoir, je les userais ainsi à ce service.

Tous. — Un triste spectacle!

Antoine. — Je meurs, reine d'Égypte, je meurs : donne-moi un peu de vin, et laisse-moi dire quelques mots.

Cléopâtre. — Non, laisse-moi parler; laisse-moi railler si haut que cette menteuse ménagère la Fortune, irritée de mes insultes, en brise son rouet.

Antoine. — Un mot, aimable reine : cherchez auprès de César votre honneur et votre sûreté. — Oh!

Cléopâtre. — Les deux choses ne vont pas ensemble.

Antoine. — Noble amie, écoutez-moi. Parmi les personnes qui entourent César, ne vous fiez qu'à Proculéius.

Cléopâtre. — Je me fierai à ma seule résolution et à mes seules mains, mais non à aucun de ceux qui entourent César.

Antoine. — Ne déplorez ni ne prenez à cœur le misérable changement de fortune qui termine ma carrière; mais que plutôt il plaise à vos pensées de se nourrir du souvenir de mon ancienne fortune, alors que j'étais le plus grand prince du monde, que je vivais comme le plus noble; qu'il vous plaise aussi de penser que je ne meurs pas bassement, que je ne remets pas lâchement mon casque à mon compatriote; mais que Romain, je suis vaillamment vaincu par un Romain. Maintenant, mon âme m'abandonne; je n'en puis plus.

Cléopâtre. — Ô le plus noble des hommes, veux-tu donc mourir? n'as-tu donc pas souci de moi? me faudra-

ACTE IV, SCÈNE XIII.

t-il rester dans ce triste monde qui, toi absent, ne vaut pas mieux qu'une étable? — Oh! voyez, mes femmes! le diadème du monde se fond! (*Antoine meurt.*) Mon Seigneur! Oh! desséchée maintenant est la couronne de la guerre! Tombé l'étendard des soldats! Les bambins et les fillettes sont maintenant de pair avec les hommes; les êtres hors de comparaison ne sont plus, et il ne reste plus rien de remarquable sous la lumière de la lune. (*Elle s'évanouit.*)

CHARMIAN. — Oh! du calme, Madame!

IRAS. — Elle est morte aussi, notre souveraine!

CHARMIAN. — Reine!

IRAS. — Madame!

CHARMIAN. — Ô Madame, Madame, Madame!

IRAS. — Reine d'Égypte! impératrice!

CHARMIAN. — Paix, paix, Iras!

CLÉOPÂTRE. — Pas plus longtemps reine, mais une simple femme, et dominée par les mêmes pauvres passions qui dominent la servante qui trait et fait les plus viles besognes. J'aurais le droit de rejeter mon sceptre aux Dieux insultants, de leur dire que ce monde égalait le leur avant qu'ils nous eussent volé notre joyau. Tout cela ne sert de rien; la patience est sottise, et l'impatience devient un chien fou de rage: en telle situation, est-ce donc un crime de se précipiter dans la demeure de la mort, avant que la mort ose venir à nous? — Comment vous trouvez-vous, mes femmes? Allons, allons, bon courage! Eh bien, qu'est-ce donc, Charmian! mes nobles filles! — Ô mes femmes, mes femmes, voyez, notre lampe est épuisée, elle est éteinte! — Mes bons amis, prenez courage : nous allons le faire ensevelir; et puis cette résolution commandée par la noblesse, la bravoure, nous l'exécuterons à la souveraine façon romaine, et nous rendrons la mort fière de nous recevoir. — Partons : l'enveloppe de cette âme vaste est maintenant froide. — Ah! mes femmes, mes femmes! Partons; nous n'avons plus pour amis que la force de résolution et le trépas le plus rapide. (*Elles sortent. On emporte le corps d'Antoine.*)

VIII — 8

ACTE V.

SCÈNE PREMIÈRE.

Le camp de CÉSAR devant ALEXANDRIE.

Entrent CÉSAR, AGRIPPA, DOLABELLA, MÉCÈNE, GALLUS, PROCULÉIUS *et autres*.

CÉSAR. — Va le trouver, Dolabella; commande-lui de céder; dis-lui que réduit comme il l'est aux extrémités, les retards qu'il apporte à se rendre sont des moqueries à notre adresse.

DOLABELLA. — J'y vais, César. (*Il sort.*)

Entre DERCETAS *avec l'épée d'*ANTOINE.

CÉSAR. — Que signifie cela? et qui es-tu, toi qui oses te présenter ainsi devant nous?

DERCETAS. — On m'appelle Dercetas; j'ai servi Marc Antoine, l'homme le plus digne d'être le mieux servi : tant qu'il fut debout et qu'il parla, il fut mon maître, et je dépensai ma vie à l'employer contre ses ennemis. S'il te plaît de me prendre à ton service, je serai pour César ce que je fus pour Antoine; si cela ne te plaît pas, je te remets ma vie.

CÉSAR. — Qu'est-ce que tu dis?

DERCETAS. — Je dis, ó César, qu'Antoine est mort.

CÉSAR. — La rupture d'une si grande chose aurait dû faire un plus grand craquement; le globe aurait dû secouer les lions dans les rues des villes et jeter les citoyens dans les tanières des lions : la mort d'Antoine n'est pas celle d'un simple individu; dans ce nom était renfermée la moitié du monde.

Dercetas. — Il est mort, César; non par la main d'un ministre public de la justice, non par un poignard stipendié; mais cette main même qui écrivait l'honneur de son maître sur les actes qu'elle accomplissait a percé son cœur, avec tout le courage que le cœur pouvait lui prêter. Voici son épée; je l'ai dérobée à sa blessure; contemple-la, tachée de son très-noble sang.

César. — Vous paraissez tristes, amis. Les dieux m'abandonnent si ce ne sont pas là des nouvelles à faire pleurer les yeux des rois!

Agrippa. — Et il est vraiment étrange que la nature nous force à pleurer sur ceux de nos actes que nous avons poursuivis avec le plus d'opiniâtreté.

Mécène. — Égaux étaient en lui ses défauts et ses mérites.

Agrippa. — Un plus rare esprit ne servit jamais de pilote à l'humanité : mais vous, ô Dieux, vous nous donnez toujours quelques défauts pour marquer l'homme en nous. César est touché.

Mécène. — Lorsqu'un si spacieux miroir lui est mis devant les yeux, il est bien forcé de s'y voir.

César. — Ô Antoine! c'est donc à ce point-là que je t'ai poursuivi; mais nous saignons nos corps pour en chasser les maladies : de toute nécessité, il fallait que je te donnasse le spectacle d'un semblable jour de déclin, ou que je visse le tien; il n'y avait pas assez de place pour nous deux dans l'étendue du monde. Pourtant, laisse-moi déplorer avec des larmes aussi royales que le sang du cœur, ô toi, mon frère, mon collègue dans la combinaison de toute entreprise, mon associé à l'empire, mon ami et mon compagnon à la tête des légions, bras de mon propre corps, cœur où s'allumaient mes pensées, que nos étoiles irréconciliables aient séparé à ce point nos conditions égales. — Écoutez-moi, mes bons amis....

Entre UN MESSAGER.

CÉSAR. — Mais je vous parlerai à quelque moment plus favorable; cet homme-ci a des nouvelles dont sa physionomie trahit l'importance, nous écouterons ce qu'il a à nous dire. Qui êtes-vous?

LE MESSAGER. — Rien qu'un pauvre Égyptien à cette heure. La reine, ma maîtresse, renfermée dans son monument funèbre, — tout ce qui lui reste, — désire connaître tes intentions, afin qu'elle puisse prendre ses dispositions pour la conduite qui lui est imposée.

CÉSAR. — Dis-lui d'avoir bon courage; elle apprendra bientôt par quelqu'un des nôtres à quel point nous sommes déterminés à la traiter avec honneur et affection: car César ne peut se montrer que noble.

LE MESSAGER. — Que les Dieux te conservent tel! (*Il sort.*)

CÉSAR. — Viens ici, Proculéius. Vas, et dis-lui que nous ne méditons contre elle aucun outrage : donne-lui toutes les consolations que requerront la nature et le degré de sa douleur, de crainte que, dans l'orgueil de sa grandeur, elle ne nous inflige une défaite par quelque coup de mort : car sa personne vivante à Rome rendrait éternel le souvenir de notre triomphe; allez, et venez nous apprendre le plus rapidement possible ce qu'elle dit, et dans quel état vous l'avez trouvée.

PROCULÉIUS. — César, j'y vais. (*Il sort.*)

CÉSAR. — Gallus, accompagnez-le. (*Sort Gallus.*) Où est Dolabella, pour seconder Proculéius?

AGRIPPA *et* MÉCÈNE *appelant*. — Dolabella!

CÉSAR. — Laissez-le; je me rappelle à présent à quoi il est occupé : il sera prêt à temps. Venez avec moi dans ma tente : là je vous montrerai avec quelle répugnance je me suis engagé dans cette guerre, et quel calme et quelle modération j'ai toujours mis dans toutes mes lettres : venez avec moi voir la preuve de ce que je vous dis. (*Ils sortent.*)

SCÈNE II.

ALEXANDRIE. — Le monument funèbre.

Entrent CLÉOPÂTRE, CHARMIAN *et* IRAS.

CLÉOPÂTRE. — Mon désespoir commence à m'engendrer une vie meilleure. Il est misérable d'être César ; n'étant pas la Fortune même, il n'est que le valet de la Fortune, le ministre de sa volonté : mais il est grand d'accomplir l'action qui met fin à toutes les actions, qui garrotte tout accident, qui ferme la porte à tout changement, qui donne le sommeil éternel, et permet de ne plus goûter la mamelle de la nature, nourrice à la fois de César et du mendiant.

Entrent aux portes du monument PROCULÉIUS, GALLUS *et des* SOLDATS.

PROCULÉIUS. — César envoie ses félicitations à la reine d'Égypte, et t'invite à réfléchir aux demandes qu'il te serait agréable de le voir t'accorder.

CLÉOPÂTRE. — Quel est ton nom ?

PROCULÉIUS. — Mon nom est Proculéius.

CLÉOPÂTRE. — Antoine m'avait parlé de vous, m'avait avertie que je pouvais me fier à vous ; mais je n'ai guère souci d'être trompée, moi qui n'ai pas à tirer utilité de la confiance. Si votre maître désire avoir une reine pour mendiante, vous pouvez lui dire que la majesté, pour garder le décorum, ne peut mendier moins qu'un royaume : s'il lui plaît de me donner pour mon fils l'Égypte conquise, il me donnera tant de ce qui m'appartient, que je lui en offrirai à genoux mes remercîments.

PROCULÉIUS. — Ouvrez votre âme à la joie ; vous êtes tombée dans des mains princières, ne craignez rien : adressez librement et dans toute leur teneur vos requêtes à mon Seigneur ; il est si plein de grâce qu'elle déborde sur tous ceux qui en ont besoin. Donnez-moi permission de lui rapporter votre gracieuse soumission, et vous trouverez un conquérant qui priera la bonté de venir le seconder lorsque sa faveur sera sollicitée à genoux.

Cléopâtre. — Dites-lui, je vous en prie, que je suis la vassale de sa fortune, et que je lui envoie, à lui, la grandeur qu'il a conquise. D'heure en heure j'apprends la doctrine de l'obéissance, et je serais heureuse de le voir en face.

Proculéius. — Je lui rapporterai ces paroles, chère Dame. Ayez confiance, car je sais que votre sort touche celui qui en est l'auteur.

Gallus, *à part, à Proculéius.* — Vous voyez avec quelle facilité elle peut être saisie. (*Proculéius et deux des gardes montent au sommet du monument au moyen d'une échelle, et se placent derrière Cléopâtre. Quelques-uns des gardes déverrouillent et ouvrent les portes, et découvrent ainsi la chambre basse du monument.*)

Gallus, *haut, à Proculéius.* — Gardez-la jusqu'à ce que César vienne. (*Il sort.*)

Iras. — Royale reine!

Charmian. — Ô Cléopâtre! te voilà prise, reine!

Cléopâtre. — Vite, vite, mes bonnes mains. (*Elle tire un poignard.*)

Proculéius. — Arrêtez, noble Dame, arrêtez! (*Il la saisit et la désarme.*) Ne vous faites pas un tel préjudice, vous qui par l'action que nous venons de faire êtes secourue et non trahie.

Cléopâtre. — Quoi! pas même la mort qui débarrasse nos chiens de la trop longue maladie?

Proculéius. — Cléopâtre, n'insultez pas la générosité de mon maître, en vous détruisant vous-même : permettez à l'univers de contempler sa parfaite noblesse, spectacle que votre mort lui empêcherait de montrer.

Cléopâtre. — Où es-tu, mort? Viens ici, viens! viens, viens, et prends une reine qui vaut à elle seule bien des enfants et des mendiants!

Proculéius. — Oh! de la modération, Madame!

Cléopâtre. — Seigneur, je ne mangerai, ni ne boirai,

— et s'il est nécessaire de prononcer encore d'autres paroles superflues, — je ne dormirai pas non plus : je détruirai cette prison de chair, fasse César ce qu'il voudra. Sachez, Seigneurs, que je n'irai pas garrottée figurer à la cour de votre maître, et que je ne m'exposerai pas une seule fois à être humiliée par l'œil dédaigneux de la sotte Octavie. Est-ce que par hasard on compte m'élever sur les bras pour me montrer à la valetaille braillarde de l'insultante Rome? Qu'un fossé d'Égypte me serve plutôt de paisible tombeau! Que je sois plutôt exposée entièrement nue sur la boue du Nil, et rongée par les insectes jusqu'à devenir un objet d'horreur! Que les hautes pyramides de mon royaume me servent plutôt de gibet, et que j'y sois pendue enchaînée!

PROCULÉIUS. — Vous poussez ces pensées d'horreur plus loin que César ne vous en donnera sujet.

Entre DOLABELLA *en bas.*

DOLABELLA. — Proculéius, ton maître César sait ce que tu as fait, et il t'envoie chercher : quant à la reine, je la prendrai sous ma garde.

PROCULÉIUS. — Bien, Dolabella, rien ne pouvait me faire plus de plaisir. (*Il conduit Cléopâtre dans la chambre basse du monument et la remet à Dolabella.*) Soyez doux avec elle. — (*A Cléopâtre.*) Si vous voulez m'employer comme messager auprès de César, je lui rapporterai ce qu'il vous plaira de me dire.

CLÉOPÂTRE. — Dites que je voudrais mourir. (*Sortent Proculéius et des soldats.*)

DOLABELLA. — Très-noble impératrice, vous avez entendu parler de moi?

CLÉOPÂTRE. — Je ne saurais le dire.

DOLABELLA. — Assurément vous me connaissez.

CLÉOPÂTRE. — Peu importe, Seigneur, qui j'aie connu, ou de qui j'aie entendu parler. Vous riez lorsque les enfants ou les femmes racontent leurs rêves; n'est-ce pas votre habitude?

DOLABELLA. — Je ne comprends pas, Madame.

CLÉOPÂTRE. — J'ai rêvé qu'il y avait un empereur nommé Antoine : oh! si je pouvais avoir un autre sommeil semblable, rien que pour voir un autre homme pareil!

DOLABELLA. — S'il pouvait vous plaire....

CLÉOPÂTRE. — Sa face était comme les cieux, et là étaient attachés un soleil et une lune qui observaient leur cours et éclairaient ce petit globe, la terre[1].

DOLABELLA. — Très-souveraine créature....

CLÉOPÂTRE. — Ses jambes enfourchaient l'océan comme une monture; son bras levé touchait le front du monde et le coiffait du casque; s'adressait-il à ses amis, sa voix était harmonieuse comme la musique des sphères; mais lorsqu'il voulait ébranler et faire trembler le globe, elle était comme le fracas du tonnerre. Quant à sa générosité, elle ne connaissait pas la saison d'hiver; c'était un perpétuel automne toujours plus fertile à mesure qu'il était plus moissonné. Ses voluptés étaient pareilles au dauphin; elles faisaient apparaître sa personne surgissante au-dessus de l'élément où elles vivaient : les rois porteurs de couronnes grandes et petites marchaient parmi les gens de sa suite; les îles et les royaumes tombaient de ses poches comme des vases d'argent.

DOLABELLA. — Cléopâtre....

CLÉOPÂTRE. — Pensez-vous qu'il fut ou qu'il puisse être un homme pareil à celui dont j'ai rêvé?

DOLABELLA. — Non, noble Madame.

CLÉOPÂTRE. — Vous mentez, aux oreilles mêmes des Dieux! Mais, s'il en est, ou s'il en fut jamais un pareil, cet homme dépasse la puissance des rêves : la nature manque d'étoffe pour lutter de formes étranges avec l'imagination; cependant, imaginer un Antoine était un chef-d'œuvre où la nature l'emportait sur l'imagination, et qui rejetait au néant toutes les ombres.

DOLABELLA. — Écoutez-moi, bonne Madame. La perte que vous avez faite, est comme vous, grande, et votre douleur est à sa taille. Puissé-je ne jamais obtenir le succès que je poursuivrai, s'il n'est pas vrai que je ressens, par le choc en retour du vôtre, un chagrin qui me frappe à la racine même du cœur.

Cléopâtre. — Je vous remercie, Seigneur. Savez-vous quelle est l'intention de César à mon égard?

Dolabella. — J'ai répugnance à vous apprendre ce que je voudrais que vous connussiez.

Cléopâtre. — Voyons, je vous en prie, Seigneur,...

Dolabella. — Bien qu'il soit plein d'honneur....

Cléopâtre. — Il me conduira à la suite de son triomphe, n'est-ce pas?

Dolabella. — Oui, Madame; je le sais. (*Fanfares au dehors.*)

Voix *à l'extérieur*. — Faites place ici! — César!

Entrent CÉSAR, GALLUS, PROCULÉIUS, MÉCÈNE, SÉLEUCUS, *et des gens de leurs suites.*

César. — Où est la reine d'Égypte?

Dolabella. — C'est l'empereur, Madame. (*Cléopâtre s'agenouille.*)

César. — Relevez-vous, vous ne vous agenouillerez pas : je vous prie de vous relever; relevez-vous, reine d'Égypte.

Cléopâtre. — Seigneur, les Dieux veulent qu'il en soit ainsi; je dois obéir à mon Seigneur et maître.

César. — Ne vous attachez pas à de sombres pensées : les injures que vous nous avez faites, quoique écrites dans notre chair, nous ne voulons nous les rappeler que comme des choses amenées par le hasard.

Cléopâtre. — Unique Seigneur de l'univers, je ne puis assez bien plaider ma cause pour faire apparaître mon innocence; mais je confesse que j'ai succombé sous ces fragiles instincts qui si souvent déjà ont déshonoré notre sexe.

César. — Cléopâtre, sachez que nous sommes plutôt disposé à excuser vos fautes qu'à les punir : si vous vous conformez à nos intentions, qui sont à votre égard des plus bienveillantes, vous trouverez dans ce changement un bénéfice; mais si vous cherchez, en suivant la conduite d'Antoine, à m'imposer une cruauté, vous vous frustrerez vous-même de ma bienveillance, et vous livrerez vos enfants à cette ruine dont je les préserverai, si vous vous appuyez sur moi. Je vais maintenant partir[2].

CLÉOPÂTRE. — Pour le lieu de l'univers que vous voudrez ; l'univers est à vous, et nous, vos écussons et vos signes de victoire, nous devons être suspendus à la place qu'il vous plaira. (*Elle lui remet un papier.*) Prenez ceci, mon bon Seigneur.

CÉSAR. — Vous me conseillerez pour tout ce qui concerne Cléopâtre.

CLÉOPÂTRE. — Voici la note de tout ce que je possède, argent, bijoux, argenterie : elle est exactement dressée, sauf les bagatelles dont on n'a pas tenu compte. — Où est Séleucus ?

SÉLEUCUS. — Ici, Madame.

CLÉOPÂTRE. — C'est mon trésorier ; qu'il dise, à son propre péril, si j'ai réservé pour moi quelque chose. Dis la vérité, Séleucus.

SÉLEUCUS. — Madame, j'aimerais mieux sceller mes lèvres que de dire ce qui n'est pas, même pour sauver ma tête.

CLÉOPÂTRE. — Qu'est-ce que j'ai gardé ?

SÉLEUCUS. — Assez pour racheter ce que vous avez déclaré posséder.

CÉSAR. — Voyons, ne rougissez pas, Cléopâtre ; j'approuve en cela votre sagesse.

CLÉOPÂTRE. — Voyez, César ! Oh ! contemplez comme la grandeur est bien vite suivie ! Mes gens se disposent à être les vôtres, et s'il était possible que nous échangions nos fortunes, les vôtres seraient les miens. L'ingratitude de ce Séleucus me rend folle de fureur. Ô esclave, d'aussi peu de foi que l'amour acheté ! Comment ! est-ce que tu t'en vas ? tu reviendras, je te le garantis ; tes yeux seront forcés de me voir, quand bien même ils auraient des ailes pour me fuir, esclave, scélérat sans âme, chien ! ô rare modèle de bassesse !

CÉSAR. — Bonne reine, laissez-nous vous intercéder.

ACTE V, SCÈNE II. 123

CLÉOPÂTRE. — Ô César, quelle honte blessante cela est pour moi! Comment tu daignes me visiter ici, tu honores de la présence de ta Seigneurie une personne aussi humiliée, et il faut que mon propre serviteur augmente la somme de mes disgrâces par l'addition de sa malice! Voyons, bon César, admets que j'aie conservé quelques bagatelles de Dame, quelques babioles sans importance, quelques objets sans prix, tels que ceux dont nous faisons présent aux amis ordinaires; admets encore que j'aie mis à part quelque plus noble cadeau pour Livie[3] ou Octavie, afin de me gagner leur médiation, faudra-t-il pour cela que je sois dévoilée par quelqu'un que j'ai nourri? Grands Dieux! cela me fait plus de mal que la chute même que je subis. (*A Séleucus.*) Je t'en prie, pars d'ici, où les derniers jets de flamme de mon âme vont s'élancer à travers les cendres de ma mauvaise fortune : — si tu étais un homme, tu aurais eu pitié de moi.

CÉSAR. — Silence, Séleucus. (*Sort Séleucus.*)

CLÉOPÂTRE. — Qu'on sache donc bien que nous les plus grands de la terre, nous sommes jugés faussement pour des actions que d'autres ont commises; et lorsque nous tombons, nous portons la peine méritée par d'autres : on nous doit vraiment compassion.

CÉSAR. — Cléopâtre, nous n'avons point placé sur la liste de nos conquêtes, ni ce que vous avez réservé, ni ce que vous avez avoué : que cela continue à être à vous, et usez-en à votre plaisir; et croyez que César n'est pas un marchand pour trafiquer avec vous des choses que vendent les marchands. Conservez donc votre sérénité, ne faites pas de vos pensées des prisons pour votre âme : non, chère reine, car nous entendons prendre à votre égard les dispositions que vous conseillerez vous-même. Mangez et dormez : notre sollicitude et notre pitié s'étendent à ce point sur vous que nous restons votre ami; et maintenant adieu.

CLÉOPÂTRE. — Mon maître et mon Seigneur!

CÉSAR. — Non, il n'en est pas ainsi. Adieu. (*Fanfare. Sortent César et sa suite.*)

CLÉOPÂTRE. — Il me flatte, mes filles, il me flatte de belles paroles, afin que je manque de noblesse envers moi-même : mais, écoute, Charmian. (*Elle chuchote avec Charmian.*)

IRAS. — Finissons-en, bonne Madame ; le jour brillant est achevé, et nous sommes destinées aux ténèbres.

CLÉOPÂTRE. — Reviens bien vite : j'ai déjà donné des ordres, et tout est préparé ; va, exécute en toute hâte la chose.

CHARMIAN. — J'y vais, Madame.

Rentre DOLABELLA.

DOLABELLA. — Où est la reine ?

CHARMIAN. — Voyez, Seigneur. (*Elle sort.*)

CLÉOPÂTRE. — Dolabella !

DOLABELLA. — Madame, engagé par le serment que je vous ai donné sur votre ordre, serment que mon amitié m'impose de tenir religieusement, je vous apprends ceci : César a décidé que son voyage se ferait par la Syrie, et d'ici à trois jours, il doit vous envoyer devant lui, vous et vos enfants : faites de cette information le meilleur usage que vous pourrez : j'ai accompli votre désir et ma promesse.

CLÉOPÂTRE. — Dolabella, je resterai votre débitrice.

DOLABELLA. — Et moi, votre serviteur. Adieu, bonne reine ; il faut que j'aille rejoindre César.

CLÉOPÂTRE. — Adieu, et tous mes remercîments. (*Sort Dolabella.*) Eh bien, Iras, qu'en penses-tu ? tu seras aussi bien que moi montrée dans Rome comme une marionnette égyptienne : des esclaves artisans avec leurs tabliers graisseux, leurs règles et leurs marteaux, nous soulèveront pour nous voir ; nous serons enveloppées dans le nuage de leurs épaisses haleines, puantes de grossière nourriture, et forcées de boire leur vapeur.

IRAS. — Les Dieux le défendent !

CLÉOPÂTRE. — Ce n'est que trop certain, Iras : d'insolents licteurs nous conduiront comme des gourgandines ; de misérables rimeurs nous chansonneront avec des voix fausses : les ingénieux comédiens nous représenteront dans leurs improvisations, et mettront en scène nos fêtes d'Alexandrie ; Antoine sera introduit ivre sur le théâtre, et je verrai quelque Cléopâtre jouvenceau jouer mon personnage en miaulant, et donner à ma grandeur la posture d'une prostituée.

Iras. — Ô Dieux bons !

Cléopâtre. — Ce n'est que trop certain.

Iras. — Je ne verrai jamais cela ; car je suis sûre que mes ongles sont plus forts que mes yeux.

Cléopâtre. — Vraiment, c'est le moyen de déjouer leurs préparatifs et de triompher de leurs très-certaines intentions.

Rentre CHARMIAN.

Cléopâtre. — Eh bien, Charmian ! — Allons, mes femmes, parez-moi comme une reine : allez me chercher mes plus beaux atours : — je vais une fois encore sur le Cydnus à la rencontre de Marc Antoine : — va, mon espiègle Iras. — Maintenant, noble Charmian, nous allons nous dépêcher bien vite, et lorsque tu m'auras rendu ce service, je te donnerai permission de t'amuser jusqu'au jour du jugement. — Apporte notre couronne et tout. (*Sort Iras. Bruit à l'extérieur.*) Pourquoi ce bruit ?

Entre un soldat de la garde.

Le garde. — Il y a ici un compère de la campagne qui veut absolument être introduit en présence de Votre Altesse : il vous apporte des figues.

Cléopâtre. — Qu'on l'introduise. (*Sort le garde.*) Comme un pauvre instrument peut accomplir une noble action ! Il m'apporte la liberté ! Ma résolution est arrêtée, et je n'ai plus rien de la femme en moi : maintenant, de la tête aux pieds, je suis ferme comme le marbre ; maintenant la capricieuse lune n'est plus une planète à laquelle j'obéisse.

Rentre le garde *avec* un paysan *portant un panier*.

Le garde. — Voici l'homme.

CLÉOPÂTRE. — Sors, et laisse-le. (*Sort le garde.*) As-tu là ce gentil ver du Nil[4] qui tue sans faire souffrir?

LE PAYSAN. — Oui, en vérité, je l'ai : mais je ne voudrais pas être l'individu qui vous conseillerait de le toucher, car sa morsure est *immortelle;* ceux qui en meurent s'en rétablissent rarement, ou même jamais.

CLÉOPÂTRE. — Te rappelles-tu quelqu'un qui en soit mort?

LE PAYSAN. — Beaucoup, des hommes et des femmes aussi. J'ai entendu parler d'une, pas plus tard qu'hier : une très-honnête femme, mais quelque peu adonnée au mensonge, ce qu'une honnête femme ne devrait pas être, si ce n'est par manière d'honnêteté : — on disait comment elle était morte de sa piqûre, quelle souffrance elle avait ressentie; — en vérité, elle porte très-bon témoignage en faveur de ce ver; mais ceux qui veulent croire tout ce qu'on dit ne se sauveront jamais par la moitié de ce qu'ils font : mais ce qui est très-*faillible,* c'est que ce ver est un drôle de ver.

CLÉOPÂTRE. — Tire-toi d'ici; adieu.

LE PAYSAN. — Je vous souhaite bien de la joie avec le ver. (*Il dépose le panier.*)

CLÉOPÂTRE. — Adieu.

LE PAYSAN. — Vous pouvez bien croire, voyez-vous, que le ver fera comme c'est son genre de faire.

CLÉOPÂTRE. — Oui, oui, adieu.

LE PAYSAN. — Voyez-vous, on ne doit confier ce ver qu'à la garde de personnes prudentes; car, pour dire la vérité, il n'y a dans ce ver aucune bonté.

CLÉOPÂTRE. — N'en prends point souci; on y veillera.

LE PAYSAN. — Très-bien. Ne lui donnez rien, je vous en prie, car il ne vaut pas la peine d'être nourri.

CLÉOPÂTRE. — Est-ce qu'il me mangera?

LE PAYSAN. — Vous devez bien croire que je ne suis pas assez simple pour ne pas savoir que le diable lui-même ne mangerait pas une femme : je sais qu'une femme est un plat pour les Dieux, si le diable n'en fait pas la sauce. Mais vraiment ces putassiers de diables font grand tort aux Dieux avec leurs femmes ; car sur dix que font les Dieux, les diables en gâtent cinq.

CLÉOPÂTRE. — Bon, va-t'en, adieu.

LE PAYSAN. — Oui, ma foi, je vous souhaite bien du plaisir avec le ver. (*Il sort.*)

Rentre IRAS *avec une robe, une couronne, etc.*

CLÉOPÂTRE. — Donne-moi ma robe, place ma couronne sur ma tête ; je sens en moi la soif de l'immortalité. Maintenant jamais plus le suc des grappes d'Égypte ne mouillera cette lèvre : — dépêche, dépêche, ma bonne Iras ; vite. Il me semble que j'entends Antoine m'appeler ; je le vois se relever pour louer ma noble action ; je l'entends se moquer du bonheur de César, — le bonheur que les Dieux accordent aux hommes pour servir d'excuse à leurs colères ultérieures. — Je viens, mon époux : maintenant je prouve par mon courage mes titres à ce nom ! Je ne suis plus qu'air et feu, j'abandonne à la vie plus grossière mes autres éléments. Là, — avez-vous fini ? — Viens maintenant et reçois la dernière chaleur de mes lèvres. Adieu, ma chère Charmian ; long adieu, Iras. (*Elle les embrasse. Iras tombe et meurt.*) Ai-je donc l'aspic sur mes lèvres ? Tu tombes ? Si toi et la nature vous pouvez si doucement vous séparer, le coup de la mort est comme la chiquenaude d'un amant, qui blesse et qui est désirée. Es-tu donc immobile ? Si c'est ainsi que tu t'es évanouie, tu déclares au monde qu'il ne vaut pas la peine qu'on prenne congé de lui.

CHARMIAN. — Dissous-toi, épais nuage, et verse la pluie, afin que je puisse dire que les Dieux eux-mêmes pleurent !

CLÉOPÂTRE. — Voici qui me montre vile : si elle rencontre la première Antoine à la chevelure bouclée, il la questionnera et lui donnera ce baiser dont la possession est pour moi le ciel. (*Elle prend un aspic qu'elle applique sur son sein.*) Viens, mortel assassin, coupe d'un seul coup avec tes dents aiguës ce nœud compliqué de la vie : pauvre sot venimeux, entre en fureur, et dépêche-toi. Oh! que ne peux-tu parler, pour que je t'entende appeler le grand César un âne non policé!

Charmian. — Ô étoile d'Orient!

Cléopâtre. — Paix, paix! ne vois-tu pas l'enfant que j'ai au sein, et qui tette sa nourrice pour l'endormir?

Charmian. — Oh! brise-toi, brise-toi, mon cœur!

Cléopâtre. — Aussi délicieux que le baume, aussi doux que l'air, aussi aimable.... — Ô Antoine! — Vraiment je vais te prendre toi aussi : (*Elle applique un autre aspic sur son bras.*) Pourquoi resterais-je.... (*Elle tombe sur un lit et meurt.*)

Charmian. — Dans ce vil monde? — Allons, adieu. Maintenant tu peux être fière, mort, tu as en ta possession une femme sans pareille! — Fenêtres duvetées, fermez-vous, et que le doré Phébus ne soit contemplé jamais plus par des yeux aussi royaux! — Votre couronne est de travers; je vais la replacer droite, et puis remplir mon rôle.

Entre la garde *avec précipitation.*

Premier garde. — Où est la reine?

Charmian. — Parlez doucement, ne l'éveillez pas.

Premier garde. — César a envoyé....

Charmian. — Un messager trop lent. (*Elle s'applique un aspic.*) Oh, vite, dépêche-toi : je sens déjà ton pouvoir.

Premier garde. — Approchez, holà! tout ne va pas bien : César est trompé.

Second garde. — Il y a ici Dolabella envoyé par César; appelez-le.

Premier garde. — Qu'est-ce qu'on a fait ici! Charmian, est-ce là bien agir?

Charmian. — C'est bien agir, et comme il convenait à une princesse descendue de tant de rois souverains. Ah, soldat! (*Elle meurt.*)

Rentre DOLABELLA.

Dolabella. — Qu'est-ce qui se passe ici?

Second garde. — Toutes mortes.

Dolabella. — César, tes craintes ont touché juste : tu viens en personne pour voir accompli l'acte redouté que tu cherchais tant à prévenir.

Une voix, *de l'extérieur*. — Place ici ! place à César !

Rentre CÉSAR *avec sa suite.*

Dolabella. — O Seigneur, vous êtes un trop sûr augure : ce que vous craigniez est exécuté.

César. — Existence bravement terminée ! elle a deviné nos desseins, et comme une personne royale, elle a pris la décision qui lui convenait. — Comment sont elles mortes ? je ne les vois pas saigner.

Dolabella. — Qui était avec elles au dernier moment ?

Premier soldat. — Un simple paysan qui lui a porté des figues ; voici son panier.

César. — Empoisonnées alors ?

Premier garde. — O César ! cette Charmian vivait il n'y a qu'un instant : elle était debout et parlait : je l'ai trouvée rajustant le diadème de sa maîtresse morte ; elle s'est levée en tremblant, et tout d'un coup elle s'est affaissée.

César. — Oh ! la noble faiblesse ! — Si elles avaient avalé du poison, on le reconnaîtrait au gonflement extérieur : mais elle a l'air de dormir, comme si elle voulait prendre un autre Antoine dans le robuste filet de sa grâce.

Dolabella. — Là, sur son sein, il y a un petit jet de sang, et un peu de gonflement ; la même chose sur son bras.

Premier garde. — C'est la trace d'un aspic : et il y a sur les feuilles de ces figues la même bave que les aspics laissent sur les cavernes du Nil.

César. — Il est très-probable que c'est ainsi qu'elle est morte, car son médecin [5] me dit qu'elle avait fait des recherches infinies sur la manière la plus aisée de mourir. — Enlevez-la sur son lit, et emportez ses femmes du monument : — elle sera ensevelie aux côtés de son Antoine ; nul tombeau sur la terre n'enfermera un couple aussi fameux.

D'aussi grands événements que ceux-là frappent ceux même qui les font, et la pitié qu'inspire l'histoire de tels personnages égale la gloire de celui qui les a réduits à être plaints. Notre armée accompagnera ces funérailles en tenue solennelle; et puis, à Rome. Dolabella, aie soin que l'ordre le plus scrupuleux préside à cette grande solennité. (*Ils sortent.*)

COMMENTAIRE.

ACTE I.

1. *A Gipsy*, dit le texte, *une Égyptienne*. C'est le nom par lequel on désigne en Angleterre cette étrange population errante qui s'appelle *Bohémiens* en France, *Zingari* en Espagne, *Gitani* en Italie, *Zigeuner* en Allemagne et *Tsiganes* dans les Principautés danubiennes. Il y a donc ici un léger anachronisme d'expression, car les *Gipsies* étaient inconnus au temps d'Antoine ; mais comme ce mot est l'abréviation même de celui d'Égyptiens, et que les Bohémiens prétendent venir d'Égypte, et comme d'autre part il est ici employé pour caractériser une âme sans foi ni loi, entièrement dévouée au caprice et à la sensualité, il s'ensuit que cette expression quoique anachronique est parfaitement en situation.

2. Quelques commentateurs font remarquer que cette mention d'Hérode est heureuse puisque Hérode était en effet contemporain d'Antoine, et que ce personnage de tyran était du reste familier à Shakespeare par les vieux mystères des représentations populaires. N'en déplaise aux commentateurs, cette mention d'Hérode est plus qu'heureuse, elle est un trait de génie. Comme elle marque bien la date ici, et nous fait bien apercevoir l'aube de notre ère chrétienne ! Et ce désir de Charmian d'avoir un enfant auquel Hérode de Judée viendra rendre hommage, comme il évoque subitement à notre esprit la sainte image de l'enfant divin devant lequel les rois s'agenouilleront, et qui remplit Hérode de si grandes craintes, selon la tradition évangélique, qu'il en ordonna le massacre des nouveaux-nés !

3. Comme ce dicton populaire fait apparaître prophétiquement l'avenir ! C'est comme un oracle obscur que Charmian prononce sur elle-même ; elle prophétise sans en avoir conscience la mort dont elle mourra.

4. Ce ne fut pas à Alexandrie qu'Antoine reçut la nouvelle de la mort de Fulvia, mais lorsqu'il s'était déjà mis en route, d'abord pour aller arra-

cher à Labienu, le commandement des troupes parthes, et ensuite pour porter secours à cette même Fulvia. Voici comment Plutarque raconte le fait. « Telle était cette vie de jeux et d'enfantillages, lorsqu'Antoine reçoit deux mauvaises nouvelles : l'une de Rome, que Lucius, son frère et sa femme Fulvia se sont ligués contre César, ont eu le dessous et sont en fuite hors de l'Italie; la seconde, plus inquiétante encore, que Labienus à la tête des Parthes subjugue toutes les provinces d'Asie, depuis l'Euphrate et la Syrie jusqu'à la Lydie et à l'Ionie. Alors Antoine, à grand'peine éveillé de son sommeil et de son ivresse, se met en devoir de marcher contre les Parthes et s'avance jusqu'en Phénicie. Là il reçoit des lettres lamentables de Fulvia, et se remet en route pour l'Italie avec deux cents vaisseaux. Dans la traversée, il recueille ses amis en fuite, qui lui apprennent que Fulvia a été la seule cause de cette guerre. Naturellement remuante et emportée, elle espérait arracher Antoine des bras de Cléopâtre en excitant quelques mouvements en Italie. Mais par bonheur pour lui, Fulvia embarquée afin de le rejoindre meurt à Sicyone. » (PLUTARQUE, *Vie d'Antoine*.)

5. C'était une opinion populaire rapportée par Hollinshed qu'un crin de cheval placé dans une eau croupissante devenait un serpent au bout de quelque temps. On n'ose trop pénétrer le sens ésotérique et primitif de cette superstition.

6. Antoine se vantait de descendre d'Hercule. « Avec cela, dit Plutarque, il avait une tournure distinguée : sa barbe qui avait quelque chose de noble, son front large, son nez aquilin, son air mâle, le faisaient ressembler aux portraits ou aux statues d'Hercule. Aussi était-ce une tradition que les Antonins étaient des Héraclides, qui descendaient d'Antion, fils d'Hercule. Il se plaisait à confirmer ce bruit par la tournure que nous avons décrite et par son habillement. Chaque fois qu'il devait se faire voir à la foule, il ceignait sa tunique à la cuisse, se pendait au flanc une grande épée et s'enveloppait d'un sayon grossier. » (PLUTARQUE, *Vie d'Antoine*.)

7. La mandragore était employée comme soporifique, dans l'antiquité, comme le prouvent diverses citations réunies par les commentateurs. En voici une tirée d'une traduction anglaise de la *Métamorphose* d'Apulée : « Je ne lui donnai pas de poison, mais une bonne dose de mandragore, plante qui est d'une telle force qu'elle oblige un homme à dormir comme s'il était mort. » Un vieil auteur anglais, Gérard, dit dans son *Herbal* ou *Traité des herbes* : « Dioscorides lui assigne comme propres de nombreuses propriétés desquelles il n'en est pas une qui lui soit particulière, sauf la propriété de porter à l'assoupissement et au sommeil. »

8. Nous avons rencontré identiquement la même expression au Ve acte de *la Tempête* pour caractériser l'ivresse de Caliban et de ses acolytes. Cette expression, comme nous l'avons dit, est empruntée au vocabulaire de l'alchimie.

ACTE II.

1. Cléopâtre était deux fois veuve, d'abord de Ptolémée XIII qu'elle avait épousé par ordre du testament de son père, puis de Ptolémée XIV qu'elle épousa sur l'ordre de Jules César lorsque son premier mari se noya dans le Nil en fuyant devant les armes du général romain. Ce second Ptolémée n'avait que onze ans lorsque ce second mariage fut contracté.

2. Octavie était la demi-sœur d'Octave César. Elle était née d'une première femme de son père nommée Ancharia; la mère d'Octave se nommait Attia. Elle était alors veuve de Caïus Marcellus.

3. La dispute entre Octave et Antoine à son retour d'Égypte ne semble pas avoir été aussi vive que le dit Shakespeare, et les deux rivaux arrangèrent cette fois assez facilement leur différend.

4. Cette description admirable est un développement du passage admirable aussi où Plutarque raconte cette première entrevue. Quant aux huit sangliers rôtis à la fois dont Mécène parle plus haut, voici la curieuse anecdote que Plutarque raconte à ce sujet : « Le médecin Philotas d'Amphissa racontait à mon grand-père Lamprias qu'il était alors à Alexandrie à étudier son art. Il avait lié connaissance avec un des officiers de bouche du palais, et se laissa entraîner, jeune homme, à aller voir les somptueux préparatifs d'un repas. Introduit dans la cuisine, il voit entre autres choses remarquables, huit sangliers à la broche : il se récrie sur le nombre des convives. L'officier se met à rire, et lui dit que les convives ne sont pas nombreux, une douzaine au plus : mais chaque mets a un point précis, passé lequel, il perd sa succulence. Or il se peut faire qu'Antoine veuille souper tout à coup, et que, peu de temps après, si cela se trouve, il diffère parce qu'il aura demandé à boire, ou qu'il se sera mis à causer. Il ne faut donc pas avoir seulement un seul souper, mais plusieurs tout prêts, puisque l'heure exacte est difficile à prévoir. » Cette anecdote ne donne pas seulement une grande idée du luxe qui régnait dans le palais de Cléopâtre, elle donne encore la plus haute opinion de la philosophie culinaire de l'époque. *Chaque mets a un point précis, passé lequel il perd sa succulence*, c'est là un principe d'une importance capitale qu'on ne saurait violer sans *commettre* de détestable cuisine et que cependant on semble ignorer complétement de nos jours.

5. Anecdote empruntée à Plutarque. Antoine avait en effet avec lui un devin qu'il avait amené d'Égypte, lequel, dit Plutarque, soit pour plaire à Cléopâtre, soit qu'il parlât à Antoine avec sincérité, lui dit que sa fortune s'éclipsait devant celle de César, et lui conseilla de s'éloigner le plus tôt possible de ce jeune homme.

6. Les Romains qui connaissaient les combats de coqs avaient aussi des combats de cailles. On traçait un large cercle autour des deux com-

battants ailés, et celui dont la caille était repoussée la première hors dudit cercle perdait la partie.

7. Anecdote racontée par Plutarque.

8. Warburton a sur ce passage une assez curieuse note. « C'est une coutume orientale, au couronnement des rois, de les poudrer avec de la poudre d'or et de la poussière de perles.

9. Allusion à un genre de dessins bien connus et qui paraît avoir été très à la mode au temps de Shakespeare, car il y fait souvent allusion ainsi que ses contemporains. Ces dessins vus de face représentaient un certain visage, vus de côté ils en présentaient un autre.

10. Antoine en effet occupait la maison de Pompée qu'il ne voulut jamais payer quoiqu'il l'eût achetée. Lorsqu'on lui en réclama le prix, il se fâcha. La vérité est qu'il l'avait achetée pour la forme et qu'il croyait que César lui en ferait cadeau. « Il dit lui-même, raconte Plutarque, que c'est pour cela qu'il refusa d'accompagner César dans son expédition de Libye, n'ayant pas été bien récompensé de ses premiers services. »

11. Cléopâtre avait été obligée de s'enfuir devant la révolution opérée par Pothin; mais lorsque César arriva en Égypte, il fit mander secrètement la reine qui prit les précautions que voici pour avoir une entrevue avec César sans être reconnue. « Cléopâtre prend avec elle un seul de ses amis, Apollodore de Sicile, monte sur un petit brigantin, et arrive devant le palais vers le soir. Comme elle n'avait pas d'autre moyen d'entrer sans être reconnue, elle se glisse tout de son long dans un sac à couvertures, qu'Apollodore attache avec une courroie et qu'il passe sur ses épaules par la porte d'entrée jusqu'à César. On dit que celui-ci se laissa prendre à cette première ruse de Cléopâtre : ses agaceries d'abord, puis sa conversation, sa grâce achèvent de le subjuguer, et il la réconcilie avec son frère, à condition qu'elle sera reine avec lui. » (PLUTARQUE, *Vie de Jules César.*)

12. Ces détails sur la manière dont les Égyptiens mesuraient la crue du Nil ont été empruntés selon toute apparence à l'histoire naturelle de Pline, dont une traduction anglaise parut du temps même de Shakespeare. Encore un autre exemple de la minutieuse information de Shakespeare relativement à tous les sujets qu'il traite.

ACTE III.

1. Ventidius en effet ne poussa pas plus loin sa victoire, et se contenta d'aller assiéger Antiochus de Comagène dans Samosate. Antiochus voulant traiter, Ventidius le renvoya à Antoine lui-même, et bien lui en prit, car, dit Plutarque, « celui-ci s'avançait pour empêcher Ventidius de conclure la paix avec Antiochus, voulant au moins mettre cet acte sous son nom et ne pas laisser à Ventidius la gloire de ces succès. » Voici en

outre comment Plutarque parle de ce général : « Ventidius est jusqu'ici le seul général qui ait triomphé des Parthes : né dans une condition obscure, il dut à l'amitié d'Antoine les occasions de se signaler par des actions d'éclat; il en profita si brillamment qu'il confirma le mot relatif à Antoine et à César, qu'ils furent plus heureux dans leurs guerres par les autres que par eux-mêmes. Et de fait, Sossius, lieutenant d'Antoine, a de grands succès en Syrie; et Canidius, laissé en Arménie, subjugue cette contrée, défait les rois des Ibères et des Albaniens, et s'avance jusqu'au Caucase : exploits qui augmentent chez les barbares le renom d'Antoine et la haute idée de sa puissance. » (PLUTARQUE, *Vie d'Antoine*.) Le Pacorus que Ventidius fait porter mort en face des légions était le fils d'Orodes, roi des Parthes.

2. On dit d'un cheval qu'il a un nuage sur la face, lorsqu'il a sur le front, entre les deux yeux, une tache noire ou sombre.

3. « Depuis lors (c'est-à-dire depuis ce jour où Antoine partagea l'Asie entre les fils de Cléopâtre), la reine ne paraît plus en public que revêtue de la robe sacrée d'Isis, et elle donne ses audiences sous le nom de la nouvelle Isis. » (PLUTARQUE.) Tous ces événements se passèrent longtemps après l'entrevue d'Octavie et de César que Shakespeare nous présente dans cette scène, et lorsqu'ils se passèrent, Octavie était non plus à Rome, mais à Athènes, dans la maison de son mari, maison qu'elle refusa de quitter pour retourner à Rome, malgré les ordres réitérés de César.

4. « On dit qu'un tribun des soldats qui avait assisté à un grand nombre de rencontres sous les ordres d'Antoine, et dont le corps était criblé de blessures, soupira profondément, en le voyant passer, et lui dit : « Général, pourquoi te défier de ces blessures et de cette épée, pour confier tes espérances à de méchants bois. Laisse les Égyptiens et les Phéniciens combattre sur mer : à nous, donne-nous la terre sur laquelle nous avons l'habitude de mourir debout ou de vaincre nos ennemis. » Antoine ne répond rien; il se contente de faire un signe de la tête et de la main comme pour encourager ce brave homme, et passe sans avoir lui-même bon espoir. » (PLUTARQUE, *Vie d'Antoine*.)

5. Curieux extrait de Pline le naturaliste fait par le commentateur Reed à l'occasion de cette imprécation de Scarus. « Pline qui dit que la lèpre blanche, ou l'*éléphantiasis*, n'avait pas été vue en Italie avant l'époque du grand Pompée, ajoute que c'est une maladie particulière et naturelle aux Égyptiens; mais lorsqu'elle tombe sur quelqu'un de leurs rois, malheur à leurs sujets et au pauvre peuple, car alors les baignoires et les bassins où ils se baignent sont remplis de sang humain pour amener leur guérison. »

6. Euphronius, gouverneur des enfants d'Antoine et de Cléopâtre, fut en effet le seul ambassadeur que purent dépêcher les amants à Octave, dans la désertion générale qui suivit pour eux le revers d'Actium.

7. Plutarque nomme ce personnage Thyrsus.

ACTE IV.

1. Juron un peu obscur quoique très en situation. « Ne nous transformez pas en femmes, » vient de dire Énobarbus. Or la métamorphose est un des tours ou sortilèges ordinaires des sorcières. « La sorcière m'enlève, si c'était là mon intention ! » répond Antoine.

2. Ce fut immédiatement après Actium que Domitius Énobarbus passa du côté de César.

3. « Alexas de Laodicée, accrédité à Rome auprès d'Antoine, par Timogène, et plus influent sur lui que tout autre Grec, devenu d'ailleurs le principal instrument de Cléopâtre pour renverser les résolutions que formait parfois Antoine de retourner à Octavie, Alexas, envoyé vers Hérode, pour le retenir dans le devoir, était demeuré auprès de ce roi, avait trahi Antoine, et sur les conseils d'Hérode, avait eu l'audace d'aller trouver César. Mais Hérode ne lui servit de rien. Jeté en prison, renvoyé chargé de fers dans sa patrie, il y est mis à mort par ordre de César ; et c'est ainsi qu'Alexas du vivant même d'Antoine expie sa trahison. » (PLUTARQUE, *Vie d'Antoine*.)

4. Fait raconté par Plutarque qui ajoute que le soldat dont il ne dit pas le nom qui reçut ce présent de Cléopâtre, passa dans la nuit même au camp de César.

5. Domitius Énobarbus mourut en effet de remords, mais aussi et plus probablement de la fièvre. « Antoine, dit Plutarque, se montre généreux envers Domitius, malgré l'avis de Cléopâtre. Domitius avait la fièvre : il monte sur une petite barque et passe à César. Antoine, bien qu'affligé, lui renvoie ses équipages, ses amis et ses domestiques. Domitius probablement, à cause du bruit que fait sa trahison et sa perfidie, meurt quelques jours après. » Suétone raconte de son côté qu'Antoine prétendit que Énobarbus ne l'avait abandonné que pour revoir sa maîtresse Servilia Naïs. — Cet Énobarbus est l'arrière-grand-père de Néron. Il appartenait à une des plus grandes familles romaines, la famille Domitia qui se divisait en deux branches, celle des Calvinus et celle des Énobarbus. « Les Énobarbus, dit Suétone, doivent leur origine et leur surnom à L. Domitius. Celui-ci revenant un jour de la campagne, rencontra deux jeunes gens d'une beauté céleste, qui lui ordonnèrent d'annoncer au sénat et au peuple une victoire que l'on regardait encore comme incertaine. Pour lui prouver leur divinité, ils lui caressèrent les joues, et de noire qu'était sa barbe, elle devint cuivrée. Ce signe demeura à ses descendants, qui presque tous eurent la barbe de cette couleur. La famille des Énobarbus fut honorée de sept consulats, d'un triomphe et de deux censures. Ses membres furent appelés au patriciat et tous conservèrent le même surnom. Ils ne prirent même jamais d'autres surnoms que ceux de Cneius et de Lucius qu'ils faisaient alterner entre eux d'une manière remarquable. Tantôt un des surnoms restait à trois

personnes consécutives, tantôt il changeait avec chacune d'elles. Le premier, le second et le troisième Énobarbus furent des Lucius. Nous trouvons ensuite trois Cneius. Les autres sont tantôt des Lucius et tantôt des Cneius. » (SUÉTONE, *Néron*.) C'était une race dure, dissolue, et faisant toutes choses par violence de tempérament, ce qui explique admirablement Néron. Selon l'impression du moment, sous l'inspiration de la passion ou de la vengeance, ils étaient démocrates endiablés ou aristocrates féroces. Un d'entre eux, tribun du peuple, fit passer au peuple le droit de nommer les prêtres jusqu'alors réservé aux pontifes, parce que ces derniers ne l'avaient pas élu à la place de son père. Le fils de celui-là, adversaire déclaré de César, dans un moment de désespoir, prit du poison pour mourir et ne fut sauvé de sa lubie que par l'adresse de son médecin. Nous venons de voir la défection du Domitius de cette pièce-ci qui avait été longtemps le partisan de Brutus. Son fils, époux d'Antonia, seconde fille d'Antoine, eut une magnificence qui prédisait Néron. C'est lui qui le premier fit paraître sur la scène des chevaliers romains pour représenter des gladiateurs, et des matrones pour représenter des mimes. C'était une bête féroce, mais plus féroce encore fut son fils, époux d'Agrippine, fille de Germanicus, et père de Néron. C'est ici ou jamais le cas de dire bon sang ne peut mentir. Voir dans Suétone le détail de ses belles actions. Un jour par exemple il tue un de ses affranchis parce qu'il ne pouvait pas boire autant qu'il l'ordonnait, etc. Néron fut la dernière et la plus complète expression de cette race.

6. C'est avant Actium que ces prodiges se présentèrent et non avant les derniers combats en Égypte.

7. Lichas fut lancé contre les rochers par Hercule en proie aux douleurs que lui faisait éprouver la tunique envoyée par Déjanire.

8. Allusion à la rage d'Ajax Télamon, lorsque les armes d'Achille qu'il convoitait furent données à Ulysse.

ACTE V.

1. *The little O, the earth*, dit le texte ; ce petit O, la terre. C'est la troisième fois que nous rencontrons cette voyelle O dans Shakespeare, pour exprimer une chose ronde ; la première se rencontre dans *le Songe d'une nuit d'été*, pour représenter les étoiles ; la seconde dans le prologue de *Henri V*, pour donner l'idée d'un cirque ou d'un théâtre rond comme un manége.

2. Octave tint mal les promesses d'humanité qu'il exprime ici à Cléopâtre. Voici comment Plutarque raconte qu'il traita les enfants d'Antoine. « Des enfants qu'Antoine avait eus de Fulvia, l'aîné, Antyllus, livré par Théodore, son pédagogue, est mis à mort. Les soldats lui ayant coupé la tête, ce pédagogue s'empare d'une pierre de grand prix que le jeune homme portait au cou et la pend à sa ceinture. Il nie le fait : il

en est convaincu et mis en croix. César place sous bonne garde les enfants de Cléopâtre, avec leurs gouverneurs, et les traite honorablement. Pour Césarion, fils présumé de César, sa mère l'avait envoyé avec de grandes richesses de l'Éthiopie dans l'Inde. Un autre pédagogue émule de Théodore, nommé Rhodon, l'engage à revenir sous prétexte que César veut lui rendre son royaume. César demande ce qu'il en doit faire, Aréus lui dit :

C'est un mal qu'il y ait plusieurs Césars ensemble.

César le fait mourir peu de temps après la mort de Cléopâtre. » (PLUTARQUE, *Vie d'Antoine*, traduction de M. Talbot.)

3. Livia Drusilla, troisième femme d'Auguste. Il l'enleva enceinte à son mari. La première avait été Claudia, belle-fille d'Antoine et fille de Fulvia par un premier mariage, et la seconde Scribonia.

4. Nous avons conservé le mot *ver*, *worm*, qu'emploie le texte pour désigner l'aspic qui par sa petitesse mérite vraiment cette qualification. *Worm* est du reste le vieux mot germanique pour désigner non-seulement le serpent, mais tout reptile et tout être qu'on peut supposer né de l'humidité.

5. Selon Plutarque, ce médecin se nommait Olympus.

PÉRICLÈS

IMPRIMÉ POUR LA PREMIÈRE FOIS EN 1609.
DATE DE LA REPRÉSENTATION INCONNUE.

AVERTISSEMENT.

La première édition de cette pièce est un in-4° publié en 1609, sous ce titre : *Le drame récent et très-admiré, intitulé* Périclès, prince de Tyr, *avec la véridique relation de l'histoire entière dudit prince, ainsi que les non moins étranges et non moins remarquables accidents de la naissance et de la vie de sa fille Marina, tel qu'il a été joué plusieurs fois par les serviteurs de Sa Majesté, au théâtre du Globe, Bank-Side, par William Shakespeare.* Cette pièce, toute défectueuse qu'elle nous paraît, semble avoir eu un succès extraordinaire et fort prolongé, car cette édition de 1609 fut suivie de plusieurs autres en 1611, 1619, 1630, 1635, 1639, et ce ne fut qu'en 1664 qu'elle fut imprimée dans l'édition in-folio. Voilà un succès comme en ont obtenu bien peu des chefs-d'œuvre de notre auteur. Il ne faut point s'étonner de cette popularité ; car la pièce, tout absurde qu'elle nous paraisse, réunit toutes les conditions voulues pour plaire à un public illettré. Ce n'est point là nouveauté et la profondeur de l'observation psychologique, la logique des caractères, les beautés du style qui plaisent au peuple, mais la multiplicité et l'étrangeté des aventures, les brusques changements à vue, l'imbroglio romanesque des incidents dramatiques. Sous tous ces rapports *Périclès* ne laisse rien à désirer, et sa popularité s'explique par les mêmes raisons qui expliquent celle de tant d'histoires romanesques des âges passés, à la fois baroques et amusantes, et par exemple celle d'où Shakespeare a tiré son drame.

Cette histoire semble avoir été en grande faveur auprès de plusieurs générations successives. Si le lecteur a eu la fantaisie de faire connaissance avec quelques-uns de ces romans grecs qui donnèrent sa dernière forme à cet art de mentir pour lequel les Grecs étaient célèbres dans l'antiquité, et qui inaugurèrent le bas Empire, il ne manquera pas de remarquer l'étroite ressemblance de ce drame avec les productions d'Héliodore, d'Achille Tatius et de Xénophon d'Éphèse. C'est qu'en effet *Périclès* est sorti d'une source semblable, l'*Histoire du roi Apollonius de Tyr*, vieux roman grec dont l'original n'est pas venu jusqu'à nous, mais dont la version latine, publiée pour la première fois vers 1470, était tellement répandue vers cette fin du moyen âge, que le professeur Haupt de Berlin, cité par M. Staunton dans son excellente édition, déclare en connaître plus de cent manuscrits. On la trouve antérieurement à cette époque, dans un vieux livre de date incertaine qui, au dire de Malone, remonterait à plus de cinq cents ans, ce qui lui donne six siècles d'existence à l'heure où nous écrivons. Ce livre, qui s'appelle *Gesta Romanorum*, a eu l'honneur de fournir quantité d'autres histoires à Shakespeare et à ses contemporains, et c'est là que se trouve en particulier le germe de l'admirable *Marchand de Venise*. Cependant ce n'est pas à ce vieux recueil que Shakespeare est immédiatement redevable de *Périclès*, mais à une traduction anglaise de l'*Histoire d'Apollonius de Tyr*, publiée en 1575 par un certain Laurent Twine, et plus probablement encore à l'espèce de transcription rhythmée que le vieux poëte Gower en avait faite dans sa *Confessio Amantis*. C'est Gower qui remplit dans la pièce l'office d'introducteur, c'est lui qui se charge de combler les lacunes que Shakespeare laisse entre chacune des aventures de son héros, par ses récits d'une garrulité à la fois enfantine et sénile, naïve et pédantesque. Nous pouvons donc en toute assurance tenir Gower pour la source immédiate à laquelle a puisé Shakespeare, et nous dispenser de remonter plus haut. Disons seulement pour être complet que cette vieille histoire ne semble pas avoir été moins populaire en France qu'en Angleterre, car il en parut au seizième siècle plusieurs traductions dans notre langue, et elle fait partie du recueil si curieux de Belleforêt, intitulé *Histoires tragiques*.

L'édition in-4°, avons-nous dit, date de 1609. S'ensuit-il que la pièce ait été composée et représentée à cette époque ? Une telle supposition est inadmissible. Il serait étrange en effet que *Périclès* eût vu le jour entre *le Roi Lear* et *la Tempête*, que la plus informe des pièces de Shakespeare fût contemporaine de ses chefs-d'œuvre, que ce sauvageon vert à l'œil et acide au goût eût poussé à la même époque que les fruits mûrs savoureux et dorés de son riche automne. A cet égard nous avons un fait qui lève tous les doutes. En 1608, il parut une nouvelle d'un certain Georges Wilkins intitulée : *Les pénibles aventures de Périclès, prince de Tyr, contenant la véritable histoire du drame de Périclès, tel qu'il fut récemment présenté par le digne et vieux poëte Gower*. Périclès est donc antérieur à 1609.

Ici se présente une objection. Qu'importe que *Périclès* soit de 1609, ou de 1607, ou de 1606 ? La nouvelle de Wilkins ne recule jamais la date que de trois ou quatre ans au plus, car elle fut composée, l'auteur nous le déclare, au moment même des représentations de cette pièce, et sous le feu de son succès. C'est même cette popularité qui a poussé ledit Wilkins à faire de ce drame un récit romanesque. *Périclès* fut donc représenté, cela n'est pas douteux, vers 1606 ou 1607. Faut-il en conclure que la composition de cette pièce est contemporaine de sa représentation? Nous avons vu, nous allons voir mieux encore que cette hypothèse est inadmissible. Faut-il croire que cette représentation était une reprise d'un drame depuis longtemps oublié par son auteur, et que le drame trouva à cette seconde apparition la faveur qu'il n'avait pas trouvée antérieurement? M. Staunton penche pour cette supposition qui peut parfaitement être la vérité. Toutefois il reste encore une autre hypothèse. Nous savons tous la tendresse que les auteurs portent à leurs moindres productions, surtout à celles de leur jeunesse : pourquoi Shakespeare n'aurait-il pas succombé à cette faiblesse? Pourquoi le poëte importuné par quelque nécessité de théâtre, ou quelque prière de ses camarades, n'aurait-il pas cédé à la tentation d'utiliser un vieil *ours* en lui léchant quelque peu le poil et en lui faisant un bout de toilette?

La pièce a été tenue longtemps, et elle est tenue encore par beaucoup comme apocryphe. A notre avis le doute n'est pas permis. Tout indique que la pièce est bien de Shakespeare, mais d'un Shakespeare jeune, adolescent, novice, dont l'imagination n'est encore enrichie d'aucune grande expérience. C'est la tragédie que tous les écoliers font au collége, seulement ici cette ébauche d'écolier contient des parties de génie. Il est plus que probable que *Périclès* doit être tenu pour le tout à fait premier essai de la muse de Shakespeare, et qu'il se rapporte à une date antérieure à sa vingtième année. Steevens a émis une hypothèse différente de la nôtre. Selon lui, cette pièce serait l'œuvre non de Shakespeare, mais de quelque vieil auteur, et notre poëte n'aurait fait que raccommoder certaines de ses parties pour la rendre présentable. Malone, qui d'abord avait été de l'avis contraire, finit par se ranger à l'opinion de Steevens; mais comme nous ne voyons aucune bonne raison qui la justifie, nous tenons pour ceux qui attribuent sans aucune réserve la pièce à Shakespeare. Quant aux preuves par lesquelles on peut établir que *Périclès* est bien de Shakespeare, et que cette pièce date de sa jeunesse et non d'une époque postérieure, nous allons pour plus de clarté et d'évidence en dresser la nomenclature par numéros d'ordre, comme on fait dans les procédures et les instructions embrouillées.

1° Le *scenario* est tout à fait shakespearien. Brillant, romantique, il est comme tous les *scenarios* de Shakespeare à la fois audacieux et adroit. Rien n'égale la dextérité avec laquelle les monstruosités de la pièce sont ramenées aux vraies lois de la morale par le parfait bon sens et la parfaite fidélité à la nature du grand poëte. Cet art consommé de tout oser par lequel brille Shakespeare est déjà là tout entier.

2° Le style, quoique fort incorrect et fort imparfait, est bien shakespearien aussi. Il est encore très-nu, mais on peut y surprendre déjà les premières pousses de la floraison magnifique du style le plus touffu, le plus luxuriant, le plus mêlé, et en un mot, le plus semblable à la nature qui ait jamais été.

3° Quelques-unes des parties de ce drame ne laissent rien à désirer pour la force et l'énergie. Shakespeare n'a jamais dépassé comme observation certaines scènes de *Périclès*, notamment la conversation des pêcheurs au second acte, et les scènes de la maison publique au quatrième, en sorte qu'on peut dire en toute vérité que si la poésie y est encore défectueuse, la prose y est déjà irréprochable, et que si l'idéal y est encore fort malingre, la réalité y est en pleine santé. Le Shakespeare lyrique est encore en chrysalide dans cette pièce, le Shakespeare observateur et peintre de la réalité y est déjà à l'état d'audacieux papillon. Nous défions bien qu'on nous montre aucun autre écrivain de son temps capable d'écrire de telles scènes. Non-seulement elles sont dignes de lui, mais elles sont de lui; c'est sa prose, c'est sa forme d'imagination, c'est son genre d'humour, sa tournure de plaisanterie.

4° On peut, il est vrai, induire de la perfection de ces scènes que le reste du drame n'est pas de Shakespeare, et qu'il n'a fait ici que métier d'arrangeur. Cela pourrait être admis si nous ne venions de remarquer que les autres parties du drame portent toutes les marques de Shakespeare; seulement elles les portent plus faiblement que ces scènes qui sont venues à maturité. C'est un des caractères des productions des jeunes gens de génie que cette irrégularité d'une nature dont le tempérament poétique pour ainsi dire n'est pas fait encore, et dont l'art ét l'habitude n'aident pas l'inspiration.

5° On peut encore induire du caractère de ces scènes qu'elles ne peuvent pas se rapporter à l'adolescence de l'auteur, tant elles sont violentes, brutales et indiquent la connaissance des plus tristes réalités. Mais qui ne sait que la première chose qu'apprennent les jeunes gens sont ces tristes réalités même, et qu'à une époque où Racine et Virgile sont lettre close pour eux, Juvénal et Régnier n'ont déjà plus aucun secret? La connaissance approfondie, cynique, brutale du mal précède dans l'homme toute autre expérience. C'est par amour de l'harmonie et de cette symétrie qui devrait régner entre les choses, qu'on attribue à la première jeunesse les rêves de l'idéal. Il semble que toute pureté irait bien à cet âge tendre; mais comme cet âge est celui de l'éclosion des sens, de ce printemps du sang qui fait bêler les brebis et mugir les taureaux de fureur amoureuse, il s'ensuit qu'il est aussi celui des désirs sans mièvrerie, exempts de subtile délicatesse, exigeants à courte échéance, et des rêves qui s'adressent aux immédiates réalités, lesquelles sont toujours parfaitement prosaïques. Ni la nature, ni la société n'ont fait une exception pour Shakespeare, qui sans doute aura été sous ce rapport comme le commun des mortels, et qui parle ici des réalités les plus crues avec la même brutale éloquence dont en parlent en général les jeunes gens. Jamais homme de cinquante ans ne parlera le langage de la caserne, de la taverne et des mauvais lieux avec la même pureté de style qu'un enfant rose et frais de dix-huit ans.

6° Si la pièce n'est pas de Shakespeare, comment se fait-il que, d'un bout à l'autre, elle soit pleine de vers et de lignes qui se retrouvent dans ses autres drames? Nous avons dans nos notes renvoyé le lecteur aux passages correspondants des autres drames, aussi souvent que nous avons été frappé de ces ressemblances qui sont en nombre infini. Le poëte a repris telle pensée pour *Macbeth*, tel vers pour *le Roi Lear*, tel sentiment pour *Othello*, telle métaphore pour *la Tempête* ou *le Soir des rois*. Il y a dans ce drame de *Périclès* un peu de toutes les pièces de Shakespeare. Comment expliquer ces ressemblances si la pièce n'est pas de lui?

7° Enfin ces ressemblances ne prouvent-elles pas avec la dernière évidence que *Périclès* est l'œuvre de la première jeunesse de Shakespeare et non de son âge avancé? Il est très-évident qu'il n'est pas allé écumer un vers dans *Othello*, un bout de phrase dans *le Roi Lear*, une exclamation dans *Macbeth*, une imprécation dans *Hamlet*, pour en composer un aussi triste élixir que *Périclès*. Un poëte ne gâte pas ses chefs-d'œuvre une fois produits, mais souvent au moment où il les produit, il se rappelle tel passage acceptable d'une œuvre imparfaite ou condamnée, et il le reprend avec d'autant moins de scrupule qu'il n'emprunte que son propre bien. Tel est le cas de Shakespeare et de *Périclès*.

En somme on doit tenir *Périclès* pour l'œuvre certaine de Shakespeare, et rapporter la date de sa composition à la première jeunesse du grand poëte.

Et maintenant comment expliquer la popularité de cette pièce, qui nous choque sous tant de rapports? Je réponds précisément par ce qui nous en choque. Ce qui nous paraît absurde dans cette pièce a été vrai très-longtemps, et n'a cessé d'être vrai qu'à une époque fort récente; de là le prodigieux intérêt de cette production pour les contemporains de Shakespeare. Ce n'est que d'hier que la vie de l'homme n'est plus livrée à tous les hasards et à toutes les aventures. Ces pérégrinations forcées, ces cascades d'infortunes, ces changements de condition à vue ont été vrais deux mille ans, et cela au milieu même des civilisations les plus brillantes. C'était le sujet ordinaire de la comédie moyenne d'Athènes, c'est le thème ordinaire de la comédie latine. Que d'enfants perdus et retrouvés après des années sous l'habit de l'esclave ou la robe de la courtisane! que de marchands naufragés et demandant inutilement le chemin de leur patrie! que de fils à la recherche de leurs pères! que de pères à la recherche de leurs fils! Le roman grec ne fit autre chose que traduire sous une nouvelle forme ces mêmes péripéties de la fortune. Cette antique incertitude de la vie dura tout le moyen âge. A vingt lieues de l'endroit où l'on vivait citoyen libre, on tombait facilement par d'inextricables séries de circonstances à l'état d'esclave. Les lois de la guerre autorisaient encore cette monstruosité, et la piraterie en donnait l'exemple en tous temps. A la fin du règne de Louis XIV, notre poëte Regnard ne fut-il pas esclave en Barbarie? Après les Assises sanglantes de 1685, les malheureux paysans révoltés en faveur de Monmouth ne furent-ils pas vendus comme esclaves aux planteurs des colonies anglaises? Et que de fois les citoyens des villes italiennes ne virent-ils pas leurs enfants et leurs femmes criés à l'encan et livrés au dernier enchérisseur! C'est ainsi que Shakespeare est vrai encore, même dans celle de ses pièces où il nous paraît le plus contraire à la vérité, et fidèle à l'histoire même dans son œuvre la plus fabuleuse.

PERSONNAGES DU DRAME.

ANTIOCHUS, roi d'Antioche.
PÉRICLÈS, prince de Tyr.
HÉLICANUS, } Seigneurs de Tyr.
ESCANES,
SIMONIDES, roi de Pentapolis.
CLÉON, gouverneur de Tharse.
LYSIMACHUS, gouverneur de Mitylène.
CÉRIMON, Seigneur d'Éphèse.
THALIARD, Seigneur d'Antioche.
PHILÉMON, serviteur de CÉRIMON.
LÉONIN, serviteur de DIONYSA.
Un maréchal des Joutes.
Le MAITRE d'un mauvais lieu.
TOURNECLEF, son valet.

La fille d'ANTIOCHUS.
DIONYSA, femme de CLÉON.
THAISA, fille de SIMONIDES.
MARINA, fille de PÉRICLÈS et de THAISA.
LYCHORIDA, nourrice de MARINA.
La MAITRESSE du mauvais lieu.
DIANE.

GOWER, représentant le chœur.

Seigneurs, Chevaliers, Gentilshommes, Marins, Pirates,
Pêcheurs, et Messagers.

Scène. — En diverses contrées.

PÉRICLÈS,

PRINCE DE TYR[1].

ACTE I.

Entre GOWER *devant le palais d'Antiochus*[2].

GOWER. — Pour chanter un chant qui fut autrefois chanté, le vieux Gower est sorti de ses cendres; il a repris les infirmités humaines afin de réjouir vos oreilles, de plaire à vos yeux. Ce chant fut chanté aux festins, les soirs des quatre temps et des saintes fêtes[3]; et de leur vivant, Seigneurs et Dames l'ont lu pour s'édifier. Son but est de rendre les hommes vertueux; *et bonum quo antiquius, eo melius*[4]. S'il vous plaisait à vous, nés dans ces derniers temps, où l'esprit est plus mûr, d'accepter mes rimes, si vous pouviez trouver du plaisir à écouter chanter un vieillard, je désirerais volontiers de nouveau la vie, afin de la dépenser à votre profit, comme un flambeau qui se consume. — Cette ville-ci, cette Antioche, Antiochus le grand la bâtit pour en faire son principal siége : c'est la plus belle ville de toute la Syrie. Je vous dis ce que disent mes auteurs. Le roi prit une femme, qui mourut et lui laissa une héritière, si vive, si accorte, et d'un si beau visage, qu'on aurait dit que le ciel lui vait prêté toutes ses grâces; son père s'éprit d'amour pour elle, et la provoqua à l'inceste. Mauvais enfant! père encore pire! corrompre son propre sang, c'est ce que personne ne devrait jamais faire. Mais, ô force de la coutume! une fois qu'ils eurent commencé, la longue habitude leur persuada que ce n'était pas péché. La beauté de cette Dame pécheresse engageait nombre de princes à venir ici la demander pour compagne de lit, pour compagne de jeux dans les plaisirs du mariage : afin de prévenir cela, de la garder toujours, et de tenir les hommes à distance, il fit une loi d'après laquelle quiconque la demanderait en mariage, perdrait la vie, s'il ne devinait pas une certaine énigme : aussi, pour elle mourut plus d'un galant, comme en témoignent là-bas ces têtes grimaçantes. Ce qui va suivre maintenant, je le remets au jugement de vos yeux qui ont pouvoir de me faire gagner ma cause. (*Il sort.*)

SCÈNE PREMIÈRE.

ANTIOCHE. — Un appartement dans le palais.

Entrent ANTIOCHUS, PÉRICLÈS, *et des gens de leurs suites.*

ANTIOCHUS. — Jeune prince de Tyr, vous avez été bien dûment informé du danger de la tâche que vous entreprenez.

PÉRICLÈS. — J'en ai été informé, Antiochus, et avec une âme que le renom de sa beauté enflamme de courage, je ne crains pas de risquer la mort pour cette entreprise.

ANTIOCHUS. — Introduisez notre fille, revêtue des voiles d'une fiancée, digne des embrassements de Jupiter lui-même. A sa conception, bien avant le règne de Lucine[5], la nature lui donna cette beauté en douaire, pour que sa présence fût partout une joie, et toutes les planètes tinrent une assemblée pour la doter de leurs plus rares perfections.

ACTE I, SCÈNE I.

Musique. Entre LA FILLE D'ANTIOCHUS.

PÉRICLÈS. — Voyez, elle s'avance, parée comme le printemps. Les grâces sont ses sujettes, et ses pensées sont les souveraines de toutes les vertus qui donnent renom aux hommes! Son visage est *le livre des louanges* (a), où on ne lit rien que les délicats plaisirs, comme si le chagrin en était pour jamais effacé, et que la maussade colère ne pût jamais être la compagne de sa douceur. Dieux qui me fîtes homme et qui gouvernez l'amour, vous qui avez enflammé dans ma poitrine le désir de goûter le fruit de cet arbre céleste, ou de mourir en y aspirant, prêtez-moi votre aide pour conquérir un aussi infini bonheur, à moi qui suis soumis à votre volonté comme un serviteur et comme un fils!

ANTIOCHUS. — Prince Périclès....

PÉRICLÈS. — Qui désire être fils du grand Antiochus.

ANTIOCHUS. — Voici devant toi ce beau jardin des Hespérides, avec ses fruits d'or, mais dangereux à toucher, car des dragons terribles comme la mort te menacent pour t'en éloigner : sa face, pareille au ciel, t'invite à contempler son infinie beauté que le mérite doit gagner; mais sans ce mérite, tout ton être devra payer pour la hardiesse de ton œil qui a osé se lever sur elle. Ces princes qui sont là-bas, autrefois fameux, attirés comme toi-même par la renommée, poussés à l'aventure par le désir, sans autre abri maintenant que ce champ des étoiles d'en haut, te disent par leurs bouches muettes et leurs pâles visages, qu'ils sont ici fichés, martyrs tués dans les guerres de Cupidon : leurs joues de morts t'avertissent d'éviter le filet de mort auquel nul ne résiste.

PÉRICLÈS. — Je te remercie, Antiochus, d'enseigner à ma fragile mortalité à se reconnaître elle-même, et de préparer par le spectacle de ces terribles objets mon corps tout semblable aux leurs à ce qui doit m'advenir : car

---

(a) Allusion à ces compilations en vogue autrefois, comme *le Livre des proverbes et sentences*, *le Livre des courtoisies*, *le Miroir des grâces*, etc.

nous rappeler la pensée de la mort, c'est comme nous présenter un miroir qui nous dit que la vie n'est qu'un souffle et que se fier à elle est erreur. Eh bien ! je ferai mon testament, et je tâcherai de ressembler à ces malades pleins de la science du monde, qui voient le bonheur céleste devant eux, mais qui, vaincus par la souffrance, ne s'accrochent plus aux joies terrestres comme ils faisaient précédemment; ainsi, comme il conviendrait à tout prince, je vous lègue, à vous et à tout homme vertueux, le souhait d'une heureuse paix; je lègue à la terre d'où elles sortirent mes richesses; (*à la fille d'Antiochus*) mais à vous je vous lègue le feu sans tache de mon amour. Me voici prêt maintenant soit pour la vie, soit pour la mort, et attendant le coup le plus cruel de la fortune.

ANTIOCHUS. — Puisque tu méprises notre avis, lis en ce cas l'épreuve : il est décrété que si tu n'expliques pas l'énigme après l'avoir lue, comme ceux qui t'ont précédé, tu subiras la mort.

LA FILLE D'ANTIOCHUS. — Puisses-tu te trouver plus heureux que tous ceux qui ont essayé déjà ! de tous ceux qui ont essayé, tu es le seul à qui j'ai souhaité le bonheur !

PÉRICLÈS. — J'entre dans la lice comme un champion résolu, et je ne demande de conseil à d'autres sentiments qu'à la fidélité et au courage. (*Il lit l'énigme.*)

Je ne suis pas vipère, cependant je me nourris
De la chair de la mère qui m'engendra.
Je cherchais un époux, et pendant cette recherche
Je trouvai cet amour dans un père.
Il est à la fois père, fils, et tendre époux,
Moi mère, épouse, et cependant son enfant.
Comment tout cela peut-il être, et en deux personnes
    seulement,
Si vous voulez vivre, devinez-le.

Dure médecine que celle de ces derniers mots : mais, ô puissances célestes, vous qui donnez au ciel des yeux sans nombre pour contempler les actions des hommes, s'il est vrai le fait dont la lecture me rend pâle, pourquoi ces yeux célestes ne se ferment-ils pas pour toujours? (*Prenant la main de la princesse.*) Beau miroir de lumière, je vous aimais, et je vous aimerais encore, si cette glorieuse cassette n'était pas remplie de péché : mais je dois vous le dire, — maintenant mes pensées se révoltent, car celui-là n'est pas un homme suivant de la vertu, qui touchera la porte du logis où il sait que le vice réside. Vous êtes une belle viole, et vos sens en sont les cordes; l'homme qui l'aurait touchée pour en faire jaillir sa légitime musique, aurait fait descendre le ciel sur terre et tous les Dieux pour écouter; mais comme on en a joué avant le temps voulu, l'enfer seul a dansé au son d'un charivari si discordant : en bonne vérité, je ne me soucie pas de vous.

ANTIOCHUS. — Prince Périclès, ne la touchez pas sous peine de perdre la vie; car c'est un article de notre décret aussi mortel que les autres. Le temps qui vous est donné est expiré; expliquez maintenant l'énigme, ou recevez votre sentence.

PÉRICLÈS. — Grand roi, peu aiment à entendre nommer les péchés qu'ils aiment à commettre. Expliquer l'énigme serait vous outrager un peu trop directement pour ma sécurité. Celui qui possède un livre où sont écrits tous les actes des monarques, agit plus sûrement en le tenant fermé qu'ouvert; car le vice raconté est pareil au vent vagabond, qui pour se répandre, est forcé de jeter de la poussière aux yeux humains; et le résultat de cela, c'est que le tourbillon passé, les yeux malades redeviennent sains, et voient clairement que vouloir aller contre le vent leur serait funeste. La taupe aveugle fait jaillir des monticules pointus vers le ciel pour révéler que la terre est opprimée par la tyrannie de l'homme, et cette révélation même tue la pauvre bestiole. Les rois sont les dieux de la terre; s'ils sont vicieux, leur loi est leur volonté; et si Jupiter s'égare, qui osera dire à Jupiter qu'il fait mal? C'est assez que vous connaissiez le sens de l'énigme, et il est bon d'étouffer ce qui, connu davantage, deviendrait encore plus monstrueux. Tous aiment le ventre qui nourrit à l'origine leur être; donnez à ma langue égale permission d'aimer ma tête.

ANTIOCHUS, *à part*. — Ciel, que ne l'ai-je ta tête! Il a deviné l'énigme ; mais je m'en vais ruser avec lui. (*Haut.*) Jeune prince de Tyr, d'après la teneur stricte de notre édit, nous pourrions mettre fin à vos jours, pour vous être mépris dans votre explication ; cependant l'espoir qu'inspire un arbre aussi beau que votre belle personne, nous conseille une autre décision : nous vous accordons encore quarante jours de répit ; si dans cet intervalle, notre secret est découvert, notre présente clémence indique que nous serons heureux d'avoir un tel fils : jusqu'à ce moment l'hospitalité que vous recevrez sera celle qui convient à notre honneur et à votre noblesse. (*Tous sortent, excepté Périclès.*)

PÉRICLÈS. — Comme la courtoisie aurait désir de dissimuler le crime! Lorsque c'est un hypocrite qui agit, il n'y a rien de bon dans ses actes que l'apparence. S'il est vrai que j'aie faussement interprété, il est certain alors que vous n'êtes pas assez dépravé pour damner votre âme par un inceste odieux ; mais si j'ai bien deviné, vous êtes à la fois père et gendre par vos embrassements défendus avec votre enfant, — plaisir qui convient à un mari, non à un père ; — et elle, elle se repaît de la chair de sa mère, en souillant le lit paternel ; tous deux vous êtes pareils aux serpents qui bien qu'ils se nourrissent des plus douces fleurs, n'en engendrent pas moins le poison. Antioche, adieu! car la prudence me dit que les hommes qui ne rougissent pas de commettre des actes plus noirs que la nuit, ne reculeront devant aucun moyen pour empêcher ces actes de venir à la lumière. Un crime, je le sais, en provoque un autre ; le meurtre est aussi près de la luxure, que la flamme de la fumée. Le poison et la trahison sont les mains du péché, oui, et ses boucliers aussi, afin de le préserver de la honte : par conséquent, comme ma vie pourrait fort bien m'être soustraite pour empêcher que vous ne soyez reconnu pour ce que vous êtes, j'éviterai par la fuite le danger que je crains. (*Il sort.*)

Rentre ANTIOCHUS.

ANTIOCHUS. — L'énigme ne lui a pas échappé, sa tête ne nous échappera pas. Il ne vivra pas pour trompetter mon infamie, et pour dire au monde qu'Antiochus commet un péché de si exécrable nature : ce prince doit donc mourir immédiatement; car il me faut sa mort pour que mon honneur reste intact. Qui est de service ici?

Entre THALIARD.

THALIARD. — Est-ce que Votre Altesse appelle?

ANTIOCHUS. — Thaliard, vous êtes de mes appartements, et mon âme confie à votre discrétion ses actions les plus privées : nous vous élèverons pour votre fidélité (a). Regarde, Thaliard, voici du poison, et voilà de l'or; nous haïssons le prince de Tyr, et il faut que tu le tues : il ne te convient pas de nous demander la raison de l'ordre que nous te donnons. Réponds, est-ce chose faite?

THALIARD. — Monseigneur, c'est fait.

ANTIOCHUS. — Cela suffit.

Entre UN MESSAGER.

ANTIOCHUS. — Reprenez haleine, et dites-nous ensuite ce qui vous fait vous hâter de telle sorte.

LE MESSAGER. — Monseigneur, le prince Périclès s'est enfui. (*Il sort.*)

ANTIOCHUS. — Si tu tiens à vivre, cours à sa poursuite; et comme la flèche lancée par un archer expérimenté atteint la marque que son œil a visée, ainsi toi, atteins le prince; songe à ne pas revenir avant de pouvoir me dire, *le prince Périclès est mort!*

THALIARD. — Monseigneur, si je peux le rencontrer à portée de mon pistolet, son affaire est bien sûre : maintenant, adieu à Votre Altesse.

ANTIOCHUS. — Adieu, Thaliard! (*Sort Thaliard.*) Jusqu'à ce que Périclès soit mort, mon cœur ne pourra prêter aucune assistance à ma tête. (*Il sort.*)

(a) Dans *le Conte d'hiver*, Léontes s'exprime à peu près de même lorsqu'il demande à Camillo de le débarrasser de Polyxènes.

SCÈNE II.

Tyr. — Un appartement dans le palais.

Entrent PÉRICLÈS, HÉLICANUS, *et autres Seigneurs.*

Périclès. — Que personne ne nous trouble. (*Hélicanus et les Seigneurs se tiennent à distance.*) Pourquoi ce changement d'humeur? pourquoi cette triste compagne, la mélancolie aux yeux hébétés est-elle devenue mon hôtesse si assidue, que pas une heure pendant la glorieuse carrière du jour, ou pendant la nuit paisible, — tombe où devrait s'endormir le chagrin, — ne peut m'apporter le repos? Ici les plaisirs invitent mes yeux à l'envi, et mes yeux les évitent; le danger que je redoute est à Antioche, et son bras semble trop court pour venir me frapper ici : cependant ni la séduction des plaisirs ne peut réjouir mon âme, ni la distance du péril ne peut me rassurer. Oh, oui, cela est ainsi; les passions de l'âme qui ont été conçues dans la terreur, puisent ensuite dans l'inquiétude leur nourriture et leur vie; ce qui d'abord n'était que la crainte de ce qui pouvait être, grandit, et devient l'inquiétude d'empêcher que cela soit. Il en est ainsi de moi;— le grand Antiochus, contre lequel je suis trop petit pour lutter, puissant comme il l'est, pourra faire exécuter sa volonté : il croira que je parle, quand bien même je lui jurerais que je garde le silence; il me sera fort inutile de lui dire que je l'honore, s'il soupçonne que je peux le déshonorer : et il prendra ses mesures pour empêcher que ne soit connu ce qui le forcerait à rougir une fois connu. Il inondera notre pays de troupes ennemies, et fera une si formidable démonstration de guerre, que la terreur enlèvera tout courage à l'état, que nos soldats seront vaincus avant d'avoir résisté, et nos sujets punis sans avoir jamais soupçonné qu'ils aient donné offense. C'est par souci pour eux, et non par pitié pour moi, qui ne suis pas différent de ces cimes d'arbres

ACTE I, SCÈNE II.

dont l'office est de protéger et de défendre les racines d'où vient leur croissance, que mon corps souffre, que mon âme languit, et que je punis d'avance ce qu'Antiochus ne manquerait pas de punir. (*Hélicanus et les Seigneurs s'avancent.*)

PREMIER SEIGNEUR. — Joie et parfait bonheur à votre auguste cœur!

SECOND SEIGNEUR. — Et conservez votre âme en paix et en confiance jusqu'à votre retour parmi nous!

HÉLICANUS. — Paix, paix, et cédez la parole à l'expérience. Ils abusent le roi, ceux qui le flattent, car la flatterie est le soufflet qui fait monter la flamme du péché ; la chose à laquelle s'adresse la flatterie, n'est qu'une étincelle, et ce souffle de vent lui donne chaleur et flamme plus vives ; au contraire, les remontrances respectueuses et dans le ton convenable, sont salutaires aux rois, car ils sont hommes, et peuvent errer. Lorsque le Signor flagorneur, ici présent, proclame la paix, il vous flatte, il déclare la guerre à votre vie. (*S'agenouillant.*) Prince, pardonnez-moi, ou si cela vous plaît, frappez-moi. Je ne puis me mettre beaucoup plus bas que je ne suis ainsi agenouillé.

PÉRICLÈS. — Que tous nous laissent, sauf lui ; mais allez dans le port inspecter quels vaisseaux et quels chargements s'y trouvent, et puis revenez nous trouver. (*Sortent les Seigneurs.*) Hélicanus, tu nous as ému ; que vois-tu sur notre physionomie?

HÉLICANUS. — Un front courroucé, redouté Seigneur.

PÉRICLÈS. — Si les froncements de sourcils des princes contiennent un tel dard, comment ta bouche a-t-elle osé braver notre colère à notre face?

HÉLICANUS. — Comment les plantes osent-elles regarder vers le ciel d'où elles tirent leur nourriture?

PÉRICLÈS. — Tu sais que j'ai le pouvoir de t'enlever la vie?

HÉLICANUS. — J'ai moi-même aiguisé la hache, vous n'avez qu'à frapper le coup.

PÉRICLÈS. — Relève-toi, je t'en prie, relève-toi. Assieds-toi : tu n'es pas un flatteur, je t'en remercie ; et le ciel défende que les rois prennent plaisir à entendre pallier leurs fautes! Excellent conseiller et serviteur pour un prince, qui par ta sagesse fais d'un prince ton serviteur, dis-moi, que voudrais-tu me voir faire?

Hélicanus. — Supporter avec patience les douleurs que vous vous imposez à vous-même.

Périclès. — Hélicanus., tu parles comme un médecin qui m'administres une potion que tu tremblerais de recevoir toi-même. Écoute-moi bien : je me rendis à Antioche, où comme tu le sais, bravant la mort, je cherchais à conquérir une illustre beauté, afin que d'elle me naquissent des fils pour continuer ma race, des fils bras des princes leurs pères et causes de joie pour les sujets. Son visage parut à mes yeux au-dessus de toute admiration, mais le reste (écoute à l'oreille) aussi noir que l'inceste. Voyant que j'avais découvert son secret, le père criminel sembla vouloir non pas frapper, mais couler doux : mais tu le sais, c'est le moment de craindre, quand les tyrans font mine d'embrasser. Cette crainte devint si forte en moi, que sous le couvert d'une nuit propice qui semblait ma bonne protectrice, je m'enfuis ici; et une fois que j'y fus arrivé, je réfléchis à ce qui s'était passé et à ce qui pouvait advenir. Je le savais tyran ; et les craintes des tyrans ne décroissent pas avec les années, mais grandissent plus vite que les années ne passent: or, s'il se doutait, — comme il s'en doute certainement, — que je révélasse au vent, fût-il mon seul auditeur, combien de nobles princes ont répandu leur sang, afin que les mystères ténébreux de son lit restassent clos, pour couper court à ce soupçon, il remplirait mon état de soldats, en prenant prétexte du tort que je lui ai fait : tous, pour mon offense, — si je puis appeler cela une offense, — devront donc ressentir les coups de la guerre qui n'épargne pas l'innocence. Mon amour pour tous mes sujets, dont tu es l'un, toi qui tout à l'heure me grondais pour cela....

Hélicanus. — Hélas, Seigneur !

Périclès. — Chassa le sommeil de mes yeux; le sang

de mes joues, jeta mon âme dans les noires rêveries et la fit se perdre en mille recherches pour savoir comment je pourrais arrêter cette tempête avant qu'elle éclatât; et m'apercevant que j'avais peu de moyens de les protéger, je pensai que c'était charité digne d'un prince que de les plaindre.

Hélicanus. — Eh bien, Monseigneur, puisque vous m'avez donné permission de parler, je parlerai librement. Vous craignez Antiochus, et ce n'est que justement, je crois, que vous craignez ce tyran qui, soit par guerre ouverte, soit par trahison secrète, cherchera à vous enlever la vie. Par conséquent, Monseigneur, allez voyager quelque temps, jusqu'à ce qu'il ait oublié sa rage et sa colère; ou que les destinées aient coupé le fil de sa vie. Confiez à quelqu'un votre gouvernement; si c'est à moi que vous le confiez, le jour n'est pas plus fidèle à la lumière que je ne vous serai fidèle.

Périclès. — Je ne doute pas de ta fidélité; mais s'il portait atteinte à mes droits en mon absence?

Hélicanus. — Nous mêlerions nos sangs à la terre où nous reçûmes la vie et la naissance.

Périclès. — Tyr, je t'adresse en ce cas un dernier regard. Je me propose de me rendre à Tharse; fais-m'y tenir de tes nouvelles; tes lettres régleront ma conduite. Je dépose sur toi, dont la forte sagesse peut supporter ce fardeau, le souci que nous avions et que nous continuons à avoir du bien de nos sujets. J'accepte ta parole comme parole de foi, je ne te demande pas de serment : qui ne craint pas de briser sa foi, à coup sûr violera foi et serment : mais je sais que dans nos sphères réciproques, nous vivrons avec tant d'intégrité et de vertu, que le temps ne viendra jamais démentir que tu es un sujet loyal, moi un prince sincère. (*Ils sortent.*)

SCÈNE III.

Tyr. — Une antichambre dans le palais.

Entre THALIARD.

Thaliard. — Donc nous sommes à Tyr, et voici la cour. Il faut qu'ici même je tue le roi Périclès, et si je ne le fais pas, je suis bien sûr d'être pendu au retour : c'est dangereux. Bon, je m'aperçois qu'il était un sage compère, et qu'il avait une bonne prudence, celui qui étant interrogé sur ce qu'il voudrait du roi, répondit qu'il désirerait ne savoir aucun de ses secrets⁶. Maintenant je vois qu'il avait quelque raison pour cela; car si un roi ordonne à un homme d'être un scélérat, cet homme est obligé d'être tel de par la lettre de son serment. Chut! voici les Seigneurs de Tyr.

Entrent HÉLICANUS, ESCANES, *et autres Seigneurs.*

Hélicanus. — Point n'aurez-vous besoin, pairs de Tyr, mes égaux, de me questionner davantage sur le départ de votre roi : sa commission scellée, qu'il a remise à ma confiance, vous dit suffisamment qu'il est parti pour voyager.

Thaliard, *à part*. — Comment! le roi est parti!

Hélicanus. — Si vous voulez savoir plus amplement pourquoi il est parti sans prendre congé de vos affections, je vous donnerai à cet égard quelques éclaircissements. Pendant qu'il était à Antioche....

Thaliard, *à part*. — Quoi concernant Antioche?

Hélicanus. — Le royal Antiochus, — pour quelle cause, je ne le sais pas, — prit contre lui quelque déplaisir; au moins il en jugea ainsi, et craignant qu'il n'eût erré ou qu'il n'eût commis quelque faute, pour bien montrer le chagrin qu'il en avait, il a voulu se punir lui-même, et il s'est remis à un vaisseau qui à chaque minute le laisse incertain entre la vie et la mort.

THALIARD, *à part*. — Bon, je m'aperçois maintenant que je ne peux plus être pendu quand bien même je le voudrais ; mais puisqu'il est parti, le roi en sera bien aise, à coup sûr ; il n'a échappé sur terre que pour périr sur mer. Je vais me présenter. — Paix aux Seigneurs de Tyr !

HÉLICANUS. — Le Seigneur Thaliard est le bienvenu, venant de la part d'Antiochus.

THALIARD. — Je viens de sa part, avec un message pour le prince Périclès : mais depuis mon débarquement, j'ai appris que votre maître a entrepris des voyages on ne sait où ; mon message doit donc retourner là d'où il est venu.

HÉLICANUS. — Nous n'avons aucun désir de le connaître, puisqu'il est adressé à notre maître, et non à nous : cependant, avant que vous repartiez, nous désirons, comme amis d'Antioche, que vous soyez fêté dans Tyr. (*Ils sortent.*)

SCÈNE IV.

THARSE. — Un appartement dans le palais du gouverneur.

Entrent CLÉON, DIONYSA, *et des gens de leur suite.*

CLÉON. — Ma Dionysa, reposons-nous ici, et voyons si nous raconter les douleurs des autres pourra nous apprendre à oublier les nôtres.

DIONYSA. — Ce serait souffler sur le feu dans l'espoir de l'éteindre ; car celui qui creuse une colline parce qu'elle monte haut, ne fait autre chose que renverser une montagne pour en élever une plus grande. O mon désespéré Seigneur, nos chagrins sont de telle nature : ici nous les sentons seulement, et ils restent invisibles à nos yeux affligés ; mais ils sont semblables aux bosquets qui montent d'autant plus haut qu'on les émonde.

CLÉON. — O Dionysa, qui donc, manquant de nourriture, n'avouera pas qu'il en manque ? qui peut cacher sa faim, jusqu'à ce qu'il tombe d'inanition ? Nos voix et nos gémissements font retentir fortement l'air de nos malheurs ; nos yeux pleurent pendant que nos poumons reprennent haleine pour proclamer plus haut encore nos douleurs, afin que, si le ciel sommeille alors que ses créatures sont dans la détresse, leurs cris puissent appeler son secours pour les soutenir. Je veux raconter à haute voix nos malheurs depuis ces dernières années, et lorsque le souffle me manquera pour parler, aide-moi de tes larmes.

Dionysa. — Je ferai de mon mieux, Seigneur.

Cléon. — Cette Tharse dont j'ai le gouvernement était une cité où l'abondance se répandait à pleines mains, car les richesses y jonchaient même les rues; ses tours portaient si haut leurs têtes qu'elles baisaient les nuages, et les étrangers ne la contemplaient jamais sans l'admirer : hommes et femmes s'y pavanaient et s'y paraient si bien, qu'ils se servaient les uns aux autres de miroirs pour apprendre les arts de la toilette : leurs tables étaient luxueusement servies, pour flatter l'œil, et bien plus pour le plaisir que pour satisfaire au besoin; toute pauvreté était méprisée, et si grand était l'orgueil, que le nom de charité y était odieux à répéter.

Dionysa. — Oh! c'est trop vrai.

Cléon. — Mais voyez ce que le ciel peut faire! Quel changement s'est opéré! Ces bouches que la terre, la mer, l'air ne pouvaient suffire à contenter et à satisfaire, quoique fournissant leurs créatures en abondance, semblables à des maisons délabrées faute d'être habitées, sont maintenant affaissées faute d'exercice; ces mêmes palais qui, il n'y a pas encore deux étés, avaient besoin d'inventions pour flatter le goût, seraient heureux maintenant d'avoir du pain, et mendieraient pour en avoir; ces mères qui ne trouvaient rien d'assez délicat pour nourrir leurs enfants, sont prêtes maintenant à manger ces petits chéris qu'elles aimaient tant. Si aiguës sont les dents de la faim que l'homme et la femme tirent au sort à qui mourra le premier pour prolonger la vie de l'autre. Ici un Seigneur pleure, et là pleure une Dame; ici combien tombent morts, et cependant ceux qui les voient tomber ont à peine assez de force pour leur donner la sépulture. N'est-ce pas la vérité ?

DIONYSA. — Nos joues amaigries et nos yeux creux en portent témoignage.

CLÉON. — Que les cités qui vident si largement la coupe de l'abondance et qui sont repues de ses libéralités, entendent nos plaintes au milieu du gaspillage de leurs orgies! La misère de Tharse peut devenir la leur.

Entre UN SEIGNEUR.

LE SEIGNEUR. — Où est le Seigneur gouverneur?

CLÉON. — Ici. Raconte-nous en toute hâte les malheurs que tu nous apportes, car la consolation est trop loin pour que nous l'espérions.

LE SEIGNEUR. — Du rivage qui nous avoisine, nous venons d'apercevoir une belle flotte de navires qui se dirigent ici.

CLÉON. — Je m'en doutais bien. Un malheur ne vient jamais sans amener un successeur qui puisse recueillir son héritage. C'est ce qui nous arrive : quelque nation voisine, prenant avantage de notre misère, aura bourré de ses soldats les flancs de ses vaisseaux, afin de nous abattre, nous qui sommes déjà à terre, et de me vaincre, moi malheureux, par une conquête où il n'y a pas de gloire à recueillir.

LE SEIGNEUR. — C'est ce qu'il y a de moins à craindre; car à en juger par les drapeaux blancs qu'ils ont arborés, ils nous apportent la paix, et viennent comme protecteurs et non comme ennemis.

CLÉON. — Tu parles comme un homme qui ne connaît pas l'adage, *plus belle est l'apparence, plus grande la fourberie qu'elle cache.* Mais qu'ils nous apportent ce qu'ils voudront et ce qu'ils pourront, qu'avons-nous besoin de craindre? La terre est ce qu'il y a de plus bas, et nous y sommes à demi rentrés. Va dire à leur général que nous l'attendons ici, pour apprendre pourquoi il vient, d'où il vient, et ce qu'il demande.

LE SEIGNEUR. — J'y vais, Monseigneur. (*Il sort.*)

Cléon. — Bienvenue est la paix, s'il apporte la paix ; si c'est la guerre, nous sommes incapables de résister.

Entre PÉRICLÈS *avec sa suite.*

Périclès. — Seigneur gouverneur, car nous apprenons que c'est vous qui l'êtes, que nos vaisseaux et le nombre de nos hommes ne vous apparaissent pas comme un feu d'alarme allumé pour effrayer vos yeux. Les nouvelles de vos misères sont venues nous trouver jusqu'à Tyr, et nous avons vu la désolation de vos rues : nous ne venons pas pour ajouter des chagrins à vos sujets de larmes, mais pour vous soulager de votre pesant fardeau ; nos vaisseaux, que peut-être vous croyez chargés intérieurement comme le cheval de Troie de guerriers sanguinaires n'attendant que le carnage, sont remplis de blé pour vous donner le pain dont vous avez besoin, et rappeler à la vie ceux que la faim a déjà à moitié tués.

Tous. — Que les Dieux de la Grèce vous protégent ! nous prierons pour vous.

Périclès. — Relevez-vous, je vous en prie, relevez-vous ; ce n'est pas respect que nous cherchons, mais amitié, plus un abri pour nous, nos vaisseaux et nos hommes.

Cléon. — Et quand cet abri vous sera refusé par qui que ce soit, quand vous serez payé d'ingratitude seulement en pensée, puisse la malédiction du ciel et des hommes tomber sur ceux qui se rendraient coupables de tels méfaits, fût-ce nous-mêmes, nos femmes et nos enfants ! Jusqu'à ce moment, qui, nous l'espérons, ne se verra jamais, Votre Grâce est la bienvenue dans notre ville et auprès de nous.

Périclès. — Bienvenue que nous acceptons ; nous passerons ici quelques jours en fêtes, jusqu'à ce que nos étoiles qui menacent daignent nous sourire. (*Ils sortent.*)

ACTE II.

Entre GOWER.

Gower. — Vous venez de voir un puissant roi, amener à l'inceste son propre enfant; vous avez vu un meilleur prince et un bénin Seigneur qui se montrera vertueux à la fois en paroles et en actes. Gardez donc vos âmes en paix, comme il convient à des hommes, jusqu'à ce qu'il ait échappé à ses traverses. Je vous montrerai ceux qui savent supporter les désastres, perdant une babiole et gagnant une montagne[1]. Ce prince vertueux auquel je donne ma bénédiction, séjourne encore à Tharse, où chacun regarde ce qu'il dit comme parole d'oracle; et en souvenir de ce qu'il a fait, on lui élève une statue pour perpétuer sa gloire : mais des nouvelles allant à l'encontre de cette situation arrivent sous vos yeux mêmes : qu'ai-je besoin de parler ?

Pantomime. — *Entrent d'un côté* PÉRICLÈS *et* CLÉON *causant ensemble; leurs suites les escortent. Entre de l'autre côté* un gentilhomme *avec une lettre pour* PÉRICLÈS, *qui montre la lettre à* CLÉON; *puis il donne une récompense au messager et le fait chevalier. Sortent de côtés opposés* PÉRICLÈS *et* CLÉON *avec leurs suites.*

Gower. — Le bon Hélicanus est resté à Tyr, mais non comme le frelon pour manger le miel distillé par le travail des autres, car s'il s'efforce de tuer les mauvais, il fait vivre les bons; et pour remplir le désir de son prince, il lui envoie les nouvelles de tout ce qui se passe à

Tyr : comment Thaliard y est arrivé pleinement déterminé au crime, et avec intention secrète de l'assassiner; et il l'avertit qu'il n'est pas bon pour lui de prolonger davantage son séjour à Tharse. Lui, sachant ces choses, se remet en mer, et quand les hommes sont sur mer, ils y ont rarement aisance : il en est ainsi pour lui; car voilà que le vent commence à souffler; tonnerre en haut, gouffres en bas, font un tel tumulte que le navire qui devrait l'abriter en toute sécurité est fendu et fait naufrage; et lui, bon prince, ayant tout perdu, il est ballotté par les vagues de rivage en rivage : tout a péri, hommes et biens, il n'est échappé que lui seul ; jusqu'à ce qu'enfin la fortune fatiguée de faire le mal, le jette à terre, pour lui donner joie : le voci qui vient. Ce qui va suivre, — excusez le vieux Gower, — appartient au drame. (*Il sort.*)

SCÈNE PREMIÈRE.

PENTAPOLIS. — Une plage au bord de la mer.

Entre PÉRICLÈS, *tout trempé.*

PÉRICLÈS. — Apaisez votre ire, astres courroucés du ciel! Vent, pluie, tonnerre, souvenez-vous que l'homme terrestre est d'une substance qui doit vous céder; et ainsi qu'il convient à ma nature d'homme, je vous obéis. Hélas! la mer m'a jeté contre les rochers, m'a roulé de rivage en rivage, et ne m'a pas laissé de vie suffisante pour penser à autre chose qu'à ma mort prochaine. Qu'il suffise à la grandeur de vos puissances d'avoir privé un prince de tous ses biens, et puisque vous l'avez rejeté hors de votre humide tombeau, tout ce qu'il vous demande est de pouvoir mourir ici en paix.

Entrent TROIS PÊCHEURS.

PREMIER PÊCHEUR. — Hé, casaquin de cuir!
SECOND PÊCHEUR. — Hôhé! arrive et apporte les filets.
PREMIER PÊCHEUR. — Hé, sans culotte, dis-je[2]!

ACTE II, SCÈNE I.

Troisième pêcheur. — Que voulez-vous, maître?

Premier pêcheur. — Vas-tu bien te dégourdir les jambes à la fin! arrive, ou je vais aller te faire marcher plus vite que ça.

Troisième pêcheur. — Ma foi, maître, je pensais aux pauvres gens qui viennent de faire naufrage à l'instant même devant nous.

Premier pêcheur. — Hélas, les pauvres âmes! cela me fendait le cœur d'entendre les cris pitoyables qu'ils nous adressaient pour nous appeler au secours, alors, parbleu, que c'est à peine si nous pouvions nous secourir nous-mêmes³.

Troisième pêcheur. — Eh bien, maître, n'ai-je pas dit qu'il ferait ce temps-là lorsque j'ai vu comment les marsouins sautaient et cabriolaient? On dit qu'ils sont moitié chair, moitié poisson; la peste soit d'eux! toutes les fois que je les vois paraître, je m'attends à être trempé. Maître, je me demande comment les poissons vivent dans la mer.

Premier pêcheur. — Pardi, comme les hommes vivent sur la terre; les grands mangent les petits. Je ne peux mieux comparer nos riches avares qu'à la baleine; elle joue et frétille, poussant devant elle tout le pauvre fretin, et à la fin, elle les dévore tous d'une seule bouchée. J'ai entendu parler aussi de baleines de terre du même genre qui n'arrêtent pas de bâiller qu'elles n'aient avalé la paroisse entière, église, clocher, cloches, et tout⁴.

Périclès, à part. — Heureuse similitude morale.

Troisième pêcheur. — Mais si j'étais le sacristain, maître, ce jour-là je voudrais être dans le clocher.

Second pêcheur. — Pourquoi, l'ami?

Troisième pêcheur. — Parce qu'elle m'avalerait aussi: alors, quand je serais dans son ventre, je vous ferais carillonner les cloches sans lui laisser de repos, jusqu'à ce qu'elle eût rendu cloches, clocher, église et paroisse. Mais si le bon roi Simonides était de mon avis....

Périclès, à part. — Simonides?

Troisième pêcheur. — Nous purgerions le pays de ces frelons qui volent l'abeille de son miel.

Périclès, *à part*. — Comme à l'aide des exemples des sujets à nageoires de la mer, ces pêcheurs exposent bien les infirmités des hommes : de leur humide empire, ils tirent toutes les vérités que les hommes découvrent ou tiennent pour sûres[5]! (*Haut.*) La paix soit avec vous dans vos travaux, honnêtes pêcheurs!

Second pêcheur. — Honnête! qu'est-ce que ça veut dire, mon bon garçon? Si c'est un jour qui vous convienne, vous pouvez l'enlever de l'almanach et l'emporter; personne ne courra après.

Périclès. — Comme vous pouvez le voir, la mer m'a vomi sur votre côte....

Second pêcheur. — Quelle coquine d'ivrognesse que cette mer pour te vomir ainsi sur notre chemin!

Périclès. — Un homme que les vents et les vagues ont pris comme balle pour s'en amuser dans ce vaste jeu de paume de la mer, implore votre pitié; il vous demande votre assistance celui qui ne sut jamais mendier.

Premier pêcheur. — Vraiment, l'ami, vous ne pouvez mendier? il y en a dans notre contrée de Grèce qui gagnent plus en mendiant que vous ne pourriez faire en travaillant.

Second pêcheur. — Eh bien, voyons, peux-tu prendre des poissons?

Périclès. — Je ne l'ai jamais essayé.

Second pêcheur. — Eh bien, en ce cas, tu mourras de faim à coup sûr; car on ne peut rien attraper au jour d'aujourd'hui à moins qu'on ne le pêche.

Périclès. — Ce que je fus, je ne m'en souviens plus; mais le besoin m'enseigne à réfléchir à ce que je suis à cette heure, c'est-à-dire un homme transi de froid : mes veines sont gelées, et n'ont tout juste que la vie suffisante pour donner à ma langue la chaleur nécessaire pour implorer votre secours : si vous me le refusez, lorsque je serai mort, par respect pour ma qualité d'homme, enterrez-moi, je vous prie.

Premier pêcheur. — Mourir, dis-tu? Que les Dieux le défendent! J'ai là une tunique; allons, revêts-la; tiens-toi chaud. Un beau garçon, sur ma parole! Allons, tu

ACTE II, SCÈNE I.

viendras à la maison, et nous aurons de la viande pour les jours de fête, du poisson pour les jours de jeûne, plus des *puddings* et des crêpes ; et tu seras le bienvenu.

PÉRICLÈS. — Je vous remercie, Monsieur.

SECOND PÊCHEUR. — Dites donc, l'ami, vous disiez que vous ne pouviez pas mendier.

PÉRICLÈS. — Je sollicitais seulement.

SECOND PÊCHEUR. — Il sollicitait seulement ! En ce cas, je vais devenir solliciteur moi aussi, et de la sorte j'échapperai au fouet.

PÉRICLÈS. — Comment, est-ce que tous vos mendiants sont fouettés ?

SECOND PÊCHEUR. — Oh non, pas tous, mon ami, pas tous : car si tous nos mendiants étaient fouettés je ne souhaiterais pas de meilleur emploi que celui de bedeau. — Mais je vais aller retirer le filet, maître. (*Sortent le second et le troisième pêcheur.*)

PÉRICLÈS, *à part*. — Comme cette honnête gaieté sied bien à leur travail !

PREMIER PÊCHEUR. — Dites donc, Monsieur, savez-vous où vous êtes ?

PÉRICLÈS. — Pas très-bien.

PREMIER PÊCHEUR. — En ce cas, je vais vous l'apprendre : cette ville est appelée Pentapolis, et notre roi est le bon Simonides.

PÉRICLÈS. — L'appelez-vous le bon roi Simonides ?

PREMIER PÊCHEUR. — Oui, Monsieur, et il mérite d'être ainsi nommé pour son règne paisible et son bon gouvernement.

PÉRICLÈS. — C'est un heureux roi, puisque son gouvernement lui vaut le nom de bon de la part de ses sujets. A quelle distance sa cour est-elle de ce rivage ?

PREMIER PÊCHEUR. — Pardi, Monsieur, à une demi-journée de marche : et je puis vous le dire, il a une jolie fille, et demain est le jour anniversaire de sa naissance ; et il y a des princes et des chevaliers qui viennent de toutes les parties du monde afin de jouter et de faire tournoi pour l'amour d'elle.

PÉRICLÈS. — Si ma fortune était égale à mes désirs, je souhaiterais d'être l'un d'eux.

PREMIER PÊCHEUR. — Oh! Monsieur, les choses sont ce qu'elles peuvent; un homme peut ne pas conquérir le cœur de sa femme, mais il lui est toujours permis d'essayer.

Rentrent LE SECOND *et* LE TROISIÈME PÊCHEUR *traînant un filet.*

SECOND PÊCHEUR. — A l'aide, maître, à l'aide! il y a un poisson qui est dans le filet, comme le droit d'un pauvre homme dans la loi; il aura peine à s'en tirer. Ah, va-t'en aux vers! le voilà à la fin, et il s'est changé en une armure rouillée.

PÉRICLÈS. — Une armure, amis! je vous en prie, laissez-la-moi voir. Je te remercie, Fortune, puisqu'après toutes mes traverses, tu me rends quelque chose pour réparer ma détresse; je te remercie, quoique ce que tu me donnes fût mien, une partie de mon héritage que feu mon père me légua lorsqu'il laissa la vie, avec cette expresse recommandation : « Conserve-la, mon Périclès, elle a été une égide entre moi et la mort; » et dirigeant son doigt sur ce brassard, « puisqu'il me sauva, conserve-le; et que dans une nécessité pareille, — dont te préservent les Dieux! — il puisse te défendre. » Je la gardai avec moi, partout où j'allai, si tendrement je l'aimais, jusqu'au moment où les mers brutales qui n'épargnent aucun homme, s'en saisirent dans leur rage : redevenues calmes, elles l'ont rendue cependant : je t'en remercie; mon naufrage n'est pas si désastreux, puisqu'il me laisse le legs suprême de mon père.

PREMIER PÊCHEUR. — Que prétendez-vous, Monsieur?

PÉRICLÈS. — Vous mendier cette noble armure, chers amis; elle était autrefois la protection d'un roi, je la reconnais à cette marque. Il m'aimait tendrement, et par amour pour lui, je souhaiterais l'avoir, et aussi que vous voulussiez bien me guider à la cour de votre souverain, où, sous cette armure, je pourrai paraître comme un gentilhomme : si jamais ma mauvaise fortune s'améliore, je payerai vos bontés ; en attendant je reste votre débiteur.

Premier pêcheur. — Vraiment, est-ce que tu veux entrer en lice pour la Dame ?

Périclès. — Je veux montrer le mérite que j'ai acquis sous les armes.

Premier pêcheur. — Eh bien, prends-la, et que les Dieux t'envoient bonheur par son moyen !

Second pêcheur. — Oui, mais écoutez, mon ami ; c'est nous qui avons sorti cet habit-là de dessous les vagues brutales ; il y a eu de la peine pour l'en sortir, il faudrait quelque gratification. J'espère, Monsieur, que si vous prospérez, vous vous rappellerez de qui cela vous vient.

Périclès. — Je me le rappellerai, croyez-le. Grâces à vos peines, me voilà revêtu d'acier. En dépit de tous les larcins de la mer, ce bijou a gardé sa place à mon bras ; avec son prix, je pourrai monter un coursier, dont le pas bien rhythmé fera plaisir à regarder à ceux qui le verront. Seulement, mon ami, il me manque encore une paire de jambières.

Second pêcheur. — Nous pourvoirons à cela, bien sûr : tu auras ma meilleure tunique pour t'en faire une paire ; et je te conduirai à la cour moi-même.

Périclès. — Allons, que l'honneur soit le seul but de ma volonté ! Aujourd'hui je me relèverai, ou bien j'ajouterai malheur au malheur. (*Ils sortent.*)

SCÈNE II.

Pentapolis. — Une plate-forme conduisant aux lices : un pavillon sur le côté pour recevoir le roi, la princesse, les Seigneurs, etc., etc.

Entrent SIMONIDES, THAISA, *des Seigneurs et des gens de leurs suites.*

Simonides. — Les chevaliers sont-ils prêts à commencer le défilé triomphal ?

Premier seigneur. — Ils sont prêts, mon Suzerain, et ils n'attendent que votre arrivée pour se présenter.

SIMONIDES. — Avertissez-les que nous sommes prêts, et que notre fille, dont ces triomphes célèbrent l'anniversaire, siége ici comme l'enfant de la beauté, que la nature engendra pour la montrer aux hommes et les faire s'émerveiller à sa vue. (*Sort un Seigneur.*)

THAISA. — Il vous plaît, mon royal père, de me donner de grandes louanges, tandis que mon mérite est petit.

SIMONIDES. — Il est bon qu'il en soit ainsi, car les princes sont un modèle que le ciel calque sur lui-même : de même que les joyaux perdent leur éclat s'ils sont négligés, ainsi les princes perdent leur renom quand ils ne sont pas respectés. Maintenant, ma fille, il vous est réservé l'honneur d'expliquer les sentiments qui animent chaque chevalier par sa devise.

THAISA. — Et je m'acquitterai de cet honneur de manière à mettre mon honneur à moi à l'abri.

Entre UN CHEVALIER; *il traverse le théâtre, et son écuyer présente son bouclier à la princesse.*

SIMONIDES. — Quel est le premier qui se présente?

THAISA. — Un chevalier de Sparte, mon illustre père : l'emblème qu'il porte sur son bouclier est un noir Éthiopien qui atteint le soleil; la devise est, *lux tua vita mihi*[6].

SIMONIDES. — Il vous aime bien celui qui reçoit de vous sa vie. (*Un second chevalier passe.*) Quel est ce second chevalier qui se présente lui-même?

THAISA. — Un prince de Macédoine, mon royal père; l'emblème qu'il porte sur son bouclier est un chevalier tout armé conquis par une dame; la devise est en espagnol, *piu por dulzura que por fuerza*[7]. (*Un troisième chevalier passe.*)

SIMONIDES. — Et quel est le troisième?

THAISA. — Le troisième est d'Antioche; son emblème est une couronne de chevalier, et sa devise, *me pompæ provexit apex*[8]. (*Un quatrième chevalier passe.*)

SIMONIDES. — Quel est le quatrième?

THAISA. — Une torche brûlante, tournée la flamme en bas, avec cette devise, *quod me alit, me extinguit*[9].

SIMONIDES. — Ce qui veut dire que la beauté a pouvoir d'enflammer si elle veut, et de tuer si elle veut aussi. (*Le cinquième chevalier passe.*)

THAISA. — Le cinquième écusson porte une main environnée de nuages, tenant un morceau d'or éprouvé par la pierre de touche; la devise est, *sic spectanda fides*[10]. (*Le sixième chevalier passe.*)

SIMONIDES. — Et quel est ce sixième et dernier écusson que le chevalier a remis lui-même avec une grâce si courtoise?

THAISA. — Il semble être étranger, mais l'écusson qu'il a présenté porte une branche desséchée qui n'est verte qu'au sommet; la devise est : *in hac spe vivo*[11].

SIMONIDES. — Gentille sentence morale; il espère que grâce à vous, sa fortune refleurira et le sortira de l'état délabré où il est.

PREMIER SEIGNEUR. — Il aurait besoin que quelque chose parlât plus en sa faveur que ne peut justement le faire son appareil extérieur; car, à en juger par son armure rouillée, il semble avoir manié plutôt le manche du fouet que la lance.

SECOND SEIGNEUR. — C'est bien un étranger vraiment, car il vient à un tournoi d'honneur étrangement accoutré.

TROISIÈME SEIGNEUR. — C'est à dessein qu'il a laissé son armure se rouiller jusqu'à ce jour, afin d'avoir l'occasion de la fourbir dans le sable de l'arène.

SIMONIDES. — L'opinion qui nous fait mesurer la valeur intrinsèque d'un homme par son accoutrement extérieur est une sottise. Mais, arrêtez; les chevaliers s'avancent; nous allons nous retirer dans la galerie. (*Ils sortent. Grands applaudissements au dehors, et tous crient,* le chevalier pauvre!)

SCÈNE III.

PENTAPOLIS. — Une salle d'apparat dans le palais.
Un banquet est dressé.

Entrent SIMONIDES, THAISA, LE MARÉCHAL DE LA JOUTE, LES SEIGNEURS, LES CHEVALIERS DU TOURNOI, *et les gens de service*.

SIMONIDES. — Chevaliers, vous dire que vous êtes les bienvenus, serait paroles superflues. Exposer votre valeur chevaleresque en guise de page de titre au volume de vos exploits, serait faire chose à laquelle vous ne pensez guère, et qui serait peu convenable, puisque chacune de vos valeurs se recommande par elle-même. Disposez-vous à la joie; car la joie convient à une fête; vous êtes princes, et vous êtes mes hôtes.

THAISA. — Mais à vous, mon chevalier et mon hôte, je donne cette couronne de victoire, et je vous proclame roi de ce jour de bonheur.

PÉRICLÈS. — Je la dois plus à la fortune qu'à mon mérite, Madame.

SIMONIDES. — Devez-la à ce qu'il vous plaira, la journée vous appartient, et j'espère qu'il n'est ici personne qui vous l'envie. En formant des artistes, l'art a voulu que les uns fussent bons, mais que d'autres excellassent, et vous êtes son disciple le plus favorisé de ses soins. Venez, reine de la fête, — car vous l'êtes, ma fille, — prenez ici votre place : placez les autres, selon le rang qu'ils méritent.

LES CHEVALIERS. — Le vertueux Simonides nous fait grand honneur.

SIMONIDES. — Votre présence réjouit notre vieillesse nous aimons l'honneur; car qui hait l'honneur, hait les dieux qui sont au-dessus de nous.

LE MARÉCHAL. — Seigneur, votre place est là-bas.

PÉRICLÈS. — Une autre est plus convenable.

PREMIER CHEVALIER. — Ne vous y refusez pas, Seigneur;

car nous sommes des gentilshommes dont les cœurs et les yeux n'envient pas les grands et ne méprisent pas les petits.

Périclès. — Vous êtes de très-courtois chevaliers.

Simonides. — Asseyez-vous, Seigneur, asseyez-vous.

Périclès, *à part*. — Par Jupiter, qui est le roi de nos pensées, je m'étonne que ces mets résistent à mon appétit, et que je ne puisse penser qu'à elle.

Thaisa, *à part*. — Par Junon, qui est la reine du mariage, toutes les viandes que je mange me semblent sans saveur, tant je le désire pour ma seule nourriture : à coup sûr c'est un galant gentilhomme.

Simonides, *à part*. — Ce n'est qu'un gentilhomme campagnard; il n'a fait ni plus ni moins que les autres chevaliers; il a brisé une lance ou quelque chose d'approchant; laissons cela.

Thaisa, *à part*. — Il me semble comme un diamant mis à côté du verre.

Périclès, *à part*. — Ce roi là-bas m'apparaît comme le portrait de mon père qui me dit de quelle gloire il était environné jadis : des princes étaient assis tout autour de son trône comme des étoiles qui lui payaient leur respect, à lui le soleil : tous ceux qui levaient les yeux sur lui, comme des lumières plus petites, abaissaient leurs couronnes devant sa suprématie : tandis que maintenant son fils est comme un ver luisant dans la nuit, n'ayant de feu que dans les ténèbres et non dans la lumière : je vois par là que le temps est le roi des hommes, car il est leur père, et il est leur tombe, et il leur donne ce qui lui plaît, et non ce qu'ils désirent.

Simonides. — Eh bien, êtes-vous joyeux, chevaliers?

Premier chevalier. — Qui pourrait être autrement en cette royale présence?

Simonides. — Allons, si vous aimez, remplissez une coupe jusqu'aux bords, et buvez aux lèvres de votre maîtresse : nous vous portons cette santé.

Les chevaliers. — Nous remercions Votre Grâce.

Simonides. — Arrêtez un peu cependant; ce chevalier là-bas est trop mélancolique ; on dirait que l'hospitalité de notre cour n'offre pas un seul objet capable de se mettre de pair avec son mérite. Ne remarquez-vous pas cela, Thaisa?

Thaisa. — Qu'est-ce que cela me fait, mon père?

Simonides. — Oh! ma fille, entendez-moi bien : les princes doivent vivre comme vivent en haut les Dieux qui donnent généreusement à quiconque s'approche pour les honorer : les princes qui n'agissent pas ainsi sont semblables aux moucherons qui font un bourdonnement, mais qui, une fois tués, étonnent par leur insignifiance. Ainsi pour lui rendre sa rêverie plus douce, dites-lui que nous buvons à sa santé cette coupe de vin.

Thaisa. — Hélas, mon père, il ne me convient pas d'être si hardie avec un chevalier étranger ; il peut prendre ma politesse pour une offense, puisque les hommes prennent les dons des femmes pour une impudence.

Simonides. — Qu'est-ce à dire! Faites comme je vous l'ordonne, ou vous allez me mettre en colère.

Thaisa, *à part*. — Vraiment, par les Dieux, il ne pouvait pas me faire plus de plaisir.

Simonides. — Et dites-lui, en outre, que nous désirons savoir de lui, d'où il est, quel est son nom, et quelle est sa parenté.

Thaisa. — Le roi mon père vient de boire à votre santé, Seigneur.

Périclès. — Je le remercie.

Thaisa. — En souhaitant que ce fût autant de sang ajouté au vôtre.

Périclès. — Je vous remercie, lui et vous, et je lui fais cordialement raison.

Thaisa. — Et en outre, il désire savoir de vous, d'où vous êtes, quel est votre nom, et quelle est votre parenté.

Périclès. — Je suis un gentilhomme de Tyr, mon nom est Périclès; mon éducation a porté sur les arts et sur les armes : m'étant mis à courir le monde en quête d'aventures, les mers brutales m'ont dérobé de mes vaisseaux et de mes hommes; et après un naufrage m'ont jeté sur ce rivage.

Thaisa. — Il remercie Votre Grâce; il se nomme Périclès, c'est un gentilhomme de Tyr, qui par la mauvaise fortune d'un naufrage a perdu ses vaisseaux et ses hommes, et a été jeté sur ce rivage.

Simonides. — Par les Dieux, je déplore vraiment son infortune, et je vais le réveiller de sa mélancolie. — Venez, gentilshommes, nous nous amusons trop longtemps à des bagatelles, et nous gaspillons le temps qui nous invite à d'autres plaisirs. Une danse de soldats serait un beau spectacle, là dans vos armures, tels que vous voici. Je ne veux pas d'excuse, je ne veux pas que vous veniez me dire que cette bruyante musique est trop tapageuse pour des oreilles de Dames : elles aiment les hommes sous les armes autant que leurs lits. (*Les chevaliers dansent.*) Parfait; demandé de bonne grâce, et exécuté de même. — Avancez, Seigneur; voici une Dame qui a besoin d'un peu d'exercice, et j'ai ouï dire que vous autres, chevaliers de Tyr, vous excellez à faire sauter les Dames, et que vos danses sont d'une grâce parfaite.

Périclès. — Elles sont telles, Monseigneur, selon ceux qui les dansent.

Simonides. — Oh! on dirait que vous voulez vous abstenir de cette aimable courtoisie. (*Les chevaliers et les dames dansent.*) Allons, séparons-nous, séparons-nous; je vous remercie tous, gentilshommes; tous se sont bien montrés, (*à Périclès*) mais vous le mieux de tous. Pages et porte-flambeaux, conduisez ces chevaliers à leurs logements respectifs! Quant au vôtre, Seigneur, nous avons donné ordre de le placer tout à côté du nôtre.

Périclès. — Je suis aux ordres de Votre Grâce.

Simonides. — Princes, il est trop tard pour parler d'amour, et je sais que c'est la marque à laquelle vous visez ; que chacun donc aille se livrer au repos ; et que tous demain fassent de leur mieux pour réussir. (*Ils sortent.*)

SCÈNE IV.

Tyr. — Un appartement dans la maison du gouverneur.

Entrent HÉLICANUS *et* ESCANES.

Hélicanus. — Non, Escanes, apprenez-le de moi. Antiochus n'était pas innocent de l'inceste; aussi les très-puissants Dieux n'ont pas voulu retarder plus longtemps la vengeance qu'ils réservaient justement à cette odieuse et capitale offense : à l'heure même où il était dans tout l'orgueil de sa gloire à son apogée, comme il était assis sur un char d'une valeur inestimable, avec sa fille à ses côtés, un feu descendit du ciel, et vous grilla leurs corps à en faire un objet d'exécration; car ils puaient tellement, que tous ceux dont les yeux les adoraient avant leur chute refuseraient maintenant leurs mains pour leur donner la sépulture.

Escanes. — Ce fut vraiment étrange.

Hélicanus. — Et cependant ce ne fut que juste; car bien que ce roi fût grand, sa grandeur n'a pas été une protection contre la flèche du ciel; le péché a trouvé sa récompense.

Escanes. — C'est très-vrai.

Entrent trois seigneurs.

Premier seigneur. — Voyez un peu, tant dans les conférences particulières qu'au conseil, il n'a d'égards que pour lui.

Second seigneur. — Nous ne souffrirons pas plus longtemps cela sans nous plaindre.

Troisième seigneur. — Et maudit soit celui qui ne nous secondera pas dans ce projet.

Premier seigneur. — Suivez-moi, en ce cas. — Seigneur Hélicanus, un mot.

Hélicanus. — Avec moi? bien volontiers. Le bonheur soit en ce jour avec vous, Messeigneurs!

Premier seigneur. — Sachez que nos griefs sont au comble, et que maintenant ils débordent à la fin.

Hélicanus. — Vos griefs! A quel propos? Ne faites point de tort au prince que vous aimez.

Premier seigneur. — Ne vous faites pas tort à vous-même, noble Hélicanus; mais si le prince vit, laissez-nous le saluer, ou apprenez-nous quel pays a le bonheur de le posséder. S'il existe en ce monde, nous nous mettrons à sa recherche; s'il repose dans son tombeau, nous irons l'y reconnaître : nous voulons savoir s'il vit, pour qu'il nous gouverne; s'il est mort, pour pleurer son trépas et procéder à notre libre élection.

Second seigneur. — De ces deux suppositions, la mort est celle qui nous paraît la plus probable, et alors voyant que ce royaume reste sans chef, — les beaux édifices laissés sans toit tombent bientôt en ruines, — nous nous soumettons à votre noble personne qui de nous tous sait le mieux l'art de gouverner et celui de régner, et nous vous saluons notre souverain.

Tous. — Vive le noble Hélicanus!

Hélicanus. — Au nom de l'honneur, retirez vos suffrages : retirez-les, si vous portez affection au prince Périclès. Si je cédais à vos désirs, je me jetterais dans une mer, où pour une minute de tranquillité, j'aurais des heures de troubles sans fin. Permettez-moi de vous supplier d'attendre encore une année votre roi; ce temps expiré, s'il n'est pas revenu, j'accepterai de porter le joug que vous voulez m'imposer avec la patience que donne la vieillesse. Mais si je ne puis vous déterminer à cet acte de loyale affection, allez à sa recherche comme de nobles Seigneurs et de nobles sujets, dépensez dans cette recherche tout ce que vous avez de valeur aventureuse; si vous trouvez le prince, et si vous le déterminez à revenir, vous serez comme des diamants autour de sa couronne.

Premier seigneur. — C'est un fou celui qui refuse de céder à la sagesse; et puisque le Seigneur Hélicanus nous y engage, nous nous mettrons en voyage pour essayer de trouver le prince.

HÉLICANUS. — Allons, vous m'aimez, je vous aime, et nous allons nous serrer les mains : lorsque des pairs sont amis de la sorte, un royaume se tient toujours debout. (*Ils sortent.*)

SCÈNE V.

PENTAPOLIS. — Un appartement dans le palais.

Entre SIMONIDES *lisant une lettre :* LES CHEVALIERS *viennent à sa rencontre.*

PREMIER CHEVALIER. — Bonjour au vertueux Simonides.

SIMONIDES. — Chevaliers, je suis chargé de vous apprendre de la part de ma fille qu'elle refuse d'ici à un an d'entrer dans la vie conjugale : la raison de cette détermination n'est connue que d'elle-même, et je n'ai pu la lui faire avouer par aucun moyen.

DEUXIÈME CHEVALIER. — Ne pouvons-nous obtenir accès auprès d'elle, Monseigneur?

SIMONIDES. — En aucune façon, sur ma foi : elle s'est si strictement engagée à garder sa chambre que cela est impossible. Douze lunes encore elle gardera la livrée de Diane; elle l'a juré par l'œil de Cynthia, et sur son honneur de vierge elle ne rompra pas son serment.

TROISIÈME CHEVALIER. — Quoi qu'il nous en coûte de vous dire adieu, nous prenons nos congés. (*Sortent les chevaliers.*)

SIMONIDES. — Bon, les voilà bien congédiés; maintenant à la lettre de ma fille : elle me dit qu'elle épousera le chevalier étranger, ou bien qu'elle ne verra plus ni jour ni nuit. C'est bien, Madame; votre choix s'accorde avec le mien; cela me plaît fort : — mais comme elle se montre absolue à ce sujet sans s'inquiéter de savoir si cela me déplaît ou non! Bon, j'approuve son choix, et je ne veux pas retarder la chose plus longtemps. Doucement! le voici qui vient : je dois dissimuler.

Entre PÉRICLÈS.

PÉRICLÈS. — Toute fortune au vertueux Simonides!

SIMONIDES. — Je vous en souhaite autant, Seigneur! Je vous suis bien obligé pour votre délicieuse musique de cette dernière nuit : je déclare que mes oreilles n'avaient jamais encore été régalées d'une harmonie aussi délicieusement agréable.

PÉRICLÈS. — C'est le bon plaisir de Votre Grâce qui me vaut ces louanges, et non mon mérite.

SIMONIDES. — Seigneur, vous êtes le maître de la musique.

PÉRICLÈS. — Le plus mauvais de tous ses écoliers, mon bon Seigneur.

SIMONIDES. — Laissez-moi vous demander une chose. Que pensez-vous de ma fille, Seigneur?

PÉRICLÈS. — C'est une très-vertueuse princesse.

SIMONIDES. — Et elle est belle aussi, n'est-ce pas?

PÉRICLÈS. — Comme un beau jour d'été, merveilleusement belle.

SIMONIDES. — Seigneur, ma fille pense très-bien de vous; oui, si bien, qu'il faut que vous soyez son maître et qu'elle soit votre écolière : ainsi, préparez-vous à cela.

PÉRICLÈS. — Je suis indigne d'être son professeur.

SIMONIDES. — Elle ne pense pas ainsi : lisez plutôt cet écrit.

PÉRICLÈS, *à part*. — Que vois-je ici! Une lettre par laquelle elle déclare aimer le chevalier de Tyr! c'est une ruse du roi pour avoir ma vie. (*Haut.*) O gracieux Seigneur, ne cherchez pas à me tendre d'embûches, à moi un gentilhomme étranger et malheureux qui n'ai jamais aspiré aussi haut que l'amour de votre fille, mais qui me suis borné à mettre tous mes soins à l'honorer.

SIMONIDES. — Tu as ensorcelé ma fille, et tu es un scélérat.

PÉRICLÈS. — Par les Dieux, je ne l'ai pas ensorcelée; jamais aucune de mes pensées n'a médité d'offense; et jamais je n'ai entamé la plus petite action pouvant me faire gagner son amour ou votre déplaisir.

SIMONIDES. — Tu mens, traître.

PÉRICLÈS. — Traître !

SIMONIDES. — Oui, traître.

PÉRICLÈS. — Il n'est personne, à moins que ce ne soit un roi, qui puisse s'aviser de m'appeler traître, sans que je lui fasse rentrer son démenti dans la gorge.

SIMONIDES, *à part*. — Maintenant, par les Dieux, j'applaudis à son courage.

PÉRICLÈS. — Mes actions sont aussi nobles que mes pensées qui ne se sentirent jamais d'une basse origine. Je suis venu à votre cour, mû par un désir d'honneur, et non pour porter atteinte à la grandeur de votre fille ; et à celui qui parlera autrement de moi, cette épée prouvera qu'il est l'ennemi de l'honneur.

SIMONIDES. — Non ! Voici venir ma fille ; elle peut en témoigner.

Entre THAISA.

PÉRICLÈS. — Allons, vous qui êtes vertueuse autant que belle, dites à votre père irrité si ma langue a jamais prononcé, ou si ma main a jamais écrit la moindre syllabe d'amour à votre adresse ?

THAISA. — Et quand vous l'auriez fait, Seigneur, qui donc pourrait prendre offense de ce qui me rendrait joyeuse ?

SIMONIDES. — Oui-da, Madame, vous êtes si décidée ? (*A part.*) J'en suis charmé de tout mon cœur. (*Haut.*) Je vous dompterai, je vous ferai rentrer dans la soumission. Pouvez-vous bien, sans avoir mon consentement, accorder votre amour et vos affections à un étranger ? étranger qui, autant que je sache, et rien ne me fait penser le contraire, pourrait bien.... (*à part*) être d'un sang aussi illustre que moi-même. (*Haut.*) En conséquence, écoutez-moi, Madame ; ou bien mettez d'accord votre volonté avec la mienne, — et vous, Seigneur, entendez-moi ; — ou bien laissez-vous gouverner par moi, ou bien je vous ferai.... mari et femme. Allons, approchez, et que vos lèvres et vos mains signent aussi ce contrat : et maintenant que vous êtes unis, je veux ainsi détruire vos espérances, et pour plus ample chagrin, vous dire : — Dieu vous donne joie ! Eh bien, êtes-vous satisfaits tous les deux ?

Thaisa. — Oui, si vous m'aimez, Seigneur.

Périclès. — Comme ma vie même, et le sang qui la nourrit.

Simonides. — Eh bien ! êtes-vous d'accord ?

Thaisa *et* Périclès *ensemble*. — Oui, s'il plaît à Votre Majesté.

Simonides. — Cela me plaît si bien que je veux vous voir marier ; et puis, allez aussi vite que possible vous mettre au lit. (*Ils sortent.*)

ACTE III.

Entre GOWER.

Gower. — Maintenant le sommeil s'est saisi de toute la compagnie ; dans tout le palais, pas d'autre tapage que celui des ronflements, d'autant plus hauts que les convives se sont plus gorgés au festin pompeux de ce mariage. Le chat, avec ses yeux brillants comme braise, se couche maintenant à l'écart du trou de la souris, et les cri-cris, mis en joie par la chaleur, chantent à la bouche du four[1]. L'hymen a conduit au lit la fiancée ; et là, par suite de la perte de sa virginité, un enfant a été fabriqué. Soyez attentifs, et que vos vives imaginations allongent ingénieusement le temps qui si rapidement s'écoule : je vous expliquerai par la parole le jeu muet qui va se passer devant vous.

Pantomime. — *Entrent d'un côté* PÉRICLÈS *et* SIMONIDES *avec leurs suites;* un messager *vient à leur rencontre, et donne une lettre à* PÉRICLÈS : *il la montre à* SIMONIDES; les seigneurs *s'agenouillent devant* PÉRICLÈS. *Alors, entrent* THAISA *enceinte, et* LYCHORIDA, *une nourrice.* SIMONIDES *montre la lettre à sa fille : elle fait éclater sa joie; elle et* PÉRICLÈS *prennent congé de son père, et ils partent avec* LYCHORIDA *et leurs suites. Puis sortent* SIMONIDES *et les autres.*

On a fait bien des longues et tristes lieues aux quatre coins du monde pour découvrir Périclès; et avec quelle ardeur cette recherche a été faite! chevaux, voiles, grandes dépenses, tout ce qui pouvait activer la découverte a été employé. A la fin, la renommée ayant répondu à cette recherche exceptionnelle, des lettres de Tyr sont apportées à la cour du roi Simonides; leur teneur est celle-ci : Antiochus et sa fille sont morts; les citoyens de Tyr ont voulu placer la couronne sur la tête d'Hélicanus, mais il a refusé; il s'est dépêché d'arrêter ces mutins, et leur a dit que si le roi Périclès n'est pas revenu dans deux fois six lunes, il obéira à leur volonté et prendra la couronne. Le résumé de ces nouvelles, apporté ici à Pentapolis, a ravi les régions d'alentour, et chacun s'écrie en claquant des mains : « Notre héritier présomptif est un roi! Qui aurait rêvé, qui aurait pensé semblable chose? » Bref, il est nécessaire qu'il parte pour Tyr; sa reine, — qui pourrait l'en blâmer? — désire le suivre quoique enceinte : — passons sur les larmes et les chagrins du départ : — elle amène Lychorida, sa nourrice, et maintenant, — en mer. Leur vaisseau ballotte sur les vagues de Neptune; il a déjà parcouru la moitié du voyage : mais l'humeur de la fortune change encore; le terrible vent du nord vomit une telle tempête, que le pauvre vaisseau s'enfonce et remonte, pareil à un canard qui plonge pour sauver sa vie. La Dame pousse des cris, et dans sa frayeur elle accouche : les aventures subséquentes de cette cruelle tempête vont se raconter elles-mêmes en se représentant devant vous ; je ne narrerai rien ; l'action peut plus aisément vous faire connaître le reste que je ne le pourrais par le discours. Que votre imagination se figure ce théâtre comme le vaisseau, et sur le pont de ce vaisseau, Périclès battu des mers paraît pour parler comme suit. (*Il sort.*)

SCÈNE PREMIÈRE.

Un vaisseau en mer.

Entre PÉRICLÈS.

Périclès. — Dieu de ce vaste élément, fais rentrer dans l'ordre ces vagues qui vont laver à la fois le ciel et l'enfer ; et toi qui as les vents sous tes ordres, enchaîne-les de chaînes d'airain maintenant que tu les a appelés des profondeurs de tes cavernes ! Oh, apaise tes tonnerres terribles et assourdissants ! éteins par clémence tes flammes agiles et sulfureuses ! — O Lychorida, comment va ma reine ? — Veux-tu donc dans ta rage te cracher jusqu'à extinction de toi-même, ô ouragan ? — Le sifflet du marin est comme un chuchotement aux oreilles des morts ; on ne l'entend pas. — Lychorida ! — O Lucine, très-divine patronne, et compatissante accoucheuse de celles qui crient la nuit en mal d'enfant, que ta divinité consente à descendre à bord de notre vaisseau qui danse, et fais qu'elles soient courtes les souffrances de ma reine en travail !

Entre LYCHORIDA *avec un enfant.*

Périclès. — Eh bien, Lychorida ?

Lychorida. — Voici un être trop jeune pour une telle place, et qui s'il avait sentiment demanderait à mourir, comme je suis moi-même prête à le faire ; prenez dans vos bras cette partie vivante de votre reine morte.

PÉRICLÈS. — Eh quoi! eh quoi, Lychorida!

LYCHORIDA. — Prenez patience, vertueux Sire, n'aidez pas la tempête. Voici tout ce qui reste vivant de votre reine, — une petite fille : pour l'amour d'elle, soyez homme, et prenez courage.

PÉRICLÈS. — O Dieux! Pourquoi nous faites-vous aimer vos dons précieux, et nous les retirez-vous aussitôt? Nous ici-bas, nous ne reprenons pas ce que nous donnons, et en cela nous pouvons lutter d'honneur avec vous.

LYCHORIDA. — Patience, vertueux Sire, en considération du fardeau confié à vos soins.

PÉRICLÈS. — Ah! que douce puisse être ta vie! car jamais enfant n'eut une naissance plus agitée : que tes qualités soient paisibles et aimables! car à ton arrivée au monde, tu reçois bien la plus brutale bienvenue qu'ait jamais reçue enfant de prince. Que la suite de ta vie au moins soit heureuse! Tu as une nativité aussi turbulente qu'ont pu la faire le feu, l'air, l'eau, la terre et le ciel, réunis pour annoncer ta sortie du ventre de ta mère. Dès ton entrée au monde, tu perds plus que ne pourra jamais te donner ta vie ultérieure ici-bas. Maintenant, que les Dieux bons jettent sur toi leurs plus bienveillants regards!

Entrent DEUX MATELOTS.

PREMIER MATELOT. — Eh bien, Sire, avez-vous bon courage? Dieu vous protége!

PÉRICLÈS. — Le courage n'est pas ce qui me manque : je ne crains pas la tempête ; elle m'a fait le pire mal qu'elle pouvait me faire : cependant, pour l'amour de cette pauvre enfant, de cette voyageuse sur mer tout fraîchement embarquée en ce monde, je voudrais bien que l'ouragan s'apaisât.

PREMIER MARIN. — Relâchez les boulines ici! — Tu ne veux pas t'apaiser? veux-tu bien t'apaiser! Eh bien, souffle, et crève à force de souffler.

SECOND MARIN. — Si nous avions seulement du champ,

vague et écume pourraient bien aller baiser la lune, je n'en aurais souci.

Premier marin. — Sire, il faut qu'on jette votre reine par-dessus bord; la mer se gonfle prodigieusement, le vent est furieux, et la tempête ne s'apaisera pas avant que le vaisseau soit débarrassé de la morte[2].

Périclès. — C'est superstition de votre part.

Premier marin. — Pardonnez-nous, Sire; c'est une chose qui a été constamment observée par nous sur mer, et nous tenons fortement à nos coutumes : par conséquent, consentez bien vite à vous en séparer, car elle doit être jetée par-dessus bord, sans retards.

Périclès. — Faites comme vous le jugerez convenable. — O très-malheureuse reine!

Lychorida. — Elle est couchée dans cette chambre-ci, Sire.

Périclès. — Tu as eu un terrible accouchement, ma chérie; pas de lumière, pas de feu : les éléments ennemis t'ont complétement oubliée; et l'occasion même m'est refusée de te donner une tombe sanctifiée; il faut que je te voie jeter précipitamment, privée presque même d'un cercueil, dans le limon marin ; et là, en place du monument où tes os auraient dû dormir, et des lampes qui auraient dû brûler éternellement devant eux, la baleine aux naseaux vomissants et l'eau mugissante passeront sur ton cadavre couché avec les simples coquilles. — O Lychorida! avertis Nestor d'avoir à m'apporter des parfums, de l'encre, du papier, ma cassette et mes joyaux; avertis Nicander de m'apporter le coffre doublé de satin[3]: place l'enfant sur l'oreiller : dépêche-toi, tandis que je vais réciter sur elle une prière d'adieu : vite, ma bonne femme.
(*Sort Lychorida.*)

Second marin. — Sire, nous avons sous les écoutilles une caisse calfatée et goudronnée toute prête.

Périclès. — Je te remercie. — Matelot, dis-moi, quelle est cette côte?

Second marin. — Nous sommes près de Tharse.

Périclès. — Dirige-toi sur cette ville, gentil matelot,

et détourne-toi de la route de Tyr; quand pourrons-nous arriver à Tharse?

SECOND MARIN. — Au point du jour, si le vent cesse.

PÉRICLÈS. — Oh, fais route pour Tharse! — Là, j'irai voir Cléon, car l'enfant ne pourrait soutenir le voyage jusqu'à Tyr, et je le laisserai à ses tendres soins. — Continue ta manœuvre, bon matelot; je vais apporter le corps immédiatement. (*Ils sortent.*)

SCÈNE II.

ÉPHÈSE. — Un appartement dans la demeure de CÉRIMON.

Entrent CÉRIMON, UN SERVITEUR, *et quelques personnes qui ont fait naufrage.*

CÉRIMON. — Philémon, holà!

Entre PHILÉMON.

PHILÉMON. — Monseigneur appelle?

CÉRIMON. — Fais du feu pour ces pauvres gens, et donne-leur à manger : quelle nuit de vacarme et d'ouragan a été la dernière!

LE SERVITEUR. — Je me suis trouvé dans bien des tempêtes, mais jamais je n'en ai supporté aucune qui fût comparable à celle de la nuit dernière.

CÉRIMON. — Votre maître sera mort avant votre retour; la nature n'offre aucun remède qui puisse le rappeler à la vie. (*A Philémon.*) Remettez cette note à l'apothicaire, et venez me dire comment ce remède opère. (*Tous sortent, sauf Cérimon.*)

Entrent DEUX GENTILSHOMMES.

PREMIER GENTILHOMME. — Bonjour.

SECOND GENTILHOMME. — Bonjour à Votre Seigneurie.

CÉRIMON. — Pourquoi levés de si bon matin, mes gentilshommes?

PREMIER GENTILHOMME. — Seigneur, nos maisons étant

exposées à la mer, branlent comme si la terre tremblait; les grosses poutres semblent vouloir se fendre, et tout s'effondrer : ce sont simplement la surprise et la crainte qui m'ont fait quitter ma maison.

Second gentilhomme. — Voilà pourquoi nous venons vous troubler de si bon matin : ce n'est point pour veiller aux soins de nos ménages que nous sommes levés à cette heure.

Cérimon. — Oh! vous parlez bien.

Premier gentilhomme. — Mais je m'étonne beaucoup que Votre Seigneurie, ayant tant de richesses autour d'elle, consente à secouer à ces heures matinales l'heureux repos du sommeil. Il est bien étrange que la nature consente à entretenir commerce avec la fatigue, lorsqu'elle n'y est pas forcée.

Cérimon. — J'ai toujours regardé la vertu et le talent comme de plus grands biens que la noblesse et les richesses. D'insouciants héritiers peuvent obscurcir ou dépenser ces derniers biens; mais l'immortalité suit les premiers, et fait d'un homme un Dieu. Il est connu que j'ai toujours étudié la médecine [4], et grâce aux secrets de cet art, secrets acquis tant par ma science des autorités en cette matière que par mon expérience, je me suis soumis, à mon profit et au profit de ma charité, les vertus salutaires qui résident dans les végétaux, les métaux, les pierres; je puis savamment parler des maladies qu'engendre la nature et des remèdes qu'elle donne [5]; et je goûte dans cette étude plus de contentement, plus de vraies joies, que je n'en sentirais si j'étais altéré de dignités toujours trébuchantes, ou si j'empilais mes trésors dans des sacs de soie pour faire plaisir aux sots et à la mort [6].

Second gentilhomme. — Votre Honneur a répandu sa charité dans Éphèse entière, et des milliers de personnes, rendues par vous à la santé, vous proclament leur sauveur et leur père : et ce n'est pas seulement par sa science, par ses peines personnelles, mais aussi par sa bourse toujours ouverte que le Seigneur Cérimon s'est acquis un si grand renom que le temps ne pourra le détruire.

Entrent DEUX SERVITEURS *avec une caisse.*

PREMIER SERVITEUR. — Là, posons-la là-dessus.

CÉRIMON. — Qu'est-ce que cela?

PREMIER SERVITEUR. — Seigneur, à l'instant même, la mer vient de pousser cette caisse sur notre rivage. Elle vient de quelque naufrage.

CÉRIMON. — Déposez-la ici, voyons ce qu'elle contient.

SECOND GENTILHOMME. — Elle ressemble à un cercueil, Seigneur.

CÉRIMON. — Qu'elle soit ce qu'elle voudra, elle est étonnamment pesante; déclouez-la tout de suite : si l'estomac de la mer est surchargé d'or, c'est une bonne pensée de la Fortune de la forcer à vomir de notre côté.

SECOND GENTILHOMME. — C'est bien vrai, Monseigneur.

CÉRIMON. — Comme elle est soigneusement calfatée et goudronnée! Est-ce que c'est la mer qui l'a rejetée?

PREMIER SERVITEUR. — Je n'ai jamais vu une vague plus énorme que celle qui l'a poussée sur le rivage, Seigneur.

CÉRIMON. — Ouvrez-la; doucement! — elle m'envoie une délicieuse odeur.

SECOND GENTILHOMME. — Une odeur exquise.

CÉRIMON. — Aussi exquise que ma narine en ait jamais flairé; bon, — enlevez cela. — O Dieux très-puissants! qu'est-ce là? un cadavre!

PREMIER GENTILHOMME. — Très-étrange!

CÉRIMON. — Enveloppé d'un linceul royal, embaumé, et déposé comme un trésor précieux au milieu de sacs entiers de parfums! Un papier de reconnaissance aussi! Apollon, fais que je puisse en connaître les caractères! (*Il lit.*)

Ici je vous donne à comprendre,
Si jamais ce cercueil terre va prendre,
Que moi, roi Périclès, j'ai perdu
Cette reine plus précieuse que toutes nos richesses du monde.
Elle était la fille d'un roi;

ACTE III, SCÈNE II.

Que celui qui la trouvera lui donne la sépulture :
Outre le trésor ci-inclus qui sera sa récompense,
Que les Dieux reconnaissent sa charité.

Si tu vis, Périclès, ton cœur doit se briser de douleur!
— Cette mort est arrivée cette nuit.

SECOND GENTILHOMME. — Très-probablement, Seigneur.

CÉRIMON. — Oh, bien certainement c'est cette nuit; car voyez, comme elle a le visage frais! — Ils furent trop brutaux, ceux qui la jetèrent à la mer. — Faites du feu là dedans. Allez chercher toutes les boîtes qui sont dans mon cabinet. (*Sort le second serviteur.*) La mort peut s'emparer de la nature pendant bien des heures, et cependant le feu de la vie peut ranimer ensuite les esprits accablés. — J'ai entendu parler d'un Égyptien qui avait été tenu pour mort pendant neuf heures, et qui fut ressuscité par des soins intelligents. (*Rentre le second serviteur avec des boîtes, des serviettes et du feu.*) Fort bien, fort bien; les linges et le feu. Je vous en prie, faites entendre un peu de musique, tout barbares et misérables que soient nos instruments. — Passez-moi de nouveau la fiole. — Comme tu remues, corps insensible!
— De la musique ici! — Je vous en prie, laissez-lui de l'air. — Messieurs, cette reine vivra : la nature se réveille; la chaleur émane d'elle : elle n'est pas restée évanouie plus de cinq heures. Voyez comme la fleur de la vie commence à se redresser en elle!

PREMIER GENTILHOMME. — Les cieux ont voulu par votre moyen accroître le nombre des merveilles que nous avons vues, et fonder pour jamais votre renommée.

CÉRIMON. — Elle vit : regardez; ses paupières, étuis de ces joyaux célestes que Périclès a perdus, commencent à séparer leurs franges d'or brillant[7]; des diamants de l'eau la plus renommée apparaissent pour enrichir le monde une seconde fois. Vivez, et faites couler nos larmes en nous racontant votre destinée, belle créature qui semblez si rare!

THAISA, *s'éveillant*. — O bien-aimée Diane, où suis-je? Où est mon Seigneur? Quel monde est celui-là?

SECOND GENTILHOMME. — N'est-ce pas étrange?

PREMIER GENTILHOMME. — Fort singulier.

CÉRIMON. — Chut, mes gentils voisins! prêtez-moi le secours de vos mains : portons-la dans la chambre à côté. Allez chercher du linge : maintenant il faut faire grande attention, car la rechute serait mortelle. Venez, venez, et qu'Esculape nous guide! (*Ils sortent emportant Thaisa.*)

SCÈNE III.

THARSE. — Un appartement dans la demeure de CLÉON.

Entrent PÉRICLÈS, CLÉON, DIONYSA, *et* LYCHORIDA *portant* MARINA *sur ses bras.*

PÉRICLÈS. — Très-honoré Cléon, il faut absolument que je parte; mes douze mois sont expirés, et Tyr se trouve dans un état de paix litigieuse. Vous, et votre épouse, acceptez toute l'expression de la reconnaissance de mon cœur! que les Dieux se chargent de vous donner tout le reste!

CLÉON. — Quoique ce soit vous que frappent mortellement les flèches de votre fortune, nous ne sommes pas sans les sentir passer près de nous avec douleur.

DIONYSA. — Oh! votre douce reine! pourquoi les sévères destinées ne vous ont-elles pas permis de l'amener ici pour faire le bonheur de mes yeux!

PÉRICLÈS. — Nous ne pouvons qu'obéir aux puissances qui sont au-dessus de nous. Quand bien même je tempêterais et rugirais comme la mer qui lui sert de sépulture, les choses seraient toujours ce qu'elles sont. Ma gentille enfant Marina, que j'ai nommée ainsi parce qu'elle est née sur mer, je la confie à votre charité, je vous la laisse comme la pupille de votre bienveillance, en vous recommandant de lui donner une éducation princière, afin que ses manières répondent à sa naissance.

CLÉON. — Ne craignez rien, Monseigneur, et croyez

que nous saurons reporter sur votre fille nos sentiments pour le prince qui nourrit mon pays de son blé, bienfait en reconnaissance duquel les prières du peuple montent encore au ciel pour vous. Si j'étais assez vil pour être négligent, le corps de la nation par vous secourue me forcerait à mon devoir : mais si ma nature a besoin d'un éperon, eh bien! que les Dieux vengent la négligence dont je serais coupable sur moi et les miens jusqu'à la dernière génération!

PÉRICLÈS. — Je vous crois; votre honneur et votre vertu me persuadent sans que j'aie besoin de vos serments. Jusqu'à ce qu'elle soit mariée, Madame, j'en atteste cette brillante Diane que nous adorons, je ne couperai pas ma chevelure, même au risque de paraître bien laid. Maintenant, je prends mon congé. Bonne Madame, donnez-moi lieu de bénir vos soins, par l'éducation que vous donnerez à ma fille.

DIONYSA. — J'en ai une moi-même, et elle ne me sera pas plus chère que la vôtre, Monseigneur.

PÉRICLÈS. — Tous mes remercîments et toutes mes prières, Madame.

CLÉON. — Nous allons accompagner Votre Grâce jusqu'au bord du rivage; là nous vous remettrons à Neptune au visage masqué, et nous recommanderons aux plus doux vents du ciel de souffler pour vous.

PÉRICLÈS. — J'accepte votre offre. Venez, très-chère Madame. — Oh! pas de larmes, Lychorida, pas de larmes. Veillez bien sur votre petite maîtresse dont peut dépendre votre fortune future. — Allons, Monseigneur. (*Ils sortent.*)

SCÈNE IV.

ÉPHÈSE. — Un appartement dans la demeure de CÉRIMON.

Entrent CÉRIMON *et* THAISA.

CÉRIMON. — Madame, dans votre coffre, se trouvaient avec vous cette lettre, et certains bijoux qui sont maintenant à votre disposition. Connaissez-vous l'écriture?

THAISA. — C'est celle de mon Seigneur. Je me rappelle fort bien que j'étais embarquée sur mer, et sur le point d'accoucher ; mais si j'y ai ou non été délivrée, par les Dieux saints, je ne puis le dire : mais puisque je ne verrai plus jamais le roi Périclès, mon époux, je veux revêtir l'habit de vestale et ne jamais plus connaître la joie.

CLÉON. — Madame, si votre intention est celle que vous dites, le temple de Diane est tout près d'ici, et vous pourrez y élire domicile jusqu'à la fin de vos jours. En outre, si cela vous convient, j'ai une nièce qui vous y tiendra compagnie.

THAISA. — Mes remercîments sont toute la récompense que je puis vous donner : cependant quoique le don soit petit, grande est ma bonne volonté. (*Ils sortent.*)

ACTE IV.

Entre GOWER.

GOWER. — Imaginez Périclès arrivé à Tyr, reçu et installé à son désir. Nous laissons ici, à Éphèse, sa reine malheureuse prêtresse de Diane. Tournez votre esprit vers Marina, que notre scène aux enjambées rapides doit aller chercher à Tharse, où elle a été élevée par Cléon, dans la musique et les lettres : elle a su acquérir toutes les grâces d'une bonne éducation, ce qui en fait l'objet de l'admiration générale et la favorite de tous les cœurs. Mais, hélas ! le monstre envie, qui si souvent est l'écueil de la louange méritée, cherche à trancher par le poignard de la trahison la vie de Marina. Il arrive donc que notre Cléon possède une fille, une grande demoiselle complétement formée et mûre pour le mariage. Cette jeune fille s'appelle Philoten, et il est dit par certains narrateurs de notre histoire qu'elle voulait toujours être avec Marina. Mais soit qu'elle tisse de ses doigts longs, petits et blancs comme lait la soie filée ; soit que de sa perçante aiguille elle blesse la toile qu'elle rend plus solide en la piquant ; soit qu'elle chante en s'accompagnant du luth, et qu'elle rende muet l'oiseau nocturne qui toujours répand ses souvenirs en plaintes ; soit qu'elle honore sa patronne Diane par quelque production de sa plume riche et vertueuse, cette Philoten lutte toujours en vain d'habileté avec l'accomplie Marina ; aussi bien pourrait le corbeau lutter pour la blancheur du plumage avec la colombe de Paphos. Marina obtient toutes les louanges, qui lui sont payées comme choses dues, et non octroyées comme choses données en cadeau. Cela rejette tellement dans l'ombre toutes les gracieuses qualités de Philoten, que la femme de Cléon, poussée par une jalousie extraordinaire, prépare un meurtrier pour la bonne Marina, afin que par ce meurtre, sa fille puisse briller sans craindre les comparaisons. Pour donner à ses vils projets une certitude de succès plus rapide, il se trouve que Lychorida notre nourrice est morte. La maudite Dionysa a sous la main tout prêt pour ce coup l'instrument de ses vengeances. L'issue encore à naître de ce complot, je vais vous la montrer à votre satisfaction ; seulement comme il me faut transporter le temps ailé sur le vers au pied boiteux, je ne pourrais jamais y parvenir, si vos pensées ne me suivaient pas sur le chemin. Voici Dionysa qui apparaît avec Léonin, un meurtrier. (*Il sort.*)

SCENE PREMIÈRE.

Tharse. — Un espace près de la mer.

Entrent DIONYSA *et* LÉONIN.

Dionysa. — Rappelle-toi ton serment; tu as juré de faire cela; ce n'est qu'un coup à frapper, et ce coup ne sera jamais connu[1]. Tu ne peux rien faire au monde qui te rapporte autant de profit que t'en rapportera cette facile action. Ne permets pas que la conscience, qui n'est que vent froid, soufflant sur ton cœur pour y allumer l'amour, l'enflamme trop niaisement[2]; ne te laisse pas attendrir par la pitié que des femmes même ont été capables d'étouffer en elles, mais agis dans cette affaire comme un soldat.

Léonin. — Je l'exécuterai; mais cependant elle est une vertueuse créature.

Dionysa. — Elle n'en est que mieux faite pour les Dieux. La voici qui vient en pleurant pour la mort de la seule personne qu'elle aimât. Es-tu résolu?

Léonin. — Je suis résolu[3].

Entre MARINA *avec une corbeille de fleurs.*

Marina. — Non, je dépouillerai Tellus[4] de ses plantes pour semer de fleurs ton tertre de gazon. Fleurs de genêt, bleuets, violettes pourprées, soucis, recouvriront ta tombe comme un tapis aussi longtemps que durera l'été[5]. Hélas de moi, pauvre vierge! née dans une tempête au moment où mourut ma mère, ce monde est pour moi comme un perpétuel ouragan qui m'arrache à mes amis.

Dionysa. — Qu'est-ce à dire, Marina? Comment vous trouvez-vous seule? Comment se fait-il que ma fille ne soit pas avec vous? Ne vous consumez pas le sang à force de vous lamenter; vous avez en moi une nourrice. Seigneur, comme cet inutile chagrin a changé votre visage! Allons, donnez-moi vos fleurs avant que l'air de la mer les gâte. Promenez-vous avec Léonin; l'air est vif ici;

cela prépare et aiguise l'appétit. Allons, Léonin, donnez-lui le bras, promenez-vous avec elle.

Marina. — Non, je vous en prie ; je ne veux pas vous priver de votre serviteur.

Dionysa. — Allons, allons, j'aime le roi votre père, et je vous aime d'un tout autre amour que celui d'une étrangère. Nous l'attendons ici de jour en jour : lorsqu'il arrivera, et qu'il verra notre merveille renommée de tous avec un si mauvais visage, il se repentira d'avoir fait son grand voyage ; il nous blâmera, mon Seigneur et moi, de n'avoir pas pris plus de soins pour vous rendre raisonnable. Allez, je vous prie, promenez-vous, et redevenez gaie ; conservez soigneusement ce beau teint qui ravissait les yeux des vieux et des jeunes. Ne vous inquiétez pas de moi ; je puis m'en retourner seule au logis.

Marina. — Bien, je vais me promener ; mais cependant je n'en ai aucune envie.

Dionysa. — Allons, allons, je sais que cela vous est bon. Promenez-vous au moins une demi-heure. — Léonin, rappelez-vous ce que je vous ai dit.

Léonin. — Je vous le promets, Madame.

Dionysa. — Je vais vous laisser un instant, mon aimable Dame : je vous en prie, promenez-vous doucement, ne vous échauffez pas le sang : eh vraiment ! il faut que je prenne soin de vous.

Marina. — Mes remercîments, aimable Dame. (*Sort Dionysa.*) Est-ce le vent de l'ouest qui souffle ?

Léonin. — Le vent du sud-ouest.

Marina. — Lorsque je suis née le vent soufflait du nord.

Léonin. — Vraiment ?

Marina. — Mon père, à ce que me racontait ma nourrice, n'eut jamais peur, mais il criait aux marins : « Hardi, bons matelots ! » il ne craignait pas d'écorcher ses mains royales en manœuvrant les cordages, et embrassant le grand mât il résistait à une mer qui faisait presque éclater le pont.

Léonin. — Quand cela se passait-il ?

Marina. — Au moment de ma naissance ; jamais il

n'y eut vagues ni vent plus furieux : voilà que la tempête vous balaye du haut de l'échelle de cordes un matelot monté pour arranger les toiles. « Hé, dit un autre, est-ce que tu t'en vas ? » et avec précaution ils se laissent glisser de la poupe à la proue : le maître d'équipage siffle, le capitaine appelle, et cela triple leur désordre.

LÉONIN. — Allons, dites vos prières.

MARINA. — Que prétendez-vous faire?

LÉONIN. — Si vous avez besoin d'un peu de temps pour faire vos prières, je vous l'accorde : priez, mais ne soyez pas longue, car les Dieux ont l'oreille vive, et j'ai juré d'accomplir promptement ma besogne [6].

MARINA. — Quoi, vous voulez m'assassiner?

LÉONIN. — Pour obéir à ma maîtresse.

MARINA. — Pourquoi veut-elle me faire tuer? Sur ma foi, j'ai beau chercher à me rappeler, je ne l'ai jamais blessée en ma vie : je n'ai jamais dit de mauvaise parole, ni fait un mauvais tour à âme qui vive : croyez-moi, là, je n'ai jamais tué une souris, je n'ai jamais blessé une mouche; quand j'ai marché sur un ver, c'était contre ma volonté et j'en ai pleuré. Comment l'ai-je offensée? En quoi ma mort lui profitera-t-elle? Et quel danger ma vie lui fait-elle courir?

LÉONIN. — Ma commission n'est pas de raisonner sur cette action, mais de l'exécuter.

MARINA. — Vous ne feriez pas cela pour le monde entier, j'espère. Vous avez bon visage, et vos yeux disent que vous avez bon cœur [7]. Je vous ai vu dernièrement lorsque vous avez reçu cette blessure pour avoir voulu séparer deux hommes qui se battaient : vraiment, cela vous montrait sous un beau jour : agissez de même à cette heure : votre maîtresse en veut à ma vie; mettez-vous entre nous, et sauvez-moi, moi la plus faible.

LÉONIN. — J'ai juré, et il faut que je me dépêche.

Entrent des PIRATES *pendant que* MARINA *se débat.*

PREMIER PIRATE. — Arrête, scélérat! (*Léonin s'enfuit.*)

SECOND PIRATE. — Une prise! une prise!

TROISIÈME PIRATE. — A demi-part! camarades, à demi-part! Allons, portons-la bien vite à bord. (*Sortent les pirates en emportant Marina.*)

Rentre LÉONIN.

LÉONIN. — Ces coquins de voleurs servent le grand pirate Valdès[8], et ils ont saisi Marina. Qu'elle s'en aille; j'espère qu'elle ne reviendra pas. Je jurerai qu'elle a été jetée dans la mer. Mais je vais observer un peu mieux; peut-être prendront-ils seulement leur plaisir sur elle, sans la transporter à bord. Si elle reste, il me faut tuer celle qu'ils auront violée. (*Il sort.*)

SCÈNE II.

MITYLÈNE. — Une chambre dans un mauvais lieu.

Entrent LE MAÎTRE *et* LA MAÎTRESSE *du mauvais lieu, et* TOURNECLEF.

LE MAÎTRE. — Tourneclef!
TOURNECLEF. — Monsieur?
LE MAÎTRE. — Fouille-moi soigneusement le marché; Mitylène est plein de galants; nous avons perdu beaucoup trop d'argent cette foire-ci pour avoir été trop à court de filles.

LA MAÎTRESSE. — Nous ne fûmes jamais plus dépourvus de créatures. Nous n'avons que trois pauvrettes, et elles ne peuvent faire que ce qu'elles peuvent faire; à force d'être continuellement en action, elles sont aussi bonnes que viande pourrie.

LE MAÎTRE. — Par conséquent, il faut que nous en ayons de fraîches, à quelque prix que ce soit. Si dans tout métier on ne met pas de la conscience, on ne peut jamais prospérer.

LA MAÎTRESSE. — Tu dis bien vrai, ce n'est pas en éduquant de pauvres bâtardes, et je crois bien que j'en ai élevé quelque chose comme onze....

Tourneclef. — Oui, élevé jusqu'à onze ans, et puis vous les avez abaissées. Mais irai-je fouiller le marché?

La maîtresse. — Et que faire d'autre, l'ami? les marchandises que nous avons, un fort vent les ferait tomber en pièces, tant elles sont pitoyablement délabrées.

Le maître. — Tu dis vrai; en conscience, elles sont trop malsaines. Le pauvre Transylvanien qui avait couché avec la petite drôlesse en est mort.

Tourneclef. — Ah oui, elle vous l'a vivement expédié; elle en a fait du rôti pour les vers : — mais je vais aller fouiller le marché. (*Il sort.*)

Le maître. — Si nous avions trois ou quatre mille sequins[9], ça ferait une jolie fortune pour vivre paisiblement, et nous pourrions nous retirer des affaires.

La maîtresse. — Pourquoi nous retirer, s'il vous plaît? Est-ce une honte d'amasser du bien quand on est vieux?

Le maître. — Oh! notre crédit ne marche pas de pair avec nos profits, et nos profits n'égalent pas nos dangers; par conséquent, si dans notre jeunesse nous avons pu butiner une jolie fortune, il ne serait pas mal de fermer le bas de notre porte [10]. En outre, les mauvais rapports dans lesquels nous sommes avec les Dieux, seront une raison assez forte pour nous faire abandonner le commerce.

La maîtresse. — Allons donc, il y a bien d'autres gens qui pèchent aussi bien que nous.

Le maître. — *Aussi bien que nous!* Oui, et même mieux; nous, nous péchons en pire. D'ailleurs, notre profession n'est pas un commerce, ce n'est pas un métier. — Mais voici venir Tourneclef.

Rentre TOURNECLEF *avec* MARINA *et* les pirates.

Tourneclef, *à Marina*. — Allons, avancez. — Mes maîtres, vous dites qu'elle est vierge?

Premier pirate. — Oh, Monsieur, nous n'en doutons pas.

ACTE IV, SCÈNE II.

Tourneclef. — Maître, je me suis donné du mal pour pêcher le morceau que vous voyez : si elle vous plaît, bon ; sinon, j'ai perdu mon zèle.

La maîtresse. — A-t-elle quelques qualités, Tourneclef?

Tourneclef. — Elle a une belle figure, elle parle bien, et elle a de très-beaux habits ; je ne vois pas quelles autres qualités sont nécessaires pour la faire accepter.

La maîtresse. — Quel est son prix, Tourneclef?

Tourneclef. — Mille pièces ; je n'ai pas pu leur en faire rabattre un liard.

Le maître. — Eh bien, suivez-moi, mes maîtres ; je vais vous compter votre argent sur-le-champ ; — femme, introduisez-la ; instruisez-la de ce qu'elle doit faire, afin qu'elle ne soit pas novice dans la besogne. (*Il sort avec les pirates.*)

La maîtresse. — Tourneclef, prends le signalement de sa personne, la couleur de sa chevelure, son teint, sa taille, son âge, avec la garantie de sa virginité, et va-t'en crier, « celui qui en donnera le plus fort prix, l'aura le premier [14]. » Un tel pucelage ne serait pas une chose à bon marché, si les hommes étaient encore ce qu'ils étaient autrefois. Fais comme je te commande.

Tourneclef. — Immédiatement exécuté. (*Il sort.*)

Marina. — Hélas! pourquoi Léonin a-t-il tant tardé, a-t-il été si lent? il aurait dû frapper au lieu de parler ; — ou pourquoi ces pirates n'ont-ils pas été plus barbares, et ne m'ont-ils pas jetée par-dessus bord, pour aller chercher ma mère?

La maîtresse. — Pourquoi vous lamentez-vous, jolie fille?

Marina. — Parce que je suis jolie.

La maîtresse. — Allons, les Dieux ont eu leur intention à votre égard.

Marina. — Je ne les accuse pas.

La maîtresse. — Vous êtes tombée entre mes mains, où il vous faudra vivre selon toute probabilité.

Marina. — Je n'en suis que plus malheureuse d'avoir

échappé aux mains par lesquelles, selon toute probabilité, j'aurais dû recevoir la mort.

La maîtresse. — Oui, et vous vivrez dans le plaisir.

Marina. — Non.

La maîtresse. — Si vraiment, et vous goûterez des Messieurs de toutes les façons. Vous ferez bonne chère, vous apprendrez les différences de tous les tempéraments. Comment! vous vous bouchez les oreilles?

Marina. — Êtes-vous une femme?

La maîtresse. — Et que voulez-vous que je sois, si je ne suis pas une femme?

Marina. — Une honnête femme, ou pas femme du tout.

La maîtresse. — Parbleu, je vous fouetterai, ma petite; je vois que j'aurai quelque peu de peine avec vous. Allons, vous êtes un jeune plant tout sot, et il faudra bien que vous incliniez selon ma volonté.

Marina. — Les Dieux me défendent!

La maîtresse. — S'il plaît aux Dieux de vous défendre par le moyen des hommes, alors ce sont les hommes qui doivent vous consoler, les hommes qui doivent vous nourrir, les hommes qui doivent vous faire trémousser. — Ah! voici Tourneclef de retour.

Rentre TOURNECLEF.

La maîtresse. — Eh bien, Seigneur, l'as-tu criée sur le marché?

Tourneclef. — Je l'ai criée presque jusqu'à compter son dernier cheveu; j'ai dessiné son portrait avec ma voix[12].

La maîtresse. — Et dis-moi, je te prie, dans quelles dispositions as-tu trouvé les individus, particulièrement les jeunes gens?

Tourneclef. — Sur ma foi, ils m'ont écouté comme des gens qui entendraient la lecture du testament de leur père. Il y avait un certain Espagnol, à qui l'eau en est venue tellement à la bouche, que sur la description de sa personne il est allé se mettre au lit.

La maîtresse. — Nous le verrons ici demain avec sa plus belle collerette.

Tourneclef. — Ce soir, ce soir. Mais, maîtresse, connaissez-vous le chevalier français qui plie des jambons ?

La maîtresse. — Qui ça ? M. Véroles ?

Tourneclef. — Oui ; il a eu envie de faire un saut de joie en l'honneur de mon annonce ; mais il lui a fallu se contenter de la saluer d'un gémissement, et il a juré qu'il la verrait demain.

La maîtresse. — Bon, bon ; quant à celui-là, il ne fait pas autre chose ici qu'entretenir la maladie qu'il y a portée. Je sais qu'il viendra à notre ombre pour étaler ses *couronnes* à notre soleil (a).

Tourneclef. — Bon, s'il nous venait un voyageur de chaque nation, nous les logerions tous, grâces à cette belle enseigne.

La maîtresse. — Je vous en prie, venez ici un instant. Voilà que la fortune vient vous trouver. Écoutez-moi bien ; vous devrez avoir l'air de faire à contre-cœur ce que vous ferez volontairement ; de mépriser le profit, là même où vous trouvez le plus de gain. Pleurer de mener la vie que vous menez excite la pitié chez vos amants : il est rare que cette pitié n'amène pas à avoir de vous une bonne opinion, et cette bonne opinion est tout profit.

Marina. — Je ne vous comprends pas.

Tourneclef. — Oh ! conduisez-la dans la chambre, maîtresse, conduisez-la dans la chambre : ces rougeurs de honte ont besoin d'être dissipées par un peu de pratique immédiate.

La maîtresse. — Tu dis vrai, sur ma foi. C'est ce qu'il faut ; car même la nouvelle épousée qui va faire la chose avec permission légale, n'y va pas pour la première fois sans un peu de honte.

Tourneclef. — Pour ça, ma foi, les unes en ont, et les autres n'en ont pas. Mais, maîtresse, puisque c'est moi qui ai fait marché pour le rôti....

(a) Allusion à la calvitie produite par les maladies galantes.

LA MAÎTRESSE. — Tu voudrais bien en embrocher un petit morceau pour ta part?

TOURNECLEF. — Je le voudrais bien.

LA MAÎTRESSE. — Qui pourrait te refuser cela ? Venez, jeune personne, j'aime beaucoup la façon de vos vêtements.

TOURNECLEF. — Oui, par ma foi, ils ne seront pas changés de si tôt.

LA MAÎTRESSE. — Tourneclef, va-t'en répandre cette nouvelle dans la ville : racontes-y quelle fraîche débarquée nous avons; tu ne perdras rien à l'achalander. Lorsque la nature créa ce morceau-là, elle voulut te réserver un moment de bon temps; va donc raconter quelle merveille cela est, et tu recueilleras la moisson des nouvelles que tu auras semées.

TOURNECLEF. — Je vous garantis, maîtresse, que le tonnerre ne réveille pas mieux les anguilles dans leurs trous, que mon annonce de sa beauté ne réveillera les paillards. J'en ferai venir quelques-uns ce soir au logis.

LA MAÎTRESSE. — Allez votre chemin; — suivez-moi.

MARINA. — Si les flammes peuvent brûler, les couteaux percer, les eaux noyer, je saurai bien empêcher mon nœud virginal d'être dénoué. Diane, viens en aide à mon dessein.

LA MAÎTRESSE. — Qu'avons-nous à faire avec Diane ? Voulez-vous venir avec nous, je vous prie. (*Ils sortent.*)

SCÈNE III.

THARSE. — Un appartement dans la demeure de CLÉON.

Entrent CLÉON *et* DIONYSA.

DIONYSA. — Ah çà, êtes-vous insensé ? Est-ce que cela peut être réparé ?

CLÉON. — Oh! Dionysa, le soleil et la lune n'ont jamais été témoins d'un meurtre pareil !

DIONYSA. — Je crois que vous allez retomber en enfance.

CLÉON. — Fussé-je le maître souverain de tout ce vaste monde, je le donnerais pour que cet acte n'eût pas été commis. O Dame, moins éminente encore par la naissance que par la vertu, tu étais, par tes mérites hors de pair, une princesse égale à la plus haute couronne de la terre! O scélérat de Léonin! Tu l'as empoisonné lui aussi; si tu avais goûté du breuvage que tu lui as administré, tu lui aurais fait une politesse bien d'accord avec ton exploit: que pourras-tu dire lorsque le noble Périclès demandera sa fille?

DIONYSA. — Qu'elle est morte. Les gouvernantes ne sont pas les Destinées pour avoir puissance d'entretenir la vie, ni même toujours de la préserver. Elle mourut subitement la nuit; voilà ce que je dirai. Qui peut contredire cela? à moins cependant que vous n'alliez jouer le pieux imbécile, et que pour vous acquérir un renom d'honnêteté, vous n'alliez crier : « elle mourut par trahison. »

CLÉON. — Ah! oui, allez. Pour sûr, pour sûr, de tous les crimes commis sous les cieux, il n'en est pas que les Dieux abhorrent autant que celui-là.

DIONYSA. — Ah çà, est-ce que vous allez vous imaginer, comme le feraient les gens simples, que les petits oiseaux de Tharse vont s'envoler d'ici pour aller révéler la chose à Périclès? Je suis honteuse en pensant combien noble est votre origine, et combien pourtant lâche est votre âme [13].

CLÉON. — Celui qui ajouta jamais seulement son approbation à un tel acte, même sans lui avoir donné d'avance son consentement, ne sortit jamais d'une honorable source.

DIONYSA. — Admettons que cela soit, alors : cependant personne, si ce n'est vous, ne sait comment elle est morte, et personne ne peut le savoir maintenant que Léonin n'est plus au monde. Elle éclipsait ma fille, elle s'interposait entre elle et sa fortune : nul ne la regardait, mais tous portaient leurs regards sur le visage de Marina; notre fille était pendant ce temps-là dédaigneusement négligée, et considérée comme une fille de cuisine qui ne valait pas la peine de lui dire bonjour.

Cela me traversait le cœur, et quoique vous appeliez ma conduite dénaturée, vous qui ne savez pas bien aimer votre enfant, moi je trouve au contraire que cette action me fait honneur, comme étant une entreprise de tendresse exécutée par amour pour votre unique fille.

Cléon. — Les cieux pardonnent cet acte!

Dionysa. — Et quant à Périclès, que pourrait-il dire? Nous avons suivi son cercueil en pleurant, nous la pleurons encore; son monument funèbre est presque fini, et son épitaphe en brillantes lettres d'or raconte les louanges que tous lui donnaient et notre sollicitude à nous, dont la bourse a fait les frais de ce monument.

Cléon. — Tu es semblable à la harpie, qui, lorsqu'elle veut trahir, en même temps qu'elle montre une face d'ange, saisit avec des serres d'aigle.

Dionysa. — Et vous, vous ressemblez à ces gens superstitieux qui affirment aux Dieux avec force lamentations que l'hiver tue les mouches : mais bon, je sais parfaitement que vous ferez comme je vous dis de faire. (*Ils sortent.*)

SCÈNE IV.

Tharse. — Devant le monument funèbre de Marina.

Entre GOWER.

Gower. — C'est ainsi que nous dévorons le temps, et que nous faisons courtes les plus longues lieues; traversant les mers sur des coquilles de noix, s'il nous en prend fantaisie[14]; voyageant, pour amuser votre imagination, de frontière en frontière, de région en région. Par vous excusés, nous ne commettons pas de crime en nous servant d'une seule et même langue pour tous les pays divers où se transporte notre scène. Je vous prie de vouloir bien apprendre de moi, qui me tiens au courant de ce qui se passe dans les intervalles de nos scènes pour vous le rapporter, les péripéties de notre histoire. Périclès suivi d'un nombreux cortége de Seigneurs et de chevaliers défie de nouveau les mers cruelles pour voir sa fille, unique joie de sa vie. Le vieux Escanes, qu'Hélicanus a dans les derniers temps élevé à de hautes et grandes dignités, est chargé de gouverner en leur absence. Ayez bien présent à la pensée que le vieux Hélicanus est du voyage. Les vaisseaux bons voiliers et les vents favorables ont amené ce roi à Tharse, — confiez-vous à ce pilote, l'imagination, et vos pensées feront le voyage avec lui, — pour conduire dans sa patrie sa fille qui est partie de Tharse avant son arrivée. Regardez-les se mouvoir un instant comme des fétus et des ombres; je réconcilierai ensuite vos oreilles avec vos yeux.

PANTOMIME. — *Entrent d'un côté* PÉRICLÈS *avec sa suite; de l'autre* CLÉON *et* DIONYSA. CLÉON *montre à* PÉRICLÈS *la tombe de* MARINA; *alors* PÉRICLÈS *fait des lamentations, se revêt d'un sac en signe de deuil, et part en proie à une grande douleur. Ensuite sortent* CLÉON *et* DIONYSA.

Voyez comme la bonne foi peut être abusée par une criminelle apparence! Ce chagrin d'emprunt de Cléon et de Dionysa passe pour un chagrin sincère d'ancienne date, et Périclès, tout en proie à la douleur, le cœur déchiré de soupirs, le visage trempé de grosses larmes, quitte Tharse et se rembarque. Il jure de ne jamais se laver la face, de ne jamais se couper les cheveux, il se revêt d'un sac, et se met en mer. Il supporte une tempête qui brise presque le vaisseau de son corps, et cependant il lui résiste. Maintenant vous plairait-il de connaître l'épitaphe qui a été écrite pour Marina par la criminelle Dionysa? (*Gower lit l'inscription placée sur le tombeau de Marina.*)

Ici gît la plus belle, la plus aimable, la plus vertueuse vierge,
Qui se soit flétrie dans le printemps de ses jours.
Celle sur qui l'odieuse mort a commis ce meurtre
Était la fille du roi de Tyr;
Elle était appelée Marina : à sa naissance,

VIII — 14

Thétis, toute fière, engloutit une certaine portion de la
 terre ;
Aussi la terre, craignant d'être submergée,
A préféré céder aux cieux la filleule de Thétis :
Et c'est pourquoi Thétis bat en brèche, en jurant de ne
 jamais s'arrêter,
Les remparts de cailloux du rivage de la terre, avec le
 bélier de ses vagues.

Il n'y a pas de masque qui cache mieux la noire scélératesse que la douce et tendre flatterie. Laissons Périclès croire que sa fille est morte, et poursuivre ses voyages au gré de dame Fortune, pendant que notre scène vous montrera les jours malheureux et pénibles que passe sa fille au sein de sa profane servitude. Patience donc, et supposez que vous êtes tous à cette heure dans Mitylène. (*Il sort.*)

SCÈNE V.

MITYLÈNE. — Une rue devant le mauvais lieu.

Entrent DEUX MESSIEURS *qui sortent de la maison.*

PREMIER MONSIEUR. — Avez-vous jamais entendu parler de chose pareille ?

SECOND MONSIEUR. — Non, et jamais on n'entendra parler de rien pareil, dans un tel lieu, une fois qu'elle l'aura quitté.

PREMIER MONSIEUR. — Mais dire qu'on vous prêche la religion dans cet endroit-là ! Auriez-vous jamais rêvé d'une telle chose ?

SECOND MONSIEUR. — Non, non. Vraiment, je ne suis pas pour les bordels à l'heure présente ; allons-nous entendre chanter les vestales ?

PREMIER MONSIEUR. — Je ferai à cette heure n'importe quoi de vertueux ; mais je crois bien que je suis sorti pour toujours de la route de la paillardise. (*Ils sortent.*)

SCÈNE VI.

Mitylène. — Un appartement dans le mauvais lieu.

Entrent LE MAÎTRE *et* LA MAÎTRESSE *de la maison*,
et TOURNECLEF.

Le maître. — Ma foi, je donnerais deux fois la somme qu'elle a coûtée pour qu'elle ne fût jamais entrée ici.

La maîtresse. — Fi, fi d'elle ! Elle est capable de geler le Dieu Priape et d'empêcher toute une génération. Il nous faudra ou bien lui faire faire violence, ou bien nous en débarrasser. Lorsqu'elle devrait accommoder les clients, et me rendre les bons offices de notre profession, elle me répond par ses arguties, ses raisons, ses raisons majeures, ses prières, ses génuflexions, si bien qu'elle ferait un puritain du diable, s'il voulait lui demander le prix d'un baiser.

Tourneclef. — Ma foi, il faut que je la viole, sans quoi elle dégarnira notre maison de tous nos cavaliers, et fera des prêtres de tous nos sacreurs.

Le maître. — La vérole soit de ses fleurs blanches de scrupules !

La maîtresse. — Ma foi, il n'y a en effet d'autre moyen d'en être débarrassés que le moyen qui mène à la vérole. — Voici venir le Seigneur Lysimachus déguisé.

Tourneclef. — Nous aurions à la fois Seigneur et manant, si cette drôlesse de mijaurée voulait seulement se prêter aux chalands.

Entre LYSIMACHUS.

Lysimachus. — Eh bien, comment ça va ? Combien une douzaine de virginités ?

La maîtresse. — Les Dieux bénissent Votre Honneur !

Lysimachus. — Vous faites bien de faire cette prière ; cela n'en vaut que mieux pour vous quand vos habitués sont solides sur leurs jambes. Eh bien, salutaire iniquité, avez-vous quelque chose qu'on puisse tripoter en faisant nargue au chirurgien?

La maîtresse. — Nous en avons une ici, Seigneur, si elle voulait.... mais il n'y eut jamais sa pareille dans Mitylène.

Lysimachus. — Si elle voulait faire l'acte de nuit, veux-tu dire?

La maîtresse. — Votre Honneur sait suffisamment bien ce que parler veut dire.

Lysimachus. — Bon; fais-la venir, fais-la venir.

Tourneclef. — Pour la carnation et le teint, Seigneur, elle est blanche et rouge à croire que vous voyez une rose; et elle serait une rose vraiment, si seulement on lui mettait....

Lysimachus. — Quoi, je t'en prie?

Tourneclef. — Oh, Monseigneur, je sais être pudique. (Il sort.)

Lysimachus. — Être chaste de langage donne en effet bonnes façons à une maquerelle et apparence d'honnêteté à nombre de catins.

La maîtresse. — Voilà celle dont la rose tient encore à sa tige; — pas encore cueillie, je puis vous l'assurer. N'est-ce pas une belle créature?

Rentre TOURNECLEF *avec* MARINA.

Lysimachus. — Ma foi, elle serait de bon usage après un long voyage sur mer. Bon, voici pour vous; — laissez-nous.

La maîtresse. — Je supplie Votre Honneur de vouloir bien me le permettre : un mot, et j'ai fini immédiatement.

Lysimachus. — Faites donc, je vous prie.

La maîtresse, *à Marina*. — D'abord, je voudrais que vous en prissiez note, c'est un homme honorable.

Marina. — Je désire le trouver tel, afin de prendre de lui note honorable.

La maîtresse. — Ensuite, c'est le gouverneur de ce pays, et un homme envers qui je suis redevable.

Marina. — Si c'est le gouverneur du pays, vous lui êtes

en effet redevable; mais à quel point il est honorable en cela, je ne le sais pas.

LA MAÎTRESSE. — Dites-moi, sans parer davantage mes questions par votre escrime de pucelle, voulez-vous avoir des bontés pour lui? Il remplira d'or votre tablier.

MARINA. — J'accepterai avec reconnaissance ce qu'il fera gracieusement.

LYSIMACHUS. — Avez-vous fini?

LA MAÎTRESSE. — Monseigneur, elle n'est pas encore bien au pas; il vous faudra prendre un peu de peine pour la dresser à votre manége. Venez, nous allons laisser Son Honneur avec elle. (*Sortent le maître, la maîtresse et Tourneclef.*)

LYSIMACHUS. — Vas ton train. — Eh bien, jolie fille, depuis combien de temps faites-vous ce métier?

MARINA. — Quel métier, Seigneur?

LYSIMACHUS. — Celui que je ne puis nommer sans offense.

MARINA. — Je ne puis être offensée de mon métier; qu'il vous plaise de le nommer.

LYSIMACHUS. — Depuis combien de temps êtes-vous dans cette profession?

MARINA. — Depuis aussi longtemps que remontent mes souvenirs.

LYSIMACHUS. — L'avez-vous donc exercée si jeune? étiez-vous déjà une pratiquante à cinq ans ou à sept?

MARINA. — Plus tôt même, Monseigneur, si j'en suis une à cette heure-ci.

LYSIMACHUS. — Mais parbleu, la maison que vous habitez proclame que vous êtes une créature à vendre et à acheter.

MARINA. — Comment? vous connaissez cette maison pour être le lieu d'un pareil commerce, et vous y venez? J'entends dire que vous êtes un homme d'honorables qualités, et le gouverneur de cette ville?

LYSIMACHUS. — Est-ce que c'est votre supérieure qui vous a informée de ce que je suis?

MARINA. — Quelle est ma supérieure?

Lysimachus. — Parbleu, votre jardinière, la femme qui sème et plante honte et iniquité. Ah, ah! vous avez entendu parler de mon autorité, et vous vous tenez sur la réserve, pour m'amener à vous faire une cour plus sérieuse. Mais je te le déclare, ma jolie petite, mon autorité ne veut pas te voir autrement que comme ça, ni faire amitié avec toi sur un autre pied. Allons, amène-moi en quelque endroit particulier : voyons, voyons.

Marina. — Si vous êtes né au sein de l'honneur, montrez-le à cette heure; si l'honneur vous a été conféré, justifiez le bon jugement de ceux qui vous en crurent digne.

Lysimachus. — Qu'est-ce à dire ? qu'est-ce à dire? continuez donc un peu : — soyez sage.

Marina. — Ah, malheureuse que je suis! Je suis vierge, quoique la brutale fortune m'ait conduite dans cette auge, où depuis que j'y suis entrée, j'ai vu vendre les maladies plus cher que les remèdes ! Oh ! si les Dieux voulaient me retirer de ce lieu impur, quand bien même ils devraient me changer en le plus petit des oiseaux qui volent dans l'air plus pur !

Lysimachus. — Je ne croyais pas que tu parlais si bien, et je n'aurais jamais rêvé que tu le pouvais. J'aurais apporté ici une âme corrompue, que ton langage l'aurait amendée. Tiens, voici de l'or pour toi, persévère dans cette route si claire où tu marches, et que les Dieux te donnent courage !

Marina. — Les bons Dieux vous protégent!

Lysimachus. — Croyez bien que pour ce qui est de moi, je ne suis pas venu ici dans une intention mauvaise ; car pour moi les portes et les fenêtres d'ici puent odieusement. Adieu. Tu es un modèle de vertu, et je ne doute pas que ton éducation n'ait été noble. Tiens; voici encore de l'or pour toi. Maudit soit celui qui te volera de ta vertu, et qu'il meure comme un voleur! Si tu entends parler de moi, ce sera pour ton bien.

Rentre TOURNECLEF.

TOURNECLEF. — La pièce pour moi, je vous en prie, Monseigneur.

LYSIMACHUS. — Au diable, portier damné! Votre maison, sans cette vierge qui l'étaye, s'effondrerait et vous écraserait tous. Arrière! (*Il sort.*)

TOURNECLEF. — Eh bien, qu'est-ce que ça veut dire? Il nous faut suivre une autre conduite avec vous. Si votre mijaurée de chasteté qui ne vaut pas un déjeuner sur l'herbe dans la plus pauvre campagne arrive à ruiner toute une maison, je veux bien être châtré comme un épagneul. Allons, venez un peu.

MARINA. — Où voulez-vous m'amener?

TOURNECLEF. — Je veux vous décapiter votre pucelage, ou bien le bourreau public l'exécutera. Allons, venez un peu. Nous n'aurons plus de Messieurs congédiés. Venez un peu, dis-je.

Rentre LA MAÎTRESSE.

LA MAÎTRESSE. — Eh bien, eh bien! qu'y a-t-il donc?

TOURNECLEF. — Cela va de pis en pis, maîtresse; voilà-t-il pas qu'elle s'est mise à faire des sermons religieux au Seigneur Lysimachus?

LA MAÎTRESSE. — O abominable!

TOURNECLEF. — Elle traite notre profession comme si elle puait au nez des Dieux.

LA MAÎTRESSE. — Morbleu, qu'on la pende une fois pour toutes!

TOURNECLEF. — Le gentilhomme aurait agi avec elle comme un Seigneur, et elle vous l'a renvoyé froid comme une boule de neige, et récitant ses prières encore.

LA MAÎTRESSE. — Tourneclef, prends-la avec toi; use d'elle à ton plaisir : casse le cristal de sa virginité, et rends le reste malléable.

TOURNECLEF. — Quand elle serait une terre encore plus pleine de ronces qu'elle ne l'est, elle sera labourée.

MARINA. — Entendez-vous, entendez-vous, ô Dieux!

La maîtresse. — La voilà qui fait ses conjurations; emmène-la! Ah, pourquoi a-t-elle jamais passé ma porte! Morbleu, pendue soyez-vous! Elle est née pour nous ruiner. — Vous ne voulez pas faire comme toutes les femmes? Eh morbleu, merde alors, mon beau plat de chasteté avec garniture de romarin et de baies[15]! (Sort la maîtresse.)

Tourneclef. — Allons, ma belle Dame, venez-vous-en un peu avec moi.

Marina. — Où veux-tu m'amener?

Tourneclef. — Là où je vous prendrai ce joyau que vous estimez si cher.

Marina. — Je t'en prie, dis-moi d'abord une chose.

Tourneclef. — Eh bien, voyons votre chose.

Marina. — Que souhaiterais-tu que fût ton ennemi?

Tourneclef. — Parbleu! je souhaiterais qu'il fût comme mon maître, ou plutôt comme ma maîtresse.

Marina. — Aucun des deux n'est aussi mauvais que toi, puisqu'ils te sont supérieurs par le commandement. Tu remplis une place dont le démon le plus subalterne de l'enfer ne voudrait pas pour sa réputation; tu es le damné portier qui ouvre la porte à tout polisson qui vient demander sa Margot; ton oreille est exposée au poing brutal de tout drôle en colère; ta nourriture est le vomissement d'estomacs infectés.

Tourneclef. — Et qu'est-ce que vous voudriez que je fasse? Voudriez-vous que j'aille à la guerre, par hasard? à la guerre où un homme est obligé de servir sept ans pour perdre une jambe; après quoi, il n'a pas même assez d'argent pour s'acheter une jambe de bois?

Marina. — Fais n'importe quoi, sauf ce que tu fais. Va vider les latrines pleines, ou curer les égouts publics; entre en apprentissage chez le bourreau de la ville; tous ces métiers sont encore préférables au tien; car pour celui que tu exerces, un singe, s'il pouvait parler, déclarerait qu'il ne veut pas déshonorer le nom de son espèce. Oh, si les Dieux voulaient permettre que je sortisse saine et sauve de ce lieu! Voici, voici de l'or pour toi. Si ton maître tient à gagner quelque chose par mon moyen, publie que je puis chanter, tisser, coudre, danser, talents accompagnés d'autres dont je ne veux pas tirer vanité; j'essayerai d'enseigner tout cela, et je ne doute pas que cette ville populeuse ne me donne nombre d'écolières.

Tourneclef. — Mais pouvez-vous enseigner tout ce dont vous parlez?

Marina. — Si je prouve que je ne le puis pas, reconduis-moi au logis, et prostitue-moi au plus bas valet qui fréquente votre maison.

Tourneclef. — Bon, je verrai ce que je puis faire pour toi : je te placerai, si je puis.

Marina. — Mais parmi d'honnêtes femmes?

Tourneclef. — Sur ma foi, mes connaissances parmi elles sont peu nombreuses. Mais puisque mon maître et ma maîtresse vous ont achetée, il n'y a pas à songer à partir sans leur consentement : en conséquence, je vais les informer de votre projet, et je ne doute pas que je les trouverai suffisamment traitables. Allons, je ferai pour toi ce que je pourrai; allez votre chemin [16].

(*Ils sortent.*)

ACTE V.

Entre GOWER.

Gower. — C'est ainsi que Marina échappe au bordel, et, dit notre histoire, qu'elle a la chance d'entrer dans une honnête maison. Elle chante comme une immortelle, elle danse comme une déesse au son de ses chants admirés. Elle ferme la bouche à de savants clercs; elle compose avec son aiguille toutes sortes de formes de la nature, boutons de fleurs, oiseaux, branches, fruits; son art fraternise avec la nature au point de créer des sœurs aux roses, et sa soie filée double produit les jumelles des cerises couleur de rubis. Elle trouve en abondance des élèves de noble race qui déversent sur elle leur générosité, et son gain, elle le donne à la damnée maquerelle. Nous la quitterons ici, et nous tournerons maintenant nos pensées vers son père que nous irons chercher là où nous l'avons laissé, c'est-à-dire sur mer. Nous l'y avons perdu de vue, mais poussé par les vents, il est arrivé dans la ville où réside sa fille; supposez-le maintenant à l'ancre sur cette côte. La ville est occupée à célébrer la fête annuelle de Neptune: Lysimachus aperçoit du rivage notre vaisseau tyrien avec ses bannières noires, brodées à grands frais, et il s'empresse de monter dans sa barque pour aller à sa rencontre. Que votre imagination dirige encore une fois ses yeux sur le triste Périclès; supposez que voici sa barque; de ce qui s'y passe, notre action va vous en dire tout ce que l'action dramatique peut dire, et plus encore si c'est possible; je vous en prie, asseyez-vous, et écoutez. (*Il sort.*)

SCÈNE PREMIÈRE.

Mitylène. — A bord du vaisseau de Périclès. Un pavillon sur le pont, fermé par un rideau. Une barque au repos, près du vaisseau tyrien.

Entrent deux matelots, *l'un appartenant au vaisseau tyrien, l'autre à la barque de Mitylène.*

Le matelot de Tyr. — Où est le Seigneur Hélicanus? il peut vous donner une réponse. Oh! le voilà.

Entre HÉLICANUS.

Le matelot de Tyr. — Seigneur, voici une barque de Mitylène; elle a porté Lysimachus, le gouverneur, qui demande à venir à bord. Quelle est votre volonté?

ACTE V, SCÈNE I.

Hélicanus. — Que la sienne soit satisfaite. Appelez quelques gentilshommes.

Le matelot de Tyr. — Holà, Messieurs ! Monseigneur appelle.

Entrent DEUX GENTILSHOMMES.

Premier gentilhomme. — Votre Seigneurie appelle ?

Hélicanus. — Messieurs, il y a certaine personne de haut rang qui voudrait venir à bord; allez, je vous prie, l'accueillir avec égards. (*Les gentilshommes et le marin descendent à bord de la barque.*)

Entrent venant de la barque LYSIMACHUS *avec sa suite,* LES GENTILSHOMMES *et* LE MARIN.

Le matelot de Tyr. — Seigneur, voici l'homme qui peut donner réponse à toutes les questions que vous voudrez poser.

Lysimachus. — Salut, respectable Seigneur ! que les Dieux vous protégent !

Hélicanus. — Et qu'ils vous permettent, à vous, Seigneur, de dépasser l'âge que j'ai atteint, et de mourir comme je voudrais mourir.

Lysimachus. — Merci de vos bons souhaits. Comme j'étais sur le rivage, occupé à faire célébrer les triomphes de Neptune, j'ai vu ce beau vaisseau s'avancer vers notre port, et je suis venu à sa rencontre pour savoir de quel lieu vous êtes ?

Hélicanus. — Avant d'aller plus loin, quel est votre pays ?

Lysimachus. — Vous voyez le gouverneur de cette ville qui est en face de vous.

Hélicanus. — Seigneur, notre vaisseau est de Tyr; il contient le roi, un homme qui de ces trois derniers mois n'a parlé à personne, et qui n'a pris de nourriture que pour soutenir sa douleur.

Lysimachus. — De quelle nature est son chagrin ?

Hélicanus. — Cela serait trop ennuyeux à répéter;

mais la principale cause vient de la perte d'une fille bien-aimée et d'une épouse.

Lysimachus. — Ne pouvons-nous le voir?

Hélicanus. — Vous le pouvez, — mais inutile sera votre visite; il ne veut parler à personne.

Lysimachus. — Permettez cependant que mon désir soit satisfait.

Hélicanus. — Contemplez-le (*un rideau est tiré, et on aperçoit Périclès*); ce fut un prince accompli, jusqu'au désastre d'une mortelle nuit qui le jeta dans l'état où vous le voyez.

Lysimachus. — Salut, Sire roi! Que les Dieux vous protégent! Salut, royal Seigneur!

Hélicanus. — C'est en vain, il ne vous parlera pas.

Un seigneur. — Seigneur, nous avons dans Mitylène une jeune fille qui, je le gage, lui arrachera quelques mots.

Lysimachus. — Bien pensé. Très-certainement par sa douce musique, et ses autres rares séductions, elle éveillerait et battrait en brèche l'assourdissement de ses facultés qui sont maintenant à moitié suspendues : la plus belle des femmes n'est pas douée de plus de charmes; et en cet instant, elle se trouve avec ses compagnes dans le bosquet attenant à ce côté de l'île. (*Il chuchote à l'oreille du Seigneur qui descend dans la barque du gouverneur.*)

Hélicanus. — A coup sûr, tout cela sera sans effet; mais nous ne devons rien omettre de ce qui peut porter le nom de guérison. Mais puisque vous poussez si loin votre bienveillance, laissez-nous vous prier de nous faire procurer des provisions en échange de notre or; nous n'en sommes pas dépourvus, mais celles que nous avons nous fatiguent par leur vétusté.

Lysimachus. — O Seigneur, les Dieux justes, si nous nous refusions à cette courtoisie, puniraient notre province en nous envoyant une chenille pour chaque bourgeon. — Cependant laissez-moi une fois encore vous prier de me faire connaître en détail la cause du chagrin de votre roi.

HÉLICANUS. — Asseyez-vous, Seigneur, je vous raconterai cela : mais voyez, on va m'en empêcher.

Rentre venant de la barque LE SEIGNEUR *avec* MARINA *et* UNE JEUNE DAME.

LYSIMACHUS. — Oh! voici la Dame que j'avais envoyé chercher. Soyez la bienvenue, belle vierge ! — N'est-elle pas une belle personne?

HÉLICANUS. — C'est une charmante Dame.

LYSIMACHUS. — C'est une telle personne, que si j'étais bien assuré qu'elle sort d'un sang gentil et d'une noble souche, je ne souhaiterais pas faire un meilleur choix, et je m'estimerais marié avec un rare bonheur. — Belle vierge, ici est un royal malade de qui tu as droit d'attendre tous les dons que la libéralité a pouvoir d'accorder : si par l'heureux artifice de tes talents, tu peux l'amener à répondre à n'importe laquelle de tes questions, ta médecine bénie recevra toute récompense que pourront souhaiter tes désirs.

MARINA. — Seigneur, je mettrai en jeu toutes les ressources de mes talents pour sa guérison, pourvu qu'on ne laisse approcher de lui que moi et ma compagne.

LYSIMACHUS. — Venez, laissons-la, et que les Dieux la fassent réussir. (*Marina chante*[1].) — A-t-il fait attention à votre musique?

MARINA. — Non, et il ne nous a pas regardées.

LYSIMACHUS. — Voyez, elle va lui parler.

MARINA. — Salut, Sire! Monseigneur, prêtez-moi l'oreille.

PÉRICLÈS. — Hum! ha!

MARINA. — Je suis une vierge, Monseigneur, qui jamais encore n'a invité les yeux à se porter sur elle, mais qui fut toujours regardée comme une comète : celle qui vous parle, Monseigneur, a éprouvé peut-être un malheur égal au vôtre, si tous deux étaient également pesés : quoique l'inconstante fortune ait renversé ma condition, je tiens mon être d'ancêtres qui marchaient de pair avec les puissants rois : mais le temps a déraciné ma parenté, et m'a rendue serve du monde et des circonstances contraires. (*A part.*) Je cesserais, cependant il y a quelque chose qui me fait monter le rouge à la joue, et qui me chuchote à l'oreille : « Ne pars pas avant qu'il n'ait parlé. »

Périclès. — Ma fortune.... ma parenté.... une noble parenté,... égale à la mienne ! N'était-ce pas ce que vous disiez ? n'était-ce pas cela ?

Marina. — Je disais, Monseigneur, que si vous connaissiez ma parenté, vous me traiteriez avec ménagements.

Périclès. — Je le pense. Je vous en prie, tournez vos yeux sur moi. Vous ressemblez à quelqu'un qui..... De quelle contrée êtes-vous ? êtes-vous de ces rivages ?

Marina. — Non, ni d'aucun rivage : cependant je suis venue au monde selon les lois de la mortelle humanité, et je ne suis pas autre que je ne semble.

Périclès. — J'étouffe de douleur, et il faut que je me soulage en pleurant. Ma très-chère épouse ressemblait à cette vierge, et ma fille aurait pu lui ressembler ; elle aurait eu sa stature à un pouce près ; elle aurait été ainsi que celle-ci droite comme une verge ; elle aurait eu sa voix argentine ; ses yeux auraient été deux joyaux pareils enchâssés dans une aussi riche monture ; sa démarche aurait été comme la sienne, celle d'une autre Junon ; comme elle, elle aurait affamé les oreilles qu'elle aurait nourries de ses paroles, et plus les oreilles les auraient entendues, plus elles auraient voulu les entendre. Où vivez-vous ?

Marina. — En un lieu où je suis seulement étrangère : du pont de ce navire vous pouvez l'apercevoir.

Périclès. — Où fûtes-vous élevée ? et comment avez-vous acquis ces talents que vous rehaussez encore en les possédant ?

Marina. — Si je vous disais mon histoire, elle vous paraîtrait un de ces mensonges qu'on dédaigne d'écouter.

Périclès. — Parle, je t'en prie ; la fausseté ne peut venir de toi, car ta physionomie est modeste comme celle de la justice, et tu sembles un palais fait pour l'habitation de la vérité couronnée : aussi je te croirai, et je forcerai mes sens à accepter la réalité de choses qui pourraient paraître impossibles ; car tu ressembles à certaine personne que j'aimai sincèrement. Quels furent tes parents ? Ne me disais-tu pas, lorsque je t'ai repoussée (ce que j'ai fait au moment où tu t'es approchée de moi), que tu descendais d'un bon lignage ?

Marina. — C'est en effet ce que j'ai dit.

Périclès. — Dis-moi quelle fut ta parenté : je crois que tu as dit que tu avais été ballottée du malheur à l'outrage, et que tu croyais que tes chagrins pourraient égaler les miens, si les uns et les autres étaient révélés.

Marina. — J'ai dit quelque chose de semblable, et je n'en ai pas dit plus que ne m'autorisait à en dire l'intime conviction que je m'écartais peu de la vérité.

Périclès. — Raconte-moi ton histoire ; si la tienne renferme une millième partie de mes souffrances, alors tu es un homme, et moi j'ai souffert comme une fillette : cependant tu ressembles à la Patience contemplant les tombeaux des rois, et enchaînant par son sourire la puissance de l'extrême détresse². Quels furent tes parents ? Comment les as-tu perdus ? Ton nom, ma très-tendre vierge ? Je t'en conjure, raconte-moi tout cela ; allons, assieds-toi à mon côté.

Marina. — Mon nom est Marina.

Périclès. — Oh ! le destin me raille, et tu es envoyée par quelque Dieu irrité pour faire rire de moi le monde.

Marina. — Soyez patient, vertueux Sire, ou je vais m'arrêter dès maintenant.

Périclès. — Oui, je serai patient ; mais tu ne sais guère quels sentiments éveille en moi ce nom de Marina que tu portes.

Marina. — Ce nom me fut donné par quelqu'un qui eut de la puissance, par mon père qui était un roi.

Périclès. — Comment ! tu étais la fille d'un roi ? et tu t'appelles Marina ?

Marina. — Vous aviez dit que vous consentiez à me

croire; mais pour ne pas troubler votre paix, je vais m'arrêter ici.

Périclès. — Mais êtes-vous de chair et de sang? Avez-vous un pouls qui batte? n'êtes-vous pas une fée? marchez-vous? — Bon, continuez. Où êtes-vous née, et pourquoi vous appelez-vous Marina?

Marina. — Je m'appelle Marina, parce que je suis née sur mer.

Périclès. — Sur mer? de quelle mère?

Marina. — Ma mère était la fille d'un roi; elle mourut à l'heure même de ma naissance, comme me l'a souvent raconté en pleurant ma bonne nourrice Lychorida.

Périclès. — Oh! arrêtez un peu ici! (*A part.*) Voici bien le plus étrange rêve dont le lourd sommeil ait jamais moqué les fous mortels; cela ne peut être; ma fille est ensevelie. (*Haut.*) Bon, où avez-vous été élevée? Je veux entendre votre histoire jusqu'au bout, et je ne vous interromprai plus.

Marina. — Vous dédaignez de me croire; je ferais mieux de renoncer à mon récit.

Périclès. — Je vous croirai jusqu'à votre plus petite syllabe. Cependant, permettez-moi.... Comment êtes-vous venue dans ces régions, et où avez-vous été élevée?

Marina. — Le roi, mon père, me laissa dans Tharse, jusqu'au jour où le cruel Cléon et sa méchante femme cherchèrent à m'assassiner : ils gagnèrent un scélérat pour exécuter ce forfait; mais au moment où il avait tiré son arme pour accomplir leurs ordres, un équipage de pirates vint et me sauva; puis ils m'amenèrent dans Mitylène. Mais, vertueux Sire, quel récit voulez-vous que je vous fasse encore? Pourquoi pleurez-vous? Peut-être croyez-vous que je vous en impose; non, sur ma bonne foi; je suis la fille du roi Périclès, si le vertueux Périclès existe.

Périclès. — Holà, Hélicanus!

Hélicanus. — Monseigneur appelle?

Périclès. — Tu és un grave et noble conseiller, très-sage d'ordinaire; dis-moi, si tu le peux, ce qu'est cette vierge, ou ce qu'elle peut être, pour m'avoir fait ainsi pleurer?

HÉLICANUS. — Je ne sais pas; mais, Sire, voici présent le gouverneur de Mitylène qui parle noblement d'elle.

LYSIMACHUS. — Elle n'a jamais voulu dire quelle était sa parenté; quand on lui posait cette question, elle restait muette et pleurait.

PÉRICLÈS. — O Hélicanus, honoré Seigneur, frappe-moi, fais-moi une blessure, cause-moi une souffrance immédiate, de crainte que la grande mer de joie qui se précipite en moi, ne dépasse les rivages de ma nature mortelle et ne me noie sous ses flots de douceur[3]. Oh, viens ici, toi qui as engendré celui qui t'engendra, toi qui naquis sur mer, qui fus ensevelie à Tharse, et que je retrouve encore sur mer! O Hélicanus, tombe à genoux, et remercie les saints Dieux d'une voix aussi haute que celle dont nous menace le tonnerre! Voici Marina. — Quel était le nom de ta mère? Dis-moi cela d'abord, car la vérité ne peut jamais être assez confirmée, même quand les doutes ont dormi toujours.

MARINA. — D'abord, Seigneur, quel est votre titre, je vous prie?

PÉRICLÈS. — Je suis Périclès de Tyr; mais dis-moi maintenant le nom de ma reine noyée (car jusqu'ici tes réponses ont été divinement parfaites), dis-moi cela, toi héritière de deux royaumes, et seconde vie de Périclès, ton père.

MARINA. — Suffit-il pour être votre fille de vous dire que le nom de ma mère était Thaisa? Thaisa était ma mère, et elle expira à l'heure même de ma naissance.

PÉRICLÈS. — Ma bénédiction descende à cette heure sur toi! Lève-toi, tu es ma fille. — Donnez-moi de frais vêtements. — Mon Hélicanus, elle n'est pas morte à Tharse, comme elle aurait dû y mourir par le fait du sauvage Cléon : elle te dira tout, lorsque agenouillé devant elle, tu acquerras la certitude qu'elle est ta princesse même. — Quel est cet homme?

HÉLICANUS. — Sire, c'est le gouverneur de Mitylène qui,

ayant entendu parler de votre état mélancolique, est venu pour vous voir.

Péricles. — Je vous embrasse. — Donnez-moi mes robes. — Je m'enivre de la contempler. — O cieux, bénissez ma fille ! — Mais, écoutez ! quelle est cette musique ? — Expliquez à Hélicanus, ma Marina, expliquez-lui point par point, car il semble encore douter, comment vous êtes certainement ma fille. — Mais quelle est cette musique ?

Hélicanus. — Monseigneur, je n'en entends aucune.

Péricles. — Aucune ! en ce cas, c'est la musique des sphères ! — Écoute, ma Marina.

Lysimachus. — Il n'est pas bon de le contrarier ; cédez-lui.

Péricles. — Oh, les sons merveilleux ! n'entendez-vous pas ?

Lysimachus. — J'entends, Monseigneur. (*Musique.*)

Péricles. — Très-céleste musique ! Elle s'empare de force de mon ouïe, et un épais sommeil pèse sur mes yeux. Laissez-moi reposer. (*Il s'endort.*)

Lysimachus. — Placez un oreiller sous sa tête ; et laissons-le tous.

Marina. — Eh bien, mes compagnes amies, si les événements répondent à ma juste espérance, je me souviendrai de vous. (*Tous sortent, sauf Péricles.*)

DIANE *apparaît en songe à* PÉRICLÈS.

Diane. — Mon temple s'élève à Éphèse ; rends-toi dans cette ville, et fais un sacrifice sur mon autel. Là, quand toutes mes virginales prêtresses seront rassemblées, raconte devant tout le peuple comment tu perdis ta femme sur mer ; ressuscite par ton récit tes malheurs lamentables et ceux de ta fille. Obéis à mes ordres, ou tu vivras dans le malheur : exécute-les, et tu seras heureux : par mon arc d'argent ! réveille-toi, et raconte ce rêve. (*Diane disparaît.*)

Péricles. — Céleste Diane, déesse à l'arc d'argent, je t'obéirai ! — Hélicanus !

Entrent LYSIMACHUS, HÉLICANUS *et* MARINA.

HÉLICANUS. — Sire?

PÉRICLÈS. — Je me proposais d'aller à Tharse pour y frapper Cléon criminel envers l'hospitalité; mais une autre affaire me réclame d'abord : tournons vers Éphèse nos voiles gonflées par le vent; plus tard, je te dirai pourquoi. (*A Lysimachus.*) Nous reposerons-nous sur votre rivage, Seigneur, et trouverons-nous dans votre ville, pour de l'or, les provisions dont nous avons besoin?

LYSIMACHUS. — De tout mon cœur, Sire, et lorsque vous serez descendu à terre, je vous adresserai de mon côté une requête.

PÉRICLÈS. — Elle vous sera accordée, eût-elle pour objet de nous demander notre fille en mariage; car il paraît que vous vous êtes conduit noblement envers elle.

LYSIMACHUS. — Sire, prêtez-moi votre bras.

PÉRICLÈS. — Viens, ma Marina. (*Ils sortent.*)

SCÈNE II.

ÉPHÈSE. — Devant le temple de Diane.

Entre GOWER.

GOWER. — Maintenant le sable de notre sablier est à peu près écoulé; encore un peu de temps, et puis nous serons muet. Comme dernière faveur (car une telle obligeance doit me venir en aide) accordez-moi que vous voudrez bien imaginer les fêtes, les passes d'armes, les spectacles, les chants, et tout le gentil carillon que le gouverneur fait dans Mitylène pour accueillir le roi. Il réussit si bien auprès du roi, qu'il en obtient la promesse d'épouser la belle Marina, mais pas avant que Périclès n'ait accompli le sacrifice ordonné par Diane. Puisque le voilà engagé, sautons à pieds joints, je vous prie, sur l'intervalle. Les vaisseaux mettent bien vite à la voile, et les désirs sont exaucés selon le cœur de chacun. Voyez à

Éphèse le temple, notre roi, et toute sa compagnie. S'il est si vite arrivé, c'est à votre imagination que nous en sommes redevables, et nous lui en gardons reconnaissance. (*Il sort.*)

SCÈNE III.

ÉPHÈSE. — L'intérieur du temple.

THAISA *se tient debout près de l'autel comme grande prêtresse; un grand nombre de vierges sont à chacun de ses côtés;* CÉRIMON, *et d'autres habitants d'Éphèse l'assistent.* — *Entrent* PÉRICLÈS *avec sa suite,* LYSIMACHUS, HÉLICANUS, MARINA *et* UNE DAME.

PÉRICLÈS. — Salut, Diane! Pour accomplir avec exactitude tes commandements, je confesse ici que je suis le roi de Tyr, qui, chassé par la frayeur de ma patrie, épousai à Pentapolis la belle Thaisa. Elle mourut sur mer en accouchant, mais elle mit au monde une fille nommée Marina, qui porte encore, ô Déesse, ta ceinture d'argent. Elle fut élevée à Tharse, chez Cléon, qui essaya de l'assassiner lorsqu'elle eut atteint quatorze ans; mais ses étoiles plus propices la conduisirent à Mitylène; et là, comme nous avions jeté l'ancre sur le rivage de cette ville, sa fortune nous l'amena, et par des preuves certaines, elle nous découvrit qu'elle était notre fille.

THAISA. — Sa voix, et ses traits mêmes! — Vous êtes, vous êtes.... O royal Périclès! (*Elle s'évanouit.*)

PÉRICLÈS. — Que veut dire cette femme? Elle se meurt! Au secours, gentilshommes!

CÉRIMON. — Noble Sire, si vous avez prononcé la vérité devant l'autel de Diane, voici votre femme.

PÉRICLÈS. — Respectable assistant, cela n'est pas; je l'ai précipitée dans la mer avec ces bras-ci.

CÉRIMON. — Sur cette côte-ci, je vous l'assure.

PÉRICLÈS. — C'est l'exacte vérité.

CÉRIMON. — Prenez soin de la Dame.... — Oh, ce n'est que d'excès de joie qu'elle est malade. Aux premières

heures du matin, par un temps de tempête, cette Dame
fut jetée sur ce rivage. J'ouvris le cercueil, j'y trouvai
de riches joyaux; je la rendis à la vie, et je la plaçai
ici dans le temple de Diane.

Périclès. — Pouvons-nous voir ces joyaux?

Cérimon. — Puissant Sire, ils vous seront présentés
dans ma demeure où je vous invite à vous rendre. Regardez, Thaisa est revenue à elle.

Thaisa. — Oh! laissez-moi le regarder! S'il ne m'appartient en rien, mon caractère sacré ne permettra pas à
mon cœur d'écouter la voix licencieuse des sens, mais je
saurai le contraindre, en dépit de mes yeux. O Monseigneur, n'êtes-vous pas Périclès? Vous parlez comme lui,
vous lui ressemblez: n'avez-vous pas mentionné une tempête, une naissance, une mort?

Périclès. — La voix de Thaisa la morte!

Thaisa. — Je suis cette Thaisa supposée morte et noyée.

Périclès. — Immortelle Diane!

Thaisa. — Maintenant je vous reconnais mieux encore.
Lorsque nous quittâmes Pentapolis avec des larmes, le
roi mon père vous donna un anneau semblable à celui-ci. (*Il lui montre un anneau.*)

Périclès. — C'est le même, c'est le même : ô Dieux,
assez! votre présente bonté fait paraître comme un jeu
mes misères passées : vous agirez avec tendresse, si vous
permettez que je m'éteigne en touchant ses lèvres, et que
je disparaisse pour jamais. Oh, viens, sois ensevelie une
seconde fois dans ces bras.

Marina. — Mon cœur s'élance pour se réfugier dans le
sein de ma mère. (*Elle s'agenouille devant Thaisa.*)

Périclès. — Regarde celle qui s'agenouille ici! C'est la
chair de ta chair, Thaisa, le fardeau que tu portais sur
mer, et qui fut nommée Marina, parce que c'est sur mer
qu'elle prit naissance.

Thaisa. — Soyez bénie, ma fille bien-aimée!

Hélicanus. — Salut, Madame, et ma reine!

Thaisa. — Je ne vous connais point.

Périclès. — Vous m'avez entendu raconter que lorsque

je m'étais enfui de Tyr, j'y avais laissé un vénérable lieutenant de ma personne. Pouvez-vous vous rappeler comment j'appelais cet homme? je vous l'ai nommé souvent.

THAISA. — C'est donc Hélicanus?

PÉRICLÈS. — Encore une preuve nouvelle : embrasse-le, ma chère Thaisa; c'est lui. Maintenant je brûle d'apprendre comment vous fûtes trouvée, par quel moyen rendue à la vie, et qui, en outre des Dieux, je dois remercier pour ce grand miracle.

THAISA. — Le Seigneur Cérimon, Monseigneur; cet homme par lequel les Dieux ont montré leur puissance, peut tout vous expliquer du commencement à la fin.

PÉRICLÈS. — Respectable Seigneur, les Dieux ne peuvent avoir un ministre mortel plus semblable à un Dieu que vous. Voulez-vous nous apprendre comment cette reine morte est ressuscitée?

CÉRIMON. — Oui, Monseigneur; mais, je vous en prie, venez d'abord avec moi dans ma demeure où je vous montrerai tout ce qui fut trouvé avec elle; je vous dirai comment elle fut placée dans ce temple; rien d'essentiel ne sera omis.

PÉRICLÈS. — Pure Diane! sois bénie pour ta vision! Je t'offrirai des oblations nocturnes. — Thaisa, ce prince, le beau fiancé de notre fille, l'épousera à Pentapolis. — Et maintenant, cette chevelure qui me fait paraître hideux, je la raccourcirai en toute convenance, et pour faire honneur à la fête du mariage, je veux embellir ce que le rasoir n'a pas touché depuis quatorze ans.

THAISA. — Le Seigneur Cérimon a des lettres méritant toute créance qui nous apprennent, Sire, que mon père est mort.

PÉRICLÈS. — Que les cieux en fassent une étoile! Cependant nous célébrerons ici leur mariage, et nous deux nous irons ensuite passer le reste de nos jours dans son royaume; notre fils et notre fille régneront dans Tyr. Seigneur Cérimon, nous brûlons d'impatience d'apprendre ce que nous ne savons pas encore. — Ouvrez la marche, Seigneur [4]. (*Tous sortent.*)

ACTE V, SCÈNE III.

Entre GOWER.

GOWER. — Vous avez contemplé dans Antiochus et sa fille la récompense justement due à une monstrueuse concupiscence; dans Périclès, sa reine et sa fille, vous avez vu, bien qu'assaillie par une fortune âpre et haineuse, la vertu préservée des coups de la cruelle destruction, conduite par le ciel, et finalement couronnée de bonheur. Dans Hélicanus, vous pouvez admirer un type de loyauté, de fidélité et de véracité; dans le respectable Cérimon apparait cette noblesse qui est toujours l'apanage de la charité éclairée. Quant au misérable Cléon et à sa femme, lorsque la renommée a eu publié leur acte maudit et l'honneur de Périclès, les citoyens de Tharse sont entrés en telle rage qu'ils les ont brûlés dans son palais, lui et les siens. Les Dieux parurent ainsi vouloir les punir pour meurtre, bien que le meurtre n'eût pas été accompli, mais seulement résolu. Maintenant qu'un plaisir nouveau vienne récompenser votre patience toujours plus attentive ! Notre drame prend ici fin. (*Il sort.*)

COMMENTAIRE.

ACTE I.

1. Pour que le lecteur comprenne en combien de régions est dispersée l'action de ce drame, il est nécessaire d'observer qu'Antioche était la métropole de la Syrie, Tyr une ville de Phénicie, Tarse la métropole de la Cilicie dans l'Asie Mineure, Mitylène la capitale de Lesbos, île de la mer Égée, et Éphèse la capitale de l'Ionie, contrée de l'Asie Mineure. (STEEVENS.) Quant à Pentapolis, c'était non une ville, mais une réunion de cinq villes formant une région distincte. L'antiquité connaissait plusieurs de ces régions. La plus célèbre, et celle que Shakespeare veut probablement désigner, était la Pentapole libyque. Il y avait aussi la Pentapole de Palestine et la Pentapole des Philistins, et après l'invasion des Barbares et la destruction de l'empire, l'Italie connut aussi par l'exarchat une Pentapole italique.

2. Gower, vieux poëte anglais, contemporain de Chaucer. Nous avons dit, dans notre introduction, que la traduction poétique qu'il a donnée dans sa *Confessio Amantis* de l'histoire d'Apollonius de Tyr est probablement la source à laquelle Shakespeare a puisé son drame.

3. *Holy ales*, dit le texte. Le docteur Farmer a changé ce mot d'*ales*, bières, en celui de *days*, jours, on ne sait trop pourquoi. Nous avons déjà expliqué dans nos notes aux *Deux gentilshommes de Vérone*, et à d'autres comédies encore, ce qu'étaient ces *holy ales*, ventes de bières faites à certains jours fixés par le clergé à la porte des églises et dans les cimetières. Le mot s'explique donc parfaitement et n'a nul besoin d'être changé.

4. « Et plus une chose est ancienne, meilleure elle est. »

5. Lucine était le nom de Junon présidant aux accouchements. Antiochus veut dire que la beauté de sa fille était déjà formée avant de venir au monde.

6. Steevens s'est donné la peine de rechercher pour nous quel fut cet homme sage. Ce fut, paraît-il, un certain poëte Philippides qui, étant interrogé par le roi Lysimaque sur la faveur qu'il désirerait obtenir, répondit : « Que Votre Majesté veuille bien ne jamais me faire part d'aucun de ses secrets. »

ACTE II.

1. Malone conjecture avec assez de probabilité que le bon Gower traduit ici tout simplement le titre du chapitre des *Gesta Romanorum* où est racontée l'histoire d'Apollonius : « *De tribulatione temporali quæ in gaudium sempiternum postremo commutabitur.* De la tribulation temporaire qui est à la fin changée en joie éternelle. »

2. Les noms anglais par lesquels le pêcheur est appelé sont *pilch* (casaque de cuir) et *patch breech* (culotte rapiécée).

3. Ce passage rappelle exactement la description de la tempête que le niais, fils du vieux berger, fait dans *le Conte d'hiver*. La pièce fourmille d'ailleurs de passages qui rappellent ou plutôt reproduisent des passages analogues de pièces postérieures de Shakespeare. C'est une preuve que *Périclès* est évidemment l'œuvre du grand poète qui aura repris, pour ses autres drames, toutes les phrases dignes d'être conservées dans celui-ci.

4. Le pêcheur parle ici comme parlera plus tard Spinoza, et comme a déjà parlé Rabelais.

5. Il y a un passage analogue dans le discours du Duc exilé, au second acte de *Comme il vous plaira*.

6. « Ta lumière est ma vie. »

7. « Plus par douceur que par force. » Au lieu de *piû* qui est italien et non espagnol, il faudrait, pour que la phrase fût correcte, lire *mas*.

8. « Le cimier, l'aigrette de la gloire m'a poussé en avant. » Une couronne peut être en effet considérée comme le cimier de la gloire, puisqu'elle ceint le chef comme le casque, et qu'elle est symbole parlant de l'honneur comme le cimier du casque chez les anciens chevaliers. Ici quelques éditeurs veulent, au lieu de *pompæ*, pompe, *pompey's* ou *pompeii*, la couronne de Pompée ; mais ce texte n'offre en vérité rien de satisfaisant.

9. « Ce qui me nourrit m'éteint. »

10. « C'est ainsi que la fidélité doit être éprouvée. »

11. « Je vis dans cette espérance. »

ACTE III.

1. Comparez avec le chant de Puck qui ouvre le chœur des génies à la fin du *Songe d'une nuit d'été*.

2. C'était une ancienne superstition qu'un vaisseau en mer s'enfonçait lorsqu'un cadavre restait à bord. Ainsi on lit dans *La guerre sainte de Fuller* : « Son corps fut conduit en France pour y être enseveli et fut très-misérablement secoué ; car on a observé que la mer ne peut digérer la crudité d'un corps mort, parce que c'est une chose due qui doit être enterrée là où il est mort, et un navire ne peut supporter d'être trans-

formé en bière. » (STEEVENS.) — Observez que dans cette conversation avec les matelots, il se rencontre plusieurs phrases que Shakespeare a transportées au Ier acte de *la Tempête*.

3. Nos anciens coffres étaient souvent ornés à l'intérieur de ces étoffes somptueuses. Un de nos parents possède un coffre qui appartenait à Catherine Howard lorsqu'elle était reine; il est rembourré à l'intérieur de satin couleur de rose piqué avec grand soin. (STEEVENS.)

4. Dans les *Gesta Romanorum*, Cerimon est un simple médecin. Shakespeare en a fait judicieusement pour les besoins de son drame un gentilhomme amant de la philosophie naturelle.

5. Se rappeler le discours du frère Laurent allant cueillir des simples au second acte de *Roméo et Juliette*.

6. *Le Fou* ou *Sot* et *la Mort*, deux personnages des anciennes *moralités* dramatiques, déjà mentionnés dans *Mesure pour mesure*.

7. Dans *la Tempête*, Prospéro s'adressant à sa fille en lui montrant Ferdinand, lui parle aussi des *rideaux frangés* de ses yeux.

ACTE IV.

1. Se rappeler les exhortations de Lady Macbeth à son mari, avant le meurtre de Duncan.

2. L'affreux Richard III prononce une phrase semblable à propos du roi Henri VI, dans sa conversation avec Anne, veuve du prince Édouard.

3. Se rappeler les derniers mots de la conversation entre le roi Jean et Hubert : « Le silence. — Une tombe. — Il ne vivra pas. »

4. Nom mythologique de la terre.

5. Se rappeler les descriptions de fleurs par Perdita dans *le Conte d'hiver*.

6. Se rappeler la conversation entre Othello et Desdémone au cinquième acte d'*Othello*.

7. Se rappeler les supplications d'Arthur à Hubert au quatrième acte du *Roi Jean*.

8. « L'*Armada* d'Espagne a fourni probablement ce nom de pirate à Shakespeare. Don Pedro de Valdès était un des amiraux de cette flotte et avait le commandement du grand galion d'Andalousie. Son vaisseau ayant été mis hors de combat fut pris par Sir Francis Drake, le 22 de juillet 1588, et envoyé à Dartmouth. Il est probable que l'auditoire anglais de cette époque goûtait fort cette transformation en pirate d'un des ancêtres de l'amiral. » (MASON.)

9. Le sequin, monnaie de Venise, valait de sept à huit shillings. La bonne dame demande donc une somme assez rondelette pour prendre sa retraite.

10. Les portes des maisons de prostitution étaient autrefois coupées en deux; on laissait la partie supérieure fermée, et on entrait par la partie inférieure en se baissant un peu, manière très-convenable de pé-

nétrer en tel lieu. Cette disposition se retrouve encore dans les pauvres boutiques et les maisons des vieux quartiers populaires de nos villes du centre. Il semble en outre que les portes des lieux de prostitution eurent quelque marque distinctive qui les indiquait aux passants. Autrefois, chez nous, une certaine lanterne les désignait suffisamment. C'était d'ailleurs une coutume très-ancienne, et chez les Romains, les lupanars étaient souvent désignés par cette inscription : *Hic habitat felicitas*, — Ici habite la félicité, — ainsi que nous l'a révélé Pompéi ressuscitée.

11. Les prix de la première prostitution étaient plus élevés que ceux des prostitutions suivantes, ainsi que nous l'apprend Steevens qui cite à ce sujet cette phrase d'un vieux roman : « Vas, et crie par toute la ville que celui qui la verra charnellement la première fois me payera une livre d'or, et les autres qui viendront ensuite, un écu d'or. »

12. C'était autrefois la coutume à Naples de suspendre les portraits des courtisanes célèbres dans les places publiques afin d'indiquer où elles vivaient. (Mason.)

13. Se rappeler encore les exhortations de Lady Macbeth à son mari avant le meurtre de Duncan.

14. Allusion à la superstition qui admettait que les sorcières pouvaient naviguer dans des coquilles de noix.

15. *Marry come up, my dish of chastity with rosemary and bays*. Nous avons audacieusement traduit ce *marry come up* dont la signification est encore plus grossière qu'obscure. Nous croyons que c'est un mot propre à la canaille de tous pays quand elle s'irrite contre quelqu'un qui refuse ce qu'elle demande. Aucun commentateur n'a pu donner de ce mot une explication claire, et les quelques détails que l'on rencontre à ce sujet dans le glossaire de Nares sont loin d'être satisfaisants. Pendant la Noël, des plats étaient servis autrefois avec une garniture de romarin et de baies. C'est ainsi qu'encore de nos jours le jambon de Pâques est orné de lauriers, et qu'il y a quelque trente ans, dans nos provinces, les belles pièces d'un grand dîner, un beau poisson, par exemple, étaient entourées de garnitures de capucines.

16. Shakespeare a fait plus tard grand usage de toutes ces scènes dans *Mesure pour mesure*.

ACTE V.

1. Le chant chanté par Marina en cette occasion était probablement celui qui a été traduit de l'original latin par Twine, et imprimé dans la nouvelle de Wilkins. Le voici :

> Parmi les ignobles catins je suis mêlée,
> Mais catin je ne suis en aucune façon ;
> La rose croît bien parmi les épines,
> Sans en être en rien blessée.
> Le larron qui me déroba, j'en suis presque certaine,
> A été tué depuis ce temps-là.

Une maquerelle m'acheta; cependant je ne suis pas
Souillée par le crime charnel;
Rien ne me serait plus doux
Que de connaître mes parents.
Je suis issue d'un roi,
De rois découle mon sang.
Puissent en bon temps les dieux changer ma situation,
Et m'envoyer de meilleurs jours,
Car la douleur ajoute à nos chagrins,
Mais ne nous soulage en aucune façon.
Que votre physionomie exprime la gaieté,
Levez en haut des yeux joyeux,
Il reste ce Dieu, qui autrefois de rien
Créa la terre et les cieux.

2. Se rappeler l'adorable déclaration voilée de Viola au Duc dans *le Soir des rois*. Innombrables, comme on le voit, sont les passages que Shakespeare a reportés de cette première ébauche de son génie dans ses futurs chefs-d'œuvre. Et plus haut la description que fait Lysimaque des talents de Marina ne rappelle-t-elle pas celle que, dans *Tout est bien qui finit bien*, Lafeu fait d'Hélène avant de l'introduire auprès du roi pour un service semblable à celui que Périclès attend de Marina?

3. Se rappeler l'exclamation de bonheur de Portia dans *le Marchand de Venise* lorsque Bassanio a gagné à la loterie des coffrets.

4. Shakespeare s'inspirera plus tard de ce dénoûment pour celui du *Conte d'hiver*.

LE ROI LEAR

IMPRIMÉ POUR LA PREMIÈRE FOIS EN 1607,
REPRÉSENTÉ EN 1606.

AVERTISSEMENT.

La première édition connue de ce plus tragique des chefs-d'œuvre de Shakespeare est un in-4° de 1607. Trois autres éditions également in-4° en furent publiées encore l'année suivante, 1608 ; puis il semble qu'il n'ait plus été réimprimé jusqu'à l'édition de 1623. Dans cette dernière édition la pièce a subi de nombreuses mutilations, et des discussions restées sans grand résultat se sont élevées pour savoir si ces mutilations étaient bien l'œuvre de Shakespeare. M. Staunton croit que l'in-folio de 1623 reproduit simplement la pièce telle qu'elle était jouée et non telle qu'elle était écrite, la pièce arrangée pour les besoins de la représentation. Il est cependant difficile de comprendre comment la plupart des passages supprimés, par exemple, le dialogue des serviteurs de Cornouailles après le supplice de Gloucester, le passage où Lear, dans sa folie, met en jugement ses deux filles, le récit que fait à Kent de la douleur de Cordélia son émissaire auprès de la noble princesse, pouvaient être un obstacle à la représentation ou sembler faire longueur. La représentation qui fut donnée en présence du roi Jacques Ier avait précédé d'un an la première édition, 1606. Quant à la date de la composition, elle ne peut qu'être postérieure à 1603, puisque c'est en cette année que parut le pamphlet de Harsnet, *Découverte des impostures papistes,* et que c'est dans ce pamphlet que Shakespeare a pris les noms baroques des diables que nomme Edgar dans les scènes de délire feint où il joue le rôle d'un Tom de Bedlam.

L'histoire de Lear était très-populaire au temps de Shakespeare, et le grand poëte a pu la puiser à des sources très-nombreuses. La première et la plus importante est la *Chronique bretonne de Geoffroy de Monmouth* dont le récit a été répété par l'historien Hollinshed. Voici le résumé de la légende du chroniqueur. Lear, fils de Bladud, gouverna noblement la Bretagne pendant soixante ans, et entre autres actes dignes de mémoire, il bâtit une ville à laquelle il donna son nom, Kaerleir, laquelle est aujourd'hui Leicester. Il était sans postérité mâle, mais il avait trois filles, Gonorilla, Regau et Cordeilla, qu'il aimait passionnément, spécialement la dernière qui était la plus jeune. Quand il se sentit vieux, le désir lui prit de partager son royaume entre ses trois filles ; mais il voulut d'abord mettre à l'épreuve leur amour filial, et il demanda à chacune d'elles quel était le degré de son affection. Les deux premières se répandirent en protestations hyperboliques de dévouement. La dernière, personne plus sincère, outrée des flatteries de ses sœurs et de la crédulité de son père, lui répondit qu'elle l'aimait comme une fille, et pas davantage : sur quoi Lear furieux la priva de toute part à son héritage, et divisa son royaume entre ses deux autres filles qu'il maria aux ducs de Cornouailles et d'Albanie. Le malheur de Cordeilla ne fut cependant pas sans compensation, car Aganippus, roi des Francs, ayant entendu parler de sa beauté, s'en éprit, la fit demander en mariage, et l'épousa sans dot.

Longtemps après Lear devint infirme, et les ducs soulevèrent une rébellion qui le priva de l'autorité royale et de ses états. Alors le vieux roi dut consentir à vivre avec une simple escorte de soixante chevaliers, dans le palais de Maglaunus, duc d'Albanie, son gendre. Au bout de deux ans, Maglaunus et sa femme Gonorilla jugèrent économique de réduire cette escorte de moitié, et Lear, furieux de cette offense, se retira chez Henninus, duc de

Cornouailles, époux de Regau. Il y vécut honorablement pendant une année, après laquelle Regau somma son père de renvoyer toute sa suite à l'exception de cinq chevaliers. Lear, outragé de nouveau, voulut revenir alors sur son premier dépit, et proposa à Gonorilla de vivre chez elle avec une suite de trente chevaliers seulement; cette fois Gonorilla ne voulut le recevoir qu'à la condition qu'il ne garderait qu'un seul serviteur. Le roi céda avec la faiblesse de l'âge et la lâcheté du malheur; mais il ne put supporter longtemps sa déplorable condition, et se résignant à aller demander appui à la fille qu'il avait injustement dépouillée il s'embarqua pour la France. Il y reçut de Cordeilla, qui pleura amèrement en apprenant ses infortunes, l'accueil le plus cordial. Aganippus indigné leva une armée en Gaule et l'envoya en Bretagne pour châtier ces gendres rebelles et ces filles ingrates. Les deux ducs furent défaits, et Lear fut rétabli dans ses états qu'il gouverna trois ans encore; puis il mourut. Aganippus le suivit de près, et Cordeilla resta seule souveraine de la Bretagne; elle y régna paisiblement pendant cinq ans. Alors les revers la frappèrent à son tour; ses deux neveux, Margan fils de Maglaunus, et Cunedagius fils de Henninus, désireux de venger leurs pères, soulevèrent une insurrection contre Cordeilla. Elle tint tête résolûment à l'orage, mais elle fut enfin faite prisonnière et enfermée dans un cachot où elle se tua de désespoir.

On voit combien le récit du vieux chroniqueur est loin de la conception de Shakespeare. Il n'en possède à aucun degré le pathétique émouvant et l'horreur tragique. Lear n'est intéressant en aucune façon; il n'a ni fierté royale, ni noble entêtement au sein du malheur. Il ressent les offenses de ses filles juste avec autant de cœur qu'un valet congédié, et il revient sur sa trop légitime indignation avec l'humilité d'un chien fouetté qui retourne vers son maître, tête basse et oreilles pendantes. Au fond le vieux roi n'est pas réellement malheureux un seul instant, et les offenses de ses filles sont de celles que les meilleurs des enfants commettent journellement quand leurs pères ont eu la faiblesse d'abdiquer toute indépendance et d'abandonner toute fortune : offenses par lésinerie, par avarice, par cupidité, voilà les fautes des filles de Lear dans le récit de Geoffroy de Monmouth, et ces fautes on ne peut les juger bien sévèrement, les instincts de notre nature étant une fois connus. D'ingratitude véritable, Geoffroy Montmouth ne nous en montre pas. Le vieux roi vécut très-heureux chez Gonorilla pendant deux ans, nous dit le chroniqueur. Deux ans, vingt-quatre mois, sept cent trente jours, c'est beaucoup, c'est certainement autant que la vertu humaine ordinaire en peut porter. Au bout de ces deux ans, sans doute par suite de quelque gêne financière ou de quelque mesure nécessaire proposée par le chancelier de l'échiquier du duc d'Albanie, l'escorte de soixante chevaliers est réduite à trente. Le roi se pique de dépit, et s'en va vivre chez sa seconde fille, Regau. Cette dernière montra moins de vertu que sa sœur, et son amour filial ne put tenir plus d'une année. C'est peu ; cependant c'est encore quelque chose. Irrité, le roi va trouver alors la fille qu'il a offensée, et il en reçoit l'hospitalité la plus généreuse. Il est vengé par elle, rétabli par elle dans ses droits, et meurt sur son trône. Où est l'infortune dans tout cela ? Quel jour le vieux roi a-t-il manqué de gîte, d'abri, de vêtements, de nourriture ? Je vois dans le récit du chroniqueur les vicissitudes ordinaires de la vie humaine, les petitesses ordinaires de la nature humaine ; je ne vois nulle part cet excès du malheur et cette noire sécheresse du cœur qui font de la pièce de Shakespeare le drame le plus tragique, le plus navrant qui ait été jamais écrit. De la folie de Lear, il n'en est pas non plus fait mention ; le caractère de Lear tel que le chroniqueur nous le présente n'est d'ailleurs ni assez passionné, ni assez royal pour aboutir à la folie. Le Lear de la légende bretonne n'est pas poétique parce qu'il n'est pas vraiment malheureux. Quelle différence avec le Lear de Shakespeare qui franchit d'un seul bond tous les échelons qui le séparent de la misère humaine, qui en un clin d'œil de roi devient mendiant, et dont la vieillesse doit faire l'expérience accablante non d'une ingratitude honnête et modérée, mais de la plus noire dureté dont le cœur humain soit capable ! Le Lear de Shakespeare ne doit donc à peu près rien au Lear de la tradition. Il en est de même de Cordélia qui n'est pas intéressante le moins du monde dans le récit du chroniqueur. La réponse qu'elle fait à son père est une incartade de sincérité qui lui a mal réussi et sur laquelle le vieillard pouvait parfaitement se tromper. La vengeance qu'elle tire de ses sœurs coupables n'est pas exempte d'ambition, et son amour filial est, en tout cas, amplement récompensé par la possession du trône de Bretagne. Où est cependant cette fille humble de cœur, sincère et *sotte* d'âme, qui ne peut réussir à faire monter à ses lèvres les sentiments dont son cœur est plein, qui plus tard ne sait que pleurer devant les infortunes de son père, et ne trouve pour le ramener à la raison que deux mots sublimes dans leur simplicité : « et je suis, je suis Cordélia » ?

Si ce n'est pas à Geoffroy de Monmouth, et à Hollinshed son écho, que Shakespeare doit les rudiments de son drame, il peut les avoir empruntés soit au *Miroir des magistrats*, soit à la *Reine des fées* de Spenser, soit enfin à un drame anonyme intitulé : *La vraie chronique histoire du roi Lear et de ses trois filles, Gonorill, Ragan et Cordella*, publié en 1603. Steevens a réimprimé cette pièce dans son recueil des six vieux drames anonymes; les curieux pourront aller l'y chercher s'ils ont du temps à perdre. Cet auteur dramatique anonyme reproduit avec la plus désespérante exactitude le récit de Geoffroy de Monmouth. Comme dans la chronique, Lear est vengé et remonte sur son trône. Il n'y est question ni de la folie, ni de la misère du roi ; cependant il s'y trouve quelques grossières indications de caractères dont Shakespeare a pu profiter : un certain seigneur Perillus, par exemple, informe ébauche du caractère de Kent; un certain seigneur Skalliger, hypocrite et scélérat, qui combine en lui quelques-uns des traits d'Edmond et des traits d'Oswald. Ce drame anonyme porte la date de 1605; c'était justement l'époque où Shakespeare composait selon toute probabilité son chef-d'œuvre ; mais il ne faudrait pas conclure de cette coïncidence que les deux pièces sont contemporaines. Le drame anonyme est beaucoup plus ancien, et Shakespeare le connaissait depuis fort longtemps, car il s'y rencontre quelques vers dont le poëte s'est emparé pour les transporter dans *Richard II*, et les développer dans une des tirades désespérées du roi.

Il nous reste encore à citer une dernière source, la plus modeste de toutes, et celle où peut-être Shakespeare a puisé le plus directement, une vieille ballade populaire que le lecteur curieux trouvera dans les *Réliques* de Percy. Dans cette vieille ballade l'histoire de Lear se rapproche singulièrement du drame de Shakespeare. L'ingratitude de Régane et de Goneril est mise en relief avec une exagération toute populaire, mais qui a le mérite de faire ressortir tout ce que ce vice dénaturé a d'odieux. Les deux sœurs réduisent le vieux roi à partager la nourriture des marmitons, se le renvoient de l'une à l'autre comme une balle poussée du pied avec mépris, tirent sur lui les verrous de leurs portes et le laissent aller mendier sa vie sur les grandes routes. Alors le vieux roi désespéré, se répand en malédictions contre lui-même, arrache ses cheveux blancs, adresse à tous les objets de la nature des plaintes inutiles et devient presque fou de rage. Le dénoûment seul diffère de celui de Shakespeare. Comme dans la légende de Geoffroy de Monmouth, le vieux roi est rétabli sur son trône et ses deux coupables filles sont punies de mort.

Quant à l'histoire du bon Edgar et du méchant Edmond, que Shakespeare a placée symétriquement en face de l'histoire de Lear et de ses filles, le grand poëte en a, selon toute apparence, trouvé l'indication dans l'*Arcadie* de Sir Philippe Sydney (livre II, chapitre x). Comme dans le *Roi Lear*, il est question dans cet épisode d'un bon fils, légitime héritier de son père, calomnié traîtreusement par un frère bâtard, d'âme aussi noire que de naissance vicieuse, et d'un vieux père crédule, puni de sa cécité morale par la perte de ses yeux de chair, réduit à chercher en tâtonnant sa vie sur les grandes routes jusqu'au jour où le fils qu'il a persécuté vient guider ses pas, protéger son existence contre le besoin et le venger en se vengeant lui-même.

Parmi toutes les tragiques histoires que Shakespeare a racontées, il n'en est pas de plus douloureuse et qui blesse plus profondément le cœur que celle du *Roi Lear*, car il n'en est pas qui montre plus profondément l'incroyable faiblesse de la nature humaine. Pour détruire les conditions les plus heureuses, c'est assez d'une erreur d'un instant; notre pauvre cœur est si peu protégé contre lui-même qu'il suffit du plus léger malentendu pour déraciner les sentiments les plus tenaces et les plus forts. Un mouvement de colère, une lubie d'une minute, une parole mal expliquée, et voilà tout notre bonheur détruit. Cordélia était la fille la plus aimée de Lear, et parce que son cœur trop simple n'est pas habile à la rhétorique, la voilà livrée par son père à tous les hasards de l'infortune. Mais ce n'est encore là que le premier degré de cette faiblesse effrayante que Shakespeare nous découvre. Nos instincts sont moins sûrs que ceux des plus humbles bêtes : les animaux savent distinguer entre les plantes celles qui leur sont salutaires et celles qui leur sont nuisibles, et entre les diverses familles des brutes celles qui leur sont amies et ennemies. L'agneau flaire le loup sans même avoir besoin de l'apercevoir, les oiseaux de basse-cour sentent venir le milan lorsqu'il est encore imperceptible aux yeux humains; mais, hélas! il n'en est pas ainsi de nous, et nos cœurs et nos âmes sont tellement aveugles qu'ils ne savent pas reconnaître les sentiments véritables qui les appuient ou les menacent. Tous tant que nous sommes nous prenons nos amis pour nos ennemis, et les instincts les plus infaillibles en apparence sont les premiers à se tromper. Quels instincts, en effet, devraient être plus infaillibles que ceux d'un père, et cependant, voyez! le vieux roi Lear maudit la seule de ses filles qui le chérisse réellement, et se remet aux mains de celles qui n'ont pour lui qu'indifférence et qui tout à l'heure n'auront pour lui qu'aversion. Mais le roi Lear est vieux, son jugement est affaibli par l'âge; sa décision précipitée est le fruit fatal de cette trop longue habitude du commandement qui finit par livrer l'homme à toutes les erreurs en le privant de contradicteurs : eh bien, prenez Gloucester; celui-là est encore dans la force de l'âge, sa raison n'est pas affaiblie, il ne radote pas impérieusement comme le roi Lear dont il a l'exemple si récent sous les yeux et dont il déplore lui-même l'erreur fatale; cependant c'est à ce moment même où il vient d'assister à l'injuste bannissement de Cordélia et de Kent qu'il prête l'oreille aux suggestions perfides de son fils Edmond, et cela d'emblée, sans un instant de doute, sans se donner le temps de faire cette réflexion si naturelle, que si l'un de ses deux fils lui est ennemi et cherche sa mort, ce doit être bien plutôt celui qui par sa naissance est exclu de son héritage que celui à qui reviennent de droit ses biens et ses titres. Nous ne nous connaissons pas les uns les autres et nous n'avons presque aucun moyen de nous reconnaître, tant nos âmes sont isolées inexorablement dans ce donjon de chair aux murs opaques où elles sont prisonnières. Tous, tant que nous sommes, nous ressemblons à la pauvre Cordélia qu'un obstacle intérieur paralyse, qui ne peut parvenir à dire ce qu'elle éprouve; qui reste muette par trop de tendresse, et qui passe pour n'aimer pas précisément parce qu'elle aime trop.

Ce n'est pas seulement cet incurable aveuglement de la nature humaine qui fait la tristesse sombre du drame de Shakespeare. Le dénoûment en est cruel jusqu'à l'immoralité. Certes, Shakespeare nous a montré bien des dénoûments douloureux. Dans *Roméo et Juliette*, les deux amants meurent l'un après l'autre, par un fatal malentendu, sans même avoir eu la douceur d'un dernier embrassement. Dans *Hamlet*, la fatalité, qui si longtemps a marché d'un pied boiteux, accomplit son œuvre en une minute avec une inexorable précipitation. Mais ni le dénoûment de *Roméo*, ni celui d'*Hamlet* ne serrent le cœur comme le dénoûment du *Roi Lear*. La philosophie morale de Shakespeare ne s'est jamais exprimée avec une mélancolie plus amère. La nature et la fortune se rient également des bons et des méchants, des innocents et des coupables. Ne dites pas que le mal domine en ce monde, mais ne dites pas non plus que le bien y triomphe. Rarement les méchants profitent de leurs crimes, parce qu'il y a dans le crime un principe de mort pour son auteur; mais rarement aussi les bons reçoivent la récompense de leurs vertus. Ils périssent par leur dévouement et leur charité comme les méchants périssent par leurs trames, et la même terre leur ouvre impartialement son sein. Cordélia meurt victime de son amour filial, comme Edmond le parricide meurt englué dans ses propres perfidies. Ce sont les indifférents, ceux qui ne sont ni innocents ni coupables, qui profitent également des vertus des uns et des crimes des autres. Fortinbras recueille à la fois l'héritage de Claudius et d'Hamlet; le duc d'Albanie gagne autant par la mort de la vertueuse Cordélia que par celles de ses deux coupables sœurs.

Cette philosophie morale n'est point gaie, il en faut convenir : pour ajouter encore à la mélancolie qu'elle inspire naturellement, Shakespeare lui a adjoint une doctrine physiologique qui n'est pas non plus fort riante. Le *Roi Lear* est en effet une véritable étude sur la folie, une étude des plus complètes et des plus sagaces. Nous voyons naître et se développer le terrible désordre, nous le suivons dans toutes ses phases, et le poëte nous arrête avec une précision admirable à chacune de ses crises importantes. Le point de départ apparent de cette folie, c'est la grande scène passionnée où le vieillard déjà ébranlé par sa première querelle avec Goneril, maudit tour à tour ses deux filles; mais le point de départ véritable remonte plus haut et doit être cherché dans la première scène même du drame. De l'enquête poétique à laquelle Shakespeare nous fait assister, il résulte que Lear était fou même en pleine santé, longtemps avant que le délire se déclarât, et que cette folie n'aurait jamais été connue, si Goneril et Régane ne lui avaient fourni, par les procédés de leur ingratitude, une raison d'éclater. Supposons qu'il eût été traité comme un père a droit de l'être par ses deux filles, Lear aurait passé pour jouir de la plénitude de ses facultés; il n'en aurait pas moins été un fou. Il l'était déjà le jour où il maudit et deshérita Cordélia, et c'est parce qu'il l'était qu'il la maudit et la spolia. Qu'est-ce que cette précipitation du jugement sinon un acte de folie? Il l'était antérieurement encore, dès le jour où il sentit la démangeaison de mettre à l'épreuve l'amour de ses filles. Qu'est-ce que cette démangeaison sinon une perversion dangereuse de l'âme? Il l'était enfin le jour où il conçut la pensée de se dépouiller et de se placer à la merci de l'affection de ses enfants, car il pécha contre la prudence et la sagesse. Combien nous avons de fous parmi nous qui ne sont pas connus et ne le seront jamais, parce qu'il leur manque et leur manquera heureusement l'épreuve tragique qui renverserait l'équilibre chancelant de leurs facultés. Cette étude physiologique de la folie est après la cruelle philosophie morale que nous avons résumée le grand intérêt du *Roi Lear*.

Le *Roi Lear* est aussi dans plusieurs de ses épisodes une peinture historique des plus précieuses. Pour l'homme qui n'a pas vécu dans celles de nos provinces où les anciennes habitudes conservaient hier encore un tout-puissant empire, les scènes où Edgar hurle, miaule et glapit les pittoresques imbécillités de son délire simulé offrent une représentation puissamment colorée des maladreries du moyen âge, représentation dont nous garantissons l'exactitude, car nous les avons connues non par les livres, mais par notre expérience personnelle. Aujourd'hui nos délicats édiles cachent soigneusement à nos yeux faciles à offenser le spectacle des horreurs humaines; mais il y a quelque trente ans comme ce vivant *memento* s'étalait audacieusement dans celles de nos anciennes villes où le christianisme avait conservé sa puissance séculaire, et nous rappelait éloquemment à la misère de notre condition ! Comme ils étaient épais aux portes des églises ces flots de frères misérables, que le langage mystique appelle les membres souffrants de Jésus-Christ, sourds-muets aux rauques beuglements, aveugles aux supplications plaintives, bambins fiévreux et malingres aux accents nasillards ! Je les ai vus en toute réalité ces mangeurs de couleuvres et ces éleveurs de lézards errant librement en chantant leurs complaintes à travers les rues des villes où leur aspect n'offensait personne; je les ai vus ces *Toms* de Bedlam, maniaques irritables ou fous inoffensifs, parcourir les campagnes dont ils étaient la terreur ou le jouet. Une autre peinture du moyen âge bien exacte aussi est celle du fou du roi Lear. Combien de fois ce joyeux valet n'a-t-il pas égayé les sombres murs de la prison où languissait son maître abandonné de tous, et préservé jusqu'au pied de l'échafaud la lumière d'une âme qui s'éteignait sous l'excès du malheur. Innombrables sont les exemples de fidélité et de constance que donnèrent les bouffons des princes et des seigneurs au moyen âge : lorsque tous les sages fuyaient, le *sot* seul restait et usait à consoler son maître l'esprit qu'il employait naguère à l'amuser. L'histoire italienne, si tragique, est pleine notamment des actes de vertu de ces bouffons à gages. Je n'en citerai qu'un seul exemple, le dernier que le hasard de mes lectures m'ait fait rencontrer. Il y eut un jour où la maison des Scaliger de Vérone fut très-près de sa ruine par le fait des Carrare de Padoue et des Vénitiens. Parmi les Scaliger il s'en trouvait un, Alberto, jeune et ami du plaisir, qui, malgré les avis de son frère Mastino, s'obstinait à rester à Padoue. Il y fut surpris par Massilio de Carrare, et livré aux Vénitiens qui le jetèrent dans les prisons de la Seigneurie. Cependant au milieu de sa détresse il resta encore un ami à ce gai, imprudent, imprévoyant seigneur, et cet ami, ce fut son bouffon Nicoletto, qui demanda à partager son sort et s'enferma dans son cachot. Ainsi le fou de Lear n'est pas seulement un personnage inventé par la philosophie de Shakespeare, et placé dans le drame pour mieux faire ressortir l'excès de misère du vieux roi, c'est un personnage historique de la plus scrupuleuse exactitude.

PERSONNAGES DU DRAME.

LEAR, ROI DE BRETAGNE.
LE ROI DE FRANCE.
LE DUC DE BOURGOGNE
LE DUC D'ALBANIE.
LE DUC DE CORNOUAILLES.
LE COMTE DE KENT.
LE COMTE DE GLOUCESTER.
EDGAR, fils de GLOUCESTER.
EDMOND, fils bâtard de GLOUCESTER.
CURAN, courtisan.
OSWALD, intendant de GONERIL.
UN VIEILLARD, tenancier de GLOUCESTER.
UN MÉDECIN.
LE FOU DU ROI LEAR.
UN CAPITAINE, employé par EDMOND.
UN GENTILHOMME, émissaire de CORDÉLIA.
UN HÉRAUT.
SERVITEURS DU DUC DE CORNOUAILLES.

GONERIL,
RÉGANE,   } filles du ROI LEAR.
CORDÉLIA,

CHEVALIERS DE LA SUITE DU ROI LEAR, OFFICIERS, MESSAGERS,
SOLDATS ET GENS DES SUITES.

SCÈNE. — LA GRANDE-BRETAGNE.

LE ROI LEAR.

ACTE I.

SCÈNE PREMIÈRE.

Un appartement d'état dans le palais du ROI LEAR.

Entrent KENT, GLOUCESTER, *et* EDMOND.

KENT. — J'aurais cru que le roi avait plus d'affection pour le duc d'Albanie que pour Cornouailles.

GLOUCESTER. — C'est aussi ce qui nous avait toujours semblé : mais aujourd'hui, dans ce partage du royaume, on ne voit pas lequel des ducs il apprécie le plus ; car les lots sont tellement balancés, que l'examen le plus minutieux ne saurait faire choix entre celui de l'un et celui de l'autre.

KENT. — N'est-ce pas là votre fils, Monseigneur ?

GLOUCESTER. — Son éducation, Monseigneur, a été faite à ma charge : j'ai si souvent rougi de le reconnaître que maintenant je suis bronzé là-dessus.

KENT. — Je ne parviens pas à concevoir.

GLOUCESTER. — Monseigneur, la mère de ce jeune camarade concevait parfaitement bien, elle : c'est pourquoi son ventre s'arrondit, en sorte qu'elle eut ma foi un fils pour son berceau, avant d'avoir un mari pour son lit. Flairez-vous une faute, Monseigneur ?

Kent. — Je ne souhaiterais pas que la faute n'eût pas été commise, puisqu'elle a eu un si charmant résultat.

Gloucester. — Mais, Monseigneur, j'ai un fils selon la règle de la loi qui est de quelques années l'aîné de celui-là, et cependant il ne m'est pas plus cher que lui : quoique ce maraud soit venu un peu impertinemment dans ce monde avant qu'on l'eût fait demander, sa mère était belle, le plaisir de le faire me donna du bon temps, et il a bien fallu reconnaître cet enfant de catin. — Connaissez-vous ce noble gentilhomme, Edmond ?

Edmond. — Non, Monseigneur.

Gloucester. — Monseigneur de Kent : souvenez-vous de lui comme de mon honorable ami.

Edmond. — Mes services à Votre Seigneurie.

Kent. — Je veux vous aimer, et je me ferai un plaisir de pousser plus avant votre connaissance.

Edmond. — Monseigneur, je m'étudierai à mériter votre affection.

Gloucester. — Il a été neuf ans à l'étranger, et il y retournera encore. (*Fanfares de trompettes à l'extérieur.*) Le roi vient.

Entrent le roi LEAR, CORNOUAILLES, ALBANIE, GONERIL, RÉGANE, CORDÉLIA, *et des gens de leurs suites.*

Lear. — Allez chercher les souverains de France et de Bourgogne, Gloucester.

Gloucester. — Je vous obéis, mon Suzerain. (*Il sort avec Edmond.*)

Lear. — En les attendant, nous allons vous révéler nos plus secrètes résolutions. — Donnez-moi la carte ici. — Sachez que nous avons divisé notre royaume en trois : c'est notre ferme propos de débarrasser notre vieillesse de tous soucis et de toutes affaires, et de les déposer sur des épaules plus jeunes et plus fortes, tandis que, libre de tout fardeau, nous nous dirigerons à petits pas vers la mort. — Notre fils de Cornouailles, et vous notre fils d'Albanie dont nous ne sommes pas moins aimé, nous avons arrêté la résolution de déterminer publiquement ici les différents douaires de nos filles, afin que toute discussion ultérieure soit dès à présent prévenue. Les princes de France et de Bourgogne, rivaux illustres qui se disputent le cœur de notre plus jeune fille, ont fait longtemps à notre cour un séjour amoureux, et doivent recevoir ici une réponse. — Eh bien, mes filles, puisqu'à cette heure nous voulons nous dépouiller de tout gouvernement, gestion de propriétés et soucis d'état à la fois, de laquelle de vous pourrons-nous dire que nous sommes le plus aimé? Apprenez-nous cela, afin que notre plus large générosité s'étende sur celle dont les sentiments naturels mériteront une plus grande récompense. — Goneril, notre fille aînée, parle la première.

Goneril. — Sire, je vous aime plus que les mots n'ont de force pour le dire; plus chèrement que la vue, l'espace et la liberté; au-dessus de tout ce qui peut être estimé de riche ou de rare; non moins que la vie quand elle est dotée de grâce, de santé, de beauté et d'honneur; autant qu'enfant aima jamais, ou que père fut jamais aimé; mon amour est un amour qui rend pauvre la parole, impuissant le discours; c'est ainsi que je vous aime, au delà de tout ce que je viens de nommer.

Cordélia, *à part*. — Que pourra faire Cordélia? aimer et garder le silence.

Lear. — Depuis cette ligne-ci jusqu'à celle-là, nous te faisons souveraine de tout ce qui est renfermé entre ces limites, forêts ombreuses et riches campagnes, rivières fertilisantes et vastes prairies : que cet héritage reste perpétuel dans votre lignée, à Albanie et à toi. — Que dit notre seconde fille, notre très-chère Régane, épouse de Cornouailles? parle.

Régane. — Sire, je suis faite du même métal que ma sœur, et je m'estime à sa valeur. Au fond de mon cœur, je découvre qu'elle a nommé la nature même de mon amour; seulement elle reste en deçà de moi, en cela que je me déclare ennemie de toutes les autres joies que possède le plus précieux domaine des sentiments, et que je ne me trouve absolument heureuse que dans l'amour de votre chère Altesse.

Cordélia, *à part*. — En ce cas, pauvre Cordélia.... et cependant non, car je suis sûre que mon amour est plus riche que ma langue.

Lear. — Qu'à toi et aux tiens reste perpétuellement héréditaire ce vaste tiers de notre beau royaume, tiers qui en étendue, valeur et agrément, ne le cède pas à celui que j'ai conféré à Goneril. — Et vous, notre joie, notre dernière fille, mais non la moins aimée, vous dont les vignobles de France et les pâturages de Bourgogne cherchent en rivaux à intéresser la jeune affection, que pouvez-vous dire qui vous gagne un lot plus opulent que vos sœurs? Parlez.

Cordélia. — Rien, Monseigneur.

Lear. — Rien!

Cordélia. — Rien.

Lear. — Le rien ne peut venir que du rien (*a*). Parlez encore.

Cordélia. — Malheureuse que je suis, je ne puis faire monter mon cœur jusqu'à ma bouche : j'aime Votre Majesté comme c'est mon devoir, ni plus, ni moins.

Lear. — Qu'est-ce à dire, qu'est-ce à dire, Cordélia! réparez un peu vos paroles, si vous ne voulez pas ruiner votre fortune.

Cordélia. — Mon bon Seigneur, vous m'avez engendrée, élevée, aimée, et je vous rends ces devoirs par les devoirs qui me sont légitimement imposés; je vous aime, je vous obéis, je vous honore par-dessus tous. Pourquoi mes sœurs ont-elles des époux, si elles disent qu'elles n'aiment que vous? Peut-être, lorsque je me marierai, l'époux dont la main recevra mon engagement, emportera-t-il avec lui la moitié de mon amour, de ma sollicitude, de

---

(*a*) C'est-à-dire, qui n'a rien dans la bouche, n'a rien dans le cœur.

mon devoir : à coup sûr, je ne me marierai jamais comme mes sœurs pour n'aimer absolument que mon père [1].

Lear. — Mais est-ce que ton cœur est d'accord avec ces paroles ?

Cordélia. — Oui, mon bon Seigneur.

Lear. — Si jeune et si peu tendre ?

Cordélia. — Si jeune et si franche, Monseigneur.

Lear. — Soit ; eh bien alors que ta franchise te serve de douaire : car par la lumière sacrée du soleil, par les mystères d'Hécate et de la nuit, par toutes les influences des astres par lesquelles nous existons et cessons d'être, j'abdique ici toute ma sollicitude paternelle, ma proximité et mes droits du sang, et à partir de ce moment, je te tiens pour toujours comme étrangère à mon cœur et à moi ! Le Scythe barbare, ou l'homme qui fait de ses enfants l'aliment chargé d'apaiser sa faim, seront aussi près de mon amitié, de ma pitié et de mon assistance que toi, ma ci-devant fille....

Kent. — Mon bon Suzerain....

Lear. — Paix, Kent ! Ne t'interpose pas entre le dragon et sa colère. Je l'aimais par-dessus toutes, et je comptais confier mon repos à ses tendres soins. — (*A Cordélia.*) Hors d'ici ! fuis loin de ma vue ! — Que mon tombeau me donne la paix comme il est vrai que je lui retire ici mon cœur de père ! — Appelez France. — Eh bien qui se dérangera ? Appelez Bourgogne. — Cornouailles et Albanie, avec les douaires de mes deux filles englobez encore ce dernier tiers : que l'orgueil qu'elle appelle sincérité la marie. Je vous investis tous deux conjointement de mon pouvoir, de ma souveraineté, et de toutes les larges prérogatives qui escortent la majesté. Nous-même, nous irons alternativement, un mois chez l'un, un mois chez l'autre, établir notre résidence à vos foyers, avec une suite de cent chevaliers que nous nous réservons et qui devra être entretenue par vous. Seulement nous conserverons encore le nom de roi et toutes les étiquettes qui appartiennent à ce titre ; quant au gouvernement, à l'administration du revenu, et aux autres fonctions royales, je vous les remets, mes bien-aimés fils, et comme confirmation de mes paroles, partagez entre vous cette couronne. (*Il leur donne la couronne.*)

Kent. — Royal Lear, que j'ai toujours honoré comme mon roi, aimé comme mon père, suivi comme mon maître, invoqué dans mes prières comme mon grand patron....

Lear. — L'arc est bandé et a lancé sa flèche, écartez-vous de son chemin.

Kent. — Laissez-la frapper au contraire, dût sa pointe pénétrer la région de mon cœur : que Kent soit impoli puisque Lear est fou. Que veux-tu faire, vieillard ? Crois-tu donc que la loyauté aura crainte de parler lorsque la puissance se rend à la flatterie ? L'honneur est tenu à la sincérité lorsque la majesté s'humilie sous la folie. Retire ton arrêt, et après meilleures considérations, fais rebrousser chemin à cette odieuse précipitation : j'engage ma vie que je touche la vérité en te disant que ta plus jeune fille n'est pas celle qui t'aime le moins ; ils ne sont pas vides les cœurs dont le son étouffé ne répercute aucun sentiment creux.

Lear. — Kent, sur ta vie, assez !

Kent. — Ma vie ! je ne l'ai jamais considérée que comme un dépôt pour m'en servir contre tes ennemis, et je ne crains pas de la perdre, lorsque je l'expose pour ta sécurité.

Lear. — Hors de ma vue !

Kent. — Vois-y plus clair, Lear, et laisse-moi rester comme le vrai point de mire de tes yeux.

Lear. — Par Apollon, à cette heure[2] !...

Kent. — Eh bien, par Apollon, roi, c'est en vain que tu jures par tes Dieux à cette heure.

Lear, *saisissant son épée*. — Oh, vassal ! mécréant !

Albanie *et* Cornouailles. — Arrêtez, Sire bien-aimé.

Kent. — Tue ton médecin, et emploie son salaire à entretenir ton odieuse maladie. Révoque ton partage, ou tant que mon gosier pourra livrer passage aux reproches, je te dirai que tu fais mal.

LEAR. — Écoute-moi, renégat! sur l'allégeance que tu me dois, écoute-moi! — Puisque tu as cherché à nous faire briser notre serment, — ce que nous n'avons encore jamais osé faire, — et que tu as cherché par une obstination d'orgueil à t'interposer entre notre sentence et notre pouvoir, — ce que ni notre caractère, ni notre rang ne peuvent permettre, — notre puissance l'ordonnant ainsi, reçois ta récompense. Nous t'accordons cinq jours pour prendre les mesures propres à te protéger contre les misères du monde; le sixième, aie soin de tourner à notre royaume les épaules de ta personne haïe : si le dixième jour à partir de ce moment, ta carcasse bannie est trouvée dans nos domaines, tu meurs sur-le-champ. Fuis! Par Jupiter, cette sentence ne sera pas révoquée.

KENT. — Adieu, roi : puisque c'est sous cet aspect que tu veux te montrer, c'est hors de ce pays que vit la liberté, et c'est l'exil qui est ici. (*A Cordélia.*) Que les Dieux t'abritent sous leur tendre sauvegarde, jeune fille qui penses avec justesse et qui as parlé très-droitement! (*A Gonéril et à Régane.*) Et puissent vos actions être d'accord avec vos beaux discours, en sorte que de paroles d'amour naissent de vertueuses réalités. Ô princes, c'est ainsi que Kent vous dit à tous adieu ; il va tâcher d'acclimater ses vieilles habitudes dans une contrée nouvelle. (*Il sort.*)

Fanfare. Rentre GLOUCESTER *avec* LE ROI DE FRANCE, LE DUC DE BOURGOGNE *et leurs suites.*

GLOUCESTER. — Voici France et Bourgogne, mon noble Seigneur.

LEAR. — Monseigneur de Bourgogne, nous nous adressons en premier à vous qui avez été le rival de ce roi pour l'amour de notre fille : quel est le moindre douaire que vous exigeriez présentement pour ne pas abandonner votre sollicitation amoureuse?

LE DUC DE BOURGOGNE. — Très-Royale Majesté, je ne sollicite pas davantage que n'a offert Votre Altesse, et vous ne voudrez pas accorder moins.

Léar. — Très-noble Bourgogne, lorsqu'elle nous était chère, nous l'estimions à la valeur du douaire promis ; mais aujourd'hui son prix a baissé. La voici là, Seigneur ; si quelque chose dans cette petite créature hypocrite, ou si sa personne entière, dotée de notre déplaisir et de rien autre, peut convenir à Votre Grâce, la voici là, et elle est à vous.

Le duc de Bourgogne. — Je ne sais que répondre.

Léar. — Telle que la voici, avec les disgrâces attachées à sa personne, privée d'amis, fille nouvellement adoptive de notre haine, dotée de notre malédiction, transformée en étrangère par notre serment, la prenez-vous, ou la laissez-vous ?

Le duc de Bourgogne. — Pardonnez-moi, royale Altesse ; on ne fait pas un choix à de telles conditions.

Léar. — En ce cas, laissez-la, Seigneur ; car par la puissance qui me créa, je vous déclare toutes ses richesses. (*Au roi de France.*) Quant à vous, grand roi, je ne voudrais pas frauder votre amitié au point de vous faire épouser qui je hais ; par conséquent je vous conjure de porter votre amour en meilleur lieu, et de le détourner d'une malheureuse que la nature a presque honte d'avouer sienne.

Le roi de France. — Cela est bien étrange, que la personne qui était il n'y a qu'un instant votre objet le plus précieux, le thème de vos louanges, le baume de votre vieillesse, la meilleure, la plus chérie de vos filles, ait pu dans ce rien de temps commettre une faute assez monstrueuse pour mériter d'être dépouillée des si nombreuses draperies de votre faveur ! A coup sûr, il faut que son offense soit d'un ordre tellement contre nature qu'elle en est monstrueuse, ou bien l'affection que vous professiez précédemment pour elle péchait par trop d'indulgence ; et pour croire cela d'elle, il me faudrait une foi que, sans miracle, la raison ne pourrait jamais m'inculquer.

Cordélia. — J'adresse encore une prière à Votre Majesté. Je manque sans doute de cet art onctueux et coulant qui parle sans intention de réaliser ses paroles, car ce que j'ai la ferme intention de faire, je le fais avant même de le dire; cependant veuillez faire savoir que ce qui m'a privée de votre grâce et de votre faveur, ce n'est ni tache vicieuse, ni meurtre, ni ignominie, ni action contraire à la chasteté, ni démarche contraire à l'honneur, mais seulement l'absence de ces dons dont la privation me rend plus riche, — un œil perpétuellement solliciteur, et une langue que je suis heureuse de ne pas avoir, bien que ne pas la posséder m'ait coûté votre affection.

LEAR. — Mieux eût valu que tu ne fusses pas née que de n'avoir pas su me plaire davantage.

LE ROI DE FRANCE. — N'est-ce que cela? une sorte de lenteur dans la nature qui laisse souvent inarrée l'histoire qu'elle a l'intention de raconter?—Monseigneur de Bourgogne, que dites-vous à cette Dame? L'amour n'est pas de l'amour lorsqu'il s'y mêle des considérations qui sont entièrement étrangères à son objet. La prenez-vous? sa personne est un douaire par elle-même.

LE DUC DE BOURGOGNE. — Royal Lear, accordez seulement la portion que vous avez proposée vous-même, et je prends ici la main de Cordélia qui devient duchesse de Bourgogne.

LEAR. — Rien: j'ai juré; je suis inébranlable.

LE DUC DE BOURGOGNE. — En ce cas, je suis chagrin que vous ayez perdu un père à tel point qu'il vous faille perdre un époux.

CORDÉLIA. — Paix soit avec Bourgogne! Puisque les considérations de fortune composent tout son amour, je ne serai pas sa femme.

LE ROI DE FRANCE. — Très-belle Cordélia, qui n'es que plus riche par ta pauvreté, plus précieuse par ton abandon, plus aimée par le mépris qu'on t'inflige! je m'empare ici de toi et de tes vertus; qu'il me soit permis de relever ce qui est rejeté. Dieux! Dieux! n'est-il pas étrange que devant leur dédain de glace mon amour se soit embrasé d'un respect enflammé? Roi, ta fille sans douaire, que la chance jette ainsi entre mes bras, devient notre reine, celle de nos sujets et de notre belle France:

tous les ducs de la marécageuse Bourgogne ne m'achèteraient pas cette précieuse vierge inappréciée. Dis-leur adieu, Cordélia, bien qu'ils soient dénaturés pour toi : tu as perdu ici pour trouver mieux ailleurs.

Lear. — Tu la possèdes, France : qu'elle soit tienne, car une fille semblable ne nous appartient pas, et jamais plus nous ne reverrons son visage : — ainsi pars, sans notre faveur, sans notre amour, sans notre bénédiction. Venez, noble Bourgogne. (*Fanfare. Sortent Lear, le duc de Bourgogne, Cornouailles, Albanie, Gloucester et leurs suites.*)

Le roi de France. — Dites adieu à vos sœurs.

Cordélia. — Joyaux de notre père, Cordélia vous quitte, les yeux noyés de larmes. Je sais ce que vous êtes, et comme il convient à une sœur, j'ai répugnance à donner à vos défauts leur vrai nom. Traitez bien notre père : je le recommande à vos cœurs si pleins de protestations : mais hélas! si j'avais ses bonnes grâces, je lui trouverais un meilleur asile. Là-dessus, adieu à vous deux.

Goneril. — Ne nous prescrivez pas notre devoir.

Régane. — Faites votre étude de contenter votre Seigneur qui vous a reçue de la charité de la fortune. Vous avez été avare d'obéissance, et c'est justement que vous avez perdu ce que vous avez perdu.

Cordélia. — Le temps dévoilera ce que cache l'hypocrisie discrète : la honte vient à la fin insulter de ses fautes celui qui les dissimule. Puissiez-vous prospérer!

Le roi de France. — Venez, ma belle Cordélia. (*Sortent le roi de France et Cordélia.*)

Goneril. — Ma sœur, je n'ai pas peu de chose à vous dire sur un sujet qui nous intéresse de fort près toutes les deux. Je pense que notre père partira d'ici cette nuit.

Régane. — C'est très-certain, et avec vous ; le mois prochain il viendra avec nous.

Goneril. — Vous voyez quelles grandes altérations l'âge a apportées en lui ; l'expérience que nous venons d'en faire n'a pas été petite : il avait toujours aimé notre sœur plus que nous, et la manière dont il vient de la déshériter n'indique qu'avec trop d'évidence l'affaiblissement de sa raison.

RÉGANE. — C'est l'infirmité de son âge : cependant il n'a jamais été bien solidement en possession de lui-même.

GONERIL. — Dans son temps le meilleur et le plus sensé, il a toujours été violent avec précipitation : nous devons par conséquent nous attendre à rencontrer dans sa vieillesse, non-seulement les imperfections depuis longtemps invétérées de son caractère, mais en outre les emportements déréglés que les années d'infirmités et d'irritation amènent avec elles.

RÉGANE. — Il faut nous attendre à des explosions soudaines, pareilles à celle qui a fait exiler Kent.

GONERIL. — Il a encore à échanger des compliments d'adieu avec le roi de France. Je vous prie, concertons-nous ensemble ; si notre père exerce une autorité quelconque dans les dispositions où nous le voyons, cette résignation de son pouvoir qu'il vient de nous faire ne servira qu'à nous nuire.

RÉGANE. — Nous y penserons plus amplement.

GONERIL. — Il nous faut faire quelque chose, et cela dans la chaleur de la situation. (*Elles sortent.*)

SCÈNE II.

Une salle dans le château du COMTE DE GLOUCESTER.

Entre EDMOND *avec une lettre.*

EDMOND. — Tu es ma déesse, ô toi, nature ; j'engage mes services à ta loi. Pourquoi subirais-je l'affront de la coutume, et permettrais-je à la pointilleuse exigence des nations de me déshériter, parce que je suis en retard sur un frère de quelque douze ou quatorze lunes ? Pourquoi bâtard ? et comme conséquence pourquoi bas, alors que les proportions de mon corps sont aussi bien prises, alors que mon âme est aussi généreuse, ma beauté aussi réelle, que si j'étais le rejeton d'une honnête Madame ?

Pourquoi nous flétrissent-ils de cette épithète de bas, de cette accusation de bassesse? bâtardise? bas, bas? nous qui dans ce larcin gaillard de la nature puisons une substance plus forte et des éléments plus vigoureux qu'il n'en entre dans la procréation de toute une tribu de freluquets engendrés entre le sommeil et le réveil, dans un lit maussade, ennuyeux et froid? — Eh bien, en ce cas, légitime Edgar, je dois avoir votre terre : l'amour de notre père est dû au bâtard Edmond comme au fils légitime. Un beau mot, ce mot *légitime!* Eh bien mon *légitime* frère, si cette lettre produit son effet et que mon invention réussisse, Edmond le bas ira plus haut que *le légitime*. Je grandis, je prospère : allons, Dieux, soyez pour les bâtards!

Entre GLOUCESTER.

Gloucester. — Kent ainsi banni! le roi de France s'éloignant furieux! le roi parti ce soir! son pouvoir transféré! sa personne réduite à une pension! tout cela fait en un clin d'œil, sur un simple mouvement de colère[5]! — Eh bien, Edmond, quelles nouvelles?

Edmond. — Plaise à Votre Seigneurie, aucune. (*Il feint de cacher la lettre.*)

Gloucester. — Pourquoi cherchez-vous avec tant d'empressement à cacher cette lettre?

Edmond. — Je ne sais pas de nouvelles, Monseigneur.

Gloucester. — Quel papier lisiez-vous là?

Edmond. — Rien, Monseigneur.

Gloucester. — Rien! A quel propos alors ce terrible empressement à remettre ce papier dans votre poche? ce qui a qualité de rien n'a pas un tel besoin de se cacher. Voyons un peu : allons, si ce n'est rien, je n'aurai pas besoin de lunettes.

Edmond. — Je vous en conjure, Monseigneur, pardonnez-moi : c'est une lettre de mon frère que je n'ai pas entièrement lue; mais d'après ce que j'en ai parcouru, je vois qu'elle ne doit pas être mise sous vos yeux.

Gloucester. — Donnez-moi la lettre, Monsieur.

Edmond. — Je ferai mal, soit que je la garde, soit que je vous la donne. Le contenu, autant que je puis le comprendre, en est blâmable.

Gloucester. — Voyons, voyons.

Edmond. — J'espère, pour la justification de mon frère, qu'il n'a écrit cela que pour s'assurer de ma vertu ou en faire l'épreuve.

Gloucester, *lisant*. — « Cette coutume, ce respect pour l'âge nous rendent amères nos meilleures années, et nous retiennent nos fortunes jusqu'à ce que la vieillesse ne nous permette plus d'en jouir. Je commence à trouver absurde et insupportable l'esclavage exercé par cette tyrannie de la vieillesse qui gouverne, non parce qu'elle est puissante, mais parce qu'elle est tolérée. Venez me trouver, afin que je puisse vous en dire plus long là-dessus. Si notre père dormait jusqu'à ce que je le réveillasse, vous jouiriez pour toujours de la moitié de son revenu, et vous vivriez le bien-aimé de votre frère. Edgar. » Hum, un complot! « S'il sommeillait jusqu'à ce que je le réveillasse, vous jouiriez de la moitié de son revenu. » Mon fils Edgar! A-t-il pu avoir une main pour écrire cela? un cœur et un cerveau pour le concevoir? Quand avez-vous reçu cela? qui vous l'a porté?

Edmond. — Cette lettre ne m'a pas été apportée, Monseigneur, et c'est là qu'est la ruse; je l'ai trouvée déposée sur la fenêtre de mon cabinet.

Gloucester. — Vous reconnaissez l'écriture pour être celle de votre frère?

Edmond. — Si cette lettre était innocente, Monseigneur, j'oserais jurer que l'écriture est la sienne; mais étant ce qu'elle est, j'aime à penser le contraire.

Gloucester. — Cette lettre est de lui.

Edmond. — Elle est de sa main, Monseigneur; mais j'espère que son cœur n'est pas dans ce qu'elle contient.

Gloucester. — Ne vous avait-il jamais auparavant sondé sur cette affaire?

Edmond. — Jamais, Monseigneur; mais je l'ai souvent

entendu dire que lorsque les fils sont arrivés à l'âge de parfaite maturité, et les pères à l'âge du déclin, le père devrait être placé sous la tutelle du fils, et le fils administrer ses revenus.

GLOUCESTER. — Oh, le scélérat, le scélérat! c'est l'opinion même qu'il exprime dans sa lettre. — Abhorré scélérat! scélérat dénaturé, détesté, brute! pis que brute! Va, maraud, cherche-le; je vais m'assurer de lui : — abominable scélérat! — Où est-il?

EDMOND. — Je ne sais pas bien, Monseigneur. S'il vous plaît de suspendre votre indignation contre mon frère jusqu'à ce que vous ayez pu tirer de lui un aveu de ses intentions meilleur que celui de cette lettre, vous suivrez une route sûre; tandis qu'en procédant violemment contre lui, si vous vous méprenez sur son compte, vous ferez un gros accroc à votre honneur, et vous anéantirez pour jamais l'obéissance au fond de son cœur. J'oserais engager ma vie qu'il n'a écrit cela que pour s'assurer de mon affection envers Votre Honneur, et sans aucune criminelle intention.

GLOUCESTER. — Pensez-vous?

EDMOND. — Si Votre Honneur le juge convenable, je vous placerai dans un endroit d'où vous nous entendrez converser ensemble, et vous obtiendrez satisfaction par le témoignage de vos oreilles; et cela, sans plus longs délais que ce soir.

GLOUCESTER. — Il ne peut être un tel monstre....

EDMOND. — Et il ne l'est pas, à coup sûr.

GLOUCESTER. — Envers son père qui l'aime si entièrement et si tendrement! — Ciel et terre! — Edmond, cherchez-le; mettez-moi à même de le pénétrer, je vous en prie : arrangez l'affaire selon votre propre sagesse. Je me dépouillerais de tout au monde pour savoir à quoi m'en tenir réellement.

EDMOND. — Je vais le chercher immédiatement, Monseigneur; je conduirai l'affaire du mieux que je pourrai, et je vous informerai de la manière dont les choses se passent.

GLOUCESTER. — Ces dernières éclipses de soleil et de lune ne nous présagent rien de bon : quoique la sagesse naturelle puisse les expliquer de telle et telle façon, la nature elle-même n'en est pas moins cruellement bouleversée par leurs conséquences. L'amour se refroidit, l'amitié se rompt, les frères se divisent; révoltes dans les cités; discorde dans les campagnes; trahison dans les palais; liens entre le père et le fils brisés. Ce scélérat de mon sang rentre dans cette prédiction; voilà le fils contre le père : le roi agit contre l'inclination de la nature; voilà le père contre l'enfant. Nous avons vu notre meilleur temps : machinations, perfidies, trahisons, et toutes sortes de désordres funestes vont nous harceler jusqu'à nos tombes. Trouve-moi ce scélérat, Edmond : tu n'y perdras rien; fais cela avec intelligence. — Et le noble Kent, d'un cœur si franc, qui est banni! son offense est son honnêteté! — C'est étrange! (*Il sort.*)

EDMOND. — C'est une des meilleures sottises de ce monde, que lorsque notre fortune est malade (maladie qui souvent résulte des excès de notre propre conduite), nous rendons coupables de nos désastres le soleil, la lune et les étoiles : comme si nous étions scélérats par nécessité; sots par compulsion céleste; coquins, voleurs et traîtres par prédominance sphérique; ivrognes, menteurs et adultères par obéissance forcée à une influence planétaire; et que tout ce que nous faisons de mal fût le fait d'une contrainte divine. Admirable échappatoire d'un maître putassier que d'aller mettre ses dispositions de bouc sur le compte d'une étoile! Mon père se colla à ma mère sous *la queue du Dragon*, et *l'ursa major* présida à ma nativité; il s'ensuit que je suis brutal et paillard. — Bah! j'aurais été ce que je suis, quand bien même la plus virginale étoile du ciel aurait scintillé au-dessus de ma confection de bâtard. — Edgar.... mais bon, le voilà qui arrive comme la catastrophe de la vieille comédie : mon rôle est celui d'une mélancolie hypocrite, accompagnée de soupirs comme ceux d'un Tom de Bedlam.

Entre EDGAR.

EDMOND. — Oh! ces éclipses nous présagent ces dissonances! *Fa, sol, la, mi*[4].

EDGAR. — Qu'y a-t-il, mon frère Edmond? dans quelles sérieuses méditations êtes-vous plongé?

EDMOND. — Je pensais, mon frère, à une prédiction que je lisais l'autre jour sur les événements qui devraient accompagner ces éclipses.

EDGAR. — Vous vous inquiétez de ces choses-là?

EDMOND. — Les conséquences que le prophète décrit comme devant suivre, ne s'accomplissent que trop malheureusement, je vous en réponds : telles que rupture des liens naturels entre le père et l'enfant; morts, disette, dissolution des anciennes amitiés; divisions dans l'état, menaces et malédictions contre le roi et les nobles; défiances sans motifs, bannissement des amis, dispersion de troupes, infidélités conjugales, et je ne sais quoi encore.

EDGAR. — Depuis combien de temps êtes-vous un sectaire de l'astrologie?

EDMOND. — Bon, bon; combien de temps y a-t-il que vous n'avez vu mon père?

EDGAR. — Depuis la nuit dernière.

EDMOND. — Et lui avez-vous parlé?

EDGAR. — Oui, deux bonnes heures.

EDMOND. — Vous êtes-vous séparés dans de bons termes? ne vous êtes-vous aperçu d'aucun déplaisir dans ses paroles ou sa physionomie?

EDGAR. — Absolument d'aucun.

EDMOND. — Réfléchissez en quoi vous pouvez l'avoir offensé : et si vous m'en croyez, évitez sa présence jusqu'à ce que la chaleur de son déplaisir ait eu le temps de se modérer un peu, déplaisir qui pour le moment l'agite tellement que votre mort même l'apaiserait à peine.

EDGAR. — Quelque scélérat m'aura fait tort auprès de lui.

EDMOND. — Je le crains. Je vous en prie, gardez une réserve prudente, jusqu'à ce que la vivacité de sa rage se soit modérée, et comme je vous le dis, retirez-vous avec moi dans mon appartement, où je vous placerai de façon que vous puissiez entendre Monseigneur me parler. Allez, je vous en prie ; voici ma clef : — et si vous sortez, sortez armé.

EDGAR. — Armé, mon frère !

EDMOND. — Frère, je vous conseille pour le mieux ; sortez armé ; s'il y a rien de bon qui vous attend, je ne suis pas un honnête homme : je ne vous ai dit que faiblement ce que j'ai vu et entendu ; rien qui puisse vous rendre l'image et l'horreur de la chose : je vous en prie, partez.

EDGAR. — Entendrai-je parler de vous bientôt ?

EDMOND. — Je me mets à votre service dans cette affaire. (*Sort Edgar.*) Un père crédule, et un frère noble dont la nature est si loin de vouloir faire le mal, qu'il ne soupçonne personne ; je jette bien aisément sur leur sotte honnêteté le filet de mes trames ! — Je tiens mon affaire. — Que mon esprit, si ce n'est ma naissance, me donne des terres. Tout m'est bon de ce qui peut me conduire à ce résultat. (*Il sort.*)

SCÈNE III.

Un appartement dans le palais du DUC D'ALBANIE.

Entrent GONERIL *et* OSWALD.

GONERIL. — Est-ce que mon père a frappé mon gentilhomme pour avoir réprimandé son fou ?

OSWALD. — Oui, Madame.

GONERIL. — Jour et nuit, il m'outrage ; il n'est pas d'heure où il ne lui échappe une grosse sottise, ou une autre, qui nous fait tous prendre aux cheveux : je n'endurerai pas cela : ses chevaliers deviennent turbulents, et lui-même nous fait un reproche de la première bagatelle venue. Lorsqu'il reviendra de la chasse, je ne lui parlerai pas; dites-lui que je suis malade : — si vous apportez moins de zèle dans votre service envers lui, vous ferez fort bien; je prends la faute sur moi. (*Bruit de cors.*)

OSWALD. — Le voici qui vient, Madame; je l'entends.

GONERIL. — Affectez-vous et vos compagnons, tel air indifférent qu'il vous plaira; je serais bien aise que la chose éclatât : si cela lui déplaît, qu'il aille chez ma sœur, dont les dispositions, je le sais, sont parfaitement conformes aux miennes sur ce point, que nous ne voulons pas être maîtrisées. Imbécile vieillard! il voudrait encore exercer l'autorité dont il s'est dépouillé! Sur ma vie, ces vieux fous redeviennent enfants, et il faut les traiter par la rigueur plutôt que par la douceur, quand on voit qu'ils abusent. Rappelez-vous ce que j'ai dit.

OSWALD. — Bien, Madame.

GONERIL. — Et que ses chevaliers trouvent dorénavant parmi vous un plus froid accueil : ce qui en résultera, peu importe; transmettez cet avis à vos compagnons : je voudrais qu'il sortît de là quelque circonstance qui me permît de parler. Je vais écrire sur-le-champ à ma sœur d'avoir à tenir la même conduite que moi. — Préparez le dîner. (*Ils sortent.*)

SCÈNE IV.

Une salle dans le palais du DUC D'ALBANIE.

Entre KENT, *déguisé.*

KENT. — Si je puis réussir aussi bien à emprunter un accent étranger capable de tromper sur ma voix, la bonne intention qui m'a déterminé à déguiser mes traits aura son plein effet. Et maintenant, Kent le banni, si tu peux servir dans les lieux même où tu es condamné, il se pourra faire que ton maître que tu aimes te trouve singulièrement utile.

Bruit de cors. Entrent LEAR, des chevaliers, *et des gens de sa suite.*

Lear. — Je ne veux pas attendre une seconde pour le dîner; allez, voyez à le faire apprêter. (*Sort un homme de la suite.*) Qu'y a-t-il? qui es-tu?

Kent. — Un homme, Monsieur.

Lear. — Quelle est ta profession? que veux-tu de nous?

Kent. — Je fais profession d'être exactement ce que je parais, de servir loyalement celui qui veut se fier à moi, d'aimer celui qui est honnête, de converser avec celui qui est sage et qui parle peu, de craindre de juger, de combattre lorsque je ne puis faire autrement, et de ne pas manger de poisson [5].

Lear. — Qui es-tu?

Kent. — Un garçon d'un cœur très-honnête, et aussi pauvre que le roi.

Lear. — Si tu es aussi pauvre comme sujet qu'il est pauvre comme roi, tu es passablement pauvre en effet. Que veux-tu?

Kent. — Du service.

Lear. — Qui voudrais-tu servir?

Kent. — Vous.

Lear. — Me connais-tu, l'ami?

Kent. — Non, Monsieur; mais vous avez dans toute votre personne quelque chose qui m'ordonnerait volontiers de vous appeler maître.

Lear. — Quelle est cette chose?

Kent. — L'autorité.

Lear. — Quel service peux-tu faire?

Kent. — Je puis être honnêtement discret, monter à cheval, courir, gâter en la racontant une amusante histoire, et rapporter en le bredouillant un tout simple message : je puis m'acquitter des choses dont sont capables les gens ordinaires, et la meilleure de mes qualités est la diligence.

Lear. — Quel âge as-tu?

Kent. — Je ne suis pas assez jeune pour aimer une femme pour son chant, ni assez vieux pour raffoler d'elle à propos de n'importe quoi, Monsieur : j'ai quarante-huit années sur mon dos.

Lear. — Suis-moi; tu me serviras : si tu ne me déplais pas davantage après dîner, je ne me séparerai pas de sitôt de toi. — Le dîner, holà, le dîner! — Où est mon drôle? mon fou? Allez, vous, et mandez ici mon fou. (*Sort un homme de la suite.*)

Entre OSWALD.

Lear. — Vous, vous maraud, où est ma fille?

Oswald. — Avec votre bon plaisir... (*Il sort.*)

Lear. — Que dit ce garçon-là? Rappelez ce lourdaud. (*Sort un chevalier.*) Où est mon fou? holà! — Je crois que tout le monde dort.

Rentre LE CHEVALIER.

Lear. — Eh bien, où est ce métis?

Le chevalier. — Il dit, Monseigneur, que votre fille n'est pas bien.

Lear. — Pourquoi le manant n'est-il pas revenu, lorsque je l'ai appelé?

Le chevalier. — Sire, il m'a répondu de la manière la plus ronde qu'il ne voulait pas.

Lear. — *Qu'il ne voulait pas!*

Le chevalier. — Monseigneur, je ne sais pas ce qui se passe; mais, à mon jugement, Votre Altesse n'est pas traitée avec la même cérémonieuse affection à laquelle vous étiez habitué; il y a une grande diminution d'égards aussi bien chez les dépendants en général que chez le duc lui-même, et chez votre fille.

Lear. — Ah! est-ce ton avis?

LE CHEVALIER. — Je vous en conjure, pardonnez-moi, Monseigneur, si je me suis trompé; car ma fidélité ne peut être silencieuse lorsque je crois Votre Majesté outragée.

LEAR. — Tu ne fais que me remettre en mémoire ce que j'ai pensé moi-même : je me suis aperçu dans ces derniers temps de beaucoup de négligence; mais j'ai préféré me blâmer d'un excès de susceptibilité, plutôt que d'y voir une intention et un parti pris de malveillance : je scruterai plus à fond cette affaire. — Mais où est mon fou? je ne l'ai pas vu de ces deux derniers jours.

LE CHEVALIER. — Depuis que ma jeune Dame est partie pour la France, Sire, le fou a bien dépéri.

LEAR. — Assez là-dessus; je l'ai bien remarqué. — Allez, vous, et dites à ma fille que je voudrais lui parler. (*Sort un homme de la suite.*) Allez, vous, et faites venir ici mon fou. (*Sort un autre homme de la suite.*)

Rentre OSWALD.

LEAR. — Hé, vous, Monsieur, vous, venez ici vous, Monsieur : qui suis-je, Monsieur?

OSWALD. — Le père de Madame.

LEAR. — *Le père de Madame!* Et toi le goujat de Monseigneur, chien, fils de putain! esclave! roquet!

OSWALD. — Je ne suis rien de tout cela, Monseigneur; je vous demande pardon.

LEAR. — Est-ce que vous prétendez me regarder en face, gredin? (*Il le frappe.*)

OSWALD. — Je ne veux pas qu'on me frappe, Monseigneur.

KENT. — Ni qu'on vous culbute aussi, sans doute, mauvais joueur de ballon. (*Il le renverse.*)

LEAR. — Je te remercie, l'ami; tu me sers bien, et je t'aimerai.

KENT. — Voyons, Monsieur, levez-vous, et filez! Je vous apprendrai à observer les distances; filez, filez! Si vous voulez mesurer encore une fois la longueur de votre sotte personne, vous n'avez qu'à rester. Mais filez ! allez ; avez-vous quelque prudence ? Voilà. (*Il pousse Oswald dehors.*)

Lear. — Maraud, mon ami, je te remercie : tiens, voilà les arrhes de tes gages. (*Il lui donne de l'argent.*)

— — — — — — — Entre le FOU. *— — — — — —*

Le fou. — Je veux aussi le payer, moi ; — voici mon bonnet de fou. (*Il offre à Kent son bonnet.*)

Lear. — Eh bien, mon gentil drôle, comment vas-tu ?

Le fou. — Maraud, vous feriez mieux de prendre mon bonnet[6].

Kent. — Pourquoi, fou ?

Le fou. — Parbleu, parce que tu prends le parti d'un homme qui est en disgrâce. Ma foi, si tu ne sais pas sourire selon le vent qui souffle, tu prendras bien vite froid : allons, prends mon bonnet. Pardi, ce bonhomme-là a banni deux de ses filles, et a donné à la troisième une bénédiction contre sa volonté ; si tu le sers, tu dois nécessairement porter mon bonnet. — Eh bien, comment cela va-t-il, *nononcle*[7] ? Ah, que n'ai-je deux bonnets et deux filles !

Lear. — Pourquoi, mon garçon ?

Le fou. — Parce que si je leur donnais tout ce que je possède, je garderais mes bonnets pour moi. Celui-là est à moi, mendies-en un autre à tes filles.

Lear. — Prenez garde, maraud, — le fouet !

Le fou. — Vérité est un chien qu'on renvoie au chenil ; on doit le fouetter, tandis que *Lady*, la chienne, a permission de rester auprès du feu et de puer.

Lear. — Quelle méchante peste pour moi !

Le fou. — Maraud, je vais t'apprendre un discours.

Lear. — Fais.

Le fou. — Écoute bien, *nononcle* :

Aies-en plus que tu n'en montres,
Dis-en moins que tu n'en sais,

ACTE I, SCÈNE IV.

Prête moins que tu ne possèdes,
Vas davantage à cheval qu'à pied,
Apprends-en plus que tu n'en crois,
Risque moins que tu ne gagnes,
Laisse ton ivrognerie et ta putain,
Et sache garder le logis,
Et alors tu auras
Plus de deux dizaines sur vingt.

Lear. — Cela ne signifie rien, fou.

Le fou. — Alors cela ressemble aux paroles d'un avocat qu'on n'a pas payé; — vous ne m'aviez rien donné pour cela. Est-ce que vous ne pouvez pas faire usage de ce qui n'est rien, *nononcle?*

Lear. — Parbleu non, mon garçon; de rien on ne peut faire rien.

Le fou, *à Kent*. — Je t'en prie, dis-lui que c'est à tout autant que montent les rentes de ses terres; il ne veut pas en croire un fou.

Lear. — Voilà un fou bien amer!

Le fou. — Connais-tu la différence entre un fou amer et un fou doux, mon garçon?

Lear. — Non, bambin, apprends-la-moi.

Le fou :

Le Seigneur qui te conseilla
D'abandonner tes terres,
Fais-le placer là, près de moi,
Ou remplis toi-même sa place :
Le fou doux et le fou amer
Vont sur-le-champ paraître;
L'un ici en casaque bariolée,
Et l'autre on le trouvera là.

Lear. — Est-ce que tu m'appelles fou, mon garçon?

Le fou. — Tu as abandonné tous tes autres titres; pour celui-là, tu es né avec lui.

Kent. — Ce qu'il dit n'est pas entièrement fou, Monseigneur.

Le fou. — Non, sur ma foi, les Seigneurs et les grands personnages ne veulent pas me permettre d'être entièrement fou; si j'avais le monopole de la folie, ils en voudraient une partie[8] : et les Dames, elles aussi, ne veulent pas me permettre de garder ma folie pour moi seul; elles m'en tirent des bribes. — *Nononcle,* donne-moi un œuf, et je te donnerai deux couronnes.

Lear. — Que seront ces deux couronnes?

Le fou. — Parbleu, les deux couronnes de l'œuf après que je l'aurai coupé par le milieu, et mangé sa substance. Lorsque tu as coupé ta couronne par le milieu, et que tu en as donné les deux moitiés, tu as joué le personnage de l'homme qui porte son âne sur son dos dans les chemins pleins de boue : tu avais peu d'esprit sous ta couronne chauve lorsque tu as donné ta couronne d'or. Si je parle comme un fou que je suis en disant cela, qu'on fouette le premier qui s'en apercevra. (*Il chante :*)

Les fous ne furent jamais moins en vogue que cette année;
Car les gens sages sont devenus toqués,
Et ne savent plus comment porter leur esprit,
Tant leurs manières sont saugrenues.

Lear. — Depuis quand êtes-vous si plein de chansons, maraud?

Le fou. — Depuis que tu as fait de tes filles tes mères, *nononcle :* car lorsque tu leur as eu donné la verge, et mis bas tes culottes, (*Il chante :*)

Alors elles pleurèrent soudainement de joie,
Et moi je chantai de chagrin,
En voyant un tel roi jouer à colin-maillard
Et s'aller fourrer parmi les fous.

Je t'en prie, *nononcle,* entretiens un maître d'école pour enseigner le mensonge à ton fou; j'apprendrais volontiers à mentir.

LEAR. — Si vous mentez, maraud, nous vous ferons fouetter.

LE FOU. — Je me demande quelle parenté il y a entre toi et tes filles : elles veulent me faire fouetter si je dis la vérité; toi, tu veux me faire fouetter si je mens, et quelquefois je suis fouetté pour garder le silence. Je voudrais bien être n'importe quoi plutôt qu'un fou, et cependant je ne voudrais pas être toi, *nononcle;* tu as rogné ton esprit des deux côtés, et tu n'as rien laissé au milieu. Voici venir une des rognures.

Entre GONÉRIL.

LEAR. — Eh bien, ma fille, qu'est-ce qui vous fait mettre votre coiffe de travers[9]? il me semble que depuis quelque temps vous êtes bien renfrognée.

LE FOU. — Tu étais un gentil compagnon lorsque tu n'avais pas à te soucier de son air renfrogné; maintenant tu es un zéro sans chiffres. Je te suis supérieur maintenant; je suis un fou, et toi, tu n'es rien. (*A Gonéril.*) Oui, pardi, je tiendrai ma langue bridée; car c'est là ce que m'ordonne votre physionomie, quoique vous ne me disiez rien. *Motus, motus.*

Qui ne garde ni croûte, ni mie,
Rassasié de tout, aura besoin de quelque chose.

(*Montrant Lear.*) C'est une gousse de pois écossée[10].

GONÉRIL. — Sire, non-seulement votre fou ici présent et à qui tout est permis, mais d'autres gens de votre suite insolente se permettent à toute heure brocards et tapages, et se livrent à des rixes indécentes et intolérables. Sire, j'avais cru en vous faisant connaître cet état de choses en obtenir par vous le redressement certain; mais maintenant, je redoute fort, étant donné ce que vous-même avez dit et fait trop récemment, que vous ne protégiez cette conduite et qu'elle n'ait reçu votre approbation : s'il en était ainsi, cette faute ne pourrait échapper au blâme, ni le redressement s'en faire attendre; il serait possible alors que les mesures prises dans l'intérêt du bon ordre vous donnassent quelque sujet d'offense; mais cette offense, qui dans un autre cas s'appellerait indignité, la nécessité lui donnerait ici le nom de mesure de prudence.

Le fou. — Car vous savez, *nononcle*,

La fauvette nourrit si longtemps le coucou,
Qu'elle eut la tête mangée par ses petits.

Là-dessus la chandelle disparut, et nous fûmes laissés dans l'obscurité[11].

Lear. — Êtes-vous notre fille ?

Goneril. — Je voudrais que vous fissiez usage de cette grande sagesse dont je vous sais pourvu, et que vous missiez de côté ces dispositions qui dans ces derniers temps vous ont changé à vous rendre méconnaissable.

Le fou. — Un âne ne peut-il reconnaître quand c'est la charrette qui traîne le cheval ? « Hardi, Roussin ! je t'aime bien[12]. »

Lear. — Quelqu'un me connaît-il ici ? Cet homme-ci n'est pas Lear : est-ce que Lear marche ainsi ? parle ainsi ? Où sont ses yeux ? Sans doute son intelligence faiblit, et sa faculté de discernement est paralysée. Ah ! est-ce qu'il est éveillé ? mais non. Qui peut me dire qui je suis ?

Le fou. — L'ombre de Lear.

Lear. — Je voudrais bien savoir cela; car les insignes de la souveraineté, l'intelligence et la raison seraient capables de me persuader faussement que j'avais des filles.

Le fou. — Lesquelles feront de toi un père obéissant.

Lear. — Votre nom, belle Dame.

Goneril. — Cet étonnement, Sire, est beaucoup de la même famille que toutes vos autres récentes incartades. Je vous conjure de comprendre nettement mes intentions : vous devriez être aussi sage que vous êtes vieux et respectable. Vous entretenez ici cent chevaliers et écuyers, hommes si désordonnés, si débauchés, si effrontés, que notre cour, infectée de leurs manières, ressemble à une auberge tapageuse ; leur épicurisme et leurs vices la font ressembler beaucoup plus à une taverne et à un mauvais lieu qu'à un palais où doit régner le respect. La honte de ce spectacle réclame un remède immédiat : laissez-vous donc persuader par celle qui sans cela exécutera la chose qu'elle demande, de diminuer quelque peu votre suite, et que ceux qui resteront à votre service soient au moins des hommes assortis à votre âge, sachant qui vous êtes et quels ils sont.

LEAR. — Ténèbres et diables ! Sellez mes chevaux ! réunissez ma suite ! Bâtarde dégénérée ! Je ne t'importunerai plus : j'ai encore une autre fille.

GONERIL. — Vous frappez mes gens ; et vos gredins indisciplinés font leurs domestiques de ceux qui valent mieux qu'eux.

Entre ALBANIE.

LEAR. — Malheur à qui se repent trop tard ! (*A Albanie.*) Ah ! Seigneur, vous voilà ? Est-ce par le fait de votre volonté ? Parlez, Seigneur ! — Préparez mes chevaux. — Ô ingratitude ! démon au cœur de marbre, plus hideuse quand tu te montres chez un enfant que le monstre de la mer[18] !

ALBANIE. — Je vous en prie, Sire, soyez patient.

LEAR, *à Goneril.* — Exécrable vautour femelle, tu mens ! ma suite est composée d'hommes choisis et des qualités les plus rares, d'hommes qui possèdent la plus minutieuse connaissance de leurs devoirs, et qui veillent avec la plus scrupuleuse exactitude sur l'honneur de leurs noms. — Ô faute très-légère de Cordélia, combien tu me parus hideuse en elle ! hideuse au point de déplacer comme un instrument de torture toutes les parties de mon être, d'enlever de mon cœur tout amour et de le remplir de fiel. Ô Lear ! Lear ! Lear ! (*Frappant sa tête.*) Frappe à cette porte qui a laissé entrer la folie et sortir ton bon jugement ! — Partons, partons, mes gens.

ALBANIE. — Monseigneur, je suis innocent autant qu'ignorant de ce qui vous irrite.

Lear. — Cela se peut, Monseigneur.—Écoute, Nature, écoute; chère déesse, écoute! Suspends ton projet, si tu avais l'intention de rendre cette créature féconde! porte la stérilité dans ses entrailles! dessèche en elle les organes de la génération, et que de son corps dégradé il ne sorte jamais un enfant pour la respecter! Si elle doit engendrer, crée-lui un enfant détestable, afin qu'il vive pour lui être une croix, un tourment contre nature! Qu'il imprime les rides sur son front en pleine jeunesse; qu'il creuse des canaux dans ses joues par les larmes qu'il lui fera verser; qu'il tourne en rires et en mépris tous les soins et tous les bienfaits de sa mère, afin qu'elle sente combien avoir un enfant ingrat est une douleur plus aiguë que la dent du serpent! — Partons, partons! (*Il sort.*)

Albanie. — Maintenant, par les dieux que nous adorons, d'où cela vient-il?

Goneril. — Ne vous tourmentez pas d'en connaître la cause, et laissez à son humeur toute la liberté que lui donne le radotage.

Rentre LEAR.

Lear. — Comment! cinquante de mes chevaliers d'un seul coup! au bout d'une quinzaine!

Albanie. — Qu'y a-t-il, Sire?

Lear. — Je te le dirai. (*A Goneril.*) Vie et mort! je suis honteux que tu aies le pouvoir d'ébranler ainsi ma nature d'homme, et l'honneur de m'arracher ces chaudes larmes qui m'échappent malgré moi. Tombent sur toi gelées et brouillards! et que les blessures inguérissables de la malédiction d'un père percent tous tes sens! — Ô mes vieux fous d'yeux, pleurez encore pour ce sujet-là, et je vous arrache, et je vous envoie mouiller l'argile avec les eaux que vous laissez échapper. — En est-il donc ainsi? eh bien! soit; j'ai une autre fille qui, j'en suis sûr, est tendre et compatissante; lorsqu'elle apprendra ce que tu as fait, avec ses ongles elle labourera ton visage de louve. Tu verras bien que je puis redevenir le person-

ACTE I, SCÈNE IV.

nage que tu crois que j'ai abdiqué pour toujours; je t'en réponds, tu le verras. (*Sortent Lear, Kent, et les gens de la suite.*)

GONERIL. — Avez-vous remarqué cela, Monseigneur?

ALBANIE. — Malgré tout le grand amour que je vous porte, je ne puis être assez partial, Goneril....

GONERIL. — Je vous en prie, n'ayez pas d'inquiétude. — Hé! Oswald, holà! — (*Au Fou.*) Et vous, Monsieur, qui êtes encore plus un drôle qu'un fou, suivez votre maître.

LE FOU. — *Nononcle* Lear, *nononcle* Lear, attends, et prends le fou avec toi.

> Un renard qu'on vient de prendre,
> Et une fille comme celle-là,
> Seraient bien sûrs de la mort,
> Si mon bonnet pouvait payer une corde :
> Et voilà comment le fou s'en va. (*Il sort.*)

GONERIL. — Cet homme a été bien conseillé : — cent chevaliers! — Il est en effet bien politique et bien sûr de le laisser garder cent chevaliers toujours prêts : oui, ma foi, en sorte que sur chaque rêve, sur chaque commérage, sur chaque lubie, sur chaque plainte, sur chaque déplaisir, il aurait pouvoir d'armer ses radotages de leurs forces, et de tenir nos existences à sa merci! — Oswald, dis-je!

ALBANIE. — Bon, vos craintes vont peut-être trop loin.

GONERIL. — Cela vaut mieux que trop de confiance : laissez-moi supprimer toujours les dangers que je crains, plutôt que de rester toujours dans la crainte d'en être surprise : je connais son cœur. J'ai écrit à ma sœur tout ce qu'il a proféré; si elle l'entretient lui et ses cent chevaliers, après que je lui ai montré combien cela est peu sensé....

Rentre OSWALD.

GONERIL. — Eh bien, Oswald, avez-vous écrit cette lettre pour ma sœur?

Oswald. — Oui, Madame.

Goneril. — Prenez avec vous quelques gens pour vous accompagner, et à cheval tout de suite; informez-la tout au long de mes craintes particulières, et ajoutez-y telles raisons de votre cru qui pourront leur donner encore plus de force. Partez, et hâtez votre retour. (*Sort Oswald.*) Non, non, Monseigneur, je ne condamne certes pas cette indulgence douce comme lait qui vous dicte votre conduite; cependant, avec votre permission, vous êtes beaucoup plus blâmé pour votre manque de prudence que loué pour votre inoffensive douceur.

Albanie. — Je ne puis dire jusqu'à quel point vos yeux voient clairs; souvent, en voulant faire mieux, nous gâtons ce qui est bien.

Goneril. — Eh bien, en ce cas....

Albanie. — Bon, bon, attendons la suite. (*Ils sortent.*)

SCÈNE V.

La cour devant le palais du duc d'Albanie.

Entrent LEAR, KENT, *et* le FOU.

Lear. — Allez devant trouver Gloucester avec ces lettres. N'informez ma fille de rien de ce que vous savez qu'autant qu'elle vous questionnera à propos de ma lettre. Si vous ne faites pas prompte diligence, je serai là avant vous.

Kent. — Je ne dormirai pas, Monseigneur, avant d'avoir remis votre lettre. (*Il sort.*)

Le fou. — Si la cervelle d'un homme était dans ses talons, n'aurait-elle pas à craindre les engelures?

Lear. — Oui, mon enfant.

Le fou. — En ce cas je te prie d'être gai; ton esprit n'ira pas en savattes.

ACTE I, SCÈNE V.

Lear. — Ah! ah! ah!

Le fou. — Tu verras que ton autre fille te traitera avec tendresse; car quoiqu'elle ressemble à celle-ci comme un sauvageon à une pomme, cependant je puis dire ce que je puis dire.

Lear. — Que peux-tu dire, enfant?

Le fou. — Qu'elle aura le goût de celle-ci, comme un sauvageon a le goût d'un autre sauvageon. Peux-tu dire pourquoi le nez est placé au milieu du visage?

Lear. — Non.

Le fou. — Parbleu, c'est afin d'avoir les yeux ouverts aux deux côtés du nez; en sorte qu'un homme puisse voir ce qu'il ne peut flairer.

Lear, *se parlant à lui-même*. — Je lui ai fait tort....

Le fou. — Peux-tu dire comment une huître fait sa coquille?

Lear. — Non.

Le fou. — Ni moi non plus; mais je puis dire pourquoi un colimaçon a une maison.

Lear. — Pourquoi?

Le fou. — Parbleu, c'est pour y fourrer sa tête, et non pas pour la remettre à ses filles, et laisser ses cornes sans abri.

Lear, *se parlant à lui-même*. — Je veux oublier ma nature. Un père si tendre! — Mes chevaux sont-ils prêts?

Le fou. — Tes ânes sont allés s'en occuper. La raison pour laquelle les sept étoiles ne sont pas plus de sept est une gentille raison.

Lear. Est-ce parce qu'elles ne sont pas huit?

Le fou. — Oui, vraiment : tu ferais un bon fou.

Lear, *se parlant à lui-même*. — Si je le reprenais de force! — Monstre ingratitude!

Le fou. — Si tu étais mon fou, *nononcle*, je t'aurais battu pour être vieux avant ton temps.

Lear. — Comment cela?

Le fou. — Parce que tu n'aurais pas dû être vieux avant d'être sage.

Lear. — Oh, ne permettez pas que je devienne fou ;

Que je ne devienne pas fou, ciel clément! gardez-moi en équilibre; je ne voudrais pas être fou!

Entre UN GENTILHOMME.

LEAR. — Eh bien, les chevaux sont-ils prêts?
LE GENTILHOMME. — Prêts, Monseigneur.
LEAR. — Viens, mon enfant.
LE FOU. — Celle qui est pucelle maintenant, et qui rit de mon départ, ne sera pas longtemps pucelle, à moins que les outils ne soient coupés plus courts qu'ils ne sont. (*Ils sortent.*)

ACTE II.

SCÈNE PREMIÈRE.

Une cour dans l'intérieur du château du COMTE DE GLOUCESTER.

Entrent en se rencontrant EDMOND *et* CURAN.

EDMOND. — Dieu te protége, Curan !

CURAN. — Et vous pareillement, Messire. Je viens de quitter votre père, et de lui donner avis que le duc de Cornouailles et Régane sa duchesse viendront le visiter ce soir.

EDMOND. — Et à quel propos ?

CURAN. — Ma foi, je ne sais pas. Vous avez appris les nouvelles qui courent, ou plutôt qui se chuchotent, car elles ne sont encore que des propos à l'oreille ?

EDMOND. — Non ; quelles sont-elles, je vous prie ?

CURAN. — N'avez-vous pas entendu parler de guerres probables entre les ducs de Cornouailles et d'Albanie ?

EDMOND. — Pas le moins du monde.

CURAN. — Alors vous en entendrez parler en temps ou autre. Portez-vous bien, Messire. (*Il sort.*)

EDMOND. — Le duc ici ce soir ? Tant mieux ! parfait ! Voilà un incident qui devient nécessairement de lui-même un des fils de ma toile. Mon père a posté une garde pour prendre mon frère, et il me faut exécuter une certaine manœuvre de délicate nature : promptitude et fortune, à l'œuvre ! — Frère, un mot ; descendez : — frère, dis-je !

Entre EDGAR.

EDMOND. — Mon père veille : — oh, Messire, fuyez de ces lieux; on l'a informé de l'endroit où vous êtes caché : vous avez maintenant l'avantage précieux de la nuit. — N'avez-vous pas parlé contre le duc de Cornouailles? il vient ici, en pleine nuit, en toute hâte, et Régane avec lui ; n'avez-vous rien dit sur ses projets contre le duc d'Albanie? examinez-vous bien vous-même.

EDGAR. — Pas un mot, j'en suis sûr.

EDMOND. — J'entends venir mon père : — pardonnez-moi ; il est nécessaire pour donner le change que je tire l'épée contre vous : — dégainez; ayez l'air de vous défendre : allons, acquittez-vous-en bien. — (*A voix haute.*) Cédez : — venez devant mon père. — De la lumière ici, holà ! — (*A voix basse.*) Fuyez, frère. — (*A voix haute.*) Des torches! des torches! — (*A voix basse.*) Maintenant, adieu. (*Sort Edgar.*) (*Il se blesse le bras.*) Un peu de sang tiré fera croire à quelque énergique effort de ma part : j'ai vu des ivrognes en faire davantage pour s'amuser. — Père! père! — Arrêtez, arrêtez! — Pas de secours?

Entrent GLOUCESTER *et des serviteurs avec des torches.*

GLOUCESTER. — Eh bien, Edmond, où est le scélérat?

EDMOND. — Il était là dans les ténèbres, son épée tranchante tirée, marmottant des charmes malfaisants, et suppliant la lune d'être sa favorable patronne.

GLOUCESTER. — Mais où est-il?

EDMOND. — Regardez, Monseigneur, je saigne.

GLOUCESTER. — Où est le scélérat, Edmond?

EDMOND. — Il a fui de ce côté, Monseigneur. Quand il a vu qu'il ne pouvait par aucuns moyens....

GLOUCESTER. — Holà, poursuivez-le! — Courez après lui. (*Sortent quelques serviteurs.*) *Par aucuns moyens*, quoi?

EDMOND. — M'amener au meurtre de Votre Seigneurie, mais que je lui répondais que les Dieux vengeurs dirigent toutes leurs foudres contre les parricides ; que je lui rappelais combien nombreux et forts sont les liens qui unissent le père à l'enfant ; — enfin, Monseigneur, quand il a vu avec quelle horreur j'étais opposé à son dessein dénaturé, dans un mouvement de férocité, voilà qu'avec son épée toute prête, il se précipite sur ma personne qui était sans soupçons, et me perce le bras : mais s'apercevant que mon meilleur courage, réveillé en sursaut, acceptait hardiment la querelle du bon droit, et était prêt à lui tenir tête, ou peut-être encore effrayé par le bruit que j'ai fait, il a pris soudainement la fuite.

GLOUCESTER. — Qu'il fuie bien loin ! il ne restera pas dans ce pays sans être pris ; et aussitôt pris, aussitôt dépêché !· Le noble duc, mon maître, mon digne chef et patron vient ici cette nuit : sous son autorité je ferai publier que celui qui trouvera le lâche meurtrier méritera nos remercîments en l'amenant au pilori, et que la mort punira quiconque le cachera.

EDMOND. — Après avoir cherché à le dissuader de son intention, comme je le trouvais obstinément résolu à l'accomplir, alors d'un ton de colère je le menaçai de le dénoncer : il répondit : « Toi, bâtard sans héritage ! crois-tu que si je me défendais contre toi, on admettrait qu'il y a en toi vertu, noblesse, bonne foi, sur lesquelles on puisse se reposer pour accepter de confiance tes paroles ? Non, ce que je voudrais nier (comme je nierais ce fait-ci ; oui, quand bien même tu produirais mon écriture), je saurais le rejeter sur tes suggestions, tes complots, tes malfaisantes intrigues ; et il faudrait que tu fisses des gens des imbéciles, avant de leur persuader que les intérêts que tu as à ma mort n'ont pas été les éperons puissants et stimulants qui t'ont poussé à la chercher. »

GLOUCESTER. — Scélérat endurci et inaccessible au remords ! Comment ! il nierait sa lettre ? — Je ne l'ai jamais engendré. (*Fanfare au dehors.*) Écoute ! les trompettes du duc ! Je ne sais pourquoi il vient. — Je vais faire fermer tous les ports ; le scélérat n'échappera pas ; le duc doit m'accorder cela : j'enverrai en outre son portrait au loin et au près, afin que tout le royaume possède son signalement; et toi, enfant loyal et docile aux sentiments de la nature, je prendrai des mesures pour te mettre en possession de ma terre.

Entrent CORNOUAILLES, RÉGANE *et leur suite.*

Cornouailles. — Eh bien, mon noble ami! depuis que je suis arrivé ici, — et je puis dire que c'est à l'instant même, — j'ai appris d'étranges nouvelles.

Régane. — Si elles sont vraies, toute vengeance pouvant atteindre l'offenseur est trop légère. Comment vous trouvez-vous, Monseigneur?

Gloucester. — Oh, Madame, mon vieux cœur est brisé, — il est brisé!

Régane. — Quoi! le filleul de mon père cherchait à attenter à votre vie? celui que mon père a nommé? votre Edgar?

Gloucester. — Oh, Madame, Madame, l'honneur aurait voulu que cela fût caché!

Régane. — N'était-il pas compagnon avec les chevaliers débauchés qui forment l'escorte de mon père?

Gloucester. — Je ne sais pas, Madame : oh, c'est trop criminel, trop criminel!

Edmond. — Oui, Madame, il était de cette bande.

Régane. — Il n'y a pas à s'étonner en ce cas de ses mauvaises dispositions; ce sont eux qui l'ont poussé à la mort du vieillard pour avoir ses revenus à gaspiller et à manger. J'ai été ce soir même bien renseigné par ma sœur à leur sujet, et avec de telles recommandations de prudence, que s'ils viennent pour séjourner dans mon palais, je ne m'y trouverai pas.

Cornouailles. — Ni moi, je t'assure, Régane. — Edmond, j'apprends que vous vous êtes conduit envers votre père comme un vrai fils.

Edmond. — C'était mon devoir, Seigneur.

Gloucester. — Il a révélé son complot, et il a reçu la blessure que vous voyez en essayant de le saisir.

CORNOUAILLES. — Est-il poursuivi?
GLOUCESTER. — Oui, mon bon Seigneur.
CORNOUAILLES.— S'il est pris, on n'aura jamais plus à craindre qu'il nuise : usez de mon autorité pour pousser vos intentions aussi loin qu'il vous plaira. Quant à vous, Edmond, dont la vertu et l'obéissance se recommandent si fort en cette circonstance, vous serez à nous : nous aurons grand besoin de natures auxquelles on puisse accorder une aussi pleine confiance, et nous commençons par nous emparer de vous.
EDMOND. — Je vous servirai, Seigneur, loyalement, en toute occasion.
GLOUCESTER. — Je remercie pour lui Votre Grâce.
CORNOUAILLES. — Vous ne savez pas pourquoi nous sommes venus vous rendre visite....
RÉGANE. — A pareille heure indue, à travers la nuit noire. Il se passe, noble Gloucester, des faits de quelque importance sur lesquels nous aurons besoin de vos conseils : — notre père nous a écrit, notre sœur aussi, touchant certains différends d'une nature telle, que j'ai jugé plus convenable de leur répondre hors de notre palais; les divers messagers attendent ici les réponses qu'ils doivent emporter. Donnez accès à la consolation dans votre cœur, notre bon vieil ami, et accordez à notre affaire qui en réclame l'immédiate assistance votre conseil nécessaire.
GLOUCESTER. — Tout à votre service, Madame : Vos Grâces sont les très-bienvenues. (*Ils sortent.*)

SCÈNE II.

Devant le château de GLOUCESTER.

Entrent de divers côtés KENT *et* OSWALD.

OSWALD. — Bonne matinée, l'ami ; es-tu de cette maison ?
KENT. — Oui.
OSWALD. — Où pouvons-nous mettre nos chevaux ?

KENT. — Dans la mare.

OSWALD. — Je t'en prie, dis-le-moi, si tu m'aimes.

KENT. — Je ne t'aime pas.

OSWALD. — Eh bien, en ce cas, je ne me soucie pas de toi.

KENT. — Si je te tenais dans le parc aux brebis de Lipsbury[1], je te forcerais bien à te soucier de moi.

OSWALD. — Pourquoi me traites-tu ainsi, je ne te connais pas.

KENT. — Mais moi je te connais, camarade.

OSWALD. — Pour qui me connais-tu ?

KENT. — Pour un drôle, une canaille, un mangeur de plats entamés ; un drôle bas, orgueilleux, frivole, quémandeur, ignoble, à trois livrées[2], à cent livres de gages, à chausses de drap ; un drôle au foie couleur de lis, un fils de putain qui assigne en justice quand on le rosse ; un coquin prétentieux, fat à miroir, officieux à l'excès ; un manant qui hérite des défroques ; un individu qui voudrait bien être entremetteur par manière de bon service, et qui n'est rien qu'un composé de drôle, de mendiant, de couard, de maquereau, le fils et l'héritier d'une chienne croisée ; un individu que je veux faire beugler à tue-tête en le rossant, si tu nies la moindre syllabe de ce résumé de tes qualités.

OSWALD. — Mais quel monstrueux individu es-tu donc pour venir insulter ainsi quelqu'un qui n'est pas connu de toi et qui ne te connaît pas ?

KENT. — Et quel valet au front d'airain es-tu donc pour venir nier que tu me connais ? Y a-t-il plus de deux jours que je t'ai pris par les talons et que je t'ai rossé devant le roi ? Dégainez, coquin, car bien qu'il soit nuit, la lune brille, et je veux vous rosser plat comme crêpe (a). (*Il tire son épée.*) Dégaine, fils de putain, couyon de freluquet, dégaine !

(a) Il y a ici un jeu de mots intraduisible : *The moon shines, I'll make a sop of moonshine of you.* La *rôtie de clair de lune*, *sop of moonshine*, était une friandise assez difficile à définir, mais qui, selon toute probabilité, se composait de tranches de pain imbibées de lait et d'œuf et frites au beurre. Voyez le *Glossaire* de Nares, article *Moonshine*.

Oswald. — Arrière, je n'ai rien à démêler avec toi.

Kent. — Dégaine, canaille! vous venez ici avec des lettres contre le roi; et vous prenez le parti de Vanité la marionnette[3] contre la majesté royale de son père : dégainez, coquin, ou je vais faire des grillades de vos mollets! dégainez, canaille! allons, à la besogne.

Oswald. — Au secours, holà! au meurtre! au secours!

Kent. — Frappe, manant! en garde, coquin, en garde! franc goujat, frappe! (*Il le bat.*)

Oswald. — Au secours, holà! au meurtre! au meurtre!

Entrent EDMOND, CORNOUAILLES, RÉGANE, GLOUCESTER *et des serviteurs.*

Edmond. — Qu'est-ce? que se passe-t-il? Séparez-vous.

Kent. — A vous, mon gentil bambin, s'il vous plaît : allons, je vais vous faire faire vos premières armes; en avant, mon jeune maître.

Gloucester. — Des armes! des épées! Qu'est-ce que cela veut dire?

Cornouailles. — Tenez-vous en paix, sur vos vies! Celui qui frappe encore, est un homme mort! Qu'y a-t-il?

Régane. — Les messagers de notre sœur et du roi!

Cornouailles. — Quelle est votre querelle? parlez.

Oswald. — Je puis à peine respirer, Monseigneur.

Kent. — Ce n'est pas étonnant, vous avez tant essoufflé votre valeur. Lâche coquin, la nature te renie; c'est un tailleur qui te fit.

Cornouailles. — Tu es un étrange individu : un tailleur faire un homme?

Kent. — Oui, un tailleur, Seigneur : un sculpteur ou un peintre n'auraient pu le faire si mal, quand bien même ils n'auraient employé que deux heures à cette besogne.

Cornouailles. — Parlez un peu plus explicitement; comment votre querelle est-elle née?

Oswald. — Seigneur, ce vieux ruffian dont j'ai épargné la vie à la prière de sa barbe grise....

KENT. — Espèce de Z que tu es! lettre inutile[4]! Monseigneur, si vous me le permettez, — je vais piler en mortier ce grossier drôle et en crépir les murs des lieux d'aisance. — *Vous avez épargné ma barbe grise, hochequeue?*

CORNOUAILLES. — Paix, maraud! Drôle brutal, est-ce que vous n'avez aucun respect?

KENT. — Pardon, Seigneur, mais la colère a ses priviléges.

CORNOUAILLES. — Pourquoi es-tu en colère?

KENT. — De ce qu'un drôle comme celui-là possède une épée, quand il ne possède aucune honnêteté. Des coquins souriants comme ceux-là souvent coupent en deux à la façon des rats les saints nœuds qui sont trop fortement serrés pour être déliés : ils flattent toutes les passions qui se révoltent dans les natures de leurs Seigneurs, jettent de l'huile sur leur feu, ajoutent de la neige à leurs dispositions glaciales, nient, affirment, tournent leurs becs d'alcyons selon la brise qui souffle[5] et le changement d'humeur de leurs maîtres, ne sachant, comme les chiens, que marcher à la suite. — La peste soit de votre visage épileptique! Vous souriez à mes discours comme si j'étais un fou? Oison, si je vous tenais sur la plaine de Sarum, je vous ramènerais en piaulant jusqu'à Camelot[5].

CORNOUAILLES. — Eh bien! est-ce que tu es fou, vieux compère?

GLOUCESTER. — Comment en êtes-vous venus aux prises? informez-nous de cela.

KENT. — Il n'est pas de contraires qui soient plus antipathiques l'un à l'autre que ne m'est antipathique un tel drôle.

CORNOUAILLES. — Pourquoi l'appelles-tu drôle? Quelle est son offense?

KENT. — Sa figure ne me plaît pas.

CORNOUAILLES. — Mais peut-être que la mienne, celle de ce Seigneur, celle de la duchesse ne vous plaisent pas davantage.

KENT. — Seigneur, mon métier est d'être franc; j'ai

ACTE II, SCÈNE II.

vu dans mon temps de meilleures figures que celles que portent les épaules de certaines personnes présentes devant moi en cet instant.

Cornouailles. — C'est quelque compère qui ayant été loué pour son franc parler, affecte une impertinente grossièreté, et s'est donné la tâche de jouer un personnage plus fort que sa nature. — *Il ne peut pas flatter, lui,* — *c'est une âme honnête et franche,* — *il faut qu'il dise la vérité! S'ils veulent prendre la chose comme il la dit, soit; sinon, il veut être franc à tout prix.* — Je connais ce genre de drôles; sous cette franchise, ils cachent plus de ruses et des intentions plus corrompues que vingt de ces imbéciles obséquieux à révérences qui observent pointilleusement leurs devoirs de politesse.

Kent. — Seigneur, en bonne foi, en sincère vérité, sous la permission de votre grand aspect, dont l'influence, pareille à la guirlande de feu radieux sur le front flamboyant de Phœbus....

Cornouailles. — Que prétends-tu par ce langage?

Kent. — Sortir de mon dialecte, puisque vous le dépréciez si fort. Je sais, Seigneur, que je ne suis pas flatteur : quiconque vous trompa avec l'accent de la franchise, était un franc drôle, ce que pour ma part je ne veux pas être, quand bien même la crainte de gagner votre déplaisir m'inviterait à jouer un tel rôle.

Cornouailles. — Quel motif d'offense lui avez-vous donné?

Oswald. — Je ne lui en ai jamais donné aucun : tout récemment il plut au roi son maître de me frapper parce qu'il avait mal interprété mes paroles; alors, lui de concert avec le roi, et pour flatter son déplaisir, me donna du croc-en-jambe par derrière; lorsque je fus à terre, il m'insulta, me railla, et se donna de tels airs de héros, qu'il sut en tirer honneur, et qu'il obtint des louanges du roi pour cette violence contre un homme qui ne résistait pas : c'est ainsi que tout glorieux encore de ce terrible exploit, il a de nouveau dégainé ici contre moi.

Kent. — Il n'est pas un seul de ces coquins et de

ces lâches qui ne veuille faire passer Ajax pour son bouffon.

CORNOUAILLES. — Apportez les ceps, holà! Nous allons vous donner une leçon à vous, vieux drôle entêté, respectable fanfaron?.

KENT. — Seigneur, je suis trop vieux pour apprendre : ne faites pas apporter vos ceps pour moi : je sers le roi, et c'est en qualité de messager que je suis envoyé vers vous de sa part : vous agirez avec peu de respect, et vous montrerez trop d'audacieuse malice envers la gracieuse personne de mon maître, en faisant mettre aux ceps son messager.

CORNOUAILLES. — Apportez les ceps! Vrai comme je possède vie et honneur, il y restera jusqu'à midi!

RÉGANE. — *Jusqu'à midi!* jusqu'à la nuit, Monseigneur, et toute la nuit aussi.

KENT. — Vraiment, Madame, si j'étais le chien de votre père, vous ne me traiteriez pas ainsi.

RÉGANE. — Mais comme vous êtes son drôle, voilà comment je vous traite, Monsieur.

CORNOUAILLES. — Ce compère est juste de la trempe de ceux dont nous parle notre sœur. — Allons, apportez les ceps. (*On apporte des ceps.*)

GLOUCESTER. — Permettez-moi de supplier Votre Grâce de ne pas faire cela : son offense est grande, et le bon roi son maître l'en réprimandera : la basse correction que vous voulez lui infliger, est celle dont on punit les misérables les plus vils et les plus méprisés pour des larcins et des délits vulgaires. Le roi trouvera mauvais qu'on l'ait assez peu estimé dans la personne de son messager pour soumettre ce dernier à pareil châtiment.

CORNOUAILLES. — J'en prends la responsabilité.

RÉGANE. — Ma sœur pourra trouver bien plus mauvais encore que son gentilhomme ait été insulté, assailli, pour avoir poursuivi l'exécution de ses affaires. — Faites entrer ses jambes. (*Kent est mis aux ceps.*) Venez, mon bon Seigneur, partons. (*Tous sortent, excepté Kent et Gloucester.*)

GLOUCESTER. — J'en suis fâché pour toi, l'ami ; c'est le

bon plaisir du duc, dont le caractère, tout le monde le sait bien, ne supporte ni contrariétés, ni obstacles : j'intercéderai pour toi.

Kent. — N'en faites rien, je vous en prie, Seigneur : j'ai beaucoup veillé, et j'ai voyagé dur; je dormirai une partie du temps, et je sifflerai le reste des heures. La fortune d'un honnête homme peut sortir de ses talons : je vous souhaite bien le bonjour!

Gloucester. — Le duc est fort à blâmer en cette affaire; cela sera mal pris. (*Il sort.*)

Kent. — Bon roi, tu peux vérifier le commun adage, toi qui es sorti de l'ombre bénie du ciel pour venir te placer sous l'ardeur du soleil! Approche-toi, phare de ce monde inférieur, afin qu'à tes rayons secourables je puisse parcourir cette lettre! — Il n'y a vraiment à peu près que la misère pour voir des miracles : — je sais que cette lettre est de Cordélia, qui par une chance très-heureuse a été informée de ma conduite dérobée, et elle prendra occasion de la situation monstrueuse de ce royaume pour porter remède à nos désastres. Ô mes yeux appesantis, prenez avantage de vos fatigues et de vos excès de veille pour ne pas contempler ce honteux logement. Bonne nuit Fortune : veuille sourire de nouveau; tourne ta roue! (*Il s'endort.*)

SCÈNE III.

En pleine campagne.

Entre EDGAR.

Edgar. — J'ai entendu la proclamation rendue contre moi, et j'ai échappé heureusement à la chasse qui m'était donnée en me cachant dans le creux d'un arbre. Nul port n'est libre; nulle localité, où une garde et une vigilance tout exceptionnelle ne soient prêtes à me saisir. Tant que je suis hors de danger, je veux combiner les moyens de me préserver : j'ai pensé à prendre la plus basse et la plus misérable forme qu'employa jamais la pénurie pour rapprocher l'homme de la bête, en mépris de la race humaine : je barbouillerai mon visage de boue; je roulerai une couverture autour de mes reins; j'embrouillerai mes cheveux de nœuds comme s'ils avaient été mêlés par un lutin; et j'opposerai bravement ma nudité à ciel ouvert aux vents et aux persécutions du climat. Cette contrée m'offre des exemples et des précédents de mendiants de Bedlam[8], qui avec des beuglements enfoncent dans leurs bras nus, noués et meurtris, des épingles, des épines de buissons, des clous, des tiges de romarin, et qui sous cet horrible aspect, parcourent les petites fermes, les pauvres chétifs hameaux, les bergeries, les moulins, et quelquefois par des malédictions de lunatiques, quelquefois par des prières, forcent la charité de leurs habitants. *Pauvre Turlupin*[9] *! pauvre Tom !* C'est encore quelque chose d'être cela ; d'Edgar, je n'ai plus rien. (*Il sort.*)

SCÈNE IV.

Devant le château de GLOUCESTER. KENT aux ceps.

Entrent LEAR, UN GENTILHOMME, *et* LE FOU.

LEAR. — Il est étrange qu'ils soient ainsi partis de leur résidence, et qu'ils n'aient pas renvoyé mon messager.

LE GENTILHOMME. — A ce que j'ai appris, ils n'avaient le soir précédent aucune intention de cette absence.

KENT, *s'éveillant*. — Salut à toi, noble maître !

LEAR. — Oh ! Est-ce que tu fais de cette honte ton passe-temps ?

KENT. — Non, Monseigneur.

LE FOU. — Ah ! ah ! il porte de cruelles jarretières ! On attache les chevaux par la tête, les chiens et les ours par le cou, les singes par les reins, et les hommes par les jambes : quand un homme est trop gaillard des jambes, alors il porte des chausses de bois.

Lear. — Qui donc a oublié ta condition à ce point de te placer là ?

Kent. — Lui et elle, tous les deux, votre fils et votre fille.

Lear. — Non !

Kent. — Oui.

Lear. — Non, dis-je !

Kent. — Oui, dis-je.

Lear. — Non, non, ils ne l'ont point fait.

Kent. — Oui, ils l'ont fait.

Lear. — Par Jupiter, je jure que non !

Kent. — Par Junon, je jure que oui.

Lear. — Ils n'auraient pas osé faire cela ; ils n'auraient pu, ils n'auraient pas voulu le faire ; commettre un tel violent outrage sur qui mérite respect est pire qu'un meurtre : explique-moi bien vite, mais avec calme, comment tu as pu mériter ce traitement, et comment ils ont pu te l'imposer à toi qui venais de notre part.

Kent. — Monseigneur, lorsque je leur remis à leur résidence les lettres envoyées par Votre Altesse, avant que je me fusse relevé de la place où se montrait mon respect agenouillé, voici qu'arriva un courrier fumant de sueur, rôti par le feu de sa rapidité, à demi hors d'haleine, qui tout essoufflé présenta les salutations de Goneril, sa maîtresse, et remit des lettres qu'ils lurent immédiatement sans se donner le temps nécessaire d'en finir avec la mienne. Sur le contenu de ces lettres, ils appelèrent leur suite, montèrent immédiatement à cheval, me commandèrent de suivre, et d'attendre qu'ils eussent le loisir de répondre ; le tout en me faisant froide mine. Alors, moi, rencontrant ici l'autre messager dont la bienvenue, comme je venais de le voir, avait empoisonné la mienne, — ce messager étant d'ailleurs ce même garçon qui s'était conduit tout récemment avec tant d'impertinence envers Votre Altesse, — j'ai eu plus de colère virile que d'esprit, et j'ai dégainé ; il s'est mis à pousser des cris perçants de couard, et il a fait accourir toute la maison : votre fils et votre fille ont trouvé cette faute digne de la honte qu'elle subit ici.

Le fou. — Ah bien, l'hiver n'est pas encore fini si les oies sauvages volent de ce côté.

> Les pères qui portent des guenilles
> Rendent aveugles leurs enfants ;
> Mais les pères qui portent des sacoches
> Verront leurs enfants très-affectueux.
> La fortune, cette fieffée putain,
> Ne tourne jamais la clef pour le pauvre.

Mais à part cela tu recevras de tes filles autant de *croix* que tu pourrais en compter en un an[10].

Lear. — Oh ! comme cette faiblesse de femme, la révolte de la sensibilité, monte vers mon cœur ! *Hysterica passio*[11] ! Rebrousse chemin, douleur envahissante, ton élément est en bas ! Où est cette mienne fille ?

Kent. — Ici, à l'intérieur, Sire, avec le comte.

Lear. — Ne me suivez pas ; restez ici. (*Il sort.*)

Le gentilhomme. — N'avez-vous pas commis d'autre offense que celle que vous nous avez dite ?

Kent. — Aucune autre. Comment se fait-il que le roi vienne avec une aussi petite escorte ?

Le fou. — Si tu avais été mis dans les ceps pour cette question, tu l'aurais bien mérité.

Kent. — Pourquoi, fou ?

Le fou. — Nous te mettrons à l'école chez une fourmi pour t'enseigner que ce n'est pas en hiver qu'on travaille[12]. Tous ceux qui suivent leurs nez sont conduits par leurs yeux, sauf les aveugles ; il n'y a pas un nez sur vingt qui ne puisse flairer celui qui pue. Lâche prise lorsqu'une grande roue descend une colline, de peur de te casser le cou en voulant la suivre ; mais quand un grand montera la colline, laisse-le te traîner après lui. Lorsqu'un homme sage te donnera un meilleur conseil, rends-moi le mien : je voudrais qu'il n'y eût que des drôles qui le suivissent, puisque c'est un fou qui le donne.

Le Monsieur qui sert et cherche le gain,
Et ne suit que pour la forme,
Décampera dès que la pluie tombera,
Et te laissera sous l'orage.
Mais moi je te suivrai; le fou restera
Et laissera fuir l'homme sage;
Le drôle qui s'enfuit devient un fou;
Mais le fou, pardi, n'est pas un drôle.

Kent. — Où avez-vous appris cela, fou?

Le fou. — Ce n'est pas dans les ceps, fou.

Rentre LEAR *avec* GLOUCESTER.

Lear. — Ils refusent de me parler? ils sont malades? ils sont fatigués? ils ont voyagé toute la nuit? pures échappatoires, où se laissent lire la révolte et le faux-fuyant. Allez me chercher une meilleure réponse.

Gloucester. — Mon cher Seigneur, vous connaissez le caractère intraitable du duc; vous savez combien il est obstiné et inébranlable dans ses décisions.

Lear. — Vengeance! peste! mort! confusion! *Intraitable!* qu'est-ce que cette qualité-là? Gloucester, Gloucester, je dis que je veux parler au duc de Cornouailles et à sa femme.

Gloucester. — Eh bien, mon bon Seigneur, je les en ai informés.

Lear. — *Tu les en as informés!* Me comprends-tu, l'ami?

Gloucester. — Oui, mon bon Seigneur.

Lear. — Le roi voudrait parler à Cornouailles; le cher père voudrait parler à sa fille, réclame ses services: les as-tu informés de cela? Par mon souffle et mon sang! *Intraitable?* le duc *intraitable?* Dis à ce duc bouillant que.... mais non, pas encore: peut-être n'est-il pas bien: une disposition maladive néglige toujours tout devoir qui exige pour être rempli l'état de santé; nous ne sommes pas nous-mêmes, lorsque la nature opprimée commande à l'âme de souffrir avec le corps. Je patienterai: j'en veux à ma précipitation de jugement d'avoir pris pour un homme en état d'équilibre parfait un homme indisposé et dans un accès de maladie. (*Jetant les yeux sur Kent.*) Mort de ma grandeur ! pourquoi est-il là captif ? Cet acte me persuade que cette reclusion du duc et d'elle n'est qu'une manœuvre. Qu'on me délivre, mon serviteur : vas, dis au duc et à sa femme que je voudrais leur parler, maintenant, sur-le-champ ; ordonne-leur de sortir et de m'entendre, ou je battrai le tambour à la porte de leur chambre, jusqu'à ce que ce tapage ait donné le coup de mort à leur sommeil.

GLOUCESTER. — Je voudrais que tout se passât bien entre vous. (*Il sort.*)

LEAR. — Oh, mon cœur ! mon cœur qui se gonfle ! mais contiens-toi !

LE FOU. — Crie à ton cœur, *nononcle*, comme la cuisinière criait aux anguilles en les mettant vivantes dans la pâte ; elle les frappait sur la tête avec une baguette, et leur criait : « Contenez-vous, petites folles, contenez-vous. » C'était le frère de cette cuisinière qui, par pure tendresse pour son cheval, lui beurrait son foin.

Entrent CORNOUAILLES, RÉGANE, GLOUCESTER, *et des serviteurs.*

LEAR. — Bonjour à vous deux.

CORNOUAILLES. — Salut à Votre Grâce ! (*Kent est remis en liberté.*)

RÉGANE. — Je suis joyeuse de voir Votre Altesse.

LEAR. — Régane, je crois que vous l'êtes ; je sais bien la raison que j'ai de penser ainsi : si tu n'étais pas joyeuse de me voir, je me divorcerais de la tombe de ta mère comme renfermant une adultère. (*A Kent.*) Ah vous voilà libre ! nous parlerons plus tard de cela. — Bien-aimée Régane, ta sœur est une créature de rien du tout : ô Régane, elle a attaché ici (*montrant son cœur*) l'ingratitude aux dents aiguës, comme un vautour : je puis à peine te parler ; tu ne pourras croire avec quelle dépravation.... Ô Régane !

ACTE II, SCÈNE IV.

Régane. — Je vous en prie, Sire, prenez patience : j'ai l'espérance qu'il vous est plus aisé de mal apprécier son mérite qu'à elle de manquer à son devoir.

Lear. — Comment cela, dis-moi ?

Régane. — Je ne puis croire que ma sœur voulût manquer le moins du monde à ses obligations : Sire, si par hasard elle a mis arrêt aux désordres des gens de votre suite, c'est sur de tels motifs, et dans un but si salutaire, qu'elle est exempte de tout blâme.

Lear. — Mes malédictions sur elle !

Régane. — Oh ! Sire, vous êtes vieux ; la nature est arrivée chez vous à la limite même de son domaine : vous devriez vous laisser gouverner et conduire par une prudence capable de discerner votre état mieux que vous-même. Je vous en prie donc, retournez auprès de notre sœur ; dites-lui que vous l'avez outragée, Sire.

Lear. — Lui demander pardon ? Remarquez seulement comme cela est bien d'accord avec la dignité d'un père : (*Il s'agenouille.*) « Ma chère fille, je confesse que je suis vieux ; les vieillards sont gens inutiles : je vous supplie à genoux de m'accorder le vêtement, le lit et la nourriture. »

Régane. — Noble Sire, assez ; ces plaisanteries sont désagréables à voir. Retournez auprès de ma sœur.

Lear, *se levant*. — Jamais, Régane ! elle a réduit ma suite de moitié ; elle m'a regardé avec des yeux pleins de mauvais sentiments ; elle m'a blessé de sa langue, au cœur même, comme un serpent : que toutes les vengeances que le ciel tient en réserve tombent sur sa tête ingrate ! Ô vous, malsaines vapeurs, frappez d'infirmités ses jeunes os !

Cornouailles. — Fi ! Sire, fi !

Lear. — Éclairs agiles, dardez vos flammes aveuglantes sur ses yeux pleins de mépris ! Infectez sa beauté, brouillards pompés des marécages par le puissant soleil, afin d'abattre et de flétrir son orgueil !

Régane. — Ô Dieux saints ! c'est là ce que vous me souhaiterez, lorsque votre colère vous emportera.

LEAR. — Non, Régane, tu n'auras jamais ma malédiction : ta nature où respire la tendresse ne te livrera jamais à la dureté : ses yeux sont féroces ; mais les tiens consolent et ne brûlent point. Ce n'est pas toi qui voudrais me chercher querelle sur mes plaisirs, réduire ma suite, me lancer des mots hâtivement injurieux, rogner mes dépenses, et, pour conclusion, me tirer les verrous pour m'empêcher d'entrer : tu connais mieux les sentiments de la nature, les obligations des enfants, les règles de la courtoisie, les dettes de la reconnaissance ; tu n'as pas oublié cette moitié du royaume dont je t'ai dotée.

RÉGANE. — Mon bon Sire, au fait.

LEAR. — Qui avait mis mon serviteur aux ceps ? (*Fanfare au dehors.*)

CORNOUAILLES. — Quelle est cette trompette ?

RÉGANE. — Je le sais ; c'est celle de ma sœur : cela est d'accord avec sa lettre qui nous annonçait qu'elle serait bientôt ici.

Entre OSWALD.

RÉGANE. — Votre maîtresse est-elle arrivée ?

LEAR. — Voici un esclave dont l'orgueil facilement emprunté repose sur la faveur inconstante de celle qu'il sert. Dehors, valet ! hors de mes yeux !

CORNOUAILLES. — Que veut dire Votre Grâce ?

LEAR. — Qui avait mis mon serviteur aux ceps ? Régane, j'espère bien que tu ne savais rien de cela. — Qui vient ici ?

Entre GONERIL.

LEAR. — Ô cieux ! si vous aimez les vieillards, si votre doux pouvoir approuve l'obéissance, si vous-mêmes êtes vieux, faites de ma cause la vôtre, descendez sur terre — et prenez mon parti ! (*A Goneril.*) N'es-tu pas honteuse de regarder cette barbe ? — Ô Régane, est-ce que tu vas lui prendre la main ?

GONERIL. — Pourquoi ne me prendrait-elle pas la main, Sire ? En quoi ai-je commis offense ? tout n'est pas offense de ce que l'indiscrétion trouve tel, et de ce que le radotage appelle de ce nom.

LEAR. — Ô mes flancs, vous êtes trop solides! quoi, vous n'éclatez pas? — Comment mon serviteur avait-il été mis aux ceps?

CORNOUAILLES. — C'est moi qui l'y avais mis, Sire; mais sa mauvaise conduite lui méritait une beaucoup moindre faveur.

LEAR. — Vous! c'est vous!

RÉGANE. — Je vous en prie, mon père, puisque vous êtes faible, conformez votre conduite à cette faiblesse. Si, jusqu'à l'expiration de votre mois vous voulez retourner et séjourner chez ma sœur, en congédiant la moitié de votre suite, venez ensuite me trouver; pour le moment, je suis hors de ma résidence, et je n'ai pas les ressources nécessaires à votre réception.

LEAR. — Retourner chez elle, et cinquante hommes congédiés! Non, je renonce plutôt à tout abri; je préfère lutter contre l'inimitié de l'air, devenir le camarade du loup et du hibou, subir ce que la nécessité a de plus dur! Retourner chez elle! Parbleu, j'aimerais autant aller trouver l'impétueux roi de France qui prit sans dot notre plus jeune fille, m'agenouiller devant son trône, et comme un écuyer mendier une pension pour maintenir un état de vie servile. Retourner chez elle! Persuade-moi plutôt d'être l'esclave et la bête de somme de ce détestable valet! (*Il désigne Oswald.*)

GONERIL. — A votre choix, Sire.

LEAR. — Je t'en prie, ma fille, ne me rends pas fou: je ne te troublerai plus, mon enfant; adieu: nous ne nous rencontrerons plus, nous ne nous verrons plus l'un l'autre : mais cependant tu es ma chair, mon sang, ma fille; ou plutôt une maladie qui est dans ma chair et que je suis bien obligé de déclarer mienne : tu es une tumeur, une pustule pestilentielle, une dartre protubérante dans mon sang corrompu. Mais je ne veux pas te gronder; que la honte vienne te trouver quand elle voudra, je ne l'appelle pas : je n'invite pas à te frapper celui qui porte le tonnerre, je ne raconte pas ta conduite au souverain juge Jupiter : amende-toi quand tu pourras; deviens meilleure à ton loisir : je puis être patient; je puis rester avec Régane, moi et mes cent chevaliers.

Régane. — Il n'en est pas tout à fait ainsi : je ne vous attendais pas encore, et je n'ai pas pris mes mesures pour vous recevoir convenablement. Prêtez l'oreille à ma sœur, Sire ; ceux qui sont obligés de modérer votre impétuosité par leur raison, doivent se contenter de penser que vous êtes vieux, et par conséquent.... Mais elle sait ce qu'elle fait.

Lear. — Est-ce là bien parler?

Régane. — J'ose l'affirmer, Sire. Comment! cinquante hommes pour votre suite! n'est-ce pas suffisant? Quel besoin en avez-vous d'un plus grand nombre? Qu'avez-vous même besoin d'en avoir autant, puisque la dépense et le danger à la fois parlent contre un si grand nombre? Comment tant de gens pourraient-ils vivre en amitié dans la même maison, sous deux commandements séparés? c'est difficile, presque impossible.

Goneril. — Pourquoi, Monseigneur, ne pourriez-vous pas recevoir les services de ceux qu'elle appelle ses serviteurs, ou des miens?

Régane. — Pourquoi cela ne se pourrait-il pas, Monseigneur? Si alors ils venaient à se montrer négligents avec vous, nous pourrions les censurer. Si vous voulez venir chez moi, je vous engage (car maintenant je soupçonne un danger) à n'en amener que vingt-cinq : je ne puis en accepter et en loger davantage.

Lear. — Je vous donnai tout....

Régane. — Et vous l'avez donné au bon moment.

Lear. — Je vous fis mes tutrices, mes dépositaires, ne me réservant qu'une suite de ce nombre. Quoi! je dois aller chez vous avec vingt-cinq hommes? Est-ce là ce que vous avez dit, Régane?

Régane. — Et je le répète, Monseigneur; je n'en veux pas davantage chez moi.

Lear. — Les créatures méchantes se présentent à nous

sous un bel aspect, lorsque nous en voyons d'autres plus méchantes encore; mériter qu'on dise de vous qu'il y a pire, c'est obtenir un certain éloge. (*A Goneril.*) J'irai avec toi; tes cinquante doublent ses vingt-cinq, et ton affection vaut deux fois la sienne.

GONERIL. — Écoutez-moi, Monseigneur; quel besoin en avez-vous de vingt-cinq, de dix, ou de cinq, pour vous assister dans une maison où des serviteurs en nombre double des vôtres ont l'ordre de vous obéir?

RÉGANE. — Quel besoin en avez-vous d'un seul?

LEAR. — Oh! ne raisonne pas sur le besoin : nos plus vils mendiants connaissent le superflu au sein de la plus pauvre existence : n'accordez à la nature que ce qu'exige la nature, et la vie de l'homme est à aussi bas prix que celle de la bête. Tu es une Dame; si avoir des vêtements chauds était la même chose que d'avoir des vêtements riches, parbleu, la nature n'aurait pas besoin des riches vêtements que tu portes et qui te tiennent à peine chaude. Mais quant au véritable besoin.... Ô cieux, donnez-moi patience, c'est de patience que j'ai besoin! Vous me voyez ici, ô Dieux, pauvre vieillard aussi plein de chagrin que d'années, misérable par ces deux choses! Si c'est vous qui excitez les cœurs de ces filles contre leur père, ne me rendez pas assez stupide pour supporter leur conduite avec docilité; insinuez en moi une noble colère, et ne permettez pas que ces armes des femmes, les larmes, tachent mes joues d'homme! Non, sorcières dénaturées, je tirerai de vous deux de telles vengeances que tout le monde verra ... je ferai de telles choses.... lesquelles, je ne le sais pas encore; mais elles seront l'effroi de la terre. Vous croyez que je vais pleurer; non, je ne pleurerai pas : j'ai grande cause de pleurer; mais ce cœur se brisera en cent mille pièces, avant que je pleure. — Ô insensé, je vais devenir fou! (*Sortent Lear, Gloucester, Kent, et le fou. On entend le bruit d'un orage.*)

CORNOUAILLES. — Retirons-nous, il va y avoir un orage.

RÉGANE. — Cette maison est petite; le vieillard et ses gens ne peuvent y être aisément logés.

GONERIL. — Le blâme doit en retomber sur lui; il s'est arraché lui-même au repos, il faut qu'il subisse les conséquences de sa sottise.

RÉGANE. — Pour ce qui est de lui en particulier, je le recevrai avec plaisir, mais pas un seul des hommes de sa suite.

GONERIL. — C'est aussi mon intention. Où est Monseigneur de Gloucester?

CORNOUAILLES. — Il a suivi le vieillard : — le voici qui revient.

Rentre GLOUCESTER.

GLOUCESTER. — Le roi est dans une rage extrême.

CORNOUAILLES. — Où va-t-il?

GLOUCESTER. — Il demande son cheval; mais je ne sais où il va.

CORNOUAILLES. — Il vaut mieux le laisser faire; il se guide lui-même.

GONERIL. — Monseigneur, n'insistez en aucune façon pour qu'il reste.

GLOUCESTER. — Hélas! la nuit s'approche et les vents froids soufflent avec âpreté; c'est à peine si on trouve un buisson à plusieurs milles à la ronde.

RÉGANE. — Ô Seigneur, les maux que s'attirent les hommes opiniâtres doivent leur servir de précepteurs. Fermez vos portes; il est accompagné d'une escorte de gens exaspérés, et la sagesse invite à redouter ce qu'ils sont capables de lui faire entreprendre, à lui dont l'oreille est si facilement abusée.

CORNOUAILLES. — Fermez vos portes, Monseigneur; voilà une terrible nuit qui s'apprête; ma Régane vous conseille bien : mettons-nous à l'abri de la tempête. (*Ils sortent.*)

ACTE III.

SCÈNE PREMIÈRE.

Une bruyère.

Une tempête avec tonnerre et éclairs. Entrent en se rencontrant, KENT *et* UN GENTILHOMME.

Kent. — Qui donc est là, en plus du mauvais temps?

Le gentilhomme. — Quelqu'un qui est dans la disposition d'humeur du temps, fort agité.

Kent. — Je vous reconnais. Où est le roi?

Le gentilhomme. — Il lutte avec les éléments courroucés; il ordonne au vent de souffler la terre dans la mer, ou de gonfler les vagues frisées au-dessus de la terre ferme, afin que les choses changent ou cessent d'être; il arrache ses cheveux blancs dont les rafales impétueuses, avec une rage aveugle, se saisissent dans leur furie et se servent comme de jouets. Toutes les forces du petit monde de son moi humain, il les oppose avec mépris au grand tohu-bohu du vent et de la pluie en lutte. Cette nuit où l'ourse qui allaite ses petits reste couchée, où le lion et le loup au ventre creux tiennent leur fourrure sèche, lui, il court tête nue, et appelle ce qui peut le délivrer de tout.

Kent. — Mais qui est avec lui?

Le gentilhomme. — Personne d'autre que le fou qui s'efforce de lui faire oublier par ses plaisanteries les injures dont son cœur est blessé.

KENT. — Seigneur, je vous connais, et j'ose, sur la foi de la bonne note que j'ai prise de vous, vous communiquer un secret de précieuse importance. Il existe entre Albanie et Cornouailles une division, quoiqu'elle ne soit pas encore apparente, cachée qu'elle est par une dissimulation mutuelle : ils ont près d'eux — et qui n'a point de tels gens parmi ceux que leurs grandes étoiles ont mis sur le trône et placés haut? — des serviteurs qui ont l'air de l'être, et qui font le métier d'espions et d'observateurs intelligents de notre état pour le compte de la France. Est-ce la conséquence de ce qu'ils ont surpris des bisbilles et des manœuvres des ducs? est-ce la dure conduite qu'ils ont tenue tous deux à l'égard du bon vieux roi? est-ce quelque chose de plus grave dont par hasard ces incidents ne sont que les accessoires? — toujours est-il qu'une armée se dirige de France sur ce royaume en désordre; et cette armée, profitant prudemment de notre négligence, a déjà secrètement mis le pied dans quelques-uns de nos meilleurs ports, et se trouve sur le point de se montrer à bannière ouverte. — Maintenant, venons à vous : si vous osez vous fonder assez sur la vérité de mes paroles, pour aller en toute hâte jusqu'à Douvres, vous y trouverez certaines personnes qui vous remercieront, quand vous leur ferez un rapport exact du traitement dénaturé, douloureux, propre à le rendre fou, dont le roi a cause de se plaindre. Je suis gentilhomme de sang et d'éducation, et c'est en connaissance de cause et sûr de mon fait que je vous offre cet office.

LE GENTILHOMME. — Nous en parlerons plus amplement.

KENT. — Non, c'est inutile. Pour vous prouver que je suis beaucoup plus que ne l'indique mon extérieur, ouvrez cette bourse, et prenez ce qu'elle contient. Si vous voyez Cordélia, et il n'est pas à craindre que vous ne la voyiez pas, montrez-lui cet anneau, et elle vous dira quel est ce compagnon que vous ne connaissez pas encore. (*Tonnerre.*) Diable soit de cette tempête! Je vais me mettre à recherche du roi.

Le gentilhomme. — Donnez-moi votre main : n'avez-vous rien d'autre à me dire ?

Kent. — Peu de chose, mais ce peu de chose est plus important encore que tout le reste : lorsque nous aurons trouvé le roi, — et dans cette recherche je requiers votre service, prenez de ce côté, moi je vais de celui-là, — le premier qui l'apercevra en avertira l'autre par un cri. (*Ils sortent.*)

SCÈNE II.

Une autre partie de la bruyère.

Entrent LEAR *et* LE FOU.

Lear. — Soufflez, vents, et faites éclater vos joues ! faites rage ! soufflez ! Cataractes et trombes, vomissez vos flots, jusqu'à ce que vous ayez submergé nos clochers, noyé les coqs de leurs cimes ! Flammes sulfureuses, rapides comme la pensée, avant-courrières des foudres qui fendent les chênes, grillez mes cheveux blancs ! Et toi, tonnerre qui ébranles tout, aplatis l'épaisse rotondité du monde ! brise les moules de la nature, et détruis d'un coup tous les germes qui produisent l'homme ingrat !

Le fou. — Ô *nononcle*, l'eau bénite de cour dans une chambre sèche est préférable à cette eau de pluie à ciel ouvert. Bon *nononcle*, rentre, et demande la bénédiction de tes filles ; voilà une nuit qui n'a pitié ni des gens sages, ni des fous.

Lear. — Gronde à plein ventre ! Crache, feu ! vomis, pluie ! Ni la pluie, ni le vent, ni le tonnerre, ni le feu, ne sont mes filles : je ne vous accuse pas d'ingratitude, vous éléments ; je ne vous donnai jamais un royaume, je ne vous appelai jamais mes enfants, vous ne me devez aucune obéissance : eh bien, laissez tomber votre horreur, selon votre plaisir ; me voici là, moi, votre esclave ; un vieillard pauvre, faible, infirme, méprisé : — mais cependant je vous appelle de serviles ministres, puisque vous vous liguez avec deux perverses filles pour diriger vos guerres nées en haut lieu contre une tête aussi vieille et aussi blanche que celle-là. Oh! oh! c'est odieux!

Le fou. — Celui qui a une maison pour y fourrer sa tête possède un bon chapeau.

Celui qui voudra loger sa braguette
Avant que sa tête ait un logement,
Sa tête et lui attraperont des poux;
Ainsi se marient beaucoup de mendiants.
L'homme qui fait pour son orteil,
Ce qu'il devrait faire pour son cœur,
Criera bientôt de la douleur d'un cor
Et changera son sommeil en veille.

Car il n'y eut jamais encore une jolie femme qui ne fît des minauderies devant son miroir.

Lear. — Non, je serai le modèle de la parfaite patience; je ne dirai rien.

Entre KENT.

Kent. — Qui est ici?

Le fou. — Pardi, une Altesse et une braguette, c'est-à-dire un sage et un fou.

Kent. — Hélas, Sire, êtes-vous ici? Les êtres qui aiment la nuit n'aiment pas les nuits pareilles à celle-là; les cieux courroucés effrayent les rôdeurs des ténèbres eux-mêmes, et les obligent à garder tanière : depuis que j'existe je ne me rappelle pas avoir entendu parler de telles nappes de feu, de tels craquements horribles de tonnerre, de tels grondements de vent rugissant et de pluie : la nature de l'homme ne saurait supporter ni la violence, ni les menaces d'une telle nuit.

Lear. — Que les grands Dieux qui font au-dessus de nos têtes ce redoutable tintamarre, se découvrent à cette heure à leurs ennemis! Tremble, misérable, qui portes en toi des crimes non divulgués que la justice n'a pas châtiés! Cache-toi, meurtrier à la main sanglante! cache-toi, parjure! et toi aussi, incestueux revêtu de semblants de vertu! tremble de tous tes membres, méchant qui sous le couvert d'une honnête apparence as manœuvré contre la vie de l'homme! Forfaits étroitement tenus sous les verrous du secret, brisez les portes qui vous gardent cachés, et criez grâce à ces redoutables agents qui vous somment d'apparaître! — Pour moi, je suis un homme qu'on a plus offensé qu'il n'a offensé.

Kent. — Hélas, tête nue! Mon gracieux Seigneur, tout près d'ici, il y a une hutte qui vous prêtera quelque secours contre la tempête : venez vous y reposer, tandis que moi je retournerai vers cette dure maison, plus dure que les pierres dont elle est bâtie, et dont on m'a à l'instant même refusé l'entrée, lorsque je suis allé vous demander; j'y retournerai, et j'essayerai de contraindre leur avare affabilité.

Lear. — Ma raison commence à s'égarer. — Marchons, mon enfant : comment vas-tu, mon enfant? as-tu froid? j'ai froid moi-même. — Où est cette chaumière, mon ami? Art étrange que possèdent nos besoins; des choses viles ils peuvent en faire de précieuses. Allons, où est votre hutte? — Mon fou, mon pauvre drôle, j'ai encore dans mon cœur une place qui souffre pour toi.

Le fou, *chantant :*

Celui qui a un tout petit peu d'esprit,
— Hé, ho, le vent et la pluie —
Doit se contenter du lot de sa fortune,
Quand même la pluie tomberait chaque jour[1].

Lear. — C'est vrai, mon enfant. — Allons, mène-nous à cette hutte. (*Sortent Lear et Kent.*)

Le fou. — Voilà une belle nuit pour refroidir une courtisane. Je vais dire une prophétie avant de m'en aller :

Quand les prêtres diront plus de mots que de choses;
Quand les brasseurs gâteront leur bière avec de l'eau;
Quand les nobles donneront des leçons à leurs tailleurs;

Quand il n'y aura d'autres hérétiques brûlés que les coureurs de filles ;
Quand tous les procès seront bien jugés ;
Quand il n'y aura ni écuyer endetté, ni chevalier pauvre ;
Quand les langues cesseront d'être médisantes ;
Quand les coupe-bourses ne chercheront plus les foules ;
Quand les usuriers compteront leur or en plein champ ;
Quand les maquerelles et les putains bâtiront des églises ;
Alors le royaume d'Albion
Tombera en grande confusion :
Alors viendra le temps, qui vivra le verra,
Où pour marcher on se servira des pieds.

Merlin fera cette prophétie plus tard ; car je vis avant son époque[2]. (*Il sort.*)

SCÈNE III.

Un appartement dans le château de GLOUCESTER.

Entrent GLOUCESTER *et* EDMOND.

GLOUCESTER. — Hélas, hélas, Edmond, je n'aime pas cette conduite dénaturée. Lorsque je leur ai demandé la permission d'avoir pitié de lui, ils m'ont enlevé la maîtrise de ma propre maison, et m'ont interdit, sous peine de leur perpétuel déplaisir, de parler de lui, de solliciter pour lui, et de le soutenir de quelque manière que ce soit.

EDMOND. — C'est très-sauvage et très-dénaturé !

GLOUCESTER. — Mais sois tranquille, et ne dis rien. Il existe une division entre les ducs, et il y a pis que cela : j'ai reçu une lettre cette nuit ; — il est dangereux d'en parler ; — j'ai mis la lettre sous clef dans mon cabinet : les injures que le roi supporte à cette heure seront amplement vengées ; une armée a déjà débarqué en partie : nous devons pencher pour le roi. Je vais me mettre à sa recherche, et lui porter secours en secret. Vous, allez, et entretenez conversation avec le duc afin que ma charité ne soit pas aperçue de lui : s'il me demande, dites que je suis malade et au lit. Si je meurs pour cet acte, comme on m'en a menacé sérieusement, eh bien, le roi mon vieux maître aura été assisté. Il se prépare d'étranges événements, Edmond ; je vous en prie, soyez prudent. (*Il sort.*)

Edmond. — Le duc aura immédiatement avis de cette courtoisie qu'on t'a interdite, et de cette lettre aussi : c'est ce me semble un beau service, et qui doit me faire gagner ce que mon père va perdre, c'est-à-dire rien moins que tout : les jeunes s'élèvent lorsque les vieux tombent. (*Il sort.*)

SCÈNE IV.

Une partie de la bruyère avec une hutte. La tempête continue.

Entrent LEAR, KENT *et* LE FOU.

Kent. — Voici l'endroit, Monseigneur ; entrez, mon bon Seigneur : la rigueur de la nuit en plein air est trop brutale pour que la nature puisse la supporter.

Lear. — Laisse-moi seul.

Kent. — Entrez ici, mon bon Seigneur.

Lear. — Veux-tu me briser le cœur ?

Kent. — J'aimerais mieux briser le mien. Entrez, mon bon Seigneur.

Lear. — Il te semble bien dur que cette furieuse tempête nous perce jusqu'aux os : cela te semble ainsi ; mais là où une grande maladie est invétérée, on en sent à peine une moindre. Tu éviterais un ours, mais si ta fuite devait te mener t'engloutir dans la mer rugissante, tu irais droit à la gueule de l'ours. Le corps est délicat quand l'âme est libre ; mais la tempête de mon âme enlève à mes organes tout autre sentiment que celui qui bat là. — Ingratitude filiale ! n'est-ce pas comme si cette bouche déchirait cette main pour avoir porté jusqu'à elle la nourriture ? Mais je punirai cela sévèrement : — non, je ne pleurerai pas davantage. — Par une nuit pareille, me mettre dehors! — Tombe, pluie; je te supporterai. — Par une nuit comme celle-ci! — Ô Régane! ô Goneril! votre vieux bon père dont le cœur franc vous donna tout.... — Oh! ce chemin-là conduit à la folie; évitons-le; assez là-dessus.

KENT. — Mon bon Seigneur, entrez ici.

LEAR. — Je t'en prie, entre toi-même; cherche tes propres aises: cette tempête au moins ne me permettra pas de réfléchir à des choses qui me feraient plus de mal qu'elle. — Cependant je vais entrer. (*Au fou.*) Entre, mon enfant, passe le premier. — Oh, indigence sans asile!... — Allons, entre. Je vais prier, et puis je dormirai. (*Le fou entre dans la cabane.*) Pauvres misérables nus, où que vous soyez, qui recevez l'averse de cette tempête sans pitié, comment vos têtes sans toits et vos ventres sans nourriture, comment votre dénûment en loques et percé à jour de toutes parts, pourront-ils vous protéger contre des temps pareils à celui-ci? Oh! j'ai pris trop peu de souci de votre condition! Accepte cette médecine-là, pompe; expose-toi de manière à sentir ce que les misérables sentent, afin de verser sur eux ton superflu, et de montrer les cieux plus justes.

EDGAR, *de l'intérieur de la cabane*. — Une brasse et demie d'eau, une brasse et demie! Pauvre Tom! (*Le fou se précipite hors de la cabane.*)

LE FOU. — N'entre pas ici, *nononcle*, il y a un esprit. Secourez-moi, secourez-moi!

KENT. — Donne-moi ta main. — Qui est là?

LE FOU. — Un esprit, un esprit; il dit que son nom est pauvre Tom.

KENT. — Qui es-tu, toi qui grommelles là dans la paille? Sors.

Entre EDGAR *déguisé comme un fou.*

EDGAR. — Arrière! le méchant démon me poursuit! — A travers la piquante aubépine souffle le vent froid. — Hum, vas à ton lit froid, et réchauffe-toi dedans[3].

Lear. — Est-ce que tu as tout donné à tes deux filles ? et en es-tu venu là ?

Edgar. — Qui donne quelque chose à pauvre Tom? le méchant démon l'a poursuivi à travers le feu et à travers la flamme, à travers gués et gouffres d'eau, par-dessus bourbiers et fondrières ; il a mis des couteaux sous son oreiller[4], et des cordes dans son banc d'église ; il a mis de la mort au rat dans son potage ; il lui a insinué l'orgueil dans le cœur, afin qu'il fît trotter son cheval bai sur des ponts larges de quatre pouces, et cela pour courir après son ombre qu'il prenait pour un traître. — Dieu bénisse tes cinq sens ! — Tom a froid. — Oh! da, da, da, da, da, da. — Que Dieu te préserve des ouragans, des astres malins et du refroidissement ! Faites quelque charité à pauvre Tom que le méchant démon tourmente. — Oh! si je pouvais le tenir là maintenant, — et là, — et là encore, — et là. (*L'orage continue.*)

Lear. — Comment est-ce que ses filles l'ont amené à cette passe-là ? — Ne pouvais-tu rien te réserver ? leur as-tu tout donné ?

Le fou. — Non, il s'est réservé une couverture, sans quoi il nous aurait fait honte à tous.

Lear. — Eh bien, que toutes les pestes que dans l'air flottant la destinée suspend sur les crimes des hommes tombent sur tes filles !

Kent. — Il n'a pas de filles, Sire.

Lear. — A mort, traître ! rien n'aurait pu précipiter la nature dans un tel degré d'abjection, si ce n'est des filles ingrates. — Est-ce la coutume que les pères, quand ils se sont dépouillés, trouvent aussi peu de pitié pour leur chair ? Judicieux châtiment ! ce fut cette chair qui engendra ces filles de pélican.

Edgar, *chantant :*

Pillicock s'assit sur la colline de Pillicock[5] :
Holla, ho, holla, ho, ho, ho !

Le fou. — Cette froide nuit nous changera tous en fous et en insensés.

Edgar. — Prends garde au méchant démon : obéis à tes parents ; tiens religieusement ta parole ; ne jure pas ; ne te commets pas avec la femme légitime d'un autre ; ne revêts pas ta bonne amie d'étoffes de somptueux brocarts. Tom a froid.

Lear. — Qu'est-ce que tu étais ?

Edgar. — Un serviteur, orgueilleux de cœur et d'âme, qui frisais ma chevelure, qui portais des gants à mon chapeau [6], qui servais les convoitises du cœur de ma maîtresse et commettais avec elle l'acte des ténèbres, qui jurais autant de serments que je prononçais de paroles et les brisais à la face aimable du ciel, qui m'endormais en méditant le péché et m'éveillais pour le commettre. J'aimais profondément le vin, tendrement les dés, et pour ce qui est des femmes, je dépassais le Turc en paillardise : j'étais faux de cœur, léger d'oreille, sanguinaire de main ; un cochon pour la luxure, un renard pour la subtilité, un loup pour la voracité, un chien pour la folie, un lion pour la proie. Ne livre pas ton pauvre cœur aux femmes sur le craquement d'un soulier, ou le *frou frou* d'une robe de soie : garde ton pied hors des bordels, ta main hors des jupons, ta plume hors des livres de l'usurier, et défie le méchant démon. (*Il chante :*)

Toujours à travers l'aubépine souffle le vent froid ;
Il dit *zou ou ou, mou ou ou*, ah, ah, ah [7] !

Dauphin, mon garçon, mon garçon, arrête ! laisse-le trotter [8]. (*L'orage continue.*)

Lear. — Parbleu, tu serais mieux dans ton tombeau que d'avoir à affronter avec ton corps nu cette colère des cieux. L'homme n'est-il pas plus que cela ? Considérez-le bien. Tu ne dois pas de soie au ver, pas de peau à la bête, pas de laine au mouton, pas de parfum à la civette. Ah ! ah ! il y en a trois d'entre nous qui sont sophistiqués ! Toi, tu es l'être humain lui-même : l'homme sans les commodités de la civilisation n'est qu'un pauvre animal nu et ébouriffé comme te voilà. — A bas, à bas, choses d'emprunts! Allons, dépouillons-nous ici. (*Il arrache ses vêtements.*)

Le fou. — Je t'en prie, nononcle, sois calme; c'est une mauvaise nuit pour nager. A cette heure un petit feu dans une vaste campagne ressemblerait assez bien au cœur d'un vieux paillard, — une petite étincelle, et tout le reste du corps froid. Voyez, voici venir un feu errant.

Edgar. — C'est le méchant démon Flibbertigibbet: il commence ses courses au couvre-feu, et se promène jusqu'au premier chant du coq; il donne la goutte sereine, fait loucher les yeux, et contracte les lèvres en forme de bec-de-lièvre; il jette la nielle sur le froment, et endommage la pauvre créature de la terre. (*Il chante :*)

Saint Withold parcourut trois fois la plaine [9];
Il rencontra la jument de nuit (*a*) et ses neuf pouliches;
Il lui commanda de filer,
Et le lui fit jurer;
Et file, sorcière, file [10] !

Kent. — Comment se trouve Votre Grâce!

Entre GLOUCESTER *avec une torche.*

Lear. — Quel est cet homme?
Kent. — Qui est là? Qu'est-ce que vous cherchez?
Gloucester. — Qui êtes-vous, vous ici? vos noms?
Edgar. — Le pauvre Tom, qui mange la grenouille nageuse, le crapaud, le têtard, le lézard des murailles et le lézard d'eau; qui, dans la furie de son cœur, quand le méchant démon fait rage, mange de la bouse de vache en guise de salade, avale le vieux rat et le chien des fossés, boit l'eau croupissante de l'étang au vert manteau; qui est fouetté de paroisse en paroisse, et mis aux ceps, et puni, et emprisonné; qui a eu trois vêtements pour son dos, six chemises pour son corps, un cheval

---

(*a*) Le cauchemar.

pour se promener, et une épée pour se défendre. (*Il chante :*)

Mais les souris et les rats, et autre petit gibier pareil,
Ont été la nourriture de Tom pendant sept longues années[11].

Prends garde au démon qui me suit. — Paix, Smulkin ; paix, démon que tu es !

GLOUCESTER. — Quoi ! votre Grâce n'a pas de meilleure compagnie?

EDGAR. — Le prince des ténèbres est un gentilhomme : on l'appelle Modo et Mahu[12].

GLOUCESTER. — Notre chair et notre sang, Monseigneur, sont devenus si vils qu'ils haïssent qui les a engendrés.

EDGAR. — Pauvre Tom a froid.

GLOUCESTER. — Rentrez avec moi : ma loyauté ne peut pas me permettre d'obéir en tout aux durs commandements de vos filles : quoiqu'elles m'aient ordonné de verrouiller mes portes, et de vous laisser à la merci de cette nuit cruelle, je me suis cependant hasardé à venir vous chercher pour vous amener là où vous trouverez tout prêts feu et nourriture.

LEAR. — Laissez-moi converser d'abord avec ce philosophe. — Quelle est la cause du tonnerre?

KENT. — Mon bon Seigneur, acceptez son offre ; allez à la maison.

LEAR. — Je veux causer un instant avec ce Thébain érudit. — Quel est l'objet de vos études?

EDGAR. — Les moyens de se préserver du démon et de tuer la vermine.

LEAR. — Laissez-moi vous dire un mot en particulier.

KENT. — Pressez-le une fois encore de vous suivre, Monseigneur ; sa raison commence à s'ébranler.

GLOUCESTER. — Peux-tu l'en blâmer? ses filles cherchent sa mort. — Ah, ce brave Kent ! il avait dit qu'il en serait ainsi, le pauvre exilé ! — Tu dis que le roi devient fou ; je te le dis, l'ami, je suis presque fou moi-même : j'avais un fils que j'ai maintenant renié pour mon sang ; il cherchait à attenter à ma vie, tout récemment, dans ces derniers jours même : je l'aimais, ami, autant que père aima jamais fils : pour te dire la vérité, le chagrin a dérangé mes esprits. — Quelle nuit que celle-ci ! (*L'orage continue.*) J'en supplie Votre Grâce....

LEAR. — Oh ! je vous demande pardon, Seigneur. — Votre compagnie, noble philosophe.

EDGAR. — Tom a froid.

GLOUCESTER. — Rentre, mon garçon, là, dans la cabane : tiens-toi chaud.

LEAR. — Allons, rentrons-y tous.

KENT. — Par ici, Monseigneur.

LEAR. — Avec lui ; je veux encore entretenir compagnie avec mon philosophe.

KENT. — Mon bon Seigneur, soyez-lui complaisant ; laissez-le prendre avec lui ce garçon.

GLOUCESTER. — Prenez-le avec vous.

KENT. — Allons, marchons, maraud ; viens avec nous.

LEAR. — Viens, mon bon Athénien.

GLOUCESTER. — Ne parlons pas, ne parlons pas : chut !

EDGAR, *chantant*. —

Child Roland s'en vint à la tour noire,
Son mot était toujours, *fie, foh, et fum,*
Je flaire ici le sang d'un Breton [13]. (*Ils sortent.*)

SCÈNE V.

Un appartement dans le château de GLOUCESTER.

Entrent CORNOUAILLES *et* EDMOND.

CORNOUAILLES. — J'aurai ma vengeance avant de quitter sa maison.

EDMOND. — Cependant, Monseigneur, je suis tant soit

peu effrayé en pensant au blâme que je puis encourir pour avoir fait céder ainsi la nature à la fidélité.

CORNOUAILLES. — Je m'aperçois maintenant que ce n'était pas entièrement par suite d'une disposition mauvaise que votre frère a cherché sa mort; mais qu'il y fut provoqué par un sentiment de justice mis en mouvement par une détestable méchanceté.

EDMOND. — A quel point cruelle est ma fortune, puisqu'il me faut me repentir d'être juste ! Voici la lettre dont il parlait, et qui le montre d'intelligence avec le roi de France pour le plus grand avantage de celui-ci. Ô cieux ! si vous aviez voulu que cette trahison ne fût pas, ou que je n'en fusse pas le délateur !

CORNOUAILLES. — Venez avec moi trouver la duchesse.

EDMOND. — Si le contenu de cette lettre est véritable, vous avez de fortes affaires sur les bras.

CORNOUAILLES. — Vraie ou fausse, cette lettre t'a fait comte de Gloucester. Cherche où peut être ton père, afin qu'il soit à notre portée quand nous voudrons l'arrêter.

EDMOND, *à part*. — Si je le découvre prêtant secours au roi, cela ne fera que confirmer plus fortement ses soupçons. (*A Cornouailles.*) Je persévérerai dans ma voie de loyauté, quoique le combat entre ma fidélité et mon sang soit bien douloureux.

CORNOUAILLES. — Je mets ma confiance en toi, et tu trouveras dans mon affection un père plus cher que le tien. (*Ils sortent.*)

SCÈNE VI.

Une chambre dans une ferme attenante au château.

Entrent GLOUCESTER, LEAR, KENT, LE FOU *et* EDGAR.

GLOUCESTER. — Il fait meilleur ici qu'en plein air; soyez heureux d'être à l'abri. Je vais achever de vous accommoder du mieux que je pourrai : je ne resterai pas longtemps absent.

KENT. — Toute la force de sa raison a cédé à son impatience : — que les Dieux récompensent votre bonté ! (*Sort Gloucester.*)

EDGAR. — *Frateretto* m'appelle ; il me dit que Néron est pêcheur dans le lac des ténèbres. — Prie, innocent, et prends garde au méchant démon.

LE FOU. — Dis-moi, je t'en prie, *nononcle*, un fou est-il un gentilhomme ou un bourgeois ?

LEAR. — C'est un roi, c'est un roi !

LE FOU. — Non, c'est un bourgeois qui a pour fils un gentilhomme ; car c'est un fou de bourgeois celui qui voit son fils gentilhomme avant de l'être lui-même.

LEAR. — Oh ! que n'ai-je mille diables avec des broches chauffées au rouge qui les embrocheraient en sifflant....

EDGAR. — Le méchant démon me mord au dos.

LE FOU. — Il est fou celui qui se confie à l'apprivoisement d'un loup, à la santé d'un cheval, à l'amour d'un bambin, ou au serment d'une putain.

LEAR. — Cela sera fait ; je vais les juger sur-le-champ. (*A Edgar.*) Assieds-toi ici, très-savant justicier. (*Au fou.*) Et toi, sage Seigneur, assieds-toi là. — Maintenant, à vous, renards femelles !

EDGAR. — Voyez, comme il se dresse et comme ses yeux brillent ! — As-tu besoin d'yeux qui te regardent juger, Madame ? (*Il chante.*)

Traverse la rivière pour venir me trouver, Bessy[14]....

LE FOU, *chantant :*

Son bateau a une fente,
Et elle ne doit pas dire
Pourquoi elle n'ose venir te trouver.

EDGAR. — Le méchant démon hante le pauvre Tom avec la voix d'un rossignol. Hopdance crie dans le ventre de Tom pour demander deux harengs saurs. Ne croasse pas, ange des ténèbres ; je n'ai pas de nourriture pour toi.

KENT. — Comment allez-vous, Sire? Ne soyez donc pas effaré ainsi : voulez-vous vous coucher et vous reposer sur les coussins?

LEAR. — Je veux les voir juger d'abord. — Introduisez les témoins. (*A Edgar.*) Homme de justice en robe, prends ton siége. (*Au fou.*) Et toi, son compagnon en équité, assieds-toi à son côté. (*A Kent.*) Vous faites partie de la commission, asseyez-vous aussi.

EDGAR. — Procédons avec équité. (*Il chante.*)

Dors-tu, ou veilles-tu, jolie bergère?
Tes moutons sont dans les blés ;
Un appel seulement de ta mignonne bouche,
Et tes moutons ne prendront aucun mal.

Ronron, le chat est gris!

LEAR. — Jugez celle-là la première ; c'est Goneril. — Je fais serment devant cette honorable assemblée qu'elle a repoussé du pied le pauvre roi, son père.

LE FOU. — Avancez ici, maîtresse. Votre nom est-il Goneril?

LEAR. — Elle ne peut le nier.

LE FOU. — Je vous demande bien pardon, je vous prenais pour un escabeau.

LEAR. — Et en voici une autre dont les regards pleins de trames proclament de quelle étoffe son cœur est fait. — Arrêtez-la ici ! — Des armes, des armes! l'épée et le feu ! — La corruption est dans ces lieux ! — Infidèle justicier, pourquoi l'as-tu laissée échapper?

EDGAR. — Dieu bénisse tes cinq sens !

KENT. — Ô pitié ! — Sire, où est à cette heure cette patience que si souvent vous vous êtes vanté de savoir garder?

EDGAR, *à part*. — Mes larmes commencent à prendre tellement son parti, qu'elles vont me faire gâter mon rôle.

ACTE III, SCÈNE VI.

Lear. — Les petits chiens comme tous les autres, Tray, Blanche, Maîtresse, voyez, ils aboient tous après moi.

Edgar. — Tom va leur jeter sa tête. Arrière, mâtins !

Que ta bouche soit blanche ou noire,
Que ta dent empoisonne quand elle mord,
Que tu sois mâtin, lévrier, hargueux métis,
Chien courant ou épagneul, braque ou limier,
Queue écourtée ou queue en trompette,
Tom vous fera tous pleurer et gémir :
Car en leur jetant ainsi ma tête,
Les chiens sautent la porte, et tous s'enfuient.

Do, de, de, de. Sessa ! Allons, va-t'en aux fêtes, et aux foires, et aux villes de marchés. Pauvre Tom, ta sébile est vide [15].

Lear. — Alors qu'ils anatomisent Régane ; qu'ils regardent l'état de son cœur. Y a-t-il une cause dans la nature qui fasse de tels cœurs durs ? (*A Edgar.*) Vous, Monsieur, je vous retiens pour un de mes cent chevaliers : seulement je n'aime pas la façon de vos vêtements : vous me direz que c'est le costume persan ; mais changez-les cependant.

Kent. — Allons, mon bon Seigneur, couchez-vous ici, et reposez-vous un instant.

Lear. — Ne faites pas de bruit, ne faites pas de bruit ; tirez les rideaux. Comme ça, comme ça : nous irons souper dans la matinée.

Le fou. — Et moi j'irai au lit à midi.

Rentre GLOUCESTER.

Gloucester. — Viens ici, l'ami : où est le roi mon maître ?

Kent. — Ici, Seigneur ; mais ne le troublez pas ; sa raison est partie.

Gloucester. — Mon bon ami, prends-le dans tes bras, je t'en prie ; j'ai surpris un complot de mort contre lui : il y a là une litière prête, place-l'y, et dirige-toi vers Douvres où tu trouveras à la fois bienvenue et protection, mon ami. Enlève ton maître : si tu tardes une demi-heure, sa vie, la tienne, et celles de tous ceux qui se sont dévoués à sa défense sont sous le coup d'une perte assurée. Enlève-le, enlève-le; et suis-moi; je vais te conduire bien vite en un lieu où j'ai préparé quelques-unes des choses nécessaires.

Kent. — La nature accablée sommeille : ce repos aurait encore pu répandre son baume sur tes sens brisés, qui, à moins de quelque circonstance heureuse, se rétabliront difficilement. (*Au fou.*) Allons, aide à enlever ton maître; tu ne dois pas rester par derrière nous.

Gloucester. — Allons, allons, partons. (*Sortent Gloucester, Kent et le fou en emportant Lear.*)

Edgar. — Lorsque nous voyons que nos supérieurs supportent les mêmes maux que nous, c'est à peine si nous pensons que nos misères sont nos ennemies. Qui souffre seul, souffre surtout dans son âme, parce qu'il laisse derrière lui des êtres exempts de chagrin et des spectacles de bonheur : mais lorsque le malheureux a des compagnons, et que la douleur est associée à d'autres douleurs, l'âme esquive de grandes souffrances. Combien ma peine me semble maintenant légère et facile à porter, lorsque la même douleur qui me fait m'incliner fait courber le roi; il est traité par ses enfants comme moi par mon père ! — En route, Tom ! Fais bien attention à ces grands événements dont la rumeur t'arrive; et découvre-toi, lorsque la fausse opinion qui te salit de ses calomnies sera détruite par les preuves de ton innocence, et que tu seras rétabli dans ton honneur. Arrive ce qui pourra cette nuit, pourvu que le roi échappe ! Aux aguets, aux aguets. (*Il sort.*)

SCÈNE VII.

Un appartement dans le château de GLOUCESTER.

Entrent CORNOUAILLES, RÉGANE, GONERIL, EDMOND, *et des serviteurs.*

CORNOUAILLES. — Allez rejoindre en toute hâte Monseigneur votre époux ; montrez-lui cette lettre : l'armée du roi de France est débarquée ! — Cherchez le traître Gloucester. (*Sortent quelques-uns des serviteurs.*)

RÉGANE. — Pendez-le sur-le-champ.

GONERIL. — Arrachez-lui les yeux.

CORNOUAILLES. — Laissez-le à mon déplaisir. — Edmond, tenez compagnie à notre sœur ; il n'est pas convenable que vous soyez spectateur des vengeances que nous sommes obligé de tirer de votre traître père. Avertissez le duc chez lequel vous vous rendez de se préparer en toute hâte ; nous sommes tenus d'en faire autant. Nous établirons entre nous un service actif de courriers. Adieu, chère sœur : — adieu, Monseigneur de Gloucester.

Entre OSWALD.

CORNOUAILLES. — Eh bien, que se passe-t-il ? Où est le roi ?

OSWALD. — Monseigneur de Gloucester l'a fait partir d'ici : quelque trente-cinq ou six de ses chevaliers qui le cherchaient avec une ardente inquiétude l'ont rencontré à la porte, et accompagnés de quelques autres Seigneurs de sa dépendance, ils se sont dirigés avec lui vers Douvres, où ils se vantent d'avoir des amis bien armés.

CORNOUAILLES. — Préparez des chevaux pour votre maîtresse. (*Sort Oswald.*)

GONERIL. — Adieu, mon aimable Seigneur et ma sœur.

CORNOUAILLES. — Adieu, Edmond. (*Sortent Goneril et Edmond.*) Allez chercher le traître Gloucester, liez-le comme un voleur, amenez-le devant nous. (*Sortent d'autres serviteurs.*) Quoique nous n'ayons pas le droit de porter condamnation contre sa vie sans les formes de la justice, notre puissance cependant fera à notre colère une courtoisie que les hommes pourront bien blâmer, mais non contrôler. Qui est là? Le traître?

Rentrent les serviteurs avec GLOUCESTER.

RÉGANE. — L'ingrat renard! c'est lui.

CORNOUAILLES. — Attachez solidement ses vieux bras de momie.

GLOUCESTER. — Quelle est l'intention de Vos Grâces? — Mes bons amis, considérez que vous êtes mes hôtes : ne me faites pas subir d'indigne traitement, mes amis.

CORNOUAILLES. — Liez-le, dis-je. (*Les serviteurs le lient.*)

RÉGANE. — Solidement, solidement. Oh! le hideux traître!

GLOUCESTER. — Dame impitoyable que vous êtes, je ne suis pas un traître.

CORNOUAILLES. — Liez-le à ce fauteuil. — Scélérat, tu t'apercevras.... (*Régane lui arrache la barbe*)

GLOUCESTER. — Par les dieux bons, c'est un acte très-ignoble que de m'arracher la barbe.

RÉGANE. — Si blanchi, et traître à ce point!

GLOUCESTER. — Détestable Dame, ces poils que tu arraches de mon menton, revivront et t'accuseront : je suis votre hôte; ce n'est pas ainsi qu'avec des mains de voleurs vous devriez déchirer le visage de celui qui vous donne l'hospitalité. Que voulez-vous faire?

CORNOUAILLES. — Voyons, Monsieur, quelles lettres avez-vous reçues récemment de France?

RÉGANE. — Répondez franchement, car nous connaissons la vérité.

ACTE III, SCÈNE VII.

CORNOUAILLES. — Et quelle alliance avez-vous faite avec les traîtres qui ont récemment débarqué dans le royaume?

RÉGANE. — En quelles mains avez-vous envoyé le roi lunatique? Parlez.

GLOUCESTER. — J'ai reçu une lettre contenant de simples conjectures, écrite par une personne de sentiments neutres, et non par une personne qui vous soit ennemie.

CORNOUAILLES. — Voilà qui est rusé.

RÉGANE. — Et faux.

CORNOUAILLES. — Où as-tu envoyé le roi?

GLOUCESTER. — A Douvres.

RÉGANE. — Pourquoi à Douvres? N'avais-tu pas reçu l'ordre à tes risques et périls....

CORNOUAILLES. — Pourquoi à Douvres? Laissez-le d'abord répondre à cela.

GLOUCESTER. — Je suis lié au poteau, et il me faut soutenir le combat.

RÉGANE. — Pourquoi à Douvres?

GLOUCESTER. — Parce que je ne voulais pas voir tes cruels ongles arracher ses pauvres vieux yeux; ni ta féroce sœur enfoncer dans sa chair ointe ses crocs de truie sauvage. Sous une tempête pareille à celle que sa tête nue a supportée durant cette nuit noire comme l'enfer, la mer se serait soulevée, et serait allée éteindre le feu des étoiles; et cependant, pauvre vieux cœur, il accroissait de ses larmes la pluie du ciel. Si par ce temps affreux, les loups avaient hurlé à ta porte, tu aurais dit : « bon portier, tournez la clef. » Tout ce qu'il y avait de cruel dans la nature s'était apaisé.... mais je verrai la vengeance aux ailes rapides s'abattre sur de tels enfants.

CORNOUAILLES. — Tu ne verras jamais cela! — Camarades, tenez le fauteuil. — Je m'en vais poser mon pied sur tes yeux.

GLOUCESTER. — Que celui qui désire parvenir à la vieillesse, me donne quelque secours! — Ô cruel! — Ô vous dieux!

RÉGANE. — Un de tes yeux se moquerait de l'autre ; l'autre aussi.

CORNOUAILLES. — Si vous voyez la vengeance....

PREMIER SERVITEUR. — Retenez votre main, Monseigneur ! Je vous ai servi depuis mon enfance ; mais je ne vous ai jamais rendu de meilleur service qu'en vous invitant à cette heure à vous arrêter.

RÉGANE. — Qu'est-ce à dire, chien ?

PREMIER SERVITEUR. — Si vous portiez une barbe au menton, je la secouerais dans cette querelle. Que prétendez-vous faire ?

CORNOUAILLES. — Mon serf ! (*Il dégaine.*)

PREMIER SERVITEUR. — Eh bien, avancez donc, et affrontez les chances de la colère. (*Il dégaine. Ils combattent. Cornouailles est blessé.*)

RÉGANE. — Donne-moi ton épée. — Un paysan nous tenir tête ainsi ! (*Elle prend l'épée d'un autre serviteur, et perce le premier.*)

PREMIER SERVITEUR. — Oh ! je suis tué ! — Monseigneur, il vous reste un œil pour voir quelque malheur tomber sur lui. Oh ! (*Il meurt.*)

CORNOUAILLES. — Pour qu'il n'en voie pas davantage, prenons nos précautions. — A terre, vile gelée ! où est maintenant ton éclat ?

GLOUCESTER. — Tout est ténèbres et désolation. — Où est mon fils Edmond ? Edmond, réveille en toi tout le feu de la nature pour venger cet acte horrible.

RÉGANE. — Dehors, traître scélérat ! Tu appelles celui qui te hait : c'est lui qui nous a révélé tes trahisons, lui qui est trop honnête pour avoir pitié de toi.

GLOUCESTER. — Ô ma folie ! En ce cas, Edgar a été calomnié. Dieux bons, pardonnez-moi ma faute, et faites-le prospérer !

RÉGANE. — Allons, jetez-le hors des portes, et qu'il flaire sa route vers Douvres. — Qu'est-ce donc, Monseigneur ? Pourquoi pâlissez-vous ?

CORNOUAILLES. — J'ai reçu une blessure : — suivez-moi, Madame. — Chassez hors des portes ce scélérat sans yeux; — jetez sur le fumier cet esclave. — Régane, je saigne à grands flots : cette blessure vient mal à propos; donnez-moi votre bras. (*Sort Cornouailles, conduit par Régane. Quelques-uns des serviteurs détachent Gloucester et le conduisent hors du théâtre.*)

Second serviteur. — Si cet homme prospère, je veux commettre toute scélératesse possible sans en prendre souci.

Troisième serviteur. — Si elle vit longtemps, et qu'à la fin elle meure selon la vieille et naturelle méthode, les femmes deviendront toutes des monstres.

Second serviteur. — Suivons le vieux comte, et cherchons l'insensé pour qu'il le conduise où il voudra aller : la folie de ce drôle se prête à tout.

Troisième serviteur. — Vas-y, toi; je vais me procurer un peu de chanvre et des blancs d'œuf pour les appliquer sur sa face saignante. Que Dieu le soutienne à cette heure! (*Ils sortent de divers côtés* [16].)

ACTE IV.

SCÈNE PREMIÈRE.

La bruyère.

Entre EDGAR.

EDGAR. — Il vaut encore mieux être ainsi, se savoir méprisé, que d'être méprisé en étant flatté. L'homme qui est dans la pire condition, l'être le plus bas et le plus rebuté de la fortune, se repose encore sur l'espérance et ne connaît pas la crainte : le changement lamentable est celui qui change le mieux en pire, mais l'homme qui est dans la pire condition ne connaîtra de changements qu'heureux. Salut donc à toi, air insubstantiel que j'embrasse ! le misérable que ton souffle a précipité dans le pire état, ne doit rien à tes rafales. — Mais qui vient ici ?

Entre GLOUCESTER, *conduit par* UN VIEILLARD.

EDGAR. — Mon père, conduit par ce pauvre homme ? — Ô monde, monde, monde ! si tes étranges révolutions ne nous forçaient pas à te haïr, la vie ne voudrait pas céder à la vieillesse.

LE VIEILLARD. — Ô mon bon Seigneur, j'ai été votre tenancier, et le tenancier de votre père, quatre-vingts années durant.

GLOUCESTER. — Pars, va-t'en ; mon bon ami, retourne-t'en : tes consolations ne peuvent me faire aucun bien et elles peuvent te faire du mal.

Le vieillard. — Hélas, Seigneur, vous ne pouvez pas voir votre chemin.

Gloucester. — Je n'ai pas de chemin, et par conséquent je n'ai pas besoin d'yeux; j'ai trébuché lorsque j'y voyais. Très-souvent nos ressources nous aveuglent en nous inspirant trop de sécurité, tandis que nos dénûments sont notre salut. Ô mon cher fils Edgar, victime de la colère de ton père abusé! Si je pouvais seulement vivre pour te voir par le toucher, je dirais que j'ai retrouvé mes yeux!

Le vieillard. — Qu'est-ce donc? qui est là?

Edgar, *à part*. — Ô Dieux! qui peut dire, je suis au comble du malheur? Je suis maintenant plus malheureux que je ne le fus jamais.

Le vieillard. — C'est Tom, le pauvre fou.

Edgar. — Et je puis être encore pis : le pire n'est pas aussi longtemps que nous pouvons dire « voilà le pire. »

Le vieillard. — Camarade, où vas-tu?

Gloucester. — Est-ce un mendiant?

Le vieillard. — Un fou et un mendiant aussi.

Gloucester. — Il a quelque peu de raison, sans quoi il ne pourrait pas mendier. Durant la tempête de la dernière nuit, je vis un camarade de cette sorte qui me fit penser que l'homme était un ver : mon fils se présenta alors à ma pensée; et cependant mon âme lui était à ce moment peu amie : j'en ai appris davantage depuis. — Nous sommes pour les Dieux ce que les mouches sont pour les enfants joueurs, — ils nous tuent pour s'amuser.

Edgar, *à part*. — Comment cela se passerait-il? — C'est un mauvais métier que de jouer le fou devant la douleur, en irritant ainsi soi-même et les autres. (*A Gloucester.*) Dieu te bénisse, maître!

Gloucester. — Est-ce là ce garçon tout nu?

Le vieillard. — Oui, Monseigneur.

Gloucester. — En ce cas, je t'en prie, retourne-t'en : si à ma considération, tu veux nous accompagner à un mille ou deux d'ici sur la route qui conduit à Douvres, fais cela par ancienne affection; et porte quelques hardes pour couvrir cette pauvre âme nue que je prierai de me conduire.

Le vieillard. — Hélas! Seigneur, il est fou.

Gloucester. — C'est un temps maudit, lorsque les fous conduisent les aveugles. Fais ce que je t'ai commandé, ou plutôt fais à ton plaisir; par-dessus tout, pars.

Le vieillard. — Je vais lui porter le meilleur costume que je possède, arrive ce qui voudra. (*Il sort.*)

Gloucester. — Maraud, garçon nu?

Edgar. — Pauvre Tom a froid. (*A part.*) Je ne puis jouer ce rôle plus longtemps.

Gloucester. — Viens ici, garçon.

Edgar, *à part*. — Et cependant je le dois. — (*Haut.*) Bénis soient tes doux yeux, ils saignent.

Gloucester. Connais-tu la route de Douvres?

Edgar. — Je la connais, barrière et porte, chemin pour les chevaux et chemin pour les piétons. Pauvre Tom a été privé de l'usage de son bon sens : Dieu te garde du méchant démon, fils de brave homme! Il y a cinq démons à la fois qui sont entrés dans pauvre Tom; Obidicut, prince de la luxure; Hobbididance, prince des muets; Mahu, prince du vol; Modo, prince du meurtre; Flibbertigibett, prince des grimaces et des simagrées, qui maintenant possède les femmes de chambre et les suivantes. Là-dessus, béni sois-tu, maître!

Gloucester. — Tiens, prends cette bourse, toi que les fléaux du ciel ont humilié sous tous leurs coups : que moi qui suis misérable, il me soit donné de te faire plus heureux. Cieux, agissez toujours ainsi! faites que l'homme gorgé de superflu et nourri dans le péché, qui méprise vos ordres, et ne veut pas voir parce qu'il ne sent pas, sente promptement votre pouvoir, de façon qu'une juste distribution détruise l'excès de richesses, et que chaque homme ait assez. — Connais-tu Douvres?

Edgar. — Oui, maître.

Gloucester. — Il s'y trouve une falaise dont la tête

haute s'avançant par-dessus la mer qui est à ses pieds s'y mire avec terreur. Conduis-moi seulement sur la pointe de sa cime, et je te tirerai de la misère que tu supportes par le don d'un objet précieux que j'ai sur moi : quand je serai à cette place, je n'aurai plus besoin d'aide.

Edgar. — Donne-moi ton bras; pauvre Tom te conduira. (*Ils sortent.*)

SCÈNE II.

Devant le palais du DUC D'ALBANIE.

Entrent GONERIL *et* EDMOND ; OSWALD *vient à leur rencontre.*

Goneril. — Soyez le bienvenu chez moi, Monseigneur ; je m'étonne que notre débonnaire époux ne soit pas venu à notre rencontre sur la route. — Dites-moi, où est votre maître ?

Oswald. — Madame, il est dans le palais; mais jamais homme ne fut si changé. Je lui ai parlé de l'armée qui a débarqué; il a souri à cette nouvelle : je lui ai dit que vous arriviez; il a répondu *tant pis:* lorsque je l'ai informé de la trahison de Gloucester et du loyal service de son fils, il m'a appelé sot, et m'a dit que je prenais les choses à l'envers. Ce qui devrait lui déplaire est ce qui semble lui plaire, et ce qu'il devrait aimer est ce qu'il semble haïr.

Goneril, *à Edmond.* — En ce cas vous n'irez pas plus loin. C'est l'effet de la pusillanime terreur de son esprit qui n'ose rien entreprendre : il ne veut pas sentir les outrages qui l'obligent à en demander compte. Les vœux que nous avons exprimés en route pourront s'accomplir. Retournez auprès de mon frère, Edmond; assemblez ses milices en toute hâte et conduisez ses forces : moi je vais changer les armes dans mon palais, et déposer la quenouille entre les mains de mon mari. Ce loyal serviteur nous servira d'intermédiaire : avant longtemps, si vous savez oser pour votre bien, il est probable que vous recevrez l'ordre d'une maîtresse. Portez ceci ; épargnez les paroles ; (*elle lui donne une faveur*) baissez votre tête : ce baiser, s'il osait parler, transporterait ton âme hors d'elle-même : — comprends, et adieu.

Edmond. — A vous jusque dans les rangs de la mort.

Goneril. — Mon très-cher Gloucester ! (*Sort Edmond.*) Oh ! quelle différence il y a entre un homme et un autre homme ! C'est à toi que sont dus les services d'une femme ; mon imbécile de mari usurpe mon corps.

Oswald. — Madame, voici venir Monseigneur. (*Il sort.*)

Entre ALBANIE.

Goneril. — J'ai valu la peine d'être sifflée, ce me semble (*a*).

Albanie. — Ô Goneril, vous ne valez pas la poussière que le vent brutal vous souffle au visage. Je crains votre caractère : la nature qui méprise son origine, ne peut trouver en elle-même ses règles et ses contraintes ; la branche qui se détache et se retranche elle-même du tronc où elle puisait la séve, doit nécessairement se flétrir et servir à des usages de mort (*b*).

Goneril. — Assez ! ce sermon est absurde.

Albanie. — La sagesse et la vertu semblent viles aux vils : les infâmes n'ont de goût que pour eux-mêmes. Qu'avez-vous fait ? tigres et non pas filles ! qu'avez-vous accompli ? Ô action très-barbare, très-dénaturée ! vous avez rendu fou un père, un gracieux vieillard, que même l'ours à la tête branlante aurait léché par respect. Comment mon bon frère a-t-il pu permettre que vous fissiez pareille chose ! lui un homme, un prince, qui avait reçu du

---

(*a*) Allusion au proverbe, c'est un pauvre chien celui qui ne vaut pas la peine d'être sifflé.

(*b*) Les branches sèches étaient employées dans diverses pratiques de sorcellerie.

roi un tel bienfait! Si les dieux n'envoient pas bien vite leurs anges sous formes visibles pour châtier ces viles offenses, il arrivera que les hommes en viendront à se dévorer eux-mêmes comme les monstres de l'abîme.

GONERIL. — Homme au foie blanc, qui portes une joue pour les soufflets, une tête pour les outrages, qui n'as pas au front d'œil capable de discerner ce qui intéresse ton honneur de ce qui lui porte préjudice, ne sais-tu donc pas que les sots seuls s'apitoient sur les scélérats qui sont punis avant d'avoir commis leur méfait? Où est ton tambour? France déploie ses bannières sur notre pays silencieux; déjà ton assassin commence à menacer le heaume empanaché en tête, tandis que toi, sot moral, tu continues à rester assis, et tu cries: « hélas, pourquoi fait-il cela? »

ALBANIE. — Vois-toi telle que tu es, diablesse! la difformité morale ne semble pas aussi horrible dans un démon que dans une femme.

GONERIL. — Oh! le ridicule imbécile!

ALBANIE. — Être perverti et hypocrite, par pudeur; ne change pas tes traits en ceux d'un monstre! S'il m'était convenable de laisser mes mains obéir à mon sang en courroux, elles n'auraient que trop d'envie de disloquer et de déchirer tes os et ta chair: — quoique tu sois un démon, une forme de femme te protége!

GONERIL. — Morbleu, voilà que vous êtes un homme à cette heure!

Entre UN MESSAGER.

ALBANIE. — Quelles nouvelles?

LE MESSAGER. — Ô mon bon Seigneur, le duc de Cornouailles est mort; il a été tué par son serviteur, au moment où il se disposait à arracher le second œil de Gloucester.

ALBANIE. — Les yeux de Gloucester!

LE MESSAGER. — Un serviteur nourri chez lui, frémissant d'indignation, s'est opposé à cet acte, en dirigeant son épée contre son puissant maître; ce dernier, furieux de cette action, s'est précipité sur lui, et l'a étendu mort au milieu des spectateurs, mais non pas avant d'avoir reçu cette grave blessure qui depuis l'a emporté.

ALBANIE. — Cela montre que vous habitez en haut, vous justiciers qui pouvez venger si rapidement nos crimes d'ici-bas ! — Mais, oh, le pauvre Gloucester ! a-t-il perdu son autre œil ?

LE MESSAGER. — Les deux, les deux, Monseigneur. Cette lettre, Madame, demande une prompte réponse; elle est de votre sœur.

GONERIL, *à part*. — D'un côté, cela me plaît beaucoup ; mais maintenant que Régane est veuve, et que mon Gloucester est avec elle, tout l'édifice construit par mon imagination peut s'écrouler sur ma vie maudite : d'un autre côté la nouvelle n'est pas si désagréable. (*Au messager.*) Je lirai et je ferai réponse. (*Elle sort.*)

ALBANIE. — Où était son fils pendant qu'on lui arrachait les yeux ?

LE MESSAGER. — Il accompagnait Madame ici.

ALBANIE. — Mais il n'est pas ici.

LE MESSAGER. — Non, mon bon Seigneur, je l'ai rencontré qui s'en retournait.

ALBANIE. — Connaît-il cette scélératesse ?

LE MESSAGER. — Oui, mon bon Seigneur ; c'est lui qui avait dénoncé son père, et il avait quitté sa demeure dans le but de laisser à leur vengeance un plus libre cours.

ALBANIE, *à part*. — Gloucester, je vivrai pour te remercier de l'amour que tu as montré au roi, et pour venger tes yeux. — Viens ici, l'ami ; dis-moi ce que tu sais encore.

(*Ils sortent.*)

SCÈNE III.

Le camp français, près de Douvres.

Entrent KENT *et* UN GENTILHOMME.

KENT. — Pourquoi le roi de France est-il reparti si soudainement? En savez-vous le motif?

LE GENTILHOMME. — Il avait laissé non résolue dans son état une affaire qui depuis son départ a pris une grande importance; elle inspire de telles inquiétudes et fait courir à son royaume de tels dangers que son retour personnel était nécessaire et très-urgent.

KENT. — Qui a-t-il laissé derrière lui comme général?

LE GENTILHOMME. — Le maréchal de France, M. Le Far.

KENT. — Vos lettres ont-elles arraché à la reine quelque démonstration de chagrin?

LE GENTILHOMME. — Oui, Monsieur; elle les prit et les lut en ma présence; de temps à autre, une grosse larme roulait sur sa joue délicate : elle s'efforçait, aurait-on dit, d'être la reine de son chagrin, qui, tout pareil à un rebelle, cherchait à se rendre son roi.

KENT. — Oh, alors cette nouvelle l'a émue.

LE GENTILHOMME. — Mais non jusqu'à la colère : la patience et le chagrin luttaient à qui lui donnerait la plus sainte expression. Vous avez vu le soleil et la pluie mêlés ensemble : ses sourires et ses larmes ressemblaient à ce spectacle, mais en mieux encore : ces heureux petits sourires qui jouaient sur ses lèvres roses ne semblaient pas savoir quels hôtes contenaient ses yeux, et ces hôtes se séparaient de ses yeux comme des perles qui découleraient de diamants. Bref, le chagrin serait une rareté très-convoitée s'il allait aussi bien à tous qu'à elle.

KENT. — N'a-t-elle pas fait de questions verbales?

Le gentilhomme. — En vérité, une ou deux fois elle a soupiré le nom de *père;* mais avec effort, et comme s'il oppressait son cœur; elle s'est écriée : « *Mes sœurs! mes sœurs! Honte du sexe féminin! Kent! mon père! mes sœurs! mes sœurs! Quoi! au milieu de la tempête? dans la nuit? qu'on ne croie plus à la pitié!* » Alors elle secoua l'eau sainte qui coulait de ses yeux célestes, et en mouilla ses exclamations de douleur : puis elle partit pour converser seule avec son chagrin.

Kent. — Ce sont les étoiles, les étoiles au-dessus de nous qui gouvernent nos conditions; sans cela un même couple d'êtres humains ne pourrait pas engendrer des rejetons si différents. Vous ne lui avez pas parlé depuis?

Le gentilhomme. — Non.

Kent. — Cela se passait-il avant le départ du roi?

Le gentilhomme. — Non, après.

Kent. — Eh bien, Monsieur, le pauvre malheureux Lear est dans la ville : quelquefois, dans ses bonnes heures, il se rappelle pourquoi nous y sommes venus; mais il ne veut absolument pas consentir à voir sa fille.

Le gentilhomme. — Pourquoi, mon bon Monsieur?

Kent. — Une honte suprême le hante : la dureté avec laquelle il l'a privée de sa bénédiction, laissée à la merci de sa bonne étoile à l'étranger, dépouillée de ses précieux droits pour les transporter à ses filles aux cœurs de chiennes, tous ces souvenirs piquent si venimeusement son âme qu'une honte brûlante le tient éloigné de Cordélia.

Le gentilhomme. — Hélas! pauvre gentilhomme!

Kent. — N'avez-vous pas des nouvelles des armées d'Albanie et de Cornouailles?

Le gentilhomme. — C'est comme on l'avait dit, elles sont sur pied.

Kent. — Eh bien, Monsieur, je vais vous conduire auprès de notre maître Lear, et je vous laisserai pour le veiller : un motif très-important m'oblige à m'envelopper de secret pour quelque temps; lorsque je serai reconnu pour ce que je suis, vous ne vous repentirez pas de m'avoir donné ces renseignements. Je vous en prie, venez avec moi. (*Ils sortent.*)

SCÈNE IV.

Une tente dans le camp français.

Entrent CORDÉLIA, un médecin, *et des soldats.*

Cordélia. — Hélas, c'est lui : on l'a rencontré il n'y a qu'un instant, aussi fou que la mer agitée ; chantant tout haut ; couronné de fumeterre à l'odeur nauséabonde et d'herbes des sillons, de bardanes, de ciguës, d'orties, de fleurs du coucou, d'ivraies, et de toutes les herbes stériles qui croissent dans notre blé nourricier. — Qu'on mette une centurie en campagne ; qu'on visite chaque pouce de terre dans la campagne couverte de moissons, et qu'on le conduise devant nos yeux. (*Sort un officier.*) Que peut la science de l'homme pour le rétablissement de sa raison en délire ? Tout ce que nous possédons de biens à qui le guérira.

Le médecin. — Il y a des moyens, Madame : l'élément nourricier de la nature est le repos, et c'est de repos qu'il manque ; pour le provoquer en lui, nous avons de nombreux simples très-actifs dont le pouvoir fermerait les yeux de la douleur elle-même.

Cordélia. — Ô vous tous, secrets bénis, et vous toutes, vertus encore non révélées de la terre, jaillissez avec mes larmes ! portez aide et remède à la détresse de cet homme noble ! — Cherchez, cherchez-le, de crainte que sa rage non gouvernée ne détruise sa vie à qui manquent les moyens de direction.

Entre un messager.

Le messager. — Des nouvelles, Madame ! les troupes bretonnes sont en marche se rendant ici.

CORDÉLIA. — Cela était déjà connu; nos préparatifs sont faits pour les recevoir. — Ô cher père, c'est ta cause qui seule me met en campagne, et c'est pourquoi le grand roi de France a eu pitié de ma douleur et de mes larmes importunes. Nulle superbe ambition ne pousse nos armes, c'est l'amour seul qui fait cela, le tendre amour et le droit de notre vieux père : puissé-je bientôt l'entendre et le voir! (*Ils sortent.*)

SCÈNE V.

Un appartement dans le château de GLOUCESTER.

Entrent RÉGANE *et* OSWALD.

RÉGANE. — Mais les troupes de mon frère sont-elles en marche?

OSWALD. — Oui, Madame.

RÉGANE. — Est-il là lui-même en personne?

OSWALD. — Oui, Madame, mais avec beaucoup de répugnance : votre sœur est des deux le meilleur soldat.

RÉGANE. — Le Seigneur Edmond ne s'est-il pas entretenu avec votre maître à sa résidence?

OSWALD. — Non, Madame.

RÉGANE. — Que peut lui faire tenir ma sœur dans cette lettre?

OSWALD. — Je ne sais pas, Madame.

RÉGANE. — Il est parti d'ici pour d'importantes affaires vraiment. Ce fut une grande sottise de laisser vivre Gloucester après lui avoir arraché les yeux; en quelque lieu qu'il aille, il soulève tous les cœurs contre nous. Edmond est parti, je crois, par pitié de sa misère, pour le débarrasser de sa vie aveugle, et en outre pour s'assurer de la force de l'ennemi.

OSWALD. — Il faut absolument que je coure après lui avec ma lettre, Madame.

RÉGANE. — Nos troupes se sont mises en marche ce matin : reste avec nous; les routes sont dangereuses.

OSWALD. — Je ne peux pas, Madame; ma maîtresse a recommandé cette affaire à ma fidélité.

RÉGANE. — Quel besoin avait-elle d'écrire à Edmond? Ne pouviez-vous pas lui transmettre verbalement ses messages? Peut-être y a-t-il quelque chose — je ne sais quoi : — je t'aimerai beaucoup, laisse-moi décacheter cette lettre.

OSWALD. — Madame, j'aimerais mieux....

RÉGANE. — Je sais que votre maîtresse n'aime pas son mari; je suis sûre de cela : la dernière fois qu'elle était ici, elle adressait de singulières œillades et des mines fort parlantes au noble Edmond. Je sais que vous êtes son confident.

OSWALD. — Moi, Madame?

RÉGANE. — Je parle en pleine connaissance de cause. Vous êtes son confident, je le sais; par conséquent, je vous en avertis, retenez bien ce renseignement-ci : mon époux est mort; nous avons eu une conférence, Edmond et moi; et il convient mieux à ma main qu'à celle de votre maîtresse : vous pouvez conclure maintenant. Si vous le trouvez, remettez-lui ceci de ma part, je vous prie; et lorsque votre maîtresse apprendra par vous cette affaire, invitez-la, je vous en prie, à prendre conseil de sa sagesse. Là-dessus, portez-vous bien. Si par hasard vous entendez parler de ce traître aveugle, sachez que la faveur attend celui qui l'expédiera.

OSWALD. — Puissé-je le rencontrer, Madame! je montrerai quel parti je sers.

RÉGANE. — Porte-toi bien. (*Ils sortent.*)

SCÈNE VI.

La campagne, près de DOUVRES.

Entrent GLOUCESTER, *et* EDGAR *habillé comme un paysan.*

GLOUCESTER. — Quand arriverai-je au sommet de cette colline ?

EDGAR. — Vous la gravissez en ce moment : remarquez comme nous fatiguons.

GLOUCESTER. — Il me semble que le terrain est plane.

EDGAR. — Horriblement escarpé. Écoutez ! entendez-vous la mer ?

GLOUCESTER. — Non vraiment.

EDGAR. — Ah bien, alors, c'est que vos autres sens s'affaiblissent par suite de la douleur de vos yeux.

GLOUCESTER. — Cela se peut, en vérité : il me semble que ta voix est changée, et que tu parles en meilleurs termes et avec plus de sens que tu ne faisais.

EDGAR. — Vous vous trompez beaucoup ; je n'ai rien de changé en moi que mes vêtements.

GLOUCESTER. — Il me semble que tu parles en meilleurs termes.

EDGAR. — Avancez, Seigneur ; voici l'endroit en question : tenez-vous immobile. — Comme c'est terrible et comme cela donne le vertige de regarder une telle profondeur ! Les corbeaux et les choucas qui volent à moitié de la distance paraissent à peine aussi gros que des escarbots : à mi-côte, en bas, est suspendu un homme qui cueille du fenouil marin, — terrible métier ! il me semble qu'il n'est pas plus gros que sa tête[1] : les pêcheurs qui se promènent sur la plage, apparaissent comme des souris ; là-bas la grande barque à l'ancre s'est rapetissée à la taille de sa chaloupe, et sa chaloupe à celle de la bouée qui disparaît presque à la vue : le bruit de la vague qui se fâche contre les innombrables cailloux stériles de la plage ne peut être entendu de la hauteur où nous sommes. Je ne veux pas regarder davantage, de crainte que la tête ne vienne à me tourner, et que la vue me manquant, je ne tombe en bas, la tête la première.

GLOUCESTER. — Placez-moi où vous êtes.

EDGAR. — Donnez-moi votre main : vous êtes maintenant à un pied de l'extrême bord : pour tout ce qui est sous la lune, je ne voudrais pas faire un simple saut sur place.

GLOUCESTER. — Laisse aller ma main. Voici une autre bourse, ami ; elle contient un joyau qui vaut bien qu'un pauvre homme l'accepte : que les fées et les Dieux te fassent prospérer par son moyen ! Éloigne-toi ; dis-moi adieu, et laisse-moi t'entendre partir.

EDGAR. — Allons, portez-vous bien, bon Seigneur.

GLOUCESTER. — Je te rends ton souhait de tout mon cœur.

EDGAR, *à part.* — Je ne badine ainsi avec son désespoir que pour le guérir.

GLOUCESTER. — Ô vous Dieux puissants ! je renonce à ce monde, et sous vos yeux même, je secoue de mes épaules le fardeau de mon immense affliction : si je pouvais le supporter plus longtemps sans entrer en querelle avec vos puissantes et irrésistibles volontés, je laisserais brûler jusqu'au bout ce lumignon fumeux et abhorré de mon existence. Si Edgar vit, oh, bénissez-le ! — Maintenant, mon garçon, porte-toi bien.

EDGAR. — Me voilà parti, Seigneur : adieu. (*Gloucester saute et tombe tout de son long.*) (*A part.*) Et cependant je ne sais pas jusqu'à quel point l'imagination n'est pas capable de dérober le trésor de la vie, lorsque la vie elle-même se livre au vol (*a*) : s'il avait été où il pensait être, en cet instant il aurait cessé de penser. — Vivant ou mort ? (*A Gloucester.*) Hé ! Seigneur ! ami ! Entendez-vous, Seigneur ? parlez ! (*A part.*) Il se pourrait vraiment qu'il

---

(*a*) Edgar veut dire évidemment qu'il ne sait pas jusqu'à quel point une forte secousse de l'imagination n'est pas capable de tuer un homme dans le moment où il est livré sans défense à l'empire de cette faculté.

mourût ainsi? — Cependant le voilà qui revit. — Qui êtes-vous, Monsieur?

Gloucester. — Va-t'en, et laisse-moi mourir.

Edgar. — Si tu avais été autre chose qu'une toile de fils de la vierge, une plume de l'air, tu te serais écrasé comme un œuf, en te précipitant de si haut : mais quoi ! tu respires ; tu as une substance pesante ; tu ne saignes pas ; tu parles ; tu es sain et sauf! Dix mâts mis au bout l'un de l'autre ne font pas la hauteur perpendiculaire de l'espace que tu as parcouru : ta vie est un miracle. Cependant, parle encore.

Gloucester. — Mais suis-je tombé, ou non?

Edgar. — De l'effroyable cime de ce précipice de craie! Regardez seulement en haut; l'alouette à la voix perçante ne peut être ni vue, ni entendue si haut : regardez seulement.

Gloucester. — Hélas! je n'ai pas d'yeux. — Est-ce que l'infortune est privée du bienfait de mettre fin à son existence par la mort? C'était encore une consolation pour la misère quand elle pouvait tromper la rage du tyran et frustrer son orgueilleuse volonté.

Edgar. — Donnez-moi votre bras : — relevez-vous : — là. — Comment cela va-t-il? Sentez-vous vos jambes? Vous vous tenez droit.

Gloucester. — Trop bien, trop bien.

Edgar. — C'est singulier au delà de toute croyance. Sur la cime de la falaise, quel était cet être qui s'est séparé de vous?

Gloucester. — Un pauvre malheureux mendiant.

Edgar. — D'en bas là où j'étais, il m'a semblé que ses yeux étaient deux pleines lunes ; il avait mille nez, des cornes avec des bosses et des creux comme la mer qui moutonne : c'était quelque génie ; par conséquent, heureux père, pense que les Dieux très-purs qui se font gloire d'accomplir les choses impossibles aux hommes t'ont préservé.

Gloucester. — Je me souviens maintenant : désormais je supporterai l'affliction jusqu'à ce qu'elle crie d'elle-même : *assez, assez,* et qu'elle meure. Cet être dont tu parles, je l'avais pris pour un homme ; souvent il disait l'esprit, l'esprit ! il m'avait conduit à cette place.

EDGAR. — Ayez courage et patience. — Mais qui vient ici ?

Entre LEAR *fantasquement accoutré de fleurs sauvages.*

EDGAR. — Jamais raison en santé n'habillera ainsi son maître.

LEAR. — Non pas, ils ne peuvent pas me toucher pour avoir battu monnaie ; je suis le roi en personne.

EDGAR. — Ô spectacle qui perce le cœur !

LEAR. — La nature est à cet égard au-dessus de l'art. — Voici l'argent de votre enrôlement. — Ce garçon tient son arc comme un paysan qui effarouche les corneilles[2] : tire-moi une flèche de la longueur d'une aune de drapier. — Regardez, regardez, une souris ! Paix, paix ; ce morceau de fromage rôti suffira. — Voici mon gantelet ; je veux l'essayer sur un géant. — Faites avancer les hallebardiers. — Bien volé, mon oiseau ! — Dans le blanc ! dans le blanc ! bing ! — Donne le mot de passe.

EDGAR. — Douce marjolaine.

LEAR. — Passe.

GLOUCESTER. — Je connais cette voix.

LEAR. — Ah ! Goneril ! — contre une barbe blanche ! — Ils me flattaient comme un chien ; ils me disaient que j'avais des poils blancs à ma barbe avant que les poils noirs eussent poussé. Dire *oui* et *non* à tout ce que je disais ! — *Oui* et *non* ne constituait pas d'ailleurs une bonne théologie. Lorsqu'un jour la pluie vint à me mouiller, et que le vent vint à me faire claquer des dents ; lorsque le tonnerre refusa de s'apaiser sur mon ordre, alors je les ai bien connus, alors je les ai bien dépistés. — Allez, ils ne sont pas gens de parole : ils me disaient que j'étais tout ; c'est un mensonge ; je ne suis pas à l'épreuve du rhumatisme.

GLOUCESTER. — Je me rappelle parfaitement le caractère de cette voix : n'est-ce pas celle du roi ?

LEAR. — Oui, roi, jusqu'à la plus petite parcelle de

lui-même ! Lorsque je prends mon air sévère, voyez comme les sujets tremblent. — Je fais grâce de la vie à cet homme. — Quel était ton crime? — L'adultère? — Tu ne mourras pas : mourir pour un adultère ! Non : la poule s'en va le commettre à ma face, et la petite mouche dorée se livre à la paillardise sous mes yeux. Faites prospérer la copulation, car le fils bâtard de Gloucester a été plus tendre pour son père que ne l'ont été pour moi mes filles engendrées entre des draps légitimes. En avant, luxure ! pêle-mêle ! car j'ai besoin de soldats. Voyez-moi là-bas cette Dame mijaurée dont le visage ferait croire que la neige règne entre ses cuisses; sa vertu fait la petite bouche, et secoue la tête en entendant le mot de plaisir, — eh bien, la belette et le cheval en chaleur ne se ruent pas au plaisir avec un appétit plus libertin. A partir de la taille elles sont des Centaures, quoiqu'elles soient femmes par en haut : les Dieux les possèdent jusqu'à la ceinture, au-dessous tout appartient aux diables; là est l'enfer, là sont les ténèbres, là est le puits de soufre, brûlant, bouillant, la puanteur, la consomption ! Fi, fi, fi ! pouah, pouah ! Donne-moi une once de civette pour parfumer mon imagination, bon apothicaire : voici de l'argent pour toi.

Gloucester. — Oh ! laissez-moi baiser cette main !

Lear. — Laisse-moi l'essuyer d'abord; elle sent la mortalité.

Gloucester. — Ô fragment ruiné de la nature ! Ce grand univers se réduira de même en néant. — Me reconnais-tu ?

Lear. — Je me rappelle parfaitement bien tes yeux. Est-ce que tu me regardes de travers? Non, fais tout ce que tu pourras, Cupidon aveugle, je ne veux pas aimer. Lis-moi ce défi, remarques-en seulement l'écriture.

Gloucester. — Quand bien même toutes les lettres seraient des soleils, je ne pourrais pas voir.

Edgar. — Je n'aurais pas pu croire à une telle scène si on me l'avait racontée; — elle est, et sa vue brise mon cœur.

Lear. — Lis.

Gloucester. — Comment, avec la case de mes yeux?

Léar. — Oh, oh ! en êtes-vous là avec moi ? Pas d'yeux dans votre tête, ni d'argent dans votre bourse ? vos yeux sont dans un *cas* grave, et votre bourse dans un *cas* léger : cependant vous voyez comment va le monde.

Gloucester. — Je le vois par le sentiment.

Lear. — Comment, est-ce que vous êtes fou ? Un homme peut voir sans yeux comment va le monde. Regarde avec tes oreilles : vois comme ce juge s'emporte là-bas contre ce niais de voleur. Écoute à l'oreille : change les places ; et puis devine-moi quel est le juge et quel est le voleur. Tu as vu un chien de fermier aboyer contre un mendiant ?

Gloucester. — Oui, Sire.

Lear. — Et la créature s'enfuir devant le roquet ? Eh bien tu as contemplé la grande image de l'autorité : un chien qui est obéi quand il est en fonctions. — Canaille de bedeau, retiens ta main sanguinaire ! Pourquoi fouettes-tu cette putain ? Déculotte ton propre dos ; tu as chaudement désiré employer cette fille à cet usage en punition duquel tu la fouettes. L'usurier pend le filou. A travers les habits en haillons les petits vices apparaissent ; les robes et les manteaux fourrés cachent tout. Cuirassez d'or le péché, et la forte lance de la justice va se briser sans lui avoir fait de blessure : donnez-lui une armure de haillons, et la paille d'un pygmée va la traverser. Personne ne commet d'offense, personne, — je dis personne ; je les amnistierai. Accepte cela comme vrai, venant de ma part, à moi qui ai le pouvoir de fermer la bouche aux accusateurs, mon ami. — Prends-moi des lunettes, et comme un piètre politique, fais semblant de voir ce que tu ne vois pas. — Allons, allons, allons, allons : enlevez-moi mes bottes ; — plus ferme ; plus ferme ! — là.

Edgar. — Oh ! mélange de sens et de délire ! raison dans la folie !

Lear. — Si tu veux pleurer sur ma fortune, prends mes yeux. Je te connais parfaitement bien, ton nom est Gloucester : il te faut prendre patience ; nous sommes venus ici-bas en pleurant : tu sais que la première chose que nous faisons en sentant l'air est de piailler et de gémir. — Je vais te prêcher ; fais attention !

Gloucester. — Hélas ! hélas ! malheureux temps !

Lear. — Lorsque nous sommes nés, nous pleurons parce que nous sommes venus dans ce grand théâtre de fous. — Voilà un bon couvre-chef : — ce serait un ingénieux stratagème que de chausser de feutre une troupe de cavalerie[3] : je l'essayerai ; et lorsque je me serai glissé ainsi jusqu'à ces gendres, — alors tue, tue, tue, tue, tue, tue !

Entre un gentilhomme avec une escorte.

Le gentilhomme. — Oh ! le voilà, emparez-vous de lui. — Sire, votre très-chère fille....

Lear. — Pas de rescousse ! Comment, me voilà prisonnier ? Je suis tout à fait le fou né de la Fortune. — Traitez-moi bien, vous obtiendrez rançon. Procurez-moi des chirurgiens ; je suis blessé au cerveau.

Le gentilhomme. — Vous aurez tout ce que vous désirerez.

Lear. — Personne qui me seconde ? on me laisse à moi-même ? Vraiment cela transformerait un homme en homme de sel, et ferait de ses yeux des arrosoirs de jardin pour abattre la poussière d'automne.

Le gentilhomme. — Mon bon Sire....

Lear. — Je mourrai bravement comme un nouveau marié va à sa noce ! Allons donc ! je serai d'humeur joviale ; allons, allons, je suis un roi ; mes maîtres, savez-vous cela ?

Le gentilhomme. — Vous êtes roi, et nous vous obéissons.

Lear. — Eh bien, il a encore de la vie, ce roi. Parbleu, si vous pouvez l'attraper, ce ne sera qu'à la course. Zest, zest, zest, zest ! (*Il sort en courant. Les gens de l'escorte le suivent.*)

Le gentilhomme. — Spectacle lamentable à l'excès chez le plus pauvre misérable, éloquent au plus haut degré chez un roi ! — Tu as une fille qui rachète la nature de l'immense malédiction que les deux autres ont jetée sur elle.

Edgar. — Salut, noble Seigneur !

Le gentilhomme. — Monsieur, Dieu vous bénisse ! que voulez-vous ?

Edgar. — Avez-vous entendu dire quelque chose d'une bataille qui s'apprêtait, Seigneur ?

Le gentilhomme. — C'est très-sûr et très-connu ; toute personne capable de distinguer un son en a entendu parler.

Edgar. — Mais, avec votre permission, à quelle distance est l'autre armée ?

Le gentilhomme. — Tout proche, et faisant grande diligence ; on s'attend d'heure en heure à voir arriver le gros de l'armée.

Edgar. — Je vous remercie, Seigneur, c'est tout.

Le gentilhomme. — Bien que des raisons particulières arrêtent ici la reine, son armée est en mouvement.

Edgar. — Je vous remercie, Seigneur. (*Sort le gentilhomme.*)

Gloucester. — Ô dieux toujours cléments, retirez-moi vous-mêmes mon souffle ; ne permettez pas à mon mauvais esprit de m'induire de nouveau en la tentation de mourir avant votre bon plaisir !

Edgar. — Bien prié, père.

Gloucester. — Maintenant, mon bon Monsieur, qui êtes-vous ?

Edgar. — Un très-pauvre homme, dompté par les coups de la fortune, qui, par suite des chagrins qu'il a connus et ressentis, est accessible à l'humaine pitié. Donnez-moi votre main, je vous conduirai vers quelque asile.

Gloucester. — Mes cordiaux remercîments : par-dessus tout, par-dessus tout, les bienfaits et les bénédictions du ciel sur toi !

Entre OSWALD.

Oswald. — La prise proclamée ! Chance heureuse ! Ta tête sans yeux fut à l'origine revêtue de chair pour édifier ma fortune. — Allons, vieux traître malheureux, fais bien vite ton examen de conscience : — l'épée qui doit te détruire est tirée.

GLOUCESTER. — Eh bien, que ta main amicale frappe avec la force nécessaire. (*Edgar s'interpose.*)

OSWALD.— Audacieux paysan, pourquoi oses-tu soutenir un traître proclamé hors la loi? Éloigne-toi, de crainte que la contagion de sa fortune ne s'étende sur toi. Lâche son bras.

EDGAR. — *Che* ne le lâcherai pas, *Môsieur*, sans *mailleures raichons* [4].

OSWALD. — Lâche son bras, esclave, ou tu meurs !

EDGAR. — Mon bon *chentilhomme*, allez votre chemin, et *laichez pacher* les pauvres *chens*. Si *ch'avais* été capable de *laicher* prendre ma vie par des fanfarons, elle *cherait* maintenant *raccourchie de quinche chours décha*. Là, ne vous approchez pas du vieillard, gardez-vous-en bien, ou *che* vous en avertis, *ch'échaierai* quel est le plus dur, de votre caboche ou de mon gourdin : *che cherai* franc avec vous.

OSWALD. — A bas, fumier !

EDGAR. — *Che* vous *casherai* les dents, *Môsieur: avanchez; che* me *souchie* peu de vos bottes. (*Ils combattent. Edgar abat Oswald d'un coup de bâton.*)

OSWALD. — Esclave, tu m'as tué ! — Vilain, prends ma bourse; si tu veux jamais prospérer, ensevelis mon corps, et remets les lettres que tu trouveras sur moi, à Edmond, comte de Gloucester : tu le rencontreras dans le camp breton. — Ô mort malencontreuse ! (*Il meurt.*)

EDGAR. — Je te connais parfaitement : tu fus un obligeant scélérat; aussi complaisant pour les vices de ta maîtresse que la perversité pouvait le désirer.

GLOUCESTER. — Comment, est-ce qu'il est mort?

EDGAR. — Asseyez-vous, père; reposez-vous. — Voyons ses poches : il se peut que ces lettres dont il parle me rendent de bons services. — Il est mort; je suis seulement fâché qu'il n'ait pas eu un autre exécuteur que moi. — Voyons un peu : — romps-toi, cire complaisante; et vous,

ACTE IV, SCÈNE VI.

nobles manières, ne me blâmez pas : pour connaître les âmes de nos ennemis, nous ouvrons bien leurs cœurs; combien n'est-il pas plus légitime d'ouvrir leurs papiers? (*Il lit.*) « Rappelez-vous nos vœux réciproques. Vous aurez de nombreuses facilités pour le faire disparaître : si la volonté ne vous manque pas, l'heure et le lieu propices vous seront offerts en abondance. Il n'y a rien de fait s'il revient vainqueur : alors je me trouve prisonnière, et son lit devient ma geôle. De la chaleur exécrée de ce lit, délivrez-moi, je vous prie, et prenez sa place pour votre peine. Votre affectionnée servante, qui voudrait pouvoir se dire votre épouse, GONERIL. » — Ô incalculable étendue du caprice féminin! Un complot contre la vie de son vertueux mari; et pour remplaçant, mon frère! — Je vais te couvrir ici sous ces sables, messager impie de meurtriers paillards : en temps opportun, j'étonnerai de cet exécrable papier la vue du duc menacé de mort : il est heureux pour lui que je puisse l'informer de ta mort et de l'affaire dont tu étais chargé. (*Il sort en traînant le corps.*)

GLOUCESTER. — Le roi est fou : combien il faut que ma vile raison soit coriace, pour que je résiste, et que je garde le sentiment exact de mes immenses douleurs! Mieux vaudrait que je fusse fou; de la sorte mes pensées seraient séparées de mes chagrins, et mes malheurs perdraient connaissance d'eux-mêmes par le fait de fausses imaginations. (*Bruit de tambours dans le lointain.*)

Rentre EDGAR.

EDGAR. — Donnez-moi votre main, il me semble que j'entends au loin battre le tambour : venez, père, je vais vous remettre à un ami. (*Ils sortent.*)

SCÈNE VII.

Une tente dans le camp français.

LEAR *est endormi sur un lit; une douce musique joue;* UN MÉDECIN, UN GENTILHOMME, *et d'autres personnes le veillent. Entrent* CORDÉLIA *et* KENT.

CORDÉLIA. — Ô mon bon Kent, comment ma vie et mes efforts pourront-ils suffire à rendre ta récompense égale à tes bons services? Ma vie sera trop courte, et mes efforts resteront toujours au-dessous de ce que je te dois.

KENT. — Se voir reconnu pour ce qu'on est, Madame, c'est être payé avec usure. Tous les rapports que je vous ai faits vont d'accord avec la simple vérité; je n'ai rien ajouté, rien retranché, les choses sont ainsi.

CORDÉLIA. — Prends un plus beau costume: ces vêtements sont des souvenirs de ces mauvaises heures; je t'en prie, quitte-les.

KENT. — Pardonnez-moi, chère Madame; être reconnu maintenant mutilerait mon plan: je vous demande comme faveur de ne pas me reconnaître, jusqu'à ce que le temps et moi nous le jugions convenable.

CORDÉLIA. — Soit, en ce cas, mon bon Seigneur. (*Au médecin.*) Comment va le roi?

LE MÉDECIN. — Madame, il dort toujours.

CORDÉLIA. — Ô vous, Dieux compatissants, réparez cette grande brèche qu'a reçue sa nature outragée! Oh! rétablissez l'harmonie dans les sens désordonnés et délirants de ce père redevenu enfant!

LE MÉDECIN. — Plairait-il à Votre Majesté de nous permettre d'éveiller le roi? il a longtemps dormi.

CORDÉLIA. — Obéissez à votre science, et agissez absolument selon les inspirations de votre volonté. Est-il costumé?

LE GENTILHOMME. — Oui, Madame; la lourdeur de son

sommeil nous a permis de le revêtir d'habillements frais.

LE MÉDECIN. — Trouvez-vous près de lui, quand il se réveillera, Madame ; je ne doute pas qu'il ne soit calme.

CORDÉLIA. — Très-bien.

LE MÉDECIN. — S'il vous plaît, approchez-vous. — Holà ! que la musique ici joue plus haut !

CORDÉLIA. — Ô mon cher père ! Guérison, suspends ta médecine à mes lèvres ; et que ce baiser répare ces outrages violents que mes deux sœurs ont infligés à ta vénérable personne !

KENT. — Tendre et chère princesse !

CORDÉLIA. — Quand bien même vous n'auriez pas été leur père, ces mèches blanches auraient dû suffire pour provoquer leur pitié. Était-ce là une tête qu'on dût exposer aux vents en guerre, à la merci du tonnerre grondant, à la redoutable foudre, aux coups terribles et rapides de l'éclair aux feux agiles et croisés, sans autre protection (pauvre abandonné) que ce mince heaume pour supporter la tempête ? Le chien de mon ennemi, quand bien même il m'aurait mordu, aurait cette nuit-là reçu place à mon foyer ; et tu fus contraint, pauvre père, de te gîter avec des pourceaux et des drôles vagabonds sur une paille brisée et moisie ? Hélas ! hélas ! c'est merveille que tu n'aies pas tout perdu à la fois, vie et raison. — Il se réveille ; parlez-lui.

LE MÉDECIN. — Parlez-lui, vous, Madame ; c'est ce qui vaut le mieux.

CORDÉLIA. — Comment se trouve mon royal Seigneur ? Comment se porte Votre Majesté ?

LEAR. — Vous me faites dommage en m'arrachant à la tombe : — tu es une âme bienheureuse ; mais je suis attaché sur une roue de feu, si bien que mes propres larmes brûlent comme du plomb fondu.

CORDÉLIA. — Sire, me connaissez-vous ?

LEAR. — Vous êtes un esprit, je vous connais ; quand êtes-vous morte ?

CORDÉLIA. — Toujours, toujours, égaré à l'excès !

Le médecin. — Il est à peine éveillé; laissez-le tranquille un instant.

Lear. — Où est-ce que j'étais? Où suis-je?— Est-ce la belle lumière du jour? — Je suis le jouet d'étranges illusions. — Je pourrais vraiment mourir de pitié en en contemplant un autre dans mon état. — Je ne sais que dire. — Je ne jurerais pas que ce sont mes mains : — voyons; je sens que cette épingle pique. Oh, que je voudrais être assuré de ma condition!

Cordélia. — Oh! levez les yeux sur moi, Sire, et étendez vos mains au-dessus de ma tête pour me bénir : — non, Sire, vous ne devez pas vous agenouiller.

Lear. — Je vous en prie, ne vous moquez pas de moi : je suis un vieillard imbécile et radoteur de quatre-vingts ans accomplis, pas une heure de plus ni de moins; et pour vous parler franchement, je crains que ma raison ne soit pas parfaitement dans son assiette. Il me semble que je vous connais, et que je connais cet homme; cependant je reste dans le doute; car j'ignore absolument quel est le lieu où je suis, et malgré tous mes efforts, je ne puis parvenir à me rappeler ces vêtements, et je ne sais pas davantage où j'ai logé la dernière nuit. — Ne riez pas de moi, car, aussi vrai que je suis un homme, je crois que cette Dame est ma fille Cordélia.

Cordélia. — Et je suis elle, en effet, je suis elle.

Lear. — Vos larmes sont-elles humides? oui, ma foi. Je vous en prie, ne pleurez pas : si vous avez du poison pour moi, je le boirai. Je sais que vous ne m'aimez pas; car vos sœurs, comme je m'en souviens, m'ont fait outrage : vous, vous avez pour cela quelque raison, elles n'en ont pas.

Cordélia. — Je n'en ai aucune raison, aucune raison.

Lear. — Suis-je en France?

Kent. — Dans votre propre royaume, Sire.

Lear. — Ne me trompez pas.

Le médecin. — Soyez rassurée, bonne Madame; sa grande furie s'est apaisée, vous le voyez, et cependant il y a danger à faire repasser à sa pensée les jours écoulés.

Invitez-le à entrer; ne le troublez pas davantage, jusqu'à ce qu'il soit mieux raffermi dans sa raison.

Cordélia. — Plairait-il à Votre Altesse de se promener?

Lear. — Il vous faut être patiente avec moi : je vous en prie maintenant, oubliez et pardonnez : je suis vieux et imbécile. (*Sortent Lear, Cordélia, le médecin, et les gens de la suite.*)

Le gentilhomme. — Se confirme-t-il que le duc de Cornouailles ait été tué de cette manière, Monsieur?

Kent. — Cela est très-certain, Monsieur.

Le gentilhomme. — Qui conduit ses hommes?

Kent. — Le fils bâtard de Gloucester, dit-on.

Le gentilhomme. — On dit qu'Edgar, son fils banni, est avec le comte de Kent en Allemagne.

Kent. — Les *on dit* sont sujets au changement. Il est temps de prendre nos mesures; les forces du royaume avancent à marches forcées.

Le gentilhomme. — La décision de l'affaire sera probablement sanglante. Bonne santé, Monsieur. (*Il sort.*)

Kent. — Mon projet et mes stratagèmes vont avoir leur résultat, ou bon ou mauvais, selon l'issue de cette bataille. (*Il sort.*)

ACTE V.

SCÈNE PREMIÈRE.

Le camp breton, près de DOUVRES.

Entrent avec tambours et drapeaux EDMOND, RÉGANE, *des officiers, des soldats, et autres.*

EDMOND. — Sachez du duc s'il s'en tient à son dernier avis, ou si depuis lors il s'est passé quelque chose qui l'ait décidé à changer de plan : il ne fait que se contredire et condamner les propres opinions qu'il a émises : apportez-nous sa détermination définitive. (*Un officier sort.*)

RÉGANE. — Il est certainement arrivé malheur au messager de notre sœur.

EDMOND. — C'est à craindre, Madame.

RÉGANE. — Maintenant, aimable Seigneur, vous savez le bien que je me propose pour vous : dites-moi, — mais là franchement, — dites-moi la vérité, — n'aimez-vous pas notre sœur ?

EDMOND. — Je l'aime en tout honneur, Madame.

RÉGANE. — Mais n'avez-vous jamais trouvé le chemin de mon frère pour vous introduire à certaine place défendue ?

EDMOND. — Cette pensée vous abuse.

RÉGANE. — Je ne sais trop si vous n'êtes pas entré assez avant dans son intimité et son affection pour que nous soyons forcée de vous appeler sien.

EDMOND. — Non, sur mon honneur, Madame.

ACTE V, SCÈNE I.

Régane. — Je ne pourrai jamais plus la supporter : mon cher Seigneur, ne soyez pas familier avec elle.

Edmond. — Ne craignez rien de moi : — la voici avec le duc son époux !

Entrent avec tambours et drapeaux, ALBANIE, GONERIL, et des soldats.

Goneril, *à part.* — J'aimerais mieux perdre la bataille que de laisser cette sœur nous désunir, lui et moi.

Albanie. — Vous êtes la bien rencontrée, ma très-chère sœur. — Seigneur, voici ce que j'apprends : le roi s'est rendu auprès de sa fille, avec d'autres personnes que la rigueur de notre gouvernement a contraintes d'appeler au secours. Quand je n'ai pas pu être honnête, je n'ai jamais été vaillant : cette affaire nous touche, en tant que la France envahit notre pays, mais non parce qu'elle soutient le roi et d'autres, qui, je le crains, peuvent nous opposer de très-justes et très-criants griefs.

Edmond. — Seigneur, c'est noblement parler.

Régane. — A quel propos ce raisonnement ?

Goneril. — Unissons-nous ensemble contre l'ennemi ; car ces querelles intérieures et ces griefs particuliers ne sont pas ici la question.

Albanie. — Alors arrêtons nos mesures de concert avec les généraux expérimentés dans la guerre.

Edmond. — Je vais vous accompagner sur-le-champ à votre tente.

Régane. — Sœur, viendrez-vous avec nous ?

Goneril. — Non.

Régane. — Cela est très-convenable ; je vous en prie, venez avec nous.

Goneril, *à part.* — Oh, oh ! je connais le mot de l'énigme. (*Haut.*) J'irai.

Au moment où ils se disposent à sortir, entre EDGAR déguisé.

Edgar. — Si jamais Votre Grâce a conversé avec un

homme aussi pauvre que moi, qu'elle daigne m'accorder de lui dire un mot.

ALBANIE. — Je vais vous rejoindre. — Parle. (*Sortent Edmond, Régane, Goneril, les officiers et les soldats.*)

EDGAR. — Avant de livrer la bataille, ouvrez cette lettre. Si vous remportez la victoire, faites appeler par un trompette l'homme qui l'a portée : bien que je semble misérable, je puis produire un champion qui certifiera la vérité de ce qui est révélé par ce papier. Si vous avez mauvaise chance, vos affaires dans ce monde prennent fin, et dès lors toute machination cesse. Puisse la fortune vous être amie !

ALBANIE. — Attends jusqu'à ce que j'aie lu la lettre.

EDGAR. — Cela m'est défendu. Lorsque le temps en sera venu, le héraut n'aura qu'à crier, et j'apparaîtrai de nouveau.

ALBANIE. — En ce cas, porte-toi bien ; j'examinerai ton papier. (*Sort Edgar.*)

Rentre EDMOND.

EDMOND. — L'ennemi est en vue ; mettez vos forces en ligne. Voici l'état vrai de leurs ressources et de leurs troupes surpris par d'habiles espions ; — mais la situation réclame toute votre promptitude.

ALBANIE. — Nous serons prêt à temps. (*Il sort.*)

EDMOND. — J'ai juré mon amour à l'une et à l'autre de ces sœurs ; chacune est détestée de l'autre, comme la vipère de celui qu'elle a piqué. Laquelle des deux prendrai-je ? Toutes les deux ? une seule ? ou aucune ? Je ne puis jouir d'aucune si elles restent vivantes toutes les deux : prendre la veuve, c'est exaspérer, pousser à la folie sa sœur Goneril, et je puis difficilement gagner la partie avec cette dernière tant que son mari vivra. Nous commencerons toutefois par nous servir de son appui pour la bataille ; cela fait, que celle qui a tant d'envie d'être débarrassée de lui, invente le moyen le plus expéditif de le faire disparaître. Quant à la clémence qu'il se dispose à montrer pour Lear et Cordélia, — la bataille une fois gagnée, et eux en notre pouvoir, ils ne connaîtront jamais son pardon; car ma situation veut que je me défende et non pas que je discute. (*Il sort.*)

SCÈNE II.

Un champ de bataille entre les deux armées.

Alarme au loin. Entrent avec tambours et drapeaux LEAR, CORDÉLIA, *et leurs forces; puis ils sortent. Entrent* EDGAR *et* GLOUCESTER.

EDGAR. — Ici, père, acceptez la bonne hospitalité que vous offre l'ombre de cet arbre; priez que le droit l'emporte : si je reviens encore vers vous, je vous apporterai une consolation.
GLOUCESTER. — La grâce divine aille avec vous, Monsieur! (*Sort Edgar.*)

Combat, puis retraite. Rentre EDGAR.

EDGAR. — Fuis, vieillard! donne-moi ta main, fuis! Le roi Lear a perdu, ils sont pris lui et sa fille : donne-moi ta main; partons.
GLOUCESTER. — Je n'irai pas plus loin, Monsieur; un homme peut pourrir ici aussi bien qu'ailleurs.
EDGAR. — Comment! encore de mauvaises pensées? Les hommes doivent attendre leur sortie d'ici-bas, comme ils y attendent leur entrée; le tout est d'être prêt à l'heure voulue : — partons.
GLOUCESTER. — Et cela est aussi bien vrai. (*Ils sortent.*)

SCÈNE III.

Le camp breton, près de Douvres.

Entrent EDMOND *victorieux avec tambours et drapeaux;* LEAR *et* CORDÉLIA *prisonniers;* un capitaine, *des officiers, des soldats, etc.*

Edmond. — Que quelques officiers les emmènent : qu'on fasse bonne garde, jusqu'à ce que soient connues les volontés souveraines de ceux à qui il appartient de prononcer sur leur sort.

Cordélia. — Nous ne sommes pas la première qui, avec les meilleures intentions, a subi la pire fortune. C'est pour toi que je m'afflige, roi opprimé; sans cela je pourrais bien aisément rendre à la menteuse fortune mépris pour mépris. — Ne verrons-nous pas ces filles et ces sœurs?

Lear. — Non, non, non, non! Viens, allons en prison : tous deux seuls ensemble nous chanterons comme des oiseaux en cage : lorsque tu me demanderas ma bénédiction, je m'agenouillerai et je te demanderai ton pardon. Nous vivrons ainsi, nous prierons, nous chanterons, nous dirons de vieux contes, nous rirons aux papillons dorés, et nous écouterons de pauvres hères parler entre eux des nouvelles de la cour; nous causerons avec eux de qui perd et de qui gagne, de qui entre et de qui sort; et nous nous donnerons permission d'expliquer le secret des choses, comme si nous étions les espions des Dieux : et entre les murailles de notre prison, nous regarderons se succéder les partis et les coteries des grands qui fluent et refluent au gré de la lune.

Edmond. — Emmenez-les.

Lear. — Sur des sacrifices comme celui-là, ma Cordélia, les Dieux eux-mêmes jettent de l'encens. T'ai-je donc retrouvée? Celui qui voudra nous séparer devra prendre au ciel un brandon, et nous chasser d'ici en nous enfu-

ACTE V, SCÈNE III.

mant comme des renards. Essuie tes yeux ; les maladies pestilentielles dévoreront ces gens-là, chair et cuir, avant qu'ils nous fassent pleurer : nous les verrons crever de faim auparavant. Marchons. (*Sortent Lear et Cordélia sous escorte.*)

EDMOND. — Viens ici, capitaine ; écoute. Prends cette note. (*Il lui remet un papier.*) Vas, suis-les à la prison : j'ai fait faire un pas à ton avancement ; si tu agis conformément à ces instructions, tu t'ouvres la route d'une noble fortune. Sache bien que les hommes sont ce que les font les circonstances : avoir une âme tendre ne convient pas à qui porte une épée : l'important emploi dont je te demande de te charger n'admet pas la discussion ; dis que tu exécuteras ces ordres, ou bien cherche fortune par d'autres moyens.

LE CAPITAINE. — Je les exécuterai, Monseigneur.

EDMOND. — A l'œuvre, alors, et proclame-toi heureux lorsque la chose sera faite. — Remarque bien, — je dis qu'elle doit être faite immédiatement ; exécute-la telle que je l'ai couchée par écrit.

LE CAPITAINE. — Je ne puis traîner un chariot, ni manger de l'avoine sèche ; mais si c'est chose qu'un homme puisse faire, elle est faite. (*Il sort.*)

Fanfares. Entrent ALBANIE, GONERIL, RÉGANE, *des officiers, et des gens de la suite.*

ALBANIE. — Seigneur, vous avez montré aujourd'hui de quelle vaillante race vous sortez, et la fortune vous a bien guidé : vous avez en votre pouvoir les captifs qui étaient nos adversaires dans la lutte de ce jour : nous vous les réclamons pour les traiter selon qu'en ordonneront également la justice et notre sûreté.

EDMOND. — Seigneur, j'ai jugé convenable d'envoyer le vieux et misérable roi dans un lieu où il est détenu sous garde. Son âge a des sortiléges, son titre en a davantage encore pour attirer à lui la faveur populaire, et pour faire exécuter volte-face aux lances que nous avons levées, sous nos yeux mêmes, à nous qui les commandons. J'ai envoyé la reine avec lui, et pour les mêmes raisons; demain, ou plus tard, ils seront prêts à comparaître au lieu où vous tiendrez vos assises. A cette heure, nous suons et nous saignons: l'ami a perdu son ami; et les plus heureuses guerres sont, dans la chaleur de l'action, maudites par ceux-là qui sentent le tranchant de leurs coups; la question de Cordélia et de son père requiert une place plus convenable.

ALBANIE. — Seigneur, avec votre permission, je vous tiens dans cette guerre pour un sujet, non pour un frère.

RÉGANE. — C'est justement le titre dont il nous plaît de l'honorer. Il me semble que vous auriez pu nous demander notre bon plaisir, avant de pousser si loin vos paroles. Il a conduit nos forces, exercé l'autorité de ma charge et de ma personne: un tel délégué direct de notre pouvoir peut bien tenir la tête haute devant vous, et vous nommer son frère.

GONERIL. — Pas tant de chaleur: il se tient plus haut par son propre mérite que par le titre que vous lui donnez.

RÉGANE. — Investi de mes droits par moi-même, il marche de pair avec le plus grand.

GONERIL. — Vous n'en diriez pas plus s'il devait être votre mari.

RÉGANE. — Les plaisants sont souvent prophètes.

GONERIL. — Tout beau, tout beau! l'œil qui vous a fait voir cela louchait quelque peu.

RÉGANE. — Madame, je ne suis pas bien; sans cela je vous répondrais avec toute l'indignation dont mon cœur déborde. — Général, prends mes soldats, mes prisonniers, mon patrimoine, dispose d'eux et de moi; la citadelle se rend à toi sans conditions: que le monde soit témoin que je te crée ici mon maître et mon Seigneur.

GONERIL. — Prétendez-vous l'épouser?

ALBANIE. — Cette décision ne dépend pas de votre simple volonté.

EDMOND. — Ni de la tienne, Seigneur.

ALBANIE. — Elle en dépend, garçon de demi-sang.

RÉGANE. — Fais battre le tambour, et prouve-lui que mon titre est le tien.

ALBANIE. — Arrêtez encore; écoutez la voix de la raison. — Edmond, je t'arrête comme coupable de haute trahison; et avec toi, (*montrant Goneril*) j'arrête ce serpent doré. Quant à vos prétentions, ma sœur, je m'y oppose dans l'intérêt de ma femme; elle a secrètement contracté engagement avec ce Seigneur, et moi, son mari, je m'oppose à vos bans. Si vous voulez vous marier, faites-moi la cour à moi; ma femme a donné sa promesse.

GONERIL. — Quelle comédie !

ALBANIE. — Tu es armé, Gloucester : — que la trompette sonne : si nul ne paraît pour prouver sur ta personne tes trahisons détestables, évidentes et multipliées, voici mon gage (*il jette à terre un gant*); je prouverai sur ton cœur, et cela avant de manger encore du pain, que tu n'es pas autre chose que ce que je t'ai proclamé !

RÉGANE. — Malade! oh! je me sens malade!

GONERIL, *à part*. — Si vous ne l'étiez pas, je ne me fierais plus au poison.

EDMOND. — Voici mon gage en échange (*il jette à terre un gant*): quel que soit au monde celui qui me nomme traître, celui-là ment comme un goujat ! Que ta trompette appelle : s'approche qui osera; contre lui, contre vous, contre n'importe qui, je maintiendrai avec fermeté ma loyauté et mon honneur.

ALBANIE. — Un héraut, holà !

EDMOND. — Un héraut, holà ! un héraut !

ALBANIE. — Confie-toi à ton seul courage; car tes soldats, tous levés en mon nom, ont en mon nom reçu leur licenciement.

RÉGANE. — Mes douleurs augmentent.

ALBANIE. — Elle n'est pas bien; conduisez-la à ma tente. (*Sort Régane accompagnée.*)

Entre UN HÉRAUT.

ALBANIE. — Avance ici, héraut. — Que la trompette sonne, — et toi, lis ceci tout haut.

Un officier. — Sonnez, trompette! (*Une trompette sonne.*)

Le héraut, *lisant*. — « S'il est quelque homme de qualité ou de grade dans les rangs de l'armée qui soit disposé à soutenir contre Edmond, supposé comte de Gloucester, qu'il est plusieurs fois traître, que celui-là paraisse au troisième son de la trompette. Edmond se déclare prêt à se défendre. »

Edmond. — Sonnez! (*Premier son de trompette.*)

Le héraut. — Encore! (*Second son de trompette.*)

Le héraut. — Encore! (*Troisième son de trompette.*) — (*Une trompette répond de l'extérieur du théâtre.*)

Entre EDGAR, *armé et précédé d'un trompette.*

Albanie. — Demandez-lui son dessein, et pourquoi il apparaît à la sommation de cette trompette.

Le héraut. — Qui êtes-vous? votre nom? votre qualité? et pourquoi répondez-vous à la présente sommation?

Edgar. — Sachez que j'ai perdu mon nom; il a été rongé par la dent de la trahison, et piqué par le ver : cependant je suis aussi noble que l'adversaire avec lequel je viens me mesurer.

Albanie. — Quel est cet adversaire?

Edgar. — Qui est-ce qui parle pour Edmond, comte de Gloucester?

Edmond. — Lui-même : — qu'as-tu à lui dire?

Edgar. — Tire ton épée, afin que si mes paroles offensent un noble cœur, ton bras te fasse justice : voici la mienne. Sache-le bien, ce privilége est celui de mes dignités, de mon serment, et de ma profession. Je le déclare, — malgré ta force, ta jeunesse, ta charge et ton éminence, en dépit de ton épée victorieuse et de ta fortune tout nouvellement forgée, en dépit de ta vaillance et de ton courage, — tu es un traître! faux envers les dieux, ton frère et ton père; conspirateur contre ce haut et illustre prince; traître taché de trahison comme crapaud, depuis l'extrême sommet de ta tête jusqu'à la plante de tes pieds et à la poussière qui s'y attache! Dis *non!* et cette épée, ce bras, et mon meilleur courage sont prêts à prouver sur ton cœur, auquel j'adresse cette accusation, que tu en as menti.

EDMOND. — En bonne sagesse, je devrais te demander ton nom; mais puisque ton extérieur est si noble et si militaire, puisque tes discours se sentent d'une certaine éducation, je dédaigne et je rejette ces délais de prudence minutieuse que j'aurais droit de réclamer pour ma sécurité de par les règles de la chevalerie; je te rejette ces trahisons à la tête; j'écrase ton cœur sous le poids de ton mensonge odieux comme l'enfer; et comme mes démentis passent encore à côté de toi sans te blesser, cette épée que voici va leur ouvrir immédiatement la route de la place où ils reposeront pour toujours. — Sonnez, trompettes! (*Fanfares. Ils combattent; Edmond tombe.*)

ALBANIE. — Sauvez-le, sauvez-le!

GONERIL. — C'est une machination, Gloucester; tu n'étais pas obligé par la loi des armes de répondre à un adversaire inconnu; tu n'es pas vaincu, mais trompé et dupé.

ALBANIE. — Taisez votre bouche, Madame, ou je vais la fermer avec ce papier. — Tenez, Seigneur : — ô toi qui es plus mauvais qu'aucun nom dont on pourrait te nommer, lis ton propre méfait : — veuillez ne pas la déchirer, Madame; je vois que vous la connaissez. (*Il donne la lettre à Edmond.*)

GONERIL. — Supposons que je l'aie écrite; — les lois m'obéissent et non pas à toi : qui osera me mettre en jugement pour cela? (*Elle sort.*)

ALBANIE. — Oh! monstrueux à l'excès! — Connais-tu ce papier?

EDMOND. — Ne me demandez pas ce que je connais.

ALBANIE. — Suivez-la : elle est désespérée; tâchez de la gouverner. (*Un officier sort.*)

EDMOND. — Ce dont vous m'avez accusé, je l'ai commis, ainsi que d'autres, beaucoup d'autres choses encore que le temps dévoilera : cela est passé, et moi-même je suis passé aussi. — Mais qui es-tu, toi qui as eu contre moi cette chance? Si tu es noble, je te pardonne.

Edgar. — Faisons échange de charité. Je ne suis pas d'un moindre sang que toi, Edmond; et si je suis d'un meilleur sang, tu ne m'en as offensé que davantage. Mon nom est Edgar, et je suis le fils de ton père. Les Dieux sont justes, et de nos vices agréables ils font des fouets pour nous punir : pour t'avoir engendré en un lieu obscur et vicieux, il en a coûté les yeux à ton père.

Edmond. — Tu as dit vrai : cela est exact; la roue de la fortune a fini de tourner, et me voici là.

Albanie. — Il me semblait bien que ta seule démarche prédisait une noblesse royale : il faut que je t'embrasse. Que le chagrin brise mon cœur, si je vous ai jamais haï, toi ou ton père!

Edgar. — Je le sais, digne prince.

Albanie. — Où vous êtes-vous caché? Comment avez-vous connu les infortunes de votre père?

Edgar. — En en prenant soin, Monseigneur. — Écoutez un court récit; et lorsque je l'aurai terminé, oh! si mon cœur pouvait se briser! Pour échapper à la proclamation sanguinaire qui me serrait de si près, — ô douceur de l'existence qui nous rend capables de subir à toutes les heures la souffrance de la mort, plutôt que de mourir une bonne fois! — j'eus l'idée de me dissimuler sous les haillons d'un fou, de revêtir une forme que les chiens même dédaignaient : ce fut sous ce costume que je rencontrai mon père avec les anneaux sanglants de ses yeux qui venaient de perdre leurs pierres précieuses; je devins son guide, je le conduisis, je mendiai pour lui, je le sauvai du désespoir. Jamais — oh! ce fut une faute! — je ne me révélai à lui avant cette dernière demi-heure, lorsque je fus armé : n'étant pas sûr de cet heureux succès, bien que je fusse plein d'espérance, je lui demandai sa bénédiction, et je lui racontai mon pèlerinage depuis le premier jour jusqu'au dernier : mais son cœur fêlé, — trop faible, hélas! pour supporter ce conflit, — surpris entre ces deux extrémités de la passion, la joie et la douleur, s'est brisé en souriant.

EDMOND. — Ce récit que vous venez de faire m'a ému, et peut-être amènera-t-il quelque bien : mais continuez; vous avez l'air d'avoir quelque chose de plus à dire.

ALBANIE. — Si vous avez à dire encore autre chose, autre chose qui soit plus cruel encore, taisez-le; car je suis déjà prêt à défaillir pour avoir entendu ce que vous venez de raconter.

EDGAR. — Cela aurait semblé suffisant à ceux qui n'aiment pas la douleur; mais un autre pour trop amplifier en ajouterait bien davantage, et conduirait son récit jusqu'à l'extrême point de l'angoisse[1]. Tandis que ma douleur s'exhalait en cris perçants, vint un homme qui m'ayant vu dans mon état dégradé évitait ma société abhorrée; mais alors, ayant découvert quel était celui qui endurait ces souffrances, de ses bras vigoureux il se colla à mon cou, et poussa des mugissements comme s'il avait voulu faire éclater le ciel. Il se jeta sur mon père, et raconta sur Lear et lui-même la plus lamentable histoire que jamais oreille ait entendue : en la racontant, son chagrin devint si violent, que les liens de la vie commencèrent à craquer en lui : à ce moment-là les trompettes sonnèrent deux fois, et je le quittai évanoui.

ALBANIE. — Mais quel était cet homme?

EDGAR. — Kent, Seigneur, Kent le banni, qui, sous un déguisement, avait suivi le roi son ennemi, lui rendant des services qu'un esclave n'aurait pas voulu lui rendre.

Entre en toute hâte UN GENTILHOMME, *un poignard ensanglanté à la main.*

LE GENTILHOMME. — Au secours! au secours! oh! au secours!

EDGAR. — Quel genre de secours?

ALBANIE. — Parle, l'ami.

EDGAR. — Que signifie ce poignard sanglant?

Le gentilhomme. — Il est chaud, il fume, il sort à l'instant même du cœur de…. oh! elle est morte!

Albanie. — Qui morte? parle, l'ami!

Le gentilhomme. — Votre épouse, Seigneur, votre épouse : et sa sœur est empoisonnée par elle; elle l'a confessé.

Edmond. — J'avais contracté promesse avec toutes les deux; nous voilà tous trois mariés en un instant!

Edgar. — Voici venir Kent.

Albanie. — Apportez leurs corps, qu'elles soient mortes ou vivantes; ce jugement du ciel nous fait trembler, mais ne nous touche pas de pitié. (*Sort le gentilhomme.*)

Entre KENT.

Albanie. — Oh! est-ce lui? l'heure présente ne nous permettra pas les compliments qu'exige la simple politesse.

Kent. — Je suis venu pour faire à mon roi et maître un éternel adieu. N'est-il pas ici?

Albanie. — Ô grande chose par nous oubliée! Parle, Edmond, où est le roi? et où est Cordélia? (*On apporte les corps de Goneril et de Régane.*) Vois-tu ce spectacle, Kent?

Kent. — Hélas! et d'où vient cela?

Edmond. — Et cependant Edmond était bien aimé : c'est par amour pour lui que l'une empoisonna l'autre, et se tua elle-même après.

Albanie. — Exactement ainsi. — Couvrez leurs visages.

Edmond. — Ma vie lutte avec la mort : — en dépit de ma nature, je veux faire quelque bien. Envoyez vite au château, ne perdez pas un instant pour cela; car mes ordres concernent les existences de Lear et de Cordélia : — vite, envoyez pendant qu'il est temps.

Albanie. — Courez! courez! ô courez!

Edgar. — Vers qui, Monseigneur? Qui a reçu l'ordre? Envoie un signe de surseoir.

Edmond. — Bien pensé ; — prends mon épée, donne-la au capitaine.

Albanie. — Fais hâte, sur ta vie. (*Sort Edgar.*)

Edmond. — Le capitaine a reçu commission de ta femme et de moi de pendre Cordélia dans sa prison, et d'attribuer le blâme de cet acte à son désespoir qui l'aurait portée à se défaire d'elle-même.

Albanie. — Que les Dieux la protégent ! Emportez-le hors d'ici un instant. (*On emporte Edmond.*)

Rentre LEAR *avec* CORDÉLIA *morte dans ses bras;*
EDGAR, un officier *et d'autres le suivent.*

Lear. — Hurlez, hurlez, hurlez, hurlez! Oh, vous êtes des hommes de pierre ; si j'avais vos langues et vos yeux, je les emploierais de telle sorte que la voûte du ciel en craquerait. — Elle est partie pour toujours ! — Je sais quand quelqu'un est mort, et quand quelqu'un vit; elle est morte comme la terre. — Prêtez-moi un miroir; si son souffle répand un nuage ou fait tache sur la surface, eh bien! alors, elle vit.

Kent. — Est-ce la fin du monde qui nous a été prédite?

Edgar. — Ou l'image de cet horrible jour?

Albanie. — Ah! qu'il vienne, et que le monde cesse d'exister!

Lear. — Cette plume remue, elle vit! s'il en est ainsi, c'est un bonheur qui rachète toutes les douleurs que j'ai jamais ressenties.

Kent, *s'agenouillant*. — Ô mon bon maître!

Lear. — Je t'en prie, va-t'en.

Edgar. — C'est le noble Kent, votre ami.

Lear. — La peste tombe sur vous tous tant que vous êtes, meurtriers, traîtres! J'aurais pu la sauver; maintenant elle est partie pour toujours! Cordélia! Cordélia! — attends un peu. Ah! qu'est-ce que tu dis? — Sa voix était toujours douce, caressante, chuchotante, chose adorable chez une femme. — J'ai tué l'esclave qui était en train de te pendre.

L'OFFICIER. — C'est vrai, Messeigneurs, c'est ce qu'il a fait.

LEAR. — N'est-ce pas que je l'ai fait, mon garçon? J'ai vu le temps où avec ma bonne épée tranchante je les aurais fait déguerpir : je suis vieux maintenant, et ces douleurs-ci m'écrasent. — Qui êtes-vous? mes yeux ne sont pas des meilleurs : — je vais vous reconnaître tout à l'heure.

KENT. — Si la fortune se vante de deux hommes qu'elle ait aimés et haïs, ils se regardent ici tous les deux.

LEAR. — Ma vue est bien mauvaise; n'êtes-vous pas Kent?

KENT. — Lui-même, votre serviteur Kent. — Où est votre serviteur Caïus?

LEAR. — C'est un brave garçon, je puis vous dire cela; il peut frapper et vivement encore : — il est mort et pourri.

KENT. — Non, mon bon Seigneur, je suis cet homme même.

LEAR. — Je vais voir cela tout de suite.

KENT. — L'homme qui depuis le premier jour de votre changement de fortune et de vos revers, a suivi vos tristes pas.

LEAR. — Vous êtes le bienvenu ici.

KENT. — Le bienvenu? non; ni moi, ni personne. Tout est tristesse, ténèbres et mort. Vos filles aînées se sont détruites elles-mêmes, et sont mortes désespérées.

LEAR. — Oui, je crois qu'il en est ainsi.

ALBANIE. — Il ne sait pas ce qu'il dit, et il est vain de vouloir nous présenter à lui.

EDGAR. — C'est bien inutile.

Entre UN OFFICIER.

L'OFFICIER. — Edmond est mort, Monseigneur.

ALBANIE. — Ce n'est ici qu'une bagatelle. — Seigneurs et nobles amis, connaissez nos intentions. Tous les soulagements qui pourront être appliqués à cette grande ruine humaine, lui seront accordés, et pendant la vie de cette vénérable Majesté nous résignerons entre ses mains notre pouvoir absolu. (*A Edgar et à Kent.*) A vous le rétablissement de vos droits, avec l'addition des titres que Vos Honneurs ont plus que mérités. — Tous nos amis goûteront les récompenses de leurs vertus, et tous nos ennemis videront la coupe de leurs démérites. — Oh, voyez! voyez!

LEAR. — Et ma pauvre innocente est pendue[2]! Non, non, non, plus d'existence! Quoi! un chien, un cheval, un rat, ont vie, et toi, tu n'as pas de souffle du tout? tu ne reviendras plus, jamais, jamais, jamais, jamais, jamais! — Je vous en prie, défaites ce bouton : merci, Monsieur. Voyez-vous cela? regardez-la! — regardez, — regardez ses lèvres, regardez ici, regardez ici! (*Il meurt.*)

EDGAR. — Il s'évanouit! Monseigneur, Monseigneur!

KENT. — Brise-toi, mon cœur; je t'en prie, brise-toi!

EDGAR. — Relevez la tête, Monseigneur.

KENT. — Ne tourmentez pas son fantôme : oh laissez-le partir! il le hait celui qui voudrait l'étendre plus longtemps sur le chevalet de ce monde brutal.

EDGAR. — Il est mort, en vérité.

KENT. — Ce qui est extraordinaire, c'est qu'il ait pu résister si longtemps : il ne faisait qu'usurper sa vie.

ALBANIE. — Emportez-les d'ici. — Un deuil général est ce qui nous réclame à cette heure. (*A Kent et à Edgar.*) Amis de mon âme, gouvernez, vous deux, dans ce royaume, et soutenez l'état ensanglanté.

KENT. — J'ai à faire sous peu un voyage, Sire; mon maître m'appelle, — je ne dois pas lui dire non.

ALBANIE. — Il nous faut céder au poids de ce triste jour, dire ce que la douleur nous fait sentir, non tout ce que nous aurions à dire. Le plus vieux est celui qui a le plus supporté : nous qui sommes jeunes, nous n'en verrons jamais autant, et nous ne vivrons pas si longtemps[3].

(*Ils sortent. — Marche funèbre.*)

COMMENTAIRE.

ACTE I.

1. Le vieux Camden raconte une réponse semblable qui fut faite à Ina, roi des Saxons de l'ouest, par une de ses filles dans des circonstances analogues à celles où sont placés les personnages de cette pièce. « Ina, roi des Saxons de l'ouest, avait trois filles auxquelles il demanda un jour si elles l'aimaient et l'aimeraient toute leur vie au-dessus de toute autre personne au monde; les deux aînées jurèrent affirmativement avec véhémence; mais la plus jeune, qui était aussi la plus sage, répondit à son père simplement et sans flatterie que bien qu'elle l'aimât, l'honorât et le respectât autant que pouvaient l'exiger la nature et le devoir filial, et qu'elle fût sûre de persister dans ces sentiments toute sa vie, elle pensait cependant qu'il viendrait un jour où elle devrait aimer un autre homme avec plus de ferveur, c'est-à-dire son mari, avec lequel elle ne devrait faire qu'une seule chair selon l'ordre de Dieu et les leçons de la nature, et pour lequel elle devrait abandonner père et mère, proches et parents. — Dans le *Miroir pour les magistrats*, 1587, vieux poëme qui est au nombre des sources où Shakespeare a pu puiser son chef-d'œuvre, la réponse de Cordélia est identiquement celle de l'héroïne de notre poëte. » (*Note de l'édition* STAUNTON.)

2. Apollon, Jupiter, et les autres dieux par lesquels on jure dans cette pièce, n'étaient pas les dieux du paganisme breton, et Shakespeare est plus près de la vérité locale lorsqu'il fait jurer Lear par la grande déesse Nature. Cependant l'emploi de ces noms ne produit ici aucun effet choquant, car il exprime en toute exactitude l'idée principale qui constitue tout paganisme, la multiplicité des dieux. Peu importe que les dieux invoqués ne fussent pas ceux des Bretons; ces appellations servent au moins à nous dire qu'ils en avaient plusieurs; elles nous placent dans une société polythéiste, et c'est là tout ce que Shakespeare a voulu.

3. *Upon the gad*, dit le texte. *Gad* ou *goad* était le nom de la pointe de fer que les bergers plaçaient au bout d'une longue gaule pour piquer

et faire avancer les troupeaux de bêtes à cornes. Nos vachers des provinces du centre se servent encore de cet aiguillon.

4. Très-curieuse note du docteur Burney sur ce passage. « Le *fa, sol, la, mi*, chantonné par Edmond, est une dissonance, et les dissonances musicales passaient pour être diaboliques et de fatale influence. *Fa contra mi est diabolicus*, disent les anciens moines qui ont écrit sur la musique : l'intervalle *fa mi* renfermant un *tritonus*, ou quarte criarde consistant en trois tons sans l'intervention d'un demi-ton, exprimée dans l'échelle moderne par les lettres F, G, A, B, formerait une phrase musicale extrêmement désagréable à l'oreille. » Edmond veut exprimer par ces notes discordantes les malheurs que présage l'anarchie de son temps, et en même temps le monstre prophétise les propres malheurs qu'enfantera la musique discordante qu'il chante aux oreilles de son père et de son frère sous forme de mensonges et de calomnies. — Quant à l'*ursa major* dont il est question plus haut, j'ai à peine besoin d'informer le lecteur que ces mots désignent la constellation de la Grande Ourse.

5. « A l'époque d'Élisabeth, les papistes étaient regardés et avec juste raison comme les ennemis du gouvernement anglais; de là la phrase proverbiale, *c'est un honnête homme, il ne mange pas de poisson*, pour signifier c'est un ami du gouvernement et un protestant. Manger du poisson était alors regardé comme un tel signe de papisme que lorsque cette nourriture fut *ordonnée* par acte du Parlement pour encourager les villes de pêche, on crut nécessaire d'expliquer la raison de ce statut, et que cette ordonnance prit le nom de *Carême de Cecil*. » (WARBURTON.) Cecil était Lord Burleigh, le ministre d'Élisabeth. L'acte auquel Warburton fait allusion fut passé en 1562, cinquième année du règne d'Élisabeth. Cet acte ordonne dans l'intérêt de la pêche et de la navigation certains jours maigres, et prononce une amende de trois livres sterling ou un emprisonnement de trois mois contre celui qui mangerait de la viande les jours de maigre légal. Ces jours de maigre étaient les mercredis de toutes les semaines à partir de la fête de saint Michel jusqu'à la fin de l'année, outre les samedis de toutes les semaines de l'année. C'est vraiment le cas de répéter ici le mot de Luther : « L'esprit humain est comme un paysan ivre à cheval; quand on le redresse d'un côté, il retombe de l'autre. » C'était bien la peine de s'être dérobé aux injonctions de l'Église pour retomber justement dans les mêmes matières sous les ordonnances despotiques d'un Parlement. En 1593, les peines prononcées contre les délinquants furent adoucies et réduites à une amende de vingt shillings ou à un emprisonnement d'un mois, et il fut établi que ledit statut n'aurait de force que jusqu'à la fin de la prochaine législature, législature qui commença en octobre 1597 et finit en février 1598. Mais, aussi tard que l'année 1655, ainsi que nous l'apprend Isaac Walton dans son *Parfait Pêcheur*, il y eut des protestants scrupuleux qui continuèrent à se conformer à une ordonnance depuis longtemps abrogée.

6. *My coxcomb*, dit le texte. *Coxcomb* était le nom du bonnet du fou, parce que ce bonnet était surmonté d'une pièce de drap écarlate imitant une crête de coq : *cock's comb*.

7. *Nononcle.* Ce diminutif populaire est la plus exacte traduction du texte, *nuncle* pour *uncle*. *Uncle,* oncle, était le nom que les fous de profession donnaient à leurs maîtres.

8. Aux seizième et dix-septième siècles, les rois anglais accordaient à leurs favoris des privilèges de trois sortes, les *purveyances,* les *monopoles* et les *patentes.* Ces privilèges étaient exorbitants et furent au nombre des abus contre lesquels s'éleva la nation. Le premier était le droit concédé à un individu d'acheter telles ou telles provisions pour la maison royale, à l'exclusion de tout autre acheteur et même contre la volonté du vendeur. Les *purveyances* ne furent abolies que sous Charles II. Le *monopole* était le droit concédé à telle personne de vendre, acheter, fabriquer tel ou tel objet de commerce, à l'exclusion de toute autre personne. Je n'ai pas besoin d'insister pour faire comprendre ce qu'un tel privilège entraînait d'abus, et à quel point il entravait la liberté commerciale, sans profit aucun pour l'État, puisque le monopole était entre les mains d'un seul citoyen.

9. *Frontlet,* dit le texte. On appelait ainsi un bandeau que les dames avaient l'usage de porter la nuit sur le front pour entretenir la peau lisse. Ce bandeau, employé pour prévenir les rides, avait le désagrément de faire contracter les sourcils, en sorte qu'en cherchant à combattre les ravages du temps on faisait prendre au visage un *tic* qu'il n'avait pas. « L'effet remarquable de ce bandeau sur la contraction des sourcils, dit M. Staunton, peut être observé dans quelques-unes des effigies monumentales du quatorzième siècle, spécialement dans ces petites figures, habituellement désignées sous le nom de *pleureuses,* que l'on observe dans les chapelles sépulcrales, aux coins des autels.

10. *A Shealed peascod.* « La robe de Richard II, dans l'effigie de l'abbaye de Westminster, est semée de gousses ouvertes avec les pois dehors, ce qui peut-être veut dire qu'il fut d'abord en pleine possession de la souveraineté, mais qu'il fut ensuite réduit à un titre vide de pouvoir. » (TOLLET.)

11. Ce proverbe du fou se rencontre dans le passage où Spenser, dans *la Reine des Fées,* a raconté l'histoire de Lear.

12. C'est probablement un refrain de quelque chanson populaire.

13. Probablement, par ce monstre de la mer, il faut entendre l'hippopotame, qui était le symbole hiéroglyphique de l'impiété et de l'ingratitude. Dans ses *Voyages,* Sandys avance que cet animal tue ses parents.

ACTE II.

1. *Lipsbury pinfold,* le parc aux brebis de Lipsbury. Mot d'argot, probablement pour désigner un endroit nécessairement solitaire. Les commentateurs se sont évertués à chercher le sens, trop clair pour nous, de ce mot, dont nous éviterons de donner l'explication.

COMMENTAIRE.

2. C'était, semblerait-il, le chiffre des costumes complets que devait avoir un laquais de grande maison à l'époque de Shakespeare.

3. Vanité, personnage allégorique des anciennes *Moralités* et des théâtres de marionnettes.

4. Z, lettre inutile parce que sa place peut être tenue par l'S.

5. On croyait que l'alcyon ou autrement dit le martin-pêcheur, lorsqu'il était séché et pendu à une ficelle, continuait à tourner le bec du côté où soufflait le vent.

6. Sarum et Camelot, noms de localités célèbres dans les légendes celtiques d'Arthur et de la Table Ronde. Sarum était le nom ancien de Salisbury. Quant à la localité où se trouvait Camelot, les érudits ne sont pas d'accord à ce sujet. Les uns font de cette ville la moderne Winchester, d'autres la placent dans le Somersetshire. C'était une des villes favorites d'Arthur, une de celles qui ont vu le plus de réunions de la Table Ronde, et d'aventures galantes de Genièvre, Lancelot, Tristam, Iseult et consorts. C'est donc justement que dans cette pièce, qui se rapporte à l'âge celtique, Shakespeare mentionne cette ville de Camelot. Encore une preuve de sa singulière exactitude jusque dans les moindres détails.

7. Autrefois on avait dans les grandes maisons des ceps à demeure pour la punition des serviteurs délinquants ou réfractaires. Steevens, dans une de ses notes, remarque que ce n'était pas la première fois que des ceps étaient montrés sur le théâtre. Dans une *Moralité* du temps d'Henri VIII, *Pitié* est mise aux ceps jusqu'à ce qu'elle en soit délivrée par *Persévérance* et *Contemplation*.

8. Les *Toms de Bedlam* étaient des fous véritables, revenus suffisamment à la santé pour qu'on leur permît de sortir de l'hospice des aliénés et d'aller mendier leur vie sur les grandes routes. Mais ces demi-fous rencontraient des compétiteurs nombreux dans une foule de malandrins, gueux et coquins qui imitaient leurs allures insensées, leurs costumes baroques, leurs beuglements, pour attirer la charité des passants. Ils se fourraient des épingles dans leurs bras qu'ils barbouillaient aussi de dessins indélébiles par le même procédé que nos marins et nos soldats, et qu'ils marquaient souvent des deux lettres E et R. Quant à leur façon de mendier, elle était fort diverse et allait depuis le nasillement pleurnicheur jusqu'au beuglement le plus terrible, si bien, dit un vieil auteur, qu'un chien auquel on a mis des fusées à la queue ne court pas plus vite que ne couraient les villageois devant quelques-uns de ces mendiants.

9. Les Turlupins étaient une secte de vagabonds, espèce de Franciscains laïques, qui, aux treizième et quatorzième siècles, parcouraient les grands chemins d'Italie, de France et d'Allemagne. C'étaient les mêmes qui furent d'abord connus sous le nom de *beghars* ou *beguins*, frères et sœurs du libre esprit. Ce nom de Turlupins leur fut donné, paraît-il, par suite de l'habitude qu'ils avaient de pousser des cris de bêtes comme des derviches hurleurs. Leurs allures de fous firent que les mendiants, les *Toms* de Bedlam, dont nous venons de tracer le portrait, usurpaient souvent le titre de Turlupins pour se relever à leurs propres yeux et aux yeux de ceux dont ils imploraient la charité.

10. Calembour portant sur la ressemblance de prononciation des mots *dolour* et *dollar*. Nous l'avons déjà rencontré plusieurs fois, notamment dans *la Tempête*. Ici nous avons cru devoir le traduire par *croix*, qui était le nom de certains écus, et qui est en même temps le mot populaire pour exprimer les inévitables adversités de l'existence.

11. *Mother, hysterica passio*. *Mother* était le nom populaire de la névrose nommée hystérie qu'on supposait propre à l'homme aussi bien qu'à la femme. On sait en quoi consiste cette maladie : c'est un étouffement qui remonte des entrailles au cœur et qui amène l'évanouissement. Lear exprime par ce mot le gonflement douloureux de son cœur, et c'est par allusion au point d'où part l'hystérie qu'il lui dit que son élément est en bas.

12. Le fou fait allusion ici au passage où Salomon recommande la conduite de la fourmi à l'attention et aux méditations du paresseux.

ACTE III.

1. Cette chanson du fou du roi Lear est une variation de la ballade que nous avons entendu chanter par le bouffon du *Soir des rois* à la fin de la pièce.

2. Longtemps avant, en effet ; car le sujet de la pièce se rapporte au huitième siècle avant Jésus-Christ, et l'existence de Merlin doit être placée au cinquième siècle de notre ère.

3. Nous avons déjà rencontré cette expression proverbiale dans la bouche de Christophe Sly, prologue de *la Mégère domptée*.

4. C'était une des ruses ordinaires du diable pour inviter au suicide. Presque tous les commentateurs citent à l'occasion de ce passage un fragment du livre de Harsnet, *des Impostures papistes*, où il est question d'une corde neuve et de deux lames de couteau qu'un droguiste du nom d'Alexandre aurait rapportées de Durham à Londres, et que le charlatanisme dudit droguiste et la fourberie de quelques personnes de la maison prétendaient avoir été déposées en ce lieu par le diable lui-même, afin que les habitants eussent la tentation de se percer ou de se pendre.

5. Ce vers se trouve dans un couplet qui fait partie d'un vieux recueil poétique, *Gammer Gurton's garland* :

> Pillycock, Pillycock s'assit sur une colline,
> S'il n'est pas parti, il y est encore.

Il paraîtrait, en outre, que cette expression *my Pillicock* correspond, selon Cotgrave, au vieux mot français *mon turlureau*, et que *Killies* était le nom d'un des démons en vogue dans les affaires de possédés.

6. Par ces mots Edgard veut faire entendre qu'il menait la vie d'un gentleman. Autrefois, selon la remarque de Steevens, on portait des gants à son chapeau dans trois sortes de circonstances : 1° comme faveur d'une

maîtresse; 2° comme souvenir d'un ami; 3° comme marque de défi contre un ennemi. Nous avons déjà rencontré cette coutume dans *le Marchand de Venise*, le premier *Henri IV* et *Henri V*. M. Staunton cite une anecdote se rapportant à cette coutume qui peint d'une manière charmante le culte monarchique dont les nobles anglais furent saisis sous le règne d'Élisabeth. Lorsque Georges Clifford, troisième comte de Cumberland, revint d'un de ses voyages, il obtint une audience d'Élisabeth. A la fin de l'audience, la reine laissa tomber un de ses gants, et Cumberland, selon l'usage d'alors, mit un genou en terre pour le lui présenter; mais la reine désira qu'il le gardât pour l'amour d'elle, et Clifford, l'ayant fait enrichir de diamants, le porta toujours à son chapeau aux cérémonies publiques.

7. Espèces d'onomatopées par lesquelles Edgar prétend imiter le sifflement du vent à travers les branches.

8. Selon Steevens, ces deux vers feraient partie d'une vieille ballade qu'il prétend avoir entendu chanter, et qui se rapportait à une bataille des guerres de France. Dans cette ballade, le roi de France, se souciant peu de mettre à l'épreuve le courage du dauphin dont il se défie, le dissuade adroitement de se mesurer avec tout adversaire qui présente quelque apparence de valeur. Toutes les fois qu'un adversaire de ce genre se rencontre, le roi ne manque pas de dire:

Dauphin, mon garçon, mon garçon, laisse-le trotter.

9. Saint Withold, dont la personne est fort obscure, était, paraît-il, invoqué contre le cauchemar. Nares, dans son *Glossaire*, incline à penser que ce saint pourrait bien être un des deux saints Vitalis, dont l'un mourut en martyr à Ravenne, sous Néron, et dont l'autre mourut également en martyr, un siècle plus tard, avec saint Agricola, dont il était l'esclave. Le premier de ces saints Vitalis est, par parenthèse, le patron de cette vieille et illustre Ravenne où il a donné son nom à la célèbre église de Saint-Vitale. Pour ma part, j'incline à croire que c'est le nom populaire saxon du Saint-Esprit, ou peut-être un nom de saint fabriqué (*Wit-Hold*, qui retient l'esprit, qui lui conserve calme et courage) pour protéger contre la peur et les paniques d'imagination. Je livre cette conjecture aux recherches des érudits et des curieux qui ont du temps à perdre.

10. Allusion à un charme populaire contre le cauchemar, mentionné par Réginald Scott dans sa *Découverte de la sorcellerie*. C'était une espèce de centon où saint Georges, après avoir rossé le cauchemar, lui fait promettre de ne pas revenir.

11. Percy a découvert l'origine de ce distique. Il se rencontre dans le vieux roman métrique de ce Sir Bevis de Hampton, qui fut le Roland des Saxons. Dans ce poëme, Sir Bevis subit un emprisonnement de sept années, et

Rats, souris, et autre petit gibier pareil,
Furent sa nourriture toutes ces sept années.

12. Pour en finir à peu près en une seule fois avec ces noms cités par Edgar dans ses contrefaçons des imbécillités populaires, nous nous décidons à donner *in extenso* ce long fragment de Harsnet, où le lecteur trouvera tous les renseignements désirables sur ces personnages diaboliques aux appellations saugrenues.

« Il faut donc que vous sachiez qu'il y avait parmi les diables dont furent délivrés nos possédés, cinq diables capitaines ou commandants supérieurs aux autres : le capitaine Pippin, qui était le diable de Marwood ; le capitaine Philpot, qui était le diable de Trayford ; le capitaine Maho, qui était le diable de Sarah ; le capitaine Modu, qui était le diable de Maynie, et le capitaine Soforce, qui était le diable d'Anna Smith. Ils n'étaient pas tous d'égale autorité et d'égal commandement, et ils avaient sous leurs ordres les uns plus, les autres moins de démons.

« Les noms des petits esprits chassés du corps de Trayfort étaient : Hilco, Smolkin, Hillo, Hiaclito, et Lustic *Huff Cap*. Ce dernier semble être quelque petit diable fanfaron échappé du sac d'un chaudronnier. — Le nom de ce dernier esprit signifie à peu près *petit crâne qui met son bonnet sur l'oreille*.

« Modo, le diable de Maynie, était grand commandant, et maître des milices au-dessus des sept capitaines des sept péchés mortels : Cliton, Bernon, Hilo, Motubizanto et les autres : Modo était un général de dispositions courtoises ; ainsi le rapporta Sarah Williams touchant les rapports de ce diable avec Mistress Plater et sa sœur Fid.

« Sarah Williams avait en elle, en un seul, tous les diables de l'enfer. L'exorciste demande à Maho, le diable de Sarah, quels démons il avait avec lui, et le diable lui répond sans hésitation : *tous les diables de l'enfer*. Ce dictateur Modu dit qu'il avait été dans le corps de Sarah l'espace de deux années, temps si long que l'enfer s'était vidé tout entier et ne contenait plus un seul diable à jeter à un chien. Et véritablement je ne puis blâmer les diables pour être restés si longtemps dehors, car ils avaient trouvé une hôtellerie beaucoup plus douce que l'enfer, et une hôtesse qui ne manquait ni d'esprit ni de gaieté pour leur souhaiter la bienvenue.

« Ici, si vous le voulez, vous pouvez passer en revue tout le régiment de l'enfer, au moins les principaux chefs et les officiers. Killico, Hob, et un troisième qui est anonyme, sont désignés comme trois grands commandants, chacun ayant sous ses ordres trois cents inférieurs.

« Frateretto, Flibbertigibbet, Hobberdidance et Tocobatto étaient les diables de la ronde ou danse mauresque que dans ses accès Sarah chantait et dansait.... Ces quatre-là, selon leur propre déclaration, avaient quarante assistants sous leurs ordres.

« Maho était général dictateur de l'enfer, et cependant, par politesse, il s'était résigné volontairement à paraître sous les ordres de Modo, le grand diable de M. Maynie. Tous ces diables étaient à la fois dans la pauvre Sarah, et, sous leur empire, elle souffrit deux années pleines, si bien que, durant ces deux années, c'eût été la même chose de dire de quelqu'un : il est allé en enfer, ou il est allé en Sarah Williams, car la pauvre fille les avait tous dans le ventre. » (*Extrait fait par M. Staunton.*)

Ouf et pouah! L'idée ne vous vient-elle pas, en lisant de pareilles sottises, aussi malfaisantes qu'ineptes, que c'est vraiment miracle si l'on est parvenu à établir en ce monde un peu de civilisation, de bien moral, de bon sens et de vraie religion?

13. *Child* était le nom qu'on donnait aux jeunes nobles saxons élevés sous les armes. Ces trois vers chantés par Edgar se rencontrent dans une vieille ballade encore aujourd'hui chantée en Écosse. Dans cette ballade, Child Roland, à la recherche de sa sœur, pénètre dans la tour où elle a été renfermée par les émissaires fées de Rosnan, roi de la terre des Elfes. Ledit Rosnan, qui est une manière d'ogre, arrive sur ces entrefaites, flaire, et s'écrie les narines ouvertes :

Fi, fi, fo, et fum !
Je flaire le sang d'un homme chrétien ;
Qu'il soit mort, qu'il soit vivant, avec ma massue
Je ferai sauter sa cervelle de sa boîte osseuse.

Dans l'histoire de Jack, le tueur de géants, aussi populaire en Angleterre que celle du Petit Poucet parmi nous, il y a une strophe à peu près semblable qui tire évidemment son origine de la vieille ballade :

Fie, foh, fum,
Je flaire le sang d'un Anglais ;
Qu'il soit vivant, qu'il soit mort,
Je moudrai ses os pour faire mon pain.

De nos jours, un poëte anglais éminent, M. Robert Browning, a pris ce fragment de ballade pour inspiration d'une des plus belles pièces de son recueil intitulé *Men and Women*.

14. Fragment d'une vieille ballade. Une chose curieuse à noter, c'est que les folles vagabondes qui couraient les campagnes se nommaient *mad Bessies*, comme les vagabonds du sexe mâle se nommaient *poor Toms*, en sorte qu'Edgar, en chantant ce fragment de ballade, a l'air d'appeler sa légitime moitié.

15. *Ta corne est à sec*, dit le texte. Les mendiants du genre de Tom portaient une sorte de bouteille creusée dans une corne pour recevoir les boissons qu'on leur donnait par charité.

16. Le traitement que Cornouailles fait subir sur la scène à Gloucester a révolté la délicatesse de nerfs de certains commentateurs qui ont vu dans ce fait une preuve de la barbarie de Shakespeare, sans songer que le grand poëte n'était pas responsable des mœurs atroces qu'il peignait. Ce spectacle épouvantable des yeux arrachés était, pour ainsi dire, familier aux populations du moyen âge. Est-il besoin de rappeler que c'était un usage à Constantinople, qu'à Rome pendant deux siècles, sous les princes de la maison de Théodora et de Marozie, toute révolution fût accompagnée d'yeux crevés et autres mutilations de ce genre; que Venise apprit ces cruautés de Byzance, etc., etc.

ACTE IV.

1. Les falaises de Douvres étaient particulièrement renommées par leur abondance de fenouil marin, et d'anciens écrivains parlent des gens qui faisaient métier de cueillir le fenouil suspendus par une corde au milieu de l'abîme avec la même admiration effrayée qu'Edgard.

2. Les fonctions de détourner les corbeaux des moissons étaient confiées à de pauvres diables de paysans peu habiles à se servir de l'arc dont ils étaient munis. Mais ce qui explique encore mieux les paroles du roi Lear, c'est que souvent ce paysan était remplacé par un mannequin armé d'un arc comme lui, et naturellement moins habile encore à le manier.

3. Lord Herbert dans sa vie d'*Henri VIII* nous apprend que ce *délicat stratagème*, comme dit le roi Lear, avait été mis en pratique cinquante ans avant Shakespeare, non dans un but de guerre, mais de plaisir. « Et alors après avoir donné de royales fêtes aux Dames pendant plusieurs jours, le roi Henri partit de Tournay pour Lille, 13 octobre 1513 : là il fut reçu par Madame Marguerite qui fit exécuter une joute d'un ordre fort extraordinaire; l'arène était une plate-forme, élevée de plusieurs pieds au-dessus de terre, et pavée de pierres noires carrées pareilles à du marbre, et pour prévenir les glissades des chevaux on les chaussa de feutre ou de laine; après quoi les Dames dansèrent toute la nuit. » (MALONE.)

4. Edgard affecte ici la prononciation de l'ouest de l'Angleterre, particulièrement du Somersetshire. Dans une de ses notes, M. Staunton rapporte une remarque assez curieuse faite par Steevens : c'est que toutes les fois que les anciens écrivains dramatiques anglais introduisent dans leurs pièces un bouffon rustique, ils lui prêtent ce dialecte du Somersetshire.

ACTE V.

1. Dans ce passage Shakespeare ne fait pas seulement la critique du théâtre sanglant de son temps qui croyait ne jamais pouvoir entasser assez d'horreurs, il fait aussi finement sa propre apologie en montrant qu'il appartient à l'art du poëte de sauver l'horreur d'un sujet quelque affreux qu'il soit. Celui que j'ai choisi est bien hideux, semble-t-il dire, et cependant je vous force à l'accepter; mais que serait-il avec un autre poëte?

2. *My poor fool*, mon pauvre fou ou ma pauvre folle *ad libitum*. Quelques commentateurs, l'illustre Sir Joshua Reynolds en tête, ont profité de cette obscurité pour insinuer que ces expressions s'adressaient non à Cordélia, mais au fou que l'on ne revoit plus à partir de la fin du troisième acte. Supposition fort gratuite, quoique l'absence du fou

ne soit expliquée nulle part. Lear appelle Cordélia *my poor fool*, ma pauvre folle, ma pauvre sotte, à cause de cette candeur et de cette simplicité dont elle avait donné une preuve si féconde en résultats désastreux, lorsqu'elle avait provoqué la colère de son père, faute de savoir faire comprendre sa tendresse.

3. Nous donnons ici, traduite d'après le texte de Percy, la ballade populaire sur laquelle Shakespeare a fondé sa tragédie.

« Le roi Lear autrefois gouvernait dans ce pays en paix et avec un pouvoir royal; il avait à sa pleine satisfaction tout ce qui pouvait faire multiplier ses joies. Parmi les dons que la nature lui fit, il avait trois filles, si princièrement belles que de plus belles oncques il ne s'en vit.

« Or un jour il plut au roi de se poser la question de savoir laquelle de ses trois filles montrerait à Sa Grâce le plus tendre amour. « Puisque vous apportez contentement à ma vieillesse, dit-il, laissez-moi connaître laquelle de vous trois m'apparaîtra la plus tendre par l'assurance qu'elle saura me donner de sa tendresse. »

« Là-dessus, l'aînée commença : « Cher père, dit-elle, pour vous être utile, j'engage ici devant votre face tout mon sang, et je consentirais à ce que mon cœur saignant fût ici déchiré en deux plutôt que de voir votre âge respectable souffrir le plus petit chagrin. »

« Et ainsi ferais-je, dit la seconde; pour vous, cher père, je souffrirais patiemment les pires extrémités : je servirais Votre Altesse nuit et jour avec diligence et amour, afin que la quiétude et le doux contentement éloignassent de vous les chagrins. »

« En parlant ainsi vous réjouissez mon âme, répondit le vieux roi; mais toi, que dis-tu, ma plus jeune fille; quelle est la mesure de ton amour? — Mon amour, répondit alors la jeune Cordélia, appartient à Votre Grâce, il sera celui qui est dû par l'enfant au père, et voici la mesure qu'il aura. »

« Et n'en montreras-tu pas plus, répondit-il, que ton devoir ne t'en impose? Je vois bien que ton amour est petit puisque je n'en trouve en toi que cette mesure : à partir d'aujourd'hui je te bannis de ma cour, tu n'es plus mon enfant; et aucune partie de ce mien royaume ne sera tienne par ma faveur.

« Mais à tes sœurs aînées dont l'amour est plus grand que je ne pourrais justement l'exiger, je lègue également mon royaume et ma terre, mon faste souverain et tous mes biens, afin que je puisse être filialement soigné par elles jusqu'au jour de ma mort. »

« Ainsi les discours flatteurs de ces deux sœurs acquirent ici renom : la troisième fut soumise à un bannissement immérité, et cependant son amour était le plus tendre. Patiemment la pauvre Cordélia, errante par monts et par vaux, sans recevoir appui ni compassion, traversa plus d'une ville anglaise, la douce fille.

« Jusqu'à ce qu'enfin dans la France fameuse, elle trouva meilleure fortune; quoique pauvre et nue, elle était cependant renommée comme la plus belle fille du pays. Le roi entendit parler de ses vertus, et après avoir vu cette belle Dame, il en fit sa femme et sa reine avec le consentement de toute sa cour.

« Pendant ce temps-là, le roi Lear, son père, résidait avec ses deux filles : mais oublieuses de l'amour qu'elles avaient promis, bientôt leur affection baissa : comme il vivait à la cour de la reine Régane, l'aînée des deux, elle lui enleva ses principaux revenus et la plus grande partie de sa suite.

« Vingt hommes avaient coutume de le servir, genoux ployés ; elle ne voulait en entretenir que dix, et puis ensuite à peine trois : bien mieux, elle jugea qu'un seul était trop pour lui, et elle les congédia tous dans l'espérance que le bon roi renoncerait à résider à sa cour.

« Est-ce ainsi que je suis récompensé, dit-il, d'avoir donné à mes enfants tout ce que j'ai, et me faut-il mendier pour ce que j'ai naguère octroyé ? J'irai trouver Goneril ; ma seconde fille, je le sais, sera plus tendre et plus compatissante, et soulagera mon infortune. »

« En toute hâte il se rend à sa cour ; mais quand sa fille l'entendit se lamenter, elle lui répondit qu'elle était désolée, que toutes ses ressources étaient épuisées ; qu'elle ne pouvait en aucune façon subvenir à ses besoins, mais que cependant s'il voulait rester dans sa cuisine, il aurait ce dont ne voudraient pas les marmitons.

« Lorsqu'il eut entendu cette réponse, il versa des larmes amères : « Que par ce que j'ai fait, dit-il, je serve d'exemple à tous les hommes. Je retournerai, dit-il, à la cour de ma Régane ; elle ne me traitera pas ainsi, j'espère, mais elle sera plus tendre pour moi. »

« Lorsqu'il y retourna, elle donna ordre de l'en chasser ; quand il fut arrivé au milieu de sa cour, elle lui dit qu'il ne pouvait rester. Alors le malheureux roi retourna chez Goneril afin qu'il pût avoir dans sa cuisine ce que rejetaient les petits marmitons.

« Mais une fois arrivé, elle lui refusa ce qu'elle lui avait promis précédemment : ayant une fois refusé, il ne devait plus venir frapper à sa porte. C'est ainsi qu'il allait de l'une à l'autre de ses filles pour trouver secours, heureux de rencontrer la nourriture des mendiants, lui qui naguère portait une couronne.

« Il se rappela alors les paroles de sa plus jeune fille qui avait dit que la mesure de l'amour était dans le devoir imposé à l'enfant ; mais hésitant à se rendre auprès de celle qu'il avait bannie, il devint fou frénétique, car il portait dans son âme les blessures de la douleur.

« Et cette folie lui faisait arracher ses boucles blanches comme lait, et les tresses de sa tête, et égratigner jusqu'au sang ses joues empreintes de la dignité de la vieillesse et du rang. Il adressait incessamment aux collines, aux bois, aux fontaines ses lamentations, jusqu'à ce que les bois, les collines et les choses insensibles parussent soupirer et gémir.

« Ainsi possédé de douleur, il passa en France dans l'espérance d'avoir meilleure chance auprès de la belle Cordélia. La vertueuse Dame ! quand elle apprit le malheur de son père, comme le devoir l'y obligeait, elle envoya promptement pour lui faire porter secours et consolation.

« Et elle donna ordre à une troupe de nobles pairs, bravement et galamment équipés, de l'amener à la cour d'Aganippus ; et le roi son époux, d'un noble mouvement d'âme, lui donna consentement pour qu'elle assemblât en armes ceux de ses chevaliers que possédaient le courage et l'amour de la gloire.

« En toute hâte ils passèrent en Angleterre, pour remettre Lear en possession de son royaume et chasser de leurs trônes ses filles au nom de sa tendre Cordélia : elle, noble reine au cœur sincère, elle fut tuée dans la bataille : lui cependant, le bon roi, il fut dans ses vieux jours remis en possession de sa couronne.

« Mais lorsqu'il apprit la mort de Cordélia, qui était morte vraiment pour l'amour de son cher père, dont la cause l'avait poussée à livrer cette bataille, il tomba évanoui sur son sein, qu'il ne quitta plus, car il laissa sa vie sur le sein de celle qui possédait un si loyal cœur.

« Lorsque les seigneurs et les nobles virent ces événements, ils mirent à mort les deux sœurs d'un consentement unanime ; et une fois mortes, ils conférèrent leurs couronnes à leurs plus proches parents. C'est ainsi que vous venez de voir le châtiment de l'orgueil et du péché de désobéissance. »

MACBETH

IMPRIMÉ POUR LA PREMIÈRE FOIS DANS L'ÉDITION DE 1623.
DATE PROBABLE DE LA COMPOSITION ET DE LA REPRÉSENTATION, 1606.

AVERTISSEMENT.

La première édition connue de *Macbeth* est celle de l'in-folio de 1623. Selon toute probabilité, cette pièce ne fut jamais imprimée du vivant de Shakespeare, et ne reçut jamais les soins de révision du grand poëte; ce qui explique les obscurités, les incorrections, les contresens dont fourmille le texte de cet admirable chef-d'œuvre. La date précise de sa composition est fort difficile à déterminer; en tout cas on ne peut pas hésiter sur la période de la vie de Shakespeare à laquelle il se rapporte. Élisabeth était descendue dans la tombe, et le fils de Marie Stuart l'avait remplacé sur le trône, ainsi que le proclame assez haut la scène du quatrième acte, où Macbeth chez les sorcières voit défiler devant lui les rois de l'avenir qui sortiront de la race de Banquo : « J'en vois quelques-uns qui portent les deux sphères et les trois sceptres. » Ce salut indirect à Jacques Ier, premier roi qui ait réuni les couronnes d'Angleterre, d'Écosse et d'Irlande, date la pièce d'une manière suffisante, quoique générale. Elle est postérieure à 1603, ce passage le prouve; d'autre part, un fragment du journal manuscrit du docteur Simon Forman, cité par M. Staunton, fragment où l'auteur analyse *Macbeth* après une représentation de cette pièce au théâtre du *Globe*, en avril 1610, indique que c'est aux années comprises entre 1603 et 1610 qu'il faut borner ses recherches. Mais à laquelle de ces années faut-il s'arrêter? Malone conjecturait que la pièce avait dû être écrite en 1606, et il fondait son hypothèse sur deux passages du soliloque du portier réveillé en sursaut par les coups de marteau de Macduff, le matin qui suit l'assassinat de Duncan. Le premier de ces passages est celui-ci : « C'est sans doute un fermier qui s'est pendu pour avoir trop espéré l'abondance. » Il paraîtrait qu'en l'année 1606 le blé avait été d'un bon marché extraordinaire; les fermiers avaient pu souffrir ainsi d'une disette de profits par suite de l'abondance des denrées. Le second passage est plus concluant : « C'est un *équivoqueur* qui était prêt à jurer pour et contre les deux plateaux de la balance; il a commis suffisamment de trahisons pour l'amour de Dieu, cependant il n'a pu tromper le ciel par ses équivoques. » Ces paroles, selon Malone, seraient une allusion à la doctrine de l'équivoque reconnue par le célèbre jésuite Henri Garnet dans le procès du complot des poudres, qui est précisément de cette année 1606.

C'est dans Hollinshed, qui avait tiré son récit de la chronique latine d'Hector Boëce sur l'histoire d'Écosse, que Shakespeare a trouvé les éléments de son admirable drame. Comme le poëte a répété très-exactement le chroniqueur, nous n'avons à nous occuper de l'histoire à demi légendaire, à demi authentique de Macbeth que pour marquer les détails altérés ou inventés par le génie du grand dramaturge. Ces détails sont en petit nombre; cependant quelques-uns sont fort ingénieux, et montrent avec quelle finesse Shakespeare savait user des matériaux qu'il employait.

Macbeth était fils de Sinell, thane de Glamis, et de Doada, sœur de Béatrix, mère de Duncan, qui régnait sur l'Écosse vers l'an 1030. Il était donc cousin germain du roi et très-près de la couronne, d'autant plus près que la loi écossaise portait que lorsque le roi mourait avant la majorité de ses fils, la couronne revenait à son plus proche parent, et que les fils que Duncan avait eus de sa femme, fille de Siward, comte de Northumberland, étaient encore en bas âge. Les deux cousins formaient le plus parfait contraste ; autant Duncan était pacifique, autant Macbeth était guerrier; autant Duncan était humain, autant Macbeth était cruel. Un détail donné par le chroniqueur fait bien comprendre la nature de cette cruauté de Macbeth, cruauté de Peau-Rouge qui scalpe son ennemi, ou de roi nègre du Dahomey. On lui avait confié le soin d'étouffer la rébellion d'un certain seigneur nommé Macdowald. Macbeth entra sans peine dans le château de Macdowald, ce seigneur l'ayant laissé sans défense par une mort volontaire. Comme il connaissait sans nul doute la pitié que les siens devaient attendre de Macbeth, il avait tué sa femme et ses enfants afin qu'ils ne tombassent pas en son pouvoir, et puis s'était donné la mort. Macbeth, furieux de voir lui échapper une si belle occasion de cruauté, voulut au moins se venger sur le cadavre de Macdowald. Il lui fit couper la tête, qu'il envoya à Duncan, et suspendit le tronc à un gibet. Dans les années qui suivirent ce bel exploit, Macbeth se distingua par les victoires qu'il remporta sur les envahisseurs norvégiens commandés par leur roi Sweno et assistés par les troupes de Knut, roi d'Angleterre, frère de Sweno. Shakespeare a fondu en une seule et même grande action ces différentes affaires militaires dans le double récit des faits d'armes de Macbeth qui ouvre la pièce.

L'apparition des sorcières eut lieu quelque temps après ces événements, et pendant que Macbeth et Banquo chassaient à travers la contrée. Shakespeare a compris avec l'instinct du génie que pour que la prédiction eût son plein effet, il fallait qu'elle fût faite, non à une heure où elle courait risque de ne rencontrer qu'une âme froide et distraite, mais à une heure où l'âme échauffée était ouverte à toutes les suggestions de l'enfer, et il a fait rencontrer Macbeth par les sorcières au moment où il revient du combat, fumant de carnage, ivre de l'odeur du sang, et fou des voluptés du meurtre.

Macbeth n'ajouta pas d'abord grande foi à la prophétie; mais lorsqu'il eut été nommé thane de Cawdor, il commença à s'en préoccuper. Cependant les sollicitations du diable ne furent réellement puissantes que lorsque Duncan eut créé son fils aîné prince de Cumberland avant l'âge fixé par la loi écossaise; Macbeth voyant ainsi lui échapper la couronne qu'il avait espérance de recueillir naturellement, céda enfin à l'enfer et aux conseils de sa femme Guach, assassina Duncan, et se fit proclamer roi à Scone.

Dans l'épisode de l'assassinat de Duncan, Shakespeare a fondu très-habilement un autre épisode qui se rencontre également dans Hollinshed et qui lui fournissait tous les détails dramatiques nécessaires. Ce ne fut pas le roi Duncan qui fut assassiné de la manière dont le représente Shakespeare, ce fut le roi Duffe. Un seigneur nommé Donewald, excité par sa femme comme Macbeth, et assisté par elle, enivra les deux chambellans chargés de veiller sur le roi pendant son sommeil, le tua et fit transporter son cadavre dans la campagne à quelques miles de là; puis, au matin, lorsque le crime fut découvert, Donewald, qui avait eu soin de ne pas s'absenter, feignit d'entrer dans une grande colère et tua les deux chambellans. Les prodiges qui accompagnent dans *Macbeth* la mort de Duncan furent ceux qui accompagnèrent la mort de Duffe. Cette fusion de deux épisodes séparés par une date considérable, soixante ans environ, est la plus grosse entorse que Shakespeare ait donnée au récit d'Hollinshed : anachronisme bien véniel à la vérité, puisqu'il a fourni à Shakespeare la matière poétique dont il avait besoin, et que les deux épisodes fondus en un seul se rapportent d'ailleurs à deux époques également barbares.

Macbeth commence par régner avec un semblant d'équité, mais bientôt sa nature cruelle l'emporte, et de la

semence de son premier crime sort une forêt de forfaits.
Banquo est assassiné de la manière même dont le représente Shakespeare. Puis des magiciens avertissent le roi de se défier de Macduff. Ici encore Shakespeare a corrigé la chronique d'une manière admirable. Ce ne sont pas des magiciens, ce sont ses anciennes amies les sorcières que Macbeth consulte au sujet de Macduff. Chose extraordinaire, Macbeth, lorsqu'il est entré en plein dans la carrière du crime, sait où trouver les sorcières. Il ne connaissait pas leurs demeures lorsqu'il assassina Duncan; il l'ignorait encore lorsqu'il assassina Banquo. Avaient-elles d'ailleurs une demeure? elles étaient les filles de l'air impur, des apparitions malfaisantes qui s'étaient évanouies, une fois les paroles fatidiques prononcées. Ah! si Macbeth n'avait pas écouté ces paroles, il ne saurait pas où trouver ces agents de l'enfer; mais une fois plongé dans le crime, il acquiert une science horrible; il connaît d'instinct la géographie des pays de damnation, et sans avoir besoin d'être renseigné par d'autre espion que son propre cœur, il va droit sans se tromper à l'antre des sorcières.

Macduff s'enfuit en Angleterre. Le tyran met à mort sa femme et ses enfants. La scène où Shakespeare nous montre le jeune Malcolm cherchant à éprouver la constance et la bonne foi de Macduff en s'accusant de tous les vices, n'est qu'un admirable développement d'une conversation pareille qu'Hollinshed prête aux deux seigneurs. Cette conversation de la chronique d'Hollinshed est mieux que le germe, elle est la substance même de la scène de Shakespeare, et l'on voit une fois de plus par cet exemple que le génie poétique consiste vraiment beaucoup moins dans une création de toutes pièces que dans l'arrangement et la mise en œuvre des matériaux déjà créés. Les derniers incidents du drame répètent, à quelques détails insignifiants près, les incidents de la chronique.

Longtemps avant que nous pussions supposer que nous consacrerions à l'interprétation de Shakespeare de si nombreuses années de notre vie, nous avions fait une étude très-particulièrement approfondie de *Macbeth*. Nous demandons au lecteur la permission de placer quelques fragments de ce travail sous ses yeux, et nous le prions de les accepter comme tenant lieu de l'analyse morale que nous consacrons à chacune des pièces du poëte. Encore aujourd'hui nous ne pourrions dire autrement, ni mieux que nous n'avons déjà dit.

Nous avions pris *Macbeth* comme occasion de montrer la profonde différence qui sépare le système dramatique de Shakespeare de celui de nos tragiques français. Nos tragiques ne cherchent dans les individus que l'homme général; Shakespeare, au contraire, n'exprime l'homme général que par le moyen des individus. Shakespeare peint l'homme éternel par le moyen de l'homme du temps et de l'espace ; il ne rejoint l'homme moral qu'en traversant l'homme historique. Cette théorie une fois posée, nous analysions ainsi le caractère de Macbeth :

« Macbeth, avant de représenter le type général de l'ambitieux triomphant et renversé du faîte de la grandeur par les tempêtes vengeresses de la conscience, représente donc un homme du temps et de l'espace. C'est un barbare féodal et un chef de clan écossais.

« Shakespeare n'est pas moins grand, à le bien lire, comme historien que comme poëte, et il est aussi versé dans la science de l'ethnographie que dans la science du cœur humain. Les recherches les plus minutieuses de la critique moderne ne peuvent nous en apprendre davantage sur les caractères écossais, scandinave et italien qu'*Hamlet*, *Macbeth*, *Roméo et Juliette*, lus avec intelligence et sagacité. Ce Shakespeare ignorant et barbare, au dire de ses détracteurs, contrôlé et commenté par l'érudition la plus minutieuse, reste vainqueur sur le terrain de l'exactitude historique. Chacun de ses personnages a non-seulement la physionomie de son caractère moral, mais celle de son temps et de son pays ; il porte la marque de la race dont il est issu. Mesurez la distance qui sépare l'intensité des passions septentrionales, tout intérieures et morales d'*Hamlet*, de la violence et de l'exubérance tout extérieures qui distinguent les passions méridionales de *Roméo et Juliette* et d'*Othello*. Non-seulement Shakespeare observe exactement les différences qui séparent les groupes généraux de notre famille européenne, mais il observe les caractères plus particuliers encore de la province, de la tribu. Il ne peint pas seulement le Celte en général, il peint aussi le Gallois ou l'Écossais.

« Le Glendower de la première partie d'*Henri IV* est un Celte comme Macbeth, mais quelle différence de nature il y a entre eux! Pour peu qu'on y regarde, on s'aperçoit qu'ils ont en commun tous les défauts et toutes les qualités qui constituent l'âme de leur race; la violence, la crédulité, la promptitude à l'irritation et à l'effroi, l'amour des coups de main aventureux, et cette espèce de poltronnerie qui s'allie si bien à la bravoure, qui distingua de tous temps les Celtes, et d'où naissent les terreurs paniques. Mais si les âmes sont de même substance, la forme est bien différente. Ce Glendower ne fait pas un plus grand contraste avec son allié momentané l'Anglo-Normand Hostpur qu'avec Macbeth, son cousin par les liens de la race. Glendower, c'est le Gallois poétiquement superstitieux et poétiquement loquace, hyperbolique, mélancolique, sérieusement brave malgré ses vantardises, quelque chose comme un Gascon qui serait mélangé d'Armoricain. Macbeth n'a aucun de ces défauts aimables et rien de cette physionomie sympathique. C'est le Celte vu sous son aspect le plus sombre et sous sa forme la plus odieuse; c'est l'Écossais encore à l'état barbare, sauvage comme ces bruyères où il a établi son nid de brigand, indiscipliné, turbulent, éternel révolté et éternel oppresseur, factieux la veille, tyran le lendemain, transformant en droit sa passion ou son ambition personnelle, toujours injuste, même lorsque sa cause est la bonne cause par l'abus qu'il fait de la force. Voilà le chef de clan, le grand seigneur écossais tel que l'histoire nous le présente à toutes les époques, sous sa forme la plus primitive et la plus barbare.

« Comme tous les détails de la pièce sont bien en harmonie avec ce caractère sinistre ! le paysage et la poésie de *Macbeth* sont écossais comme le héros même. La nature, toujours si variée et si riante dans Shakespeare, ne se révèle dans cette pièce que sous ses aspects les plus noirs, la nuit, le crépuscule, l'orage ; elle n'y fait entendre que ses voix les plus menaçantes, le cri du loup, la plainte de la chouette, l'aboiement du chien. Une seule fois elle semble vouloir sourire ; mais ce sourire n'est qu'un rayon de douce mélancolie, semblable à un pressentiment de malheur. Le poëte nous fait respirer cet air salubre et vif qui circule autour du château de Macbeth, et nous montre les nids des martinets attachés à ses flancs, symbole populaire du respect dû à cette vertu de l'hospitalité qui va être si odieusement violée ; puis toute lumière s'éteint, et l'orage éclate, accompagnement légitime des tempêtes infernales qui brisent l'âme de Macbeth.

« Après l'écossais, le féodal. Les mœurs et la tournure de caractère résultant de la féodalité sont marquées dans Macbeth par une circonstance toute particulière : la nature et l'intensité de ses terreurs. Nous voyons et nous comprenons par les exemples de Macbeth et de sa femme, de quel poids pesait un remords sur une âme du moyen âge. Nous saisissons sur le fait la force corrosive de ces secrets des maisons féodales que les poëtes et les chroniqueurs nous montrent se transmettant de père en fils comme un legs de malédiction, comme une maladie héréditaire qui mine la famille et finit par la détruire. Le remords sous la forme où nous le voyons chez Macbeth et

Lady Macbeth, ne s'explique pas seulement par la terreur résultant du meurtre commis, il s'explique aussi par l'isolement résultant de l'inégalité des conditions. Les deux époux sont seuls à porter le poids de leur crime, comme ils ont été seuls à en concevoir la pensée. Avez-vous jamais réfléchi à l'effroyable puissance que devaient prendre les sentiments humains chez des êtres soumis à l'isolement de la vie féodale? Personne pour conseiller et retenir cette âme qui s'exalte sans contrainte et se dilate violemment pour peupler d'elle-même sa solitude. Les égaux de cet homme sont au loin, isolés comme lui, et il n'a de relations avec ceux qui l'entourent que celles du commandement. Si dans cette solitude créée par l'isolement et l'inégalité, il vient à se passer un acte de violence, une scène de colère ou de meurtre, la terreur répond du secret. Cette terreur remonte bientôt des inférieurs aux criminels eux-mêmes, et double la force de leurs angoisses. Ils voient l'effroi qu'ils inspirent, et ils prennent peur d'eux-mêmes. Comme il n'y a eu personne autour d'eux pour les retenir avant le crime, il n'y a personne pour les rassurer après le crime. A qui d'ailleurs voudraient-ils se confier? La sécurité de leur puissance, et, mieux que cela, l'honneur de leur nom, sont attachés à ce fatal secret. Les lèvres restent donc closes par un effort volontaire; mais la conscience, qui s'irrite de cette tyrannie de la volonté, s'agite intérieurement avec violence, et cherche en tous sens une issue pour ses tempêtes. Alors le remords s'objective et prend une forme saisissable; la conscience dédouble l'homme et met l'objet de ses préoccupations en face de lui comme un autre lui-même.

« Voilà l'explication de ces soupirs qu'on entend pousser au châtelain lorsqu'il se promène seul durant les heures du soir! Voilà l'explication de ces tressaillements soudains et de ces yeux qui deviennent subitement hagards comme s'ils étaient effrayés d'un objet que d'autres yeux ne peuvent voir! Voilà pourquoi la dame châtelaine, révélatrice à son insu du secret qui la tue, se lève pendant son sommeil et prononce à haute voix des paroles terribles! Nous avons toute vivante dans Shakespeare la poésie de ces terreurs féodales, et en essayant d'expliquer leur origine, nous n'avons fait autre chose que mettre en saillie les beautés lugubres qui remplissent le *Macbeth* : la vision du poignard, la scène du banquet, la promenade somnambulique de Lady Macbeth.

« Les remords de Macbeth nous émeuvent donc, non-seulement parce qu'ils sont les remords d'un homme, mais aussi parce qu'ils sont les remords d'un chef de clan et d'un barbare baptisé. Si Shakespeare n'eût pas peint avec une telle force le chef de clan et le barbare, l'ambitieux criminel nous aurait-il autant ému? Je ne sais, mais, en tout cas, il nous aurait ému autrement, et la pièce est assez belle pour ne pas nous donner le désir d'autres émotions que celles que nous connaissons. Cet homme particulier que des critiques trop classiques recommandent au poëte dramatique de sacrifier à l'homme universel, fait donc une bonne partie de la poésie du personnage. Imaginez un Macbeth plus vague, plus général, un Macbeth qui ne soit ni un chef de clan, ni un barbare, combien de belles expressions du remords vont devenir impossibles! Comment un Macbeth plus abstrait pourrait-il dire, par exemple, après le meurtre de Banquo : « Ce « n'est pas la première fois qu'on a versé le sang.... mais « il fut un temps où, lorsqu'on avait cassé la tête à un « homme, il mourait, et tout était fini; mais aujourd'hui « nos victimes se relèvent avec vingt blessures sur la tête « et viennent nous chasser de nos siéges. Ah! voilà qui « est plus étonnant que le meurtre même! » C'est bien là une confession de la conscience, une confession dont l'oreille d'un homme de tous les temps peut saisir le sens, n'est-il pas vrai? Oui, mais il faut une bouche de barbare pour la proférer.

« Maintenant écartons le chef de clan et le barbare et voyons l'homme moral. La grandeur et la force du génie de Shakespeare se révèlent d'une manière incomparable dans le mélange dont il a formé le caractère de Macbeth. Un poëte de race moins haute n'aurait pas manqué, étant donnés les éléments de l'histoire de Macbeth, de peindre un criminel grandiose, fait d'une seule pièce, un meurtrier majestueux, inaccessible aux craintes vulgaires, un beau et noble monstre enfin. Macbeth n'est rien de cela. C'est un incroyable amalgame de férocité et de poltronnerie, de bassesse et de grandeur. Le monstre n'est pas dénué de sentiments humains, il est dénué des sentiments moraux de la civilisation. La fange et le limon de la nature humaine primitive dont il est formé, sont encore humides, et viennent à peine de sortir des marécages de la barbarie. Selon le degré de force avec lequel le soleil des passions échauffe ce limon humain, la vie y fourmille et y grouille, on s'y affaisse dans la torpeur. Avec toute sa vaillance et tout son pouvoir, Macbeth n'est qu'un pauvre être de chair et de sang. Son courage tout physique est mêlé de cette lâcheté toute physique aussi qui distingue l'homme sans culture et sans éducation morale. Il est prédestiné au crime par sa vaillance de bête fauve et l'espèce de joie sauvage qu'il goûte dans le combat. Il tue par plaisir, à plus forte raison tuera-t-il par ambition et convoitise. Après que nous avons entendu au début du drame avec quel entrain barbare il vient d'enfoncer les rangs des Norvégiens et de semer la mort autour de lui, nous ne sommes plus étonnés de le voir méditer le meurtre de Duncan. La plus légère occasion suffira pour précipiter le torrent de ces passions sanglantes auxquelles la guerre a jusqu'alors tracé un lit naturel et légitime. Il revient de la guerre ivre de sang et d'acclamations, dans toute la joie du triomphe, et c'est alors qu'il est arrêté au passage, et salué roi par la prophétie des sorcières. Les clairvoyantes filles de l'enfer ne pouvaient choisir une meilleure occasion pour jeter les semences du mal dans cette âme troublée que le moment où elle fermente sous l'action des voluptés du carnage et de la victoire. Le choix de cette circonstance fait honneur à la sagacité des sorcières et au génie de Shakespeare.

« Cependant quoiqu'il ait conçu la pensée du crime, il ne l'exécuterait pas, si Lady Macbeth ne relevait son courage et ne donnait à sa férocité la fermeté qui lui manque. Macbeth n'est que l'instrument du meurtre; l'âme vraie du crime, c'est Lady Macbeth. Le caractère de Lady Macbeth est aussi remarquable par sa simplicité que le caractère de Macbeth par son mélange. Ce personnage grandiose et tragique, dessiné avec une netteté toute classique, créé d'un seul jet de génie ferme et précis, mérite de prendre rang tout à côté des créations les plus dramatiques de l'antiquité, car certainement il n'a pas été conçu depuis Clytemnestre et Médée de type qui représente avec plus d'énergie les pensées noires de l'humanité. Si l'on voulait faire une statue de la Melpomène barbare, on ne pourrait choisir un meilleur modèle idéal que Lady Macbeth. Ce caractère est tellement simple que deux ou trois mots suffisent pour l'expliquer. Lady Macbeth est féroce, elle est froide, elle est ambitieuse. C'est une louve féodale qui conserve jusque dans le crime les vertus propres à la femme du Nord. Elle est épouse fidèle, chaste et intrépide; elle aime son mari avec toute la loyauté d'un cœur barbare, elle le conseille et le soutient avec toute la fermeté d'un esprit inaccessible à la pitié. Nulle pensée de clémence ne viendra troubler ses noires méditations, nul sentiment de miséricorde ne diminuera la fermeté de son cœur. Macbeth hésite; elle n'hésite pas un instant. C'est encore un trait de génie que cette décision rapide et cette absence d'hésitation. Shakespeare sait que la conscience des femmes réside surtout dans leur cœur, que leur sensibilité est la mesure de leur justice, et leur faculté de pitié la mesure de leur moralité. Détruisez la sensibilité chez une femme, vous n'avez plus rien à en espérer et vous avez tout à en redouter.

« Lorsqu'une fois le crime a été commis, Macbeth ne s'appartient plus, et alors commence le déroulement admirable des phénomènes de conscience qui composent cette chaîne des remords dont la Némésis divine enchaîne pour la géhenne éternelle les âmes des scélérats. Macbeth se sent esclave ; il appartient désormais à ses visions, à ses craintes et à ses fureurs contre lui-même. Le crime a fait lever devant lui mille ennemis invisibles. Il faut tuer, et tuer encore pour dissiper ces ennemis, pour noyer le souvenir des crimes anciens sous la terreur des crimes nouveaux. Il faut tuer aussi parce que c'est pour lui l'unique moyen de retrouver son énergie virile affaissée sous les prostrations du remords, affaiblie par les fatigues du délire. Il tue comme un ivrogne boit, pour réparer par un nouveau meurtre la dépense d'énergie que lui a coûté le crime précédent. Il se démène comme si un œil plein de mépris était fixé sur lui, et lui reprochait les lenteurs qu'il met à poursuivre son œuvre sanglante. En même temps que sa conscience l'appelle meurtrier, son orgueil barbare l'appelle poltron et cœur de femme. Aussi chaque fois qu'il a commis un nouveau crime, lui semble-t-il qu'il a retrouvé son ancien courage, et s'écrie-t-il : *I am a man again.*

« Voilà le caractère de Macbeth dans son mélange de grandeur et de férocité ; mais quoi, j'avais annoncé que j'allais écarter le barbare pour parler de l'homme moral. Qu'ai-je fait cependant autre chose qu'esquisser les traits du caractère d'un barbare ? En vain j'ai voulu séparer les deux hommes : le premier reparaissait toujours pour me présenter les traits nécessaires au portrait du second. »

PERSONNAGES DU DRAME.

DUNCAN, roi d'Écosse.
MALCOLM,
DONALBAIN, } fils de DUNCAN.
MACBETH, général de l'armée du roi, et roi par la suite.
BANQUO, général de l'armée du roi.
FLÉANCE, fils de BANQUO.
MACDUFF,
LENNOX,
ROSS,
MENTEITH, } nobles écossais.
ANGUS,
CAITHNESS,
SIWARD, comte de NORTHUMBERLAND, général des forces anglaises.
Le jeune SIWARD, fils du comte de NORTHUMBERLAND.
Un fils de MACDUFF.
SEYTON, officier de la suite du roi.
Un médecin anglais.
Un médecin écossais.
Un capitaine.
Un portier.
Un vieillard.

Lady MACBETH, par la suite reine.
Lady MACDUFF.
Une dame de compagnie de la reine.
HÉCATE.
Trois sorcières.

Seigneurs, Gentilshommes, Officiers, Soldats, Meurtriers, Messagers, et autres comparses. Le fantôme de Banquo, et autres apparitions.

Scène. Écosse, et une partie du quatrième acte en Angleterre.

MACBETH.

ACTE I.

SCÈNE PREMIÈRE.

Une vaste plaine. Tonnerre et éclairs.

Entrent TROIS SORCIÈRES.

PREMIÈRE SORCIÈRE. — Quand nous rencontrerons-nous de nouveau nous trois, au milieu du tonnerre et des éclairs, ou sous la pluie ?

DEUXIÈME SORCIÈRE. — Lorsque le bataclan sera fini, lorsque la bataille sera perdue et gagnée.

TROISIÈME SORCIÈRE. — Ce sera avant le coucher du soleil.

PREMIÈRE SORCIÈRE. — En quel lieu ?

SECONDE SORCIÈRE. — Sur la bruyère.

TROISIÈME SORCIÈRE. — Pour y rencontrer Macbeth.

PREMIÈRE SORCIÈRE. — J'y vais, Graymalkin[1] !

DEUXIÈME SORCIÈRE. — Paddock[2] appelle : — me voilà !

TOUTES TROIS, *ensemble*. — Le beau est laid, et le laid est beau : planons à travers le brouillard et l'air impur.
(*Elles s'évanouissent.*)

SCÈNE II.

Un camp près de FORRES. Alarme dans le lointain.

Entrent DUNCAN, MALCOLM, DONALBAIN, LENNOX, *avec des gens de leur suite. Ils se rencontrent avec* UN CAPITAINE BLESSÉ.

DUNCAN. — Quel est cet homme ensanglanté ? S'il faut en juger par l'état où le voilà, il peut nous informer de la plus récente situation de la révolte.

MALCOLM. — Cet homme est le sergent[3] qui, comme un vrai et hardi soldat, a combattu pour m'empêcher d'être pris. — Salut, brave ami! apprends au roi où en était la lutte lorsque tu l'as quittée.

LE CAPITAINE. — L'issue en était douteuse, et les deux armées étaient semblables à deux nageurs épuisés, qui s'étreignent et neutralisent ainsi leur habileté. L'impitoyable Macdonald (digne d'être un rebelle, car toutes les détestables et si prolifiques aptitudes naturelles nécessaires pour cela fourmillent en lui) est pourvu de troupes de Kernes et de Gallowglasses venues des îles de l'Ouest[4]; et la Fortune, souriant à son diabolique projet, s'est conduite comme la vraie catin d'un rebelle : mais tout cela cependant n'a pas été assez ; car le brave Macbeth (il mérite bien ce nom), dédaignant la Fortune, a brandi son épée toute fumante d'un sanglant carnage, et comme un favori de la valeur, s'est taillé un passage dans les rangs, jusqu'à ce qu'il ait pu voir le gredin face à face ; et il ne s'est pas amusé à lui serrer la main, ni à lui dire bonjour, avant de l'avoir décousu depuis le cœur jusqu'au bas des côtes, et d'avoir planté sa tête sur nos bastions.

DUNCAN. — Ô vaillant cousin! digne gentilhomme!

LE CAPITAINE. — De même que des tempêtes fatales aux navires et d'effrayants coups de tonnerre partent précisément du point où le soleil a commencé à luire ; ainsi, de cette action d'où l'aide semblait devoir venir, c'est le danger qui a surgi. Écoutez, roi d'Écosse, écoutez ! la justice unie à la valeur armée n'avait pas eu plus tôt forcé ces Kernes agiles à demander leur salut à leurs talons, que le Seigneur de Norwége, saisissant cette occasion favorable, a commencé une nouvelle attaque avec des armes encore toutes luisantes et des renforts de troupes toutes fraîches.

Duncan. — Est-ce que cela n'a pas découragé nos capitaines, Macbeth et Banquo ?

Le capitaine. — Oui, comme les moineaux découragent les aigles, ou le lièvre le lion. Si je veux dire la vérité, je dois rapporter qu'ils ressemblaient à des canons bourrés à outrance qui renverraient double décharge ; c'est ainsi que tous deux faisaient succéder avec une double vitesse leurs coups sur l'ennemi : avaient-ils l'intention de prendre un bain de sang fumant, ou de rendre un autre lieu célèbre sous le nom de Golgotha, je n'en sais rien.... — Mais je m'affaiblis, mes blessures crient au secours.

Duncan. — Tes paroles te décorent aussi bien que tes blessures ; les unes et les autres portent l'empreinte de l'honneur. — Allez, procurez-lui des chirurgiens. (*Sort le capitaine accompagné.*) Qui vient ici ?

Malcolm. — Le noble thane de Ross.

Lennox. — Quelle hâte éclate dans ses yeux ! Tels doivent être les regards de l'homme qui a d'étranges nouvelles à annoncer.

Entre ROSS.

Ross. — Dieu sauve le roi !

Duncan. — D'où viens-tu, noble thane ?

Ross. — De Fife, grand roi, de Fife, où les étendards norwégiens déployés s'agitent insultant le ciel et éventant nos hommes à les glacer de terreur. Le roi de Norwége en personne, avec un nombre énorme de troupes, assisté par ce traître très-déloyal, le thane de Cawdor, a commencé un effrayant engagement, jusqu'à ce que le fiancé de Bellone, cuirassé à toute épreuve, l'ait affronté avec des conditions égales, pointe contre pointe rebelle, bras contre bras, et ait fait fléchir son courage téméraire : pour conclure, la victoire nous est restée.

Duncan. — Grand bonheur !

Ross. — Si bien que maintenant Sweno, le roi de Norwége, demande composition, et que nous lui refusons le droit d'ensevelir ses morts, jusqu'à ce qu'il nous ait payé, dans l'île de Saint-Colomban[5], dix mille dollars pour notre profit général.

Duncan. — Ce thane de Cawdor ne trahira pas à l'avenir nos plus chers intérêts. — Allez, déclarez-le condamné à mourir sans délai, et transportez son titre à Macbeth avec nos félicitations.

Ross. — Je veillerai à l'exécution de ces ordres.

Duncan. — Ce qu'il a perdu, le noble Macbeth l'a gagné. (*Ils sortent.*)

SCÈNE III.

Une bruyère.

Tonnerre. Entrent LES TROIS SORCIÈRES.

Première sorcière. — Où est-ce que tu es allée, sœur ?

Seconde sorcière. — Tuer des cochons.

Troisième sorcière. — Et toi, sœur ?

Première sorcière. — La femme d'un marin avait des châtaignes dans son giron ; elle mâchonnait, et mâchonnait, et mâchonnait : « Donne-m'en, » lui ai-je dit : « Va te promener, sorcière[6] ! » m'a crié cette drôlesse de meurt de faim[7]. Son mari est parti pour Alep, comme contre-maître du *Tigre*[8]; mais je ferai le voyage sur un crible[9], et comme un rat sans queue[10], je rongerai, je rongerai, je rongerai.

Seconde sorcière. — Je te donnerai un vent[11].

Première sorcière. — Tu es bonne.

Troisième sorcière. — Et moi je t'en donnerai un autre.

Première sorcière. — J'ai moi-même tous les autres, et je connais tous les ports vers lesquels ils soufflent, tous les points de la carte marine qu'ils visitent. Je le ferai devenir sec comme foin : ni jour, ni nuit, le sommeil ne planera au plafond de sa cabine ; il vivra comme un homme maudit : il languira, diminuera, s'affaissera, pendant un laps de sept nuits fatigantes, répétées neuf fois, à neuf reprises [42] : quoique sa barque ne puisse se perdre, elle sera cependant ballottée sans repos par la tempête. — Regardez ce que j'ai là.

Seconde sorcière. — Montre-moi ça, montre-moi ça.

Première sorcière. — C'est le pouce d'un pilote, naufragé comme il revenait dans ses foyers. (*Bruit de tambours.*)

Troisième sorcière. — Un tambour! un tambour! Macbeth vient.

Les trois sorcières, *ensemble.*

Les fatales sœurs, la main dans la main,
Voyageuses sur terre et sur mer,
Tournent ainsi en rond, en rond :
Trois fois pour toi, trois fois pour moi,
Et encore trois fois pour faire neuf : —
Silence ! — le charme est maintenant formé.

Entrent MACBETH *et* BANQUO.

Macbeth. — Je n'ai jamais vu un jour à la fois si hideux et si beau.

Banquo. — Combien dit-on qu'il y a d'ici à Forres ? — Quelles sont ces créatures si desséchées, et d'accoutrement si bizarre, qui ne paraissent pas des créatures habitant la terre, et qui cependant la foulent ? — Vivez-vous ? ou êtes-vous des êtres qu'un homme puisse questionner ? Vous semblez me comprendre, car toutes trois en même temps vous posez vos doigts osseux sur vos lèvres parcheminées. On dirait que vous êtes des femmes, et cependant vos barbes me défendent d'affirmer que vous en êtes.

Macbeth. — Parlez, si vous le pouvez; qu'êtes-vous?

Première sorcière. — Profond salut, Macbeth! Salut à toi, thane de Glamis [13] !

Seconde sorcière. — Profond salut, Macbeth! Salut à toi, thane de Cawdor !

Troisième sorcière. — Profond salut à toi, Macbeth, qui plus tard seras roi !

Banquo. — Mon bon seigneur, pourquoi tressaillez-vous, et semblez-vous craindre des prédictions qui rendent un si beau son ? — Au nom de la vérité, êtes-vous des illusions sans corps, ou votre apparence correspond-elle vraiment à une réalité? Vous saluez mon noble compagnon de si beaux titres pour le présent, et de si grandes prédictions de noble fortune et de royale espérance pour l'avenir, qu'il en semble tout transporté. Vous ne me parlez pas, à moi : si vous pouvez contempler les semences du temps, et dire quels grains germeront, et quels ne germeront pas, parlez-moi alors, à moi, qui ne sollicite pas vos faveurs et qui ne crains pas votre haine.

Première sorcière. — Salut !

Seconde sorcière. — Salut !

Troisième sorcière. — Salut !

Première sorcière. — Plus petit que Macbeth, et cependant plus grand.

Seconde sorcière. — Moins heureux, et cependant bien plus heureux.

Troisième sorcière. — Tu engendreras des rois, bien que tu ne doives pas l'être : ainsi donc tous nos saluts à vous deux, Macbeth et Banquo !

Première sorcière. — Tous nos saluts, Banquo et Macbeth !

Macbeth. — Arrêtez, prophétesses incomplètes ; dites-m'en davantage : je sais que par la mort de Sinel [14], je suis thane de Glamis; mais comment puis-je être thane de Cawdor? Le thane de Cawdor vit, gentilhomme prospère;

et quant à être roi, cela m'est aussi difficile à croire que d'être thane de Cawdor. Dites-moi d'où vous tenez cette étrange information? ou pourquoi, sur cette bruyère, battue de l'orage, vous arrêtez notre marche par ces félicitations prophétiques? Parlez, je vous l'ordonne. (*Elles s'évanouissent.*)

Banquo. — La terre a ses vapeurs comme l'eau, et ces êtres sont de cette nature : où se sont-elles évanouies?

Macbeth. — Dans l'air, et ce qui semblait corporel s'est fondu comme l'haleine se fond dans le vent. — Oh! que ne sont-elles restées!

Banquo. — Y avait-il ici des êtres tels que ceux dont nous parlons? ou avons-nous mangé de la racine de folie qui fait la raison prisonnière[15]?

Macbeth. — Vos enfants seront rois.

Banquo. — Et vous serez roi vous-même.

Macbeth. — Et thane de Cawdor aussi, — n'était-ce pas ce qu'elles disaient?

Banquo. — Le sens et les paroles mêmes. — Qui vient ici?

Entrent ROSS *et* ANGUS.

Ross. — Macbeth, le roi a reçu avec bonheur les nouvelles de ton succès : à mesure qu'il apprend tes prouesses personnelles dans le combat des rebelles, son étonnement qui le retire en lui-même lutte avec son admiration qui s'élance vers toi : plongé dans le silence par cette lutte intime, il parcourt le reste du rapport de cette même journée, et voilà qu'il te trouve encore au milieu des redoutables rangs norwégiens, sans crainte aucune des choses que tu faisais toi-même, c'est-à-dire de terribles portraitures de la mort. Les courriers ont succédé aux courriers en aussi peu de temps qu'il en fallait pour les compter; et chacun d'eux a porté des éloges pour ta grande défense de son royaume, et les a répandus devant lui.

Angus. — Nous sommes envoyés pour te donner des remercîments, de la part de notre royal maître; nous sommes chargés seulement de t'introduire en sa présence, et non de te récompenser.

Ross. — Et comme arrhes d'un plus grand honneur, il m'a ordonné de te saluer de sa part du nom de thane de Cawdor : ainsi donc c'est sous ce titre que je te salue, très-noble thane! car ce titre est à toi.

Banquo, à part. — Quoi! est-ce que le diable pourrait dire la vérité?

Macbeth. — Le thane de Cawdor vit : pourquoi me revêtez-vous de robes empruntées?

Angus. — Celui qui était le thane vit encore; mais un lourd jugement pèse sur cette vie qu'il mérite de perdre. S'est-il concerté avec les gens de Norwége, ou bien a-t-il soutenu les rebelles par un secours caché et donné à un moment favorable, ou bien a-t-il travaillé avec les uns et les autres à la ruine de son pays, je ne le sais pas; mais en tout cas, des trahisons capitales, confessées et prouvées, l'ont renversé.

Macbeth, à part. — Glamis, et thane de Cawdor! le plus grand titre est à venir. — (*Haut.*) Je vous remercie de vos peines. — N'espérez-vous pas que vos enfants seront rois, puisque ces créatures qui m'ont donné le titre de thane de Cawdor ne vous ont promis rien moins pour eux que celui de roi?

Banquo. — Cette prophétie acceptée avec crédulité peut encore vous enflammer de l'espoir de la couronne, en sus de cette seigneurie de Cawdor. Mais c'est étrange : maintes fois, pour nous gagner à notre perte, les agents des ténèbres nous disent des vérités; ils nous séduisent par d'honnêtes bagatelles pour nous entraîner à des actes de la plus profonde conséquence. — Cousins, un mot, je vous prie.

Macbeth, à part. — Deux vérités sont déjà dites comme heureux prologues à l'acte culminant qui a pour sujet le trône royal. (*Haut.*) Je vous remercie, gentilshommes. — (*A part.*) Ces insinuations surnaturelles ne peuvent être mauvaises : elles ne peuvent davantage être bonnes : — si elles sont mauvaises, pourquoi m'ont-elles donné un gage de succès en réalisant une première prédiction? je suis thane de Cawdor : — si elles sont bonnes, pourquoi est-ce que je cède à une suggestion dont l'horrible image fait dresser mes cheveux, et déplaçant mon cœur, l'envoie frapper contre mes côtes en dépit des habitudes de la nature? Les craintes qui ont un objet présent sont moindres que les horribles imaginations : ma pensée, chez qui le meurtre est encore à l'état de chimère, ébranle à ce point ma faible humanité, que toutes les facultés de mon être sont étouffées par cette préoccupation, et que rien pour moi n'existe, sauf ce qui n'existe pas.

BANQUO. — Voyez, comme notre compagnon est absorbé.

MACBETH, *à part*. — Si le hasard veut que je sois roi, eh bien! le hasard peut me couronner sans que j'aie à faire un mouvement pour cela.

BANQUO. — Ses nouveaux honneurs le gênent, comme nous gênent nos habits neufs qui ne se moulent sur le corps qu'avec l'aide de l'habitude.

MACBETH, *à part*. — Arrive ce qui pourra, le temps et l'occasion font chemin par le plus sombre jour.

BANQUO. Noble Macbeth, nous attendons votre bon plaisir.

MACBETH. — Je vous demande pardon : mon stupide cerveau était occupé à rechercher des choses oubliées. Obligeants gentilshommes, vos peines sont enregistrées sur un livre dont je tournerai chaque jour les feuillets pour les y lire. — Allons vers le roi. — (*A part, à Banquo.*) Pensez à notre aventure, et à un autre moment lorsque le temps nous aura permis de la peser exactement, ouvrons-nous franchement nos cœurs l'un à l'autre.

BANQUO. — Bien volontiers.

MACBETH. — Jusqu'à ce moment, plus un mot de cela. — Marchons, amis. (*Ils sortent.*)

SCÈNE IV.

FORRES. — Un appartement dans le palais.

Fanfares. Entrent DUNCAN, MALCOLM, DONALBAIN, LENNOX, *et des gens de la suite.*

DUNCAN. — L'exécution de Cawdor est-elle faite? Est-ce que ceux qui étaient chargés de cet office ne sont pas encore de retour?

MALCOLM. — Mon Suzerain, ils ne sont pas encore revenus. Mais j'ai parlé avec quelqu'un qui l'a vu mourir : cette personne a rapporté qu'il avait très-franchement confessé ses trahisons, imploré le pardon de Votre Altesse, et manifesté le plus profond repentir : rien dans sa vie ne lui a fait autant d'honneur que la manière dont il l'a quittée ; il est mort à la façon d'un homme qui se serait exercé pour apprendre à rejeter en mourant la chose la plus précieuse qu'il possédât, comme si c'était une bagatelle sans importance [46].

DUNCAN. — Il n'y a aucun art qui permette de reconnaître la forme intérieure de l'âme sur celle du visage : c'était un gentilhomme en qui j'avais placé une absolue confiance.

Entrent MACBETH, BANQUO, ROSS *et* ANGUS.

DUNCAN. — Ô mon très-noble cousin [47] ! le péché de mon ingratitude pesait à cet instant même lourdement sur mon cœur : tu es allé si loin, que l'aile la plus agile de la récompense est encore lente à t'atteindre. Plût au ciel que tu eusses moins mérité, afin que la balance entre la rémunération et tes services pût pencher de mon côté ! Il ne me reste rien à dire, sinon qu'il t'est dû plus que tout ne pourrait payer.

ACTE I, SCÈNE IV.

Macbeth. — Je vous dois mes services et ma fidélité, et en se dévouant à vous, ils se payent eux-mêmes. Le rôle de Votre Altesse est d'accepter nos devoirs : ces devoirs sont de votre trône et de votre pouvoir les enfants et les serviteurs, et ils ne font que ce qu'ils doivent en faisant tout ce qui peut vous plaire et vous honorer.

Duncan. — Sois ici le bienvenu : j'ai commencé à te planter, et je mettrai tous mes efforts à te faire atteindre ta pleine croissance. — Noble Banquo, tu n'as pas moins mérité, et il est juste qu'il soit connu qu'il en est ainsi : permets-moi de t'embrasser et de te retenir sur mon cœur.

Banquo. — Si j'y grandis, la moisson sera votre bien propre.

Duncan. — Mes joies abondantes, folles par leur plénitude, cherchent à se cacher sous les larmes du chagrin. Fils, parents, thanes, et vous dont les places sont les plus proches de la nôtre, sachez que nous voulons transmettre notre pouvoir à notre fils aîné Malcolm, que nous nommons dès à présent prince de Cumberland.[18] : mais ce n'est pas lui seul qui sera investi d'honneur ; cet honneur aura des compagnons, et des insignes de noblesse, pareils à des étoiles, brilleront sur tous ceux qui les méritent. — En route pour Inverness, et allons encore accroître les obligations qui nous lient à vous.

Macbeth. — Le repos est fatigue, quand il n'est pas employé pour vous : je veux être moi-même le courrier, et rendre joyeuse l'ouïe de ma femme en lui annonçant votre approche ; je prends donc humblement congé de vous.

Duncan. — Mon noble Cawdor !

Macbeth, *à part*. — Le prince de Cumberland ! Voici un obstacle contre lequel il me faudra trébucher, ou bien que je devrai sauter à pieds joints, car il se trouve sur ma route. Étoiles, cachez vos feux ! que la lumière ne voie pas mes noirs et profonds désirs : l'œil se ferme devant la main ; et cependant qu'il soit, l'acte que l'œil redoute de voir quand il est accompli ! (*Il sort*)

DUNCAN. — Vraiment, loyal Banquo, il est si plein de vaillance que me régaler de ses louanges est un banquet pour moi. — Allons, et suivons de près celui qui est parti en avant pour nous préparer un accueil hospitalier[19] : c'est un parent incomparable. (*Fanfares. Ils sortent.*)

SCÈNE V.

INVERNESS. — Un appartement dans le château de MACBETH.

Entre LADY MACBETH, *lisant une lettre.*

LADY MACBETH, *lisant*. — « C'est le jour de la victoire que je les ai rencontrées, et j'ai dû reconnaître, par le plus incontestable témoignage, qu'elles ont une science plus qu'humaine. Au moment où je brûlais du désir de les interroger davantage, elles se sont fondues en air et s'y sont évanouies. Pendant que je restais confondu dans l'étonnement où cette scène m'avait jeté, arrivèrent des messagers du roi, qui me saluèrent d'une même voix thane de Cawdor. Les sœurs fatales m'avaient déjà salué de ce titre, en me renvoyant à l'avenir pour la réalisation de leur « Salut, tu seras roi! » J'ai jugé bon de t'informer de cet événement, très-chère compagne de ma grandeur, afin que tu ne perdes pas la volupté de cette joie, par l'ignorance de la grandeur qui t'est promise. Place cette nouvelle dans ton cœur, et adieu. » Tu es Glamis et Cawdor, et tu seras ce qui t'a été promis : cependant je crains ta nature; elle est trop pleine du lait de l'humaine tendresse pour prendre le plus court chemin. Tu voudrais être grand; tu n'es pas sans ambition; mais tu n'as pas les facultés du mal qui doivent accompagner l'ambition : la grandeur à laquelle tu aspires, tu voudrais y atteindre vertueusement; tu ne voudrais pas jouer faux jeu, et cependant tu voudrais faussement gagner : tu voudrais avoir, ô puissant Glamis, la chose qui te crie : « c'est ainsi que tu dois agir, si tu veux m'avoir, » et cette chose, tu crains plus de la faire que tu ne souhaiterais qu'elle fût défaite, une fois faite. Arrive vite ici, afin que je puisse verser mon courage dans tes oreilles, et balayer par la vaillance de mes paroles tout ce qui te sépare du cercle d'or dont la destinée et un appui surnaturel semblent désirer de te voir couronné.

Entre un serviteur.

Lady Macbeth. — Quelles nouvelles apportez-vous?
Le serviteur. — Le roi vient ici ce soir.
Lady Macbeth. — Tu es fou de me dire cela! Est-ce que ton maître n'est pas avec lui? s'il en était comme tu le dis, il m'en aurait donné avis pour que je pusse faire les préparatifs nécessaires.
Le serviteur. — Cela est vrai, ne vous en déplaise : — notre thane arrive. Un de mes camarades a été dépêché en avant par lui, et cet homme, presque mort faute d'haleine, a eu à peine assez de souffle pour remplir son message.
Lady Macbeth. — Donne-lui des soins; il apporte de grandes nouvelles. (*Sort le serviteur.*) Oui, le corbeau qui vient annoncer par ses croassements la fatale entrée de Duncan sous mes créneaux est lui-même enroué[20]. Venez, esprits qui accompagnez les pensées de mort; dépouillez-moi ici de mon sexe, et remplissez-moi, de la couronne de la tête à la pointe de l'orteil, de la plus implacable cruauté! épaississez mon sang; fermez accès et passage à la compassion, afin que nuls scrupuleux retours de la nature n'ébranlent mon atroce dessein, et n'établissent une trêve entre lui et son exécution! Entrez dans mes mamelles de femme, et servez-vous de mon lait comme de fiel, ministres du meurtre, où que vous soyez présidant au mal naturel sous vos formes invisibles! Viens, épaisse nuit, et revêts-toi de la fumée d'enfer la plus foncée, afin que mon poignard perçant ne voie pas la bles-

sure qu'il fera, et que le ciel ne puisse pas regarder à travers ton manteau de ténèbres pour crier : « Arrête ! arrête ! »

Entre MACBETH.

LADY MACBETH. — Puissant Glamis ! noble Cawdor ! salué plus grand que ces deux titres par la prédiction qui doit s'accomplir plus tard ! tes lettres m'ont transportée au delà de cet aveugle présent, et je sens tout à l'heure l'avenir comme s'il existait.

MACBETH. — Ma très-chère bien-aimée, Duncan vient ici ce soir.

LADY MACBETH. — Et quand repart-il ?

MACBETH. — Demain.... à ce qu'il se propose.

LADY MACBETH. — Oh ! jamais le soleil ne verra ce demain ! Votre visage, mon thane, est un livre où les hommes peuvent lire d'étranges choses : pour tromper les circonstances, prenez la physionomie des circonstances ; portez la bienvenue dans votre œil, dans votre main, sur vos lèvres : ayez l'aspect de la fleur innocente, mais soyez le serpent caché sous elle. Il faut pourvoir à l'accueil de celui qui arrive ; remettez la conduite de l'importante affaire de cette nuit à mon exécution, exécution qui peut seule donner à toutes nos nuits et à tous nos jours à venir le sceptre souverain et le pouvoir suprême.

MACBETH. — Nous en causerons davantage.

LADY MACBETH. — Faites seulement bonne contenance ; des traits altérés sont toujours un symptôme de crainte : confiez-moi tout le reste. (*Ils sortent.*)

SCÈNE VI.

Inverness. — Devant le château.

Concert de hautbois. Les serviteurs *de* MACBETH *attendent aux portes. Entrent* DUNCAN, MALCOLM, DONALBAIN, BANQUO, LENNOX, MACDUFF, ROSS, ANGUS, *et gens de la suite.*

Duncan. — Ce château est dans une charmante situation; l'air vif et doux vient y saluer nos sens de l'hommage de ses caresses.

Banquo. — Cet hôte de l'été, le martinet qui hante les temples, nous prouve par sa maçonnerie d'heureux augure que le souffle du ciel circule ici avec amour : il n'y a pas une saillie, une frise, un arc-boutant, une corniche quelque peu favorable, où cet oiseau n'ait suspendu son lit et posé le berceau de sa famille : j'ai remarqué que l'air est d'une extrême pureté dans les endroits où ils habitent et procréent de préférence[24].

Entre Lady MACBETH.

Duncan. — Voyez, voyez! voici notre hôtesse honorée! — L'amour qui nous poursuit est souvent pour nous un ennui, et cependant nous en sommes reconnaissants, parce qu'il est l'amour. Cela vous apprend de quelle façon vous devez inviter Dieu à nous récompenser de l'ennui que nous vous causons, et quel genre de remercîments vous nous devez pour vos peines.

Lady Macbeth. — Tout notre service exécuté deux fois avec la rigueur la plus stricte, et puis exécuté deux fois encore, ne serait qu'un moyen bien simple et bien pauvre de reconnaître ces vastes et profonds honneurs dont Votre Majesté charge notre maison : pour les honneurs anciens et pour ces dignités récentes que vous leur avez jointes, nous sommes voués à prier le ciel pour vous.

Duncan. — Où est le thane de Cawdor? Nous l'avons serré de près aux talons, et nous avions l'intention de le devancer ici : mais il chevauche bien, et sa grande affection, vive comme son éperon, l'a aidé à arriver avant nous à sa demeure. Belle et noble hôtesse, nous sommes votre convive pour cette nuit.

Lady Macbeth. — Vos serviteurs ont toujours en réserve leurs parents, leurs propres personnes et leurs biens, pour répondre au bon plaisir de Votre Altesse, et en ce faisant, ils vous rendent seulement ce qui vous appartient.

Duncan. — Donnez-moi votre main; conduisez-moi vers mon hôte : nous l'aimons extrêmement et nous lui donnerons encore de nouvelles marques de notre faveur. Avec votre permission, mon hôtesse. (*Ils sortent.*)

SCÈNE VII.

Inverness. — Un appartement dans le château.

Hautbois et torches. Entrent et passent un maître d'hôtel *et divers* valets *avec des plats et des objets de service; puis entre* Macbeth.

Macbeth. — Si tout était fait lorsque cela sera fait, il serait bon alors que cela fût vivement fait : si l'assassinat pouvait arrêter ses conséquences au filet, et qu'une heureuse impunité fût le résultat net de son exécution; si ce coup une fois donné finissait tout pour ce monde-ci, pour ce monde seulement, pour cette rive et cette plage du temps, — eh bien, nous risquerions le saut de la vie à venir. Mais dans ces occasions-là nous subissons aussi un jugement ici-bas; les leçons sanglantes que nous donnons, une fois enseignées, retournent contre le professeur pour le maudire : cette justice à la main impartiale porte à nos propres lèvres le contenu de notre calice empoisonné. Le roi repose ici sous une double sécurité : d'abord, parce que je suis son parent et son sujet, deux titres qui m'interdisent puissamment une telle action; ensuite, parce que je suis son hôte, et qu'en cette qualité je devrais fermer la porte à son meurtrier, au lieu de tenir moi-même le poignard. En outre, ce Duncan a exercé si doucement son pouvoir, a été si pur dans sa grande charge, que ses vertus plaideront comme des anges aux voix de trompette, contre le crime énorme de son assassinat; et la pitié, pareille à un enfant nu et nouveau-né porté sur la tempête, ou à un chérubin du ciel monté sur les invisibles coursiers de l'air, frappera si vivement tous les yeux de l'acte horrible, que les larmes qu'elle leur arrachera abattront le vent. Je n'ai d'autre moyen d'éperonner l'exécution de mon dessein qu'en enfourchant l'ambition, mauvaise monture qui saute plus loin que son but, et tombe ailleurs qu'où elle voulait.

Entre LADY MACBETH.

MACBETH. — Eh bien! quelles nouvelles?

LADY MACBETH. — Il a presque fini de souper. Pourquoi avez-vous quitté la salle?

MACBETH. — Est-ce qu'il m'a demandé?

LADY MACBETH. — Ne vous en doutez-vous pas?

MACBETH. — Nous ne pousserons pas plus loin cette affaire : il m'a récemment revêtu d'honneurs, et moi-même j'ai conquis la précieuse estime de personnes de tous rangs; ce sont choses à porter maintenant qu'elles sont dans tout leur lustre le plus frais, et qui ne sont pas faites pour être si vite jetées de côté.

LADY MACBETH. — Était-elle donc ivre cette espérance sur laquelle vous fondiez votre avenir? a-t-elle dormi depuis? et se réveille-t-elle maintenant pour contempler si verte et si pâle de crainte le but qu'elle désirait, si librement

A partir de ce moment je tiens ton amour pour tout pareil. Crains-tu d'être dans l'action et dans l'exécution le même homme que tu es dans le désir? Tu voudrais avoir ce que tu estimes comme l'ornement de la vie, et vivre cependant comme un lâche dans ta propre estime, laissant le « je n'ose pas » accompagner le « je voudrais » comme le pauvre chat de l'adage.

Macbeth. — Paix, je te prie : j'ose faire tout ce qu'il convient à un homme de faire; qui ose faire plus que moi n'est pas un homme.

Lady Macbeth. — En ce cas, quelle est donc la bête qui vous a fait vous ouvrir à moi sur cette entreprise? lorsque vous avez osé vous en ouvrir, vous étiez un homme; et si vous étiez plus encore que vous n'étiez alors, vous seriez d'autant plus un homme. Ni le temps ni le lieu n'étaient alors propices à votre projet, et cependant vous vouliez les préparer l'un et l'autre : voilà que le temps et le lieu s'offrent d'eux-mêmes, et cette heureuse circonstance abat maintenant votre courage! J'ai nourri et je sais combien il est doux d'aimer l'enfant qui vous tette; eh bien, j'aurais arraché ma mamelle de ses gencives encore sans dents, et je lui aurais brisé le crâne, pendant qu'il souriait à ma face, si j'avais juré de le faire, comme vous avez juré d'exécuter ce projet.

Macbeth. — Si nous manquions notre coup?

Lady Macbeth. — Si nous manquions notre coup! montez seulement votre courage au cran voulu, et nous n'échouerons pas. Duncan une fois endormi (et il est évident que le dur voyage de cette journée l'invitera à un sommeil profond), je saurai si bien engourdir ses deux chambellans par le vin et la bonne chère, que leur mémoire, cette gardienne du cerveau, sera une fumée, et que le cerveau, ce récipient de la raison, ne sera plus qu'un alambic. Lorsque leurs natures noyées seront plongées dans ce sommeil de pourceau comme dans une mort, qu'est-ce que, vous et moi, nous ne serons pas capables d'accomplir sur Duncan laissé sans gardien? que ne pourrons-nous pas mettre au compte de ses officiers ivres qui porteront la culpabilité de notre grand meurtre?

MACBETH. — Ne mets au monde que des fils! car de ta substance implacable, il ne peut se former que des mâles. Ne croira-t-on pas, lorsque nous aurons barbouillé de sang ces deux dormeurs de sa propre chambre, et employé pour le meurtre leurs poignards mêmes, que ce sont eux qui l'ont accompli?

LADY MACBETH. — Qui osera croire autre chose lorsque nous ferons rugir nos clameurs et nos plaintes au-dessus de son cadavre?

MACBETH. — Je suis résolu, et j'arme chacun de mes agents physiques pour cet acte terrible. Partons, et moquons l'heure présente par les plus beaux semblants : une face fausse doit cacher ce que connaît un cœur faux. (*Ils sortent.*)

ACTE II.

SCÈNE PREMIÈRE.

INVERNESS. — La cour intérieure du château de MACBETH.

Entre BANQUO, *précédé de* FLÉANCE *qui porte une torche.*

BANQUO. — Quelle heure est-il de la nuit, enfant?
FLÉANCE. — La lune est couchée : je n'ai pas entendu l'horloge.
BANQUO. — Elle se couche à minuit.

FLÉANCE. — Je crois fort qu'il est plus tard, Monseigneur.

BANQUO. — Tiens, prends mon épée : — on fait au ciel de l'économie, toutes leurs chandelles sont éteintes. — Prends encore cela. — Le sommeil me fait un appel pesant comme plomb, et cependant je ne voudrais pas dormir. — Puissances miséricordieuses, refrénez en moi les pensées maudites auxquelles la nature ouvre accès dans le repos ! — Donne-moi mon épée, — qui va là ?

Entrent MACBETH *et* UN SERVITEUR *avec une torche.*

MACBETH. — Un ami.

BANQUO. — Comment, Monseigneur, vous n'êtes pas encore au lit ? Le roi est allé se coucher : il a montré une satisfaction très-exceptionnelle, et il a envoyé de grandes largesses à vos officiers : il présente à votre épouse ce diamant en la saluant du titre de sa très-affectueuse hôtesse ; il s'est retiré, content au delà de toute mesure.

MACBETH. — N'étant pas préparés, notre bonne volonté a été forcée d'obéir à notre manque de ressources ; sans cela elle se serait donné libre carrière.

BANQUO. — Tout est bien. J'ai rêvé la nuit dernière des trois sœurs fatales : elles se sont montrées suffisamment véridiques à votre égard.

MACBETH. — Je ne pense pas à elles ; cependant lorsque nous pourrons trouver une heure à perdre, si vous voulez bien m'accorder alors cette faveur, nous la dépenserons à causer quelque peu de cette affaire.

BANQUO. — A votre meilleur loisir.

MACBETH. — Lorsque ce moment se présentera, si vous adhérez à mon désir, cela vous procurera grand honneur.

BANQUO. — Pourvu que je ne perde aucune partie de mon honneur en cherchant à l'augmenter, mais que je garde toujours mon cœur en franchise et ma loyauté intacte, je consens à être conseillé.

MACBETH. — Bon repos en attendant !

BANQUO. — Merci, Monseigneur; je vous en souhaite autant! (*Sortent Banquo et Fléance.*)

MACBETH. — Va, ordonne à ta maîtresse de frapper sur la cloche lorsque mon breuvage sera prêt. — Va te mettre au lit. (*Sort le serviteur.*) — Est-ce un poignard que je vois devant moi, le manche tourné vers ma main? Viens, laisse-moi te saisir : — je ne te tiens pas, et cependant je te vois toujours. Fatale vision, n'es-tu donc pas sensible au toucher comme à la vue? ou bien n'es-tu qu'un poignard imaginaire, la fausse création d'un cerveau opprimé par la fièvre? Je te vois encore, et sous une forme aussi palpable que le poignard que je tire maintenant. Tu m'ouvres la route où je me disposais à marcher, et c'est d'un instrument tel que toi que j'allais me servir. — Mes yeux sont devenus les fous des autres sens, ou bien ils ne valent pas mieux que les autres : — je te vois toujours, et sur ta lame et ta poignée je vois des gouttes de sang qui n'y étaient pas auparavant. — Il n'existe rien de pareil; c'est cette entreprise sanguinaire qui fait surgir cette vision devant mes yeux. — Maintenant sur la moitié du monde la nature a l'apparence de la mort, et les mauvais rêves abusent le dormeur sous ses rideaux; les sorcières célèbrent le service de la pâle Hécate; et le Meurtre décharné, averti par sa sentinelle, le loup, dont les aboiements sont ses mots d'alerte, d'un pas furtif et aux enjambées rapides, comme celui du ravisseur Tarquin, se dirige vers sa proie, pareil à un fantôme. Ô terre solide et fermement assise, ne m'entends pas marcher, ignore où vont mes pas, de crainte que les pierres elles-mêmes ne babillent en se demandant où je vais, et n'enlèvent à l'heure présente l'horrible occasion qu'elle favorise si bien. Pendant que je menace, il vit : le feu de l'action veut un souffle moins froid que celui des paroles. (*Coup de cloche.*) Je pars, et c'est chose faite; la cloche m'avertit. N'entends pas cette cloche, Duncan; car c'est un glas qui t'appelle au ciel ou à l'enfer! (*Il sort.*)

SCÈNE II.

Même lieu.

Entre LADY MACBETH.

LADY MACBETH. — Ce qui les a enivrés, m'a donné audace : ce qui les a éteints, m'a donné flamme. — Écoutons! — Chut! — C'était le hibou qui criait, ce fatal veilleur qui souhaite la plus sinistre bonne nuit. — Il est en train d'exécuter la chose : les portes sont ouvertes ; et les valets gorgés raillent les devoirs de leur charge par leurs ronflements : j'ai mis des drogues dans leurs breuvages[1], en sorte que la nature et la mort peuvent disputer ensemble pour savoir s'ils sont morts ou vivants.

MACBETH, *de l'intérieur*. — Qui est là? Holà, hé!

LADY MACBETH. — Hélas! je crains qu'ils ne se soient éveillés, et que la chose ne soit pas faite : — c'est la tentative, et non l'acte commis, qui peut nous ruiner. — Écoutons! — J'avais disposé leurs poignards tout prêts ; il n'a pas pu ne pas les voir. — Si dans son sommeil il ne m'avait présenté la ressemblance de mon père, j'aurais moi-même fait la chose. — Mon époux!

Rentre MACBETH.

MACBETH. — J'ai fait la chose. — N'as-tu pas entendu un bruit?

LADY MACBETH. — J'ai entendu le hibou gémir et les grillons crier. N'avez-vous pas parlé?

MACBETH. — Quand?

LADY MACBETH. — Tout à l'heure.

MACBETH. — Comme je descendais?

LADY MACBETH. — Oui.

MACBETH. — Écoutons! — Qui couche dans la seconde chambre?

ACTE II, SCENE II.

Lady Macbeth. — Donalbain.

Macbeth. — C'est douloureux à voir. (*Il regarde ses mains.*)

Lady Macbeth. — Sotte idée que de dire, c'est douloureux à voir.

Macbeth. — Il y en a un qui a ri dans son sommeil, et un autre qui a crié *au meurtre!* de sorte qu'ils se sont éveillés l'un l'autre : je me suis arrêté et je les ai écoutés ; mais ils ont dit leurs prières, et se sont remis à dormir.

Lady Macbeth. — Il y en a deux de logés ensemble.

Macbeth. — Un a crié : *Dieu nous bénisse!* et l'autre a crié : *Amen*, comme s'ils m'avaient vu avec ces mains de bourreau. Pendant que je prêtais l'oreille à leurs frayeurs, je n'ai pu répondre *Amen*, lorsqu'ils ont dit *Dieu nous bénisse!*

Lady Macbeth. — Ne prenez pas la chose si fort à cœur.

Macbeth. — Mais pourquoi n'ai-je pas pu prononcer *Amen?* J'avais cependant bien besoin de bénédiction, et *Amen* m'est resté collé à la gorge.

Lady Macbeth. — Ces actes-là ne doivent pas être considérés de cette manière ; pris de la sorte, cela nous rendra fous.

Macbeth. — Il m'a semblé que j'entendais une voix crier : « *Ne sommeille plus! Macbeth tue le sommeil!* » l'innocent sommeil, le sommeil qui répare l'étoffe de notre vie déchirée par le souci, la mort de l'existence de chacune de nos journées, le bain du dur travail, le baume des âmes malades, le second agent de la grande nature, le principal nourricier du festin de la vie....

Lady Macbeth. — Que voulez-vous dire ?

Macbeth. — Et cette voix continuait à crier à travers toute la maison : « Ne sommeille plus! Glamis a tué le sommeil, et c'est pourquoi Cawdor ne sommeillera plus, Macbeth ne sommeillera plus ! »

Lady Macbeth. — Qui était-ce donc qui criait ainsi ? Vraiment, noble thane, vous offensez votre fier courage en jugeant des choses avec une imagination si malade.

Allez, cherchez un peu d'eau, et effacez de votre main ce hideux témoignage. Pourquoi avez-vous retiré ces poignards de la chambre? ils doivent y rester; rapportez-les-y, et barbouillez de sang les valets endormis.

Macbeth. — Je n'y retournerai pas : j'ai peur en pensant à ce que j'ai fait; quant à le contempler encore, je n'ose pas.

Lady Macbeth. — Oh, le courage infirme! Donne-moi les poignards : les gens morts et les gens endormis ne sont que des peintures : c'est l'œil de l'enfance qui redoute un diable peint. S'il saigne, je frotterai de son sang les visages des valets, car ce crime doit sembler venir d'eux. (*Elle sort. On entend frapper à la porte.*)

Macbeth. — Qui peut frapper? Comment se fait-il que tout bruit m'effraye? Quelles mains sont celles-là? Ah! elles arrachent mes yeux! Tout l'océan du grand Neptune pourrait-il laver ce sang qui tache ma main? non, mais ma main teindrait plutôt en incarnat les mers immenses, et de ce vert infini ferait un rouge infini.

Rentre Lady MACBETH.

Lady Macbeth. — Mes mains sont de la couleur des vôtres, mais je serais honteuse de porter un cœur si blanc. (*On frappe.*) J'entends frapper à la porte du sud : retirons-nous dans notre chambre : un peu d'eau nous lavera de cet acte ; combien la chose est facile alors! Votre fermeté vous a faussé compagnie. (*On frappe.*) Écoutez! on frappe encore : allez mettre votre robe de nuit, de crainte que si une circonstance nous appelle, nous ne paraissions avoir veillé : — ne restez pas là perdu si piteusement dans vos pensées.

Macbeth. — Il vaudrait mieux pour moi ne pas me connaître que de connaître l'acte que j'ai commis. (*On frappe.*) Réveille Duncan avec ton tapage! Oh, si tu le pouvais! (*Ils sortent.*)

SCÈNE III.

Une salle dans le château.

Entre UN PORTIER. *On entend frapper.*

LE PORTIER. — En voilà un tapage, ma foi! Si un homme était portier de la porte de l'enfer, il aurait longue habitude de tourner la clef. (*On frappe.*) Frappe, frappe, frappe! Qui est là, au nom de Belzébuth? — « C'est un fermier qui s'est pendu parce qu'il attendait l'abondance. » — Allons, entrez, homme qui comptiez sur le temps, et ayez sur vous une provision de mouchoirs; ici vous suerez à la besogne. (*On frappe.*) Frappe, frappe! Qui est là, au nom de l'autre diable? — « Sur ma foi, c'est un faiseur d'équivoques, un de ces hommes qui peuvent jurer par les deux plateaux de la balance contre chacun des plateaux, un homme qui a commis une suffisante quantité de trahisons au nom de Dieu, mais qui toutefois n'a pu équivoquer avec le ciel. » — Oh, entrez, faiseur d'équivoques. (*On frappe.*) Frappe, frappe, frappe! Qui est là? — « C'est ma foi un tailleur anglais qui vient ici pour avoir réussi à voler sur l'étoffe d'un pourpoint français. » — Entrez, tailleur; ici vous pourrez faire rôtir votre oie[2]. (*On frappe.*) Frappe, frappe! jamais en repos! Qui êtes-vous? — Mais cette place est trop froide pour l'enfer. Je ne veux pas faire le rôle de portier du diable plus longtemps : je m'étais amusé à me supposer faisant entrer quelques hommes de toutes les professions qui vont au feu de joie éternel par le chemin garni de primevères. (*On frappe.*) Tout à l'heure! tout à l'heure! Je vous en prie, n'oubliez pas le portier. (*Il ouvre la porte.*) (*a*)

(*a*) Nous avons à peine besoin d'expliquer que le portier se joue à lui-même une petite scène de comédie populaire.

Entrent MACDUFF *et* LENNOX.

Macduff. — Il était donc une heure bien avancée lorsque vous vous êtes mis au lit, l'ami, que vous restez couché si tard?

Le portier. — Ma foi, Seigneur, nous avons trinqué jusqu'au second chant du coq, et boire, Seigneur, pousse vigoureusement à trois choses.

Macduff. — Et quelles sont les trois choses auxquelles boire pousse vigoureusement?

Le portier. — Parbleu, Seigneur, à avoir le nez peint en rouge, à dormir, et à pisser. Quant à la paillardise, Seigneur, cela y pousse et en repousse; cela provoque le désir, mais empêche l'exécution : par conséquent, boire beaucoup peut s'appeler équivoquer avec la paillardise : cela la crée et cela l'éteint; cela la pousse en avant et cela la retire en arrière; cela la conseille et cela la décourage; cela la fait lever et cela la fait baisser; pour conclure, cela l'embrouille dans l'équivoque du sommeil, et la laisse après lui avoir donné le démenti.

Macduff. — Je crois que le boire t'a donné le démenti cette dernière nuit.

Le portier. — Oui, vraiment, Seigneur, et à ma gorge encore : mais je l'ai récompensé pour son mensonge; je crois que je suis trop fort pour lui, et quoiqu'il m'ait un moment pris par les jambes, cependant j'ai eu l'adresse de le jeter bas.

Macduff. — Est-ce que ton maître se lève? — Notre tapage l'a réveillé; le voici qui vient.

Entre MACBETH.

Lennox. — Bonjour, noble Seigneur!

Macbeth. — Bonjour à tous les deux.

Macduff. — Est-ce que le roi se lève, noble thane?

Macbeth. — Pas encore.

Macduff. — Il m'avait commandé de l'appeler de bon matin; j'ai presque laissé passer l'heure.

MACBETH. — Je vais vous conduire à lui.

MACDUFF. — Je sais que c'est là pour vous un joyeux ennui; mais cependant c'est un ennui.

MACBETH. — Le travail dans lequel nous nous complaisons guérit la peine. Voici la porte.

MACDUFF. — J'aurai la hardiesse d'appeler, car c'est l'office dont il m'a chargé. (*Il sort.*)

LENNOX. — Le roi part-il d'ici aujourd'hui?

MACBETH. — Il part : — il l'a ainsi décidé.

LENNOX. — La nuit a été orageuse : du côté où nous étions couchés, nos cheminées ont été renversées, et à ce qu'on prétend, des lamentations ont été entendues dans l'air; d'étranges cris de mort, et des prophéties annonçant en accents terribles que des événements anarchiques et une effroyable conflagration étaient sur le point d'éclore dans ces jours de malheur. L'oiseau des ténèbres a crié tout le long de la nuit : quelques-uns disent que la terre était fiévreuse et a tremblé.

MACBETH. — Ç'a été une terrible nuit.

LENNOX. — Ma jeune mémoire ne s'en rappelle aucune de pareille.

Rentre MACDUFF.

MACDUFF. — Horreur, horreur, ô horreur! le cœur n'ose te comprendre et la voix te nommer!

MACBETH *et* LENNOX. — Qu'y a-t-il?

MACDUFF. — Le crime a accompli son chef-d'œuvre! Un meurtre très-sacrilège a brisé les portes du temple consacré par Dieu, et a dérobé la vie au sein du sanctuaire!

MACBETH. — Qu'est-ce que vous dites? *la vie?*

LENNOX. — Est-ce de Sa Majesté que vous voulez parler?

MACDUFF. — Approchez de la chambre, et allez détruire votre vue par le spectacle d'une nouvelle Gorgone[3]: ne m'ordonnez pas de parler : voyez, et puis parlez vous-même. — (*Sortent Macbeth et Lennox.*) Réveillez-vous, réveillez-vous! Sonnez la cloche d'alarme. — Meurtre et trahison! — Banquo et Donalbain! Malcolm! réveillez-vous! Secouez ce moelleux sommeil, contrefaçon de la mort, et venez voir la mort elle-même! Debout, debout, et contemplez l'image du grand jugement! — Malcolm! Banquo! levez-vous comme de vos sépulcres, et avancez comme des fantômes, pour contempler cette horreur en face! Sonnez la cloche. (*La cloche d'alarme sonne.*)

Entre LADY MACBETH.

LADY MACBETH. — Que se passe-t-il donc, pour qu'une si hideuse trompette convoque à s'assembler les personnes ici endormies? Parlez, parlez!

MACDUFF. — Ô douce Dame, il ne vous convient pas d'entendre ce que je puis dire : mes paroles répétées à l'oreille d'une femme l'assassineraient en y tombant.

Entre BANQUO.

MACDUFF. — Ô Banquo! Banquo! notre royal maître est assassiné!

LADY MACBETH. — Malheur hélas! quoi, dans notre maison?

BANQUO. — Ce serait trop cruel n'importe où. Mon cher Macduff, je t'en prie, contredis-toi toi-même, et dis qu'il n'en est pas ainsi.

Rentrent MACBETH *et* LENNOX.

MACBETH. — Si j'étais mort une heure avant cet événement, j'aurais eu une vie bénie; car, à partir de ce moment, il n'y a plus rien de sérieux sur la terre : tout n'est que bagatelles : la gloire et l'honneur ne sont plus; le vin de la vie est tiré, et il ne reste absolument dans cette cave du monde que la lie dont nous puissions nous vanter.

ACTE II, SCÈNE III.

Entrent MALCOLM *et* DONALBAIN.

Donalbain. — Quel malheur est-il arrivé?

Macbeth. — Le vôtre, et vous ne le savez pas : l'origine, la veine première, la fontaine de votre sang est arrêtée, la source même de votre sang est arrêtée.

Macduff. — Votre royal père est assassiné.

Malcolm. — Oh! par qui?

Lennox. — Ce sont les gens de sa chambre, paraît-il, qui ont fait le coup : leurs mains et leurs visages étaient tout marqués de sang, ainsi que leurs poignards que nous avons trouvés non encore essuyés sous leurs oreillers : ils tressaillirent et restèrent confondus : c'étaient gens à qui on ne devait confier la vie de personne.

Macbeth. — Oh! je me repens néanmoins de la fureur qui m'a poussé à les tuer.

Macduff. — Pourquoi avez-vous fait cela?

Macbeth. — Qui pourrait être au même moment sage et rempli d'horreur, modéré et furieux, loyal et indifférent? personne. La soudaineté de ma violente affection a devancé la raison plus calme. Devant moi gisait Duncan, sa peau blanche comme l'argent brodée des filets d'or de son sang, ses blessures entr'ouvertes qui avaient l'air d'une brèche faite à la nature pour livrer un passage dévastateur à la ruine : à côté étaient les meurtriers teints des couleurs de leur crime, leurs poignards insolemment revêtus de sang : qui donc ayant un cœur pour aimer, et dans ce cœur assez de courage pour faire connaître son amour, aurait pu se contenir?

Lady Macbeth. Oh! emmenez-moi d'ici!

Macduff. — Veillez à la Dame.

Malcolm, *à part, à Donalbain.* — Pourquoi nos langues restent-elles muettes, à nous qui pouvons le mieux réclamer ces droits de l'amour dont il parle.

Donalbain, *à part, à Malcolm.* — Que pourrions-nous dire en ces lieux, où notre destinée cachée dans quelque trou peut surgir à l'improviste et nous saisir? Partons; nos larmes ne sont pas encore engendrées.

MALCOLM, *à part, à Donalbain*. — Et notre profond chagrin n'a pas encore puissance d'agir.

BANQUO. — Veillez à la Dame : (*Lady Macbeth est emportée.*) et lorsque nous aurons achevé de couvrir nos personnes nues qui souffrent d'être exposées à l'air, réunissons-nous et faisons une enquête sur cette très-sanglante affaire pour en savoir plus long. Les craintes et les scrupules nous agitent : pour moi, je me place sous la puissante main de Dieu, et de là je me défends d'avoir jamais entretenu aucun dessein caché de criminelle trahison !

MACDUFF. — J'en fais autant !

TOUS. — Nous tous aussi !

MACBETH. — Allons rapidement nous habiller, puis réunissons-nous dans la salle

TOUS. — C'est chose entendue. (*Tous sortent, excepté Malcolm et Donalbain.*)

MALCOLM. — A quoi vous décidez-vous? Ne nous associons pas à eux : montrer une douleur qu'on ne sent pas, est un office aisé pour l'homme hypocrite. Je vais me rendre en Angleterre.

DONALBAIN. — Et moi en Irlande ; en séparant nos fortunes, nous serons plus en sûreté : aux lieux où nous sommes, il y a des poignards dans les sourires des hommes : le plus près de notre sang est le plus près d'être sanguinaire.

MALCOLM. — La flèche meurtrière qui a été lancée vole encore, et notre meilleur parti est d'éviter de lui servir de but. Donc à cheval; ne faisons pas les délicats à l'égard des congés qu'il faudrait prendre, mais esquivons-nous : il est légitime le vol qui consiste à se faire disparaître soi-même, là où l'on n'attend aucune justice. (*Ils sortent.*)

SCÈNE IV.

INVERNESS. — En dehors du château.

Entrent ROSS *et* UN VIEILLARD.

LE VIEILLARD. — Je me rappelle parfaitement tout ce qui s'est passé depuis soixante et dix ans : dans ce laps de temps j'ai vu des heures terribles et d'étranges choses; mais cette cruelle nuit a réduit à l'état de bagatelles mes expériences antérieures.

ROSS. — Ah! bon père, tu le vois, les cieux, comme troublés du drame joué par l'homme, menacent son sanglant théâtre : à en croire l'horloge, il est jour, et cependant la noire nuit étouffe la lampe au diurne voyage : est-ce la tyrannie de la nuit, ou la honte du jour, qui fait que les ténèbres recouvrent d'un suaire la face de la terre, à l'heure où la lumière vivante devrait la baiser?

LE VIEILLARD. — C'est contre nature, absolument comme l'acte qui a été commis. Mardi dernier, un faucon qui planait orgueilleusement au point culminant de son vol, fut poursuivi et tué par un hibou chasseur de souris.

ROSS. — Et les chevaux de Duncan (chose très-étrange et très-certaine), ces chevaux superbes et rapides, les plus beaux de leur race, sont devenus sauvages, ont brisé leurs étables, et se sont lancés au dehors, se refusant à toute obéissance, comme s'ils avaient voulu faire la guerre aux hommes[4].

LE VIEILLARD. — On dit qu'ils se mangent l'un l'autre.

ROSS. — C'est ce qu'ils ont fait au grand étonnement de mes yeux qui contemplaient ce spectacle. — Voici venir le bon Macduff.

Entre MACDUFF.

Ross. — Comment va le monde, maintenant, Monseigneur?

Macduff. — Parbleu, ne le voyez-vous pas?

Ross. — Sait-on qui a commis cet acte plus que sanguinaire?

Macduff. — Ceux que Macbeth a tués.

Ross. — Hélas, malheur! quel avantage espéraient-ils en retirer?

Macduff. — Ils étaient subornés; Malcolm et Donalbain, les deux fils du roi, se sont esquivés et ont fui : ce qui fait tomber sur eux le soupçon du crime.

Ross. — Voilà qui est encore contre nature : prodigue ambition qui brise les instruments même de ta propre vie! — Alors il est très-vraisemblable que la souveraineté tombera sur Macbeth.

Macduff. — Il est déjà nommé, et il est allé à Scone pour recevoir l'investiture [5].

Ross. — Où est le corps de Duncan?

Macduff. — On l'a transporté à la chapelle de Saint-Colomban [6], le réceptacle consacré de ses prédécesseurs, la gardienne de leurs os.

Ross. — Irez-vous à Scone?

Macduff. — Non, cousin, je vais aller à Fife.

Ross. — Pour moi, j'irai à Scone.

Macduff. — Bon, puissiez-vous y voir toutes choses bien établies, en sorte que nos anciens habits ne nous paraissent pas plus aisés que les nouveaux. Adieu.

Ross. — Adieu, père.

Le vieillard. — La bénédiction de Dieu aille avec vous, et avec tous ceux qui voudraient faire du mal le bien, et des ennemis des amis! (*Ils sortent.*)

ACTE III.

SCÈNE PREMIÈRE.

Forres. — Un appartement dans le palais.

Entre BANQUO.

Banquo. — Tu es maintenant tout, — roi, Cawdor, Glamis, tout ce que t'avaient promis les Sœurs fatales; et je crains que tu n'aies joué fort vilain jeu pour obtenir cela : cependant il fut dit que la couronne ne resterait pas à ta postérité, mais que je serais moi-même la racine et le père de rois nombreux. Si quelque vérité sort d'elles (et l'accomplissement lumineux de leurs prophéties à ton égard, Macbeth, montrent qu'elles disent vrai), pourquoi ces vérités réalisées pour toi, ne seraient-elle pas aussi mon oracle et ne me donneraient-elles pas droit d'espérer? Mais, chut! c'est assez.

Fanfares. Entrent MACBETH *roi,* Lady MACBETH *reine,* LENNOX, ROSS, Seigneurs, Dames, *et gens de la suite.*

Macbeth. — Voici notre principal convive.
Lady Macbeth. — S'il avait été oublié, il y aurait eu comme une lacune dans notre grande fête, et elle aurait été incomplète de tout point.
Macbeth. — Ce soir nous tenons un banquet solennel, Monseigneur, et j'y requiers votre présence.

BANQUO. — Votre Altesse peut me commander; mes devoirs lui sont pour toujours attachés par le lien le plus indissoluble.

MACBETH. — Montez-vous à cheval cette après-midi?

BANQUO. — Oui, mon bon Seigneur.

MACBETH. — Sans cela nous aurions désiré vos bons avis (nous les avons toujours trouvés graves et heureux) dans le conseil de ce jour; mais nous les prendrons demain. Allez-vous loin à cheval?

BANQUO. — Aussi loin, Monseigneur, qu'il sera nécessaire pour remplir le temps entre l'heure présente et le souper : si mon cheval ne marche pas bien, il pourra se faire que j'emprunte à la nuit une ou deux de ses heures de ténèbres.

MACBETH. — Ne manquez pas à notre festin.

BANQUO. — Monseigneur, je n'y manquerai pas.

MACBETH. — Nous apprenons que nos sanguinaires cousins se sont établis en Angleterre et en Irlande, et que loin d'avouer leur cruel parricide, ils racontent à leurs auditeurs les plus étranges inventions : — mais nous parlerons de cela demain, quand nous nous réunirons pour discuter en outre une affaire d'état qui réclame notre présence à tous. Montez à cheval; adieu, jusqu'à votre retour à la nuit. Fléance va-t-il avec vous?

BANQUO. — Oui, mon bon Seigneur : le temps nous presse.

MACBETH. — Je souhaite à vos chevaux pied sûr et prompt, et sur ce je vous recommande à leurs reins. Adieu. (*Sort Banquo.*) Que chacun soit maître de son temps jusqu'à sept heures du soir : pour faire à nos invités une bienvenue encore plus douce, nous voulons rester seuls jusqu'à l'heure du souper : jusque-là, Dieu soit avec vous! (*Sortent Lady Macbeth, les Seigneurs, les Dames, etc.*)

MACBETH. — Un mot, maraud : ces hommes attendent-ils notre bon plaisir?

UN SERVITEUR. — Ils sont aux portes du palais, Monseigneur.

MACBETH. — Amène-les devant nous. (*Sort le servi-*

teur.) Être roi n'est rien, si on n'est pas roi en toute sécurité. Les craintes que nous inspire Banquo sont profondes ; dans sa nature royale règnent des qualités qu'il faut craindre : il est courageux à l'excès, et à cette trempe indomptable de son âme, il joint une sagesse qui guide sa valeur de manière à la faire agir en toute sûreté. Il n'y a que lui dont je redoute la nature : devant lui mon bon génie perd toute puissance, comme on dit que celui de Marc Antoine était dominé par César[1]. Il gronda les Sœurs lorsqu'elles commencèrent par me décerner le nom de roi, et il leur ordonna de lui parler ; alors, comme des prophétesses, elles le saluèrent du nom de père d'une lignée de rois : c'est ainsi qu'elles ont placé sur ma tête une couronne stérile, et mis à mon poing un sceptre sans force qui doit en être arraché par une main étrangère à mon sang, nul fils de moi ne devant me succéder. S'il en est ainsi, c'est pour la postérité de Banquo que j'ai souillé mon âme ; c'est pour elle que j'ai assassiné le gracieux Duncan : c'est pour ses enfants, seulement pour eux, que j'ai versé des acides dans le vase de ma paix ; c'est pour les faire rois, rois les enfants de Banquo, que j'ai vendu mon immortel joyau au commun ennemi de l'homme ! Plutôt qu'il en soit ainsi, entre dans l'arène, ô Destinée, et sois mon champion à toute outrance ! — Qui est là ?

Rentre LE SERVITEUR *avec* DEUX MEURTRIERS.

MACBETH. — Maintenant tenez-vous à la porte, et attendez-y jusqu'à ce que nous appelions. (*Sort le serviteur.*) N'était-ce pas hier que nous avons parlé ensemble ?

PREMIER MEURTRIER. — Oui, plaise à Votre Altesse.

MACBETH. — Eh bien, avez-vous réfléchi sur mes paroles ? Sachez que ce fut lui qui dans le temps passé vous retint ainsi sous le joug de la fortune, acte que vous aviez attribué à notre personne innocente : je vous l'ai démontré dans notre dernière conversation ; je l'ai passée à vous expliquer comment vous aviez été dupés, traversés, quels instruments furent employés et qui les employa, et toutes les autres circonstances qui suffiraient pour faire dire à une demi-intelligence et à une raison atteinte d'imbécillité : « ce fut le fait de Banquo. »

PREMIER MEURTRIER. — Vous nous l'avez démontré.

MACBETH. — Oui, et je suis allé plus loin, ce qui est maintenant le sujet de notre seconde entrevue. Découvrez-vous que la patience soit assez prédominante dans votre nature pour vous permettre de laisser passer cette offense? Êtes-vous assez dévots pour prier pour ce brave homme dont la lourde main vous a courbés vers le tombeau et a réduit pour toujours les vôtres à la mendicité, — pour prier pour lui et sa postérité?

PREMIER MEURTRIER. — Nous sommes des hommes, mon Suzerain.

MACBETH. — Oui, vous passez pour des hommes dans le catalogue général, comme les chiens courants, les lévriers, les métisses, les épagneuls, les dogues, les barbets, les caniches et les demi-loups sont tous désignés sous le nom de chiens : mais le classement par ordre distingue l'agile, le lent, le subtil, le sédentaire, le chasseur, chacun selon le don que la généreuse nature a renfermé en lui; par là il reçoit une désignation particulière dans cette liste qui les comprend tous également : il en est ainsi des hommes. Maintenant, si vous avez une place dans cette liste, si vous n'êtes pas au degré le plus bas de l'humanité, dites-le, et je confierai à vos cœurs une affaire dont l'exécution vous débarrassera de votre ennemi, et vous rendra cher à notre cœur et à notre affection, à nous que sa vie rend malade et qui serions en parfaite santé par sa mort.

SECOND MEURTRIER. — Mon Suzerain, je suis un homme que les rebuffades et les vils soufflets du monde ont à ce point irrité qu'il m'est égal de faire quoi que ce soit qui puisse blesser la société.

PREMIER MEURTRIER. — Et moi, j'en suis un autre, tellement échiné de désastres, tellement ballotté par la fortune, que je risquerais ma vie sur n'importe quelle chance, pour l'améliorer ou pour en être débarrassé.

Macbeth. — Vous savez tous deux que Banquo fut votre ennemi ?

Second meurtrier — Oui, Monseigneur.

Macbeth. — Il est aussi le mien, et un ennemi qui me touche de si près que chaque minute de son existence menace ce que ma vie a de plus essentiel : bien que je puisse, par le simple exercice de mon pouvoir, le balayer de ma vue, et ordonner à ma volonté d'avouer cet acte, je ne le dois pas cependant, à cause de certains amis, qui sont à la fois les siens et les miens, dont je ne veux pas perdre l'affection, et avec lesquels il me faudra gémir sur la perte de celui que j'aurai renversé moi-même ; et voilà comment il se fait que je sollicite votre assistance, parce que je veux cacher pour diverses raisons importantes cette affaire aux yeux du public.

Second meurtrier. — Nous exécuterons, Monseigneur, ce que vous nous commandez.

Premier meurtrier. — Quoique nos existences....

Macbeth. — Votre courage éclate au dehors de vous. D'ici à une heure au plus, je vous indiquerai où vous devez vous poster ; je vous informerai de l'heure précise où vous devez épier son arrivée ; car cela doit être fait ce soir, et à quelque distance du palais ; vous devez avoir toujours en pensée que je dois être à l'abri de tout soupçon : en outre, afin de ne pas laisser de lacunes et d'imperfections dans cet ouvrage, il faut aussi que Fléance, son fils, qui lui tient compagnie, et dont la disparition ne m'importe pas moins que celle de son père, partage la destinée de cette heure sinistre. Prenez votre résolution seuls ensemble ; je viendrai vous retrouver tout à l'heure.

Les deux meurtriers. — Nous sommes résolus, Monseigneur.

Macbeth. — Je vais vous faire appeler tout à l'heure ; restez dans le palais. (*Sortent les meurtriers.*) C'est une affaire conclue : — Banquo, si ton âme doit trouver le chemin du ciel, elle le trouvera ce soir. (*Il sort.*)

SCÈNE II.

Forres. — Un autre appartement dans le palais.

Entrent Lady MACBETH *et* un valet.

Lady Macbeth. — Est-ce que Banquo s'est absenté de la cour?

Le valet. — Oui, Madame, mais il revient ce soir.

Lady Macbeth. — Dites au roi que je voudrais disposer de son loisir pour lui dire quelques mots.

Le valet. — Oui, Madame. (*Il sort.*)

Lady Macbeth. — Nous ne possédons rien, tout nous échappe, lorsque notre désir accompli ne nous a pas acquis contentement : il est plus sûr d'être la personne que nous détruisons, que de vivre par sa destruction dans une joie douteuse.

Entre MACBETH.

Lady Macbeth. — Eh bien, Monseigneur, qu'est-ce à dire? Pourquoi restez-vous seul à tenir compagnie aux plus tristes imaginations, et à entretenir des pensées qui devraient être mortes avec ceux qu'elles regardent? On ne doit pas s'inquiéter des choses sans remède aucun : ce qui est fait est fait.

Macbeth. — Nous avons blessé le serpent, nous ne l'avons pas tué; il se roulera sur lui-même et se redressera, cependant que notre pauvre malice reste en danger de la morsure de ses anciennes dents. Mieux vaut que la charpente de la création se disjoigne, que les deux mondes soient bouleversés, que de continuer à manger nos repas dans la crainte, et à dormir avec l'affliction de ces terribles rêves qui nous agitent chaque nuit. Mieux vaut être avec les morts que nous avons envoyés dans le royaume de la paix pour prendre leur place, que de subir la torture de l'âme dans un délire sans repos. Duncan est dans son tombeau; après l'accès de fièvre de la vie il sommeille bien ; la trahison a accompli son pire forfait; ni poignard, ni poison, ni discordes intérieures, ni attaques étrangères, rien ne peut plus le toucher maintenant !

Lady Macbeth. — Allons, mon gentil Seigneur, dépouillez vos sombres regards; soyez brillant et jovial parmi vos convives ce soir.

Macbeth. — C'est ce que je serai, chérie, et je vous en prie, soyez de même : que votre attention se porte sur Banquo; traitez-le avec la distinction la plus marquée à la fois par vos regards et par vos paroles : médiocre sécurité que la nôtre tant que nous sommes obligés de laver nos honneurs dans ces flots de flatteries, et de faire de nos visages des masques à nos cœurs pour déguiser ce qu'ils sont.

Lady Macbeth. — Laissez là ces pensées.

Macbeth. — Ô chère femme, mon âme est pleine de scorpions ! Tu sais que Banquo et son Fléance vivent.

Lady Macbeth. — Mais les exemplaires d'humanité qu'ils sont ne sont pas éternels.

Macbeth. — Il y a encore de la ressource; on peut les assaillir; ainsi, sois joyeuse : avant que la chauve-souris ait commencé son vol autour des cloîtres; avant qu'à l'appel de la noire Hécate, l'escarbot porté sur ses ailes d'écailles, ait de son bourdonnement assoupissant sonné la fanfare ronflante de la nuit, il sera fait un acte d'une terrible importance.

Lady Macbeth. — Qu'est-ce qui doit se passer?

Macbeth. — Sois innocente de le savoir, ma très-chère poulette, jusqu'à l'heure où tu pourras y applaudir. — Viens, nuit dont la mission est de frapper de cécité, bande les tendres yeux du jour compatissant, et de ta main sanglante et invisible brise et mets en pièces la grande existence qui me tient pâle ! La lumière s'assombrit, et le corbeau dirige son vol vers le bois où est son nid : les bons êtres créés pour le jour commencent à s'affaisser et à s'assoupir, tandis que les noirs agents de la nuit se réveillent pour aller chercher leur proie. — Mes paroles t'étonnent : mais conserve ta tranquillité; les choses commencées par le mal se fortifient par le mal : ainsi, je t'en prie, viens avec moi. (*Ils sortent.*)

SCÈNE III.

Forres. — Un parc avec un sentier conduisant à la porte du palais.

Entrent TROIS MEURTRIERS.

Premier meurtrier. — Mais qui t'a ordonné de te joindre à nous?

Troisième meurtrier. — Macbeth.

Second meurtrier. — Nous n'avons pas à nous défier de lui, puisqu'il nous expose la nature de notre office, et nous explique la chose que nous avons à faire juste selon les ordres que nous avons reçus.

Premier meurtrier. — Reste avec nous alors. L'occident étincelle encore de quelques traînées de lumière : maintenant le voyageur attardé hâte le pas pour atteindre l'auberge bienvenue, et l'objet de notre attente est bien près d'arriver.

Troisième meurtrier. — Chut! j'entends des chevaux.

Banquo, *du dehors*. — Donnez-nous une lumière ici, holà!

Second meurtrier. — En ce cas, c'est lui; les autres convives qu'on attendait sont déjà tous à la cour.

Premier meurtrier. — Ses chevaux s'en retournent.

Troisième meurtrier. — A un mille environ; mais c'est son habitude, comme d'ailleurs celle de tout le monde, d'aller à pied d'ici à la porte du palais.

Second meurtrier. — Une lumière, une lumière!

Troisième meurtrier. — C'est lui.

Premier meurtrier. — Préparez-vous.

Entrent BANQUO *et* FLÉANCE, *ce dernier avec une torche.*

BANQUO. — Nous aurons de la pluie ce soir.

PREMIER MEURTRIER. — Qu'elle tombe. (*Il assaille Banquo.*)

BANQUO. — Ô trahison ! Fuis, mon bon Fléance, fuis, fuis, fuis, afin de me venger ! — Ô esclave ! (*Il meurt. Fléance s'évade.*)

TROISIÈME MEURTRIER. — Qui a éteint la lumière ?

PREMIER MEURTRIER. — N'était-ce pas le vrai moyen ?

TROISIÈME MEURTRIER. — Il n'y en a qu'un d'abattu ; le fils s'est enfui.

SECOND MEURTRIER. — Nous avons perdu la meilleure moitié de notre affaire.

PREMIER MEURTRIER. — Bah, partons, et allons dire ce qu'il y en a de fait. (*Ils sortent.*)

SCÈNE IV.

FORRES. — Une chambre d'apparat dans le palais.

Un banquet est préparé. Entrent MACBETH, LADY MACBETH, ROSS, LENNOX, SEIGNEURS *et gens de service.*

MACBETH. — Vous connaissez vos rangs réciproques, prenez vos places : aux premiers et aux derniers la plus cordiale bienvenue.

LES SEIGNEURS. — Nous remercions Votre Majesté.

MACBETH. — Nous-même nous nous mêlerons à votre société et nous remplirons en toute humilité le rôle d'hôte. Notre hôtesse garde son siége d'honneur ; mais en temps convenable nous lui demanderons de vous souhaiter la bienvenue.

LADY MACBETH. — Souhaitez-la pour moi à tous nos amis, Sire ; car mon cœur dit qu'ils sont les bienvenus.

Macbeth. — Vois, ils te répondent par leurs cordiaux remercîments. Les deux côtés de la table sont garnis d'un égal nombre de convives : je vais m'asseoir ici au milieu. Abandonnez-vous sans contrainte à la joie; nous boirons tout à l'heure une rasade à la ronde.

Le premier meurtrier *se présente à la porte.*

Macbeth. — Il y a du sang sur ton visage.

Le meurtrier. — En ce cas, c'est celui de Banquo.

Macbeth. — Il vaut mieux que ce sang soit sur ton visage que dans ses veines. Est-il dépêché?

Le meurtrier. — Il a la gorge coupée, Monseigneur; c'est moi qui lui ai fait son affaire.

Macbeth. — Tu es le meilleur des coupe-gorges : cependant il a son prix, celui qui a fait la même chose à Fléance : si c'est toi qui l'as fait, tu es le nonpareil.

Le meurtrier. — Très-royal Sire, Fléance s'est échappé.

Macbeth. — En ce cas voilà que mes transes me reprennent : sans cela j'aurais été en repos absolu, entier comme le marbre, assis comme le rocher, libre et sans plus d'entraves que l'air ambiant, tandis que maintenant je suis encagé, enfermé, emprisonné, enchaîné dans des doutes et des effrois insolents. Mais Banquo est-il en sûreté?

Le meurtrier. — Oui, mon bon Seigneur, en sûreté dans un fossé, où il est couché tout de son long avec vingt blessures énormes à la tête, dont la moindre serait mortelle.

Macbeth. — Je t'en remercie : le gros serpent est maintenant écrasé; quant au petit reptile qui s'est enfui, il a une nature qui avec le temps engendrera du poison, mais il n'a pas de dents pour l'heure. Pars; demain, nous nous entretiendrons encore ensemble. (*Sort le meurtrier.*)

Lady Macbeth. — Mon royal Seigneur, vous n'animez pas votre fête : c'est un festin d'auberge, celui qui, pendant qu'il se donne, n'est pas fréquemment assaisonné d'assurances de cordiale affection : il vaudrait mieux en ce cas dîner chez soi; mais quand on est hors de chez soi, l'assaisonnement aux mets est la cérémonie; sans cela une fête serait maigre.

ACTE III, SCÈNE IV.

MACBETH. — Chère aide-mémoire! — Allons, bon appétit suivi d'une bonne digestion, et bonne santé comme résultat de l'un et de l'autre!

LENNOX. — Plairait-il à Votre Altesse de s'asseoir?

MACBETH. — Maintenant nous aurions sous notre toit la noblesse entière de notre contrée, si la gracieuse personne de notre Banquo était présente. Veuille le ciel que j'aie plutôt à le gronder pour son manque d'égards qu'à le plaindre pour quelque accident.

LE SPECTRE DE BANQUO *se lève, et s'assied à la place de* MACBETH.

Ross. — Son absence, Sire, est un reproche pour son exactitude. Plairait-il à Votre Altesse de nous honorer de votre royale compagnie?

MACBETH. — La table est pleine!

LENNOX. — Il y a ici une place réservée, Sire.

MACBETH. — Où cela?

LENNOX. — Ici, mon bon Seigneur. Qu'est-ce qui trouble Votre Altesse?

MACBETH. — Quel est celui de vous qui a fait cela?

LES SEIGNEURS. — Quoi, mon bon Seigneur?

MACBETH. — Tu ne peux pas dire que je l'ai fait : ne secoue pas devant moi ta chevelure sanglante.

Ross. — Seigneurs, levez-vous; Son Altesse n'est pas bien.

LADY MACBETH. — Asseyez-vous, nobles amis : — Monseigneur est souvent ainsi, et a été tel dès sa jeunesse : je vous en prie, gardez vos siéges : l'accès n'est que momentané; dans un instant il sera remis. Si vous le remarquez trop, vous l'offenserez et vous ne ferez qu'accroître son délire; mangez et ne vous inquiétez pas de lui. — Êtes-vous un homme?

MACBETH. — Oui, et un homme hardi, qui ose regarder des choses qui feraient pâlir le diable.

LADY MACBETH. — Oh, les belles histoires! ce sont les images créées par vos craintes : c'est comme ce poignard marchant dans l'air, qui, disiez-vous, vous conduisait vers

Duncan. Ô ces hallucinations et ces transes, contrefaçons menteuses de la crainte véritable, feraient bon effet dans un conte débité au coin d'un feu d'hiver, par une bonne femme, avec l'autorisation de sa grand'mère. C'est la honte même! Pourquoi faites-vous de telles grimaces? Tout bien examiné, vous ne regardez qu'un fauteuil.

Macbeth. — Regarde ici, je t'en prie! vois! regarde! Oh! qu'en dites-vous? — Parbleu, quel souci en ai-je? Si tu peux faire signe de la tête, tu peux bien parler aussi. Si les charniers et les cimetières peuvent rendre ceux que nous ensevelissons, nos tombeaux seront de vrais gésiers de milans. (*Le fantôme disparaît.*)

Lady Macbeth. — Comment! vous voilà presque privé de toute virilité par la folie.

Macbeth. — Si je me place ici, je le vois.

Lady Macbeth. — Fi, par pudeur!

Macbeth. — Il a été répandu du sang, avant ce jour, dans les anciens temps, avant que les lois humaines eussent corrigé la bienfaisante société; oui, et depuis lors, il a été accompli des meurtres trop terribles pour que l'oreille les apprenne : il fut un temps, où quand le crâne était brisé, l'homme mourait, et tout était fini; mais maintenant voilà que les morts se relèvent avec vingt blessures mortelles sur le crâne, et nous chassent de nos siéges : cela est plus étrange qu'un tel meurtre même.

Lady Macbeth. — Mon digne Seigneur, vos nobles amis vous réclament.

Macbeth. — Je m'oublie. Ne vous alarmez pas sur mon compte, mes très-nobles amis; j'ai une étrange infirmité qui n'est rien pour ceux qui me connaissent. Allons, santé et affection à vous tous, et puis je vais m'asseoir. Donnez-moi du vin, remplissez la coupe jusqu'aux bords. Je bois à la joie générale de toute l'assemblée, et à notre cher ami Banquo qui nous manque; que n'est-il ici! nous buvons à lui et à tous! nous sommes tout à tous!

Les Seigneurs. — Nos devoirs tiennent raison à votre courtoisie.

ACTE III, SCÈNE IV.

Le spectre *reparaît.*

Macbeth. — Arrière! loin de ma vue! Que la terre te cache! Tes os sont sans moelle, ton sang est froid; tu n'as pas de pouvoir de vision dans ces yeux que tu fais étinceler!

Lady Macbeth. — Ne regardez cela, braves pairs, que comme un accident habituel : ce n'est pas autre chose; seulement, cela gâte le plaisir de la soirée.

Macbeth. — Ce qu'un homme peut oser, je l'ose : viens sous la forme de l'ours velu de Russie, du rhinocéros cuirassé, ou du tigre d'Hyrcanie; prends la forme que tu voudras, sauf celle-là, et mes nerfs solides ne trembleront pas : ou bien, revis, et ose me défier de me mesurer avec ton épée dans un lieu solitaire; si je tremble de m'y rendre, déclare-moi le poupon d'une fillette. Hors d'ici, ombre horrible! moquerie sans réalité, hors d'ici! (*Le fantôme disparaît.*) Fort bien; — une fois qu'il est parti, je redeviens homme. — Je vous en prie, restez tranquillement assis.

Lady Macbeth. — Vous avez chassé la joie, et bouleversé cette bonne réunion par un désordre d'esprit dont on s'étonne fort.

Macbeth. — De telles choses pourraient-elles exister, et fondre sur nous comme un nuage orageux de l'été, sans exciter notre étonnement le plus intense? Vous me comblez de stupéfaction, même dans l'état d'esprit où je me trouve, en pensant que vous pouvez contempler de tels spectacles et conserver sur vos joues l'incarnat naturel, tandis que les miennes sont blanches de frayeur.

Ross. — Quels spectacles, Monseigneur?

Lady Macbeth. — Je vous en prie, ne lui parlez pas: cela le fait aller de mal en pire; les questions l'irritent : je vous dis bonsoir à tous à la fois : — ne vous arrêtez pas à l'ordre de l'étiquette pour sortir, mais partez tous en même temps.

Lennox. — Bonne nuit, et meilleure santé à Sa Majesté!

Lady Macbeth. — Affectueuse bonne nuit à vous tous ! (*Sortent les Seigneurs et les gens de service.*)

Macbeth. — Cela, comme on dit, voudra du sang ! le sang appellera le sang : on a vu des pierres se mouvoir, des arbres parler ; des pies, des corneilles, des colombes ont fourni des augures et des révélations pour dévoiler le criminel le plus caché. — Où en est la nuit ?

Lady-Macbeth. — Si près du matin, qu'on ne sait si c'est la nuit ou le matin.

Macbeth. — Que dis-tu de Macduff qui refuse de se rendre à notre grande convocation ?

Lady Macbeth. — Avez-vous envoyé auprès de lui, Sire ?

Macbeth. — C'est d'une manière indirecte que j'ai appris cela ; mais j'enverrai : il n'y en a pas un seul d'entre eux chez qui je ne tienne un serviteur à mes gages. Demain, j'irai trouver les sœurs fatales, et j'irai de bonne heure : elles devront m'en dire davantage ; car maintenant je suis résolu à connaître le pire par les pires moyens. Tous les motifs quelconques devront céder la place à mon intérêt : je suis entré si avant dans un fleuve de sang, que si je n'avançais pas davantage, revenir serait aussi ennuyeux qu'achever de le traverser : j'ai dans ma tête d'étranges choses que ma main exécutera, et qui veulent être accomplies sans me laisser le temps de les peser.

Lady Macbeth. — Vous avez besoin du remède réparateur de toutes les créatures vivantes, le sommeil.

Macbeth. — Allons donc dormir. Cet oubli étrange de moi-même est l'effet d'une terreur encore novice et qui a besoin de s'endurcir par l'habitude : nous sommes encore jeunes dans le crime. (*Ils sortent.*)

SCÈNE V.

La bruyère.

Tonnerre. Entrent les trois sorcières, *qui se rencontrent avec* Hécate[2].

Première sorcière. — Eh qu'y a-t-il, Hécate ? vous paraissez en colère.

Hécate. — N'en ai-je pas raison, sorcières audacieuses et impertinentes que vous êtes ? Comment avez-vous osé faire avec Macbeth commerce et trafic d'énigmes et d'affaires de mort, tandis que moi, la maîtresse de vos charmes, l'agent souverain de tous maléfices, je n'ai été appelée ni à y participer, ni à montrer la gloire de notre art ? Et ce qui est pis, tout ce que vous avez fait, vous l'avez fait pour un fils fantasque, colérique et violent, qui, comme les autres, aime ses propres desseins et non votre profit. Mais faites amende honorable maintenant : partez, et venez me rencontrer dans la matinée au gouffre de l'Achéron : il s'y rendra pour connaître sa destinée. Préparez vos vases et vos charmes, vos sortiléges et toutes les autres choses. Je vais faire un voyage dans l'air ; j'emploierai cette nuit à une œuvre sinistre et fatale. J'ai d'importantes choses à faire avant midi : une vapeur épaisse pend au bord de la lune ; je veux m'en emparer avant qu'elle soit tombée à terre, et cette vapeur distillée par des habiletés magiques, fera lever des esprits d'une apparence si proche de la réalité, que par la force de l'illusion, il sera entraîné au plus extrême vertige. Il donnera du pied à la destinée, méprisera la mort, et placera ses espérances au-dessus de la sagesse, de la vertu et de la crainte : et vous le savez toutes, la sécurité est la principale ennemie des mortels. (*Musique et chant au loin avec les cris de :* Venez, venez, *etc.*[3]) Écoutez ! on m'appelle; voyez, mon petit esprit est assis sur un nuage de brouillard et m'attend. (*Elle sort.*)

Première sorcière. — Allons, faisons hâte; elle sera de retour bientôt. (*Elles sortent.*)

SCÈNE VI.

Forres. — Un appartement dans le palais.

Entrent LENNOX *et* un autre seigneur.

Lennox. — Mes paroles précédentes n'ont fait que toucher vos pensées de loin; je vous laisse le soin d'en pousser l'interprétation : seulement, je dis que les choses se sont singulièrement passées. Le gracieux Duncan a été pleuré par Macbeth, — parbleu, il était mort! — et le très-vaillant Banquo resta trop tard à la promenade. Vous pouvez dire, si cela vous plaît, que Fléance l'a tué, car Fléance s'est enfui : les gens ne doivent pas se promener trop tard. Certes il n'est personne qui ne sache combien il a été monstrueux à Malcolm et à Donalbain de tuer leur gracieux père! Action maudite! comme cela fendit le cœur de Macbeth! N'a-t-il pas immédiatement, dans une rage pieuse, massacré les deux coupables qui étaient esclaves de l'ivresse et captifs du sommeil? Est-ce que ce ne fut pas là une noble action? Oui, et sage aussi; car cela aurait irrité tout cœur vivant d'entendre ces gens nier qu'ils fussent coupables. De sorte que je dis qu'il a bien conduit toutes choses : et je crois que s'il tenait sous sa clef les fils de Duncan (qu'il n'y mettra pas, s'il plaît au ciel), ils apprendraient ce que c'est que de tuer un père; et Fléance l'apprendrait aussi. Mais, silence! car j'apprends que pour quelques mots un peu trop libres, et pour avoir refusé de se rendre à la fête du tyran, Macduff vit en disgrâce : Monseigneur, pourriez-vous me dire où il s'est retiré?

Le seigneur. — Le fils de Duncan dont ce tyran détient le patrimoine héréditaire, vit à la cour d'Angleterre, où il est reçu par le très-pieux Édouard avec une telle faveur, que la malveillance de la fortune ne lui fait rien perdre du grand respect qui lui est dû : c'est là qu'est allé Macduff pour prier le saint roi de réveiller, en faveur du prince, Northumberland et le vaillant Siward, afin que par leurs secours, — avec l'approbation de celui qui est en haut, — nous puissions donner à nos tables la nourriture, à nos nuits le sommeil, affranchir nos fêtes et nos festins des poignards sanguinaires, rendre un fidèle hommage, et recevoir de libres honneurs, toutes choses après lesquelles nous soupirons à présent : or, le rapport de ces choses a tellement exaspéré le roi qu'il fait quelques préparatifs de guerre.

Lennox. — Avait-il envoyé auprès de Macduff?

Le seigneur. — Oui, et Macduff a congédié avec un absolu « non pas moi, Monsieur, » le messager qui s'en est retourné le front assombri et murmurant quelque chose qui voulait dire : « vous vous repentirez de l'heure où vous m'avez chargé de cette réponse embarrassante. »

Lennox. — Et il y avait bien là de quoi l'engager à être prudent, et à se tenir à aussi lointaine distance que sa sagesse peut lui en donner moyen. Puisse quelque saint ange voler à la cour d'Angleterre, et exposer son message avant qu'il soit arrivé, afin que la bénédiction du ciel retourne bien vite dans notre contrée qui souffre sous une main maudite!

Le seigneur. — J'envoie mes prières avec lui! (*Ils sortent.*)

ACTE IV.

SCÈNE PREMIÈRE.

Une caverne ténébreuse. Au milieu, un chaudron bouillant.

Tonnerre. Entrent LES TROIS SORCIÈRES.

PREMIÈRE SORCIÈRE. — Trois fois le chat moucheté a miaulé[1].

SECONDE SORCIÈRE. — Et à trois reprises le jeune hérisson a gémi une fois.

TROISIÈME SORCIÈRE. — Harpier crie : il est temps ! il est temps !

PREMIÈRE SORCIÈRE :

Tout autour du chaudron tournons,
Et ses entrailles empoisonnées remplissons. —
Crapaud, qui sous la froide pierre,
Pendant trente et un jours et trente et une nuits
T'es gonflé de venin en dormant,
Bous le premier dans la marmite enchantée !

LES TROIS SORCIÈRES *ensemble* :

Redoublons, redoublons de travail et de peine ;
Brûle, feu ; bouillonne, chaudron.

SECONDE SORCIÈRE :

Filet de serpent des marécages,
Bous et cuis dans le chaudron ;

OEil de salamandre, patte de grenouille,
Poil de chauve-souris, langue de chien,
Dard fourchu de vipère, aiguillon d'orvet,
Jambe de lézard, aile de hibou,
Pour un sortilége puissant en délire,
Bouillonnez et bouillez comme un potage d'enfer.

Les trois sorcières *ensemble* :

Redoublons, redoublons de travail et de peine ;
Brûle, feu ; bouillonne, chaudron.

Troisième sorcière :

Écaille de dragon, dent de loup,
Momie de sorcière, mâchoire et gorge
Du vorace requin de mer,
Racine de ciguë arrachée dans la nuit,
Foie de Juif blasphémateur,
Fiel de bouc, copeaux de if
Taillés pendant une éclipse de lune,
Nez de Turc, lèvres de Tartare,
Doigt d'enfant étranglé à sa naissance,
Mis au monde dans un fossé par une coureuse,
Faites le potage épais et gluant :
Ajoutons encore des tripes de tigre,
Aux ingrédients de notre chaudron.

Les trois sorcières *ensemble* :

Redoublons, redoublons de travail et de peine ;
Brûle, feu ; bouillonne, chaudron.

Seconde sorcière :

Refroidissons-le avec le sang d'un singe,
Afin que le charme soit solide et bon.

Entre HÉCATE.

Hécate :

Oh, bien travaillé ! je vous félicite de vos peines,

Et chacune participera aux gains.
Maintenant, chantez autour du chaudron,
Comme des elfes et des fées en rond,
Ensorcelant tout ce que vous y jetez. (*Musique.*)

    Les trois sorcières *chantent :*

Esprits noirs et blancs,
Esprits rouges et gris,
Mêlez, mêlez, mêlez,
Vous qui mêler savez.[2] (*Sort Hécate.*)

Seconde sorcière. — Au picotement de mes pouces, je sens que quelqu'un de maudit vient de ce côté :

Porte, ouvre-toi toute grande
A quiconque vient nous surprendre !

    Entre MACBETH.

Macbeth. — Eh bien, sorcières, filles de la solitude, des ténèbres et de minuit, que faites-vous là ?
Les trois sorcières. — Une œuvre sans nom.
Macbeth. — Je vous en conjure, par la science que vous possédez, quelle que soit la manière dont vous l'ayez acquise, répondez-moi. Quand bien même vous devriez déchaîner les vents et les faire combattre contre les églises ; quand bien même les vagues bouillonnantes devraient détruire et engloutir les navires ; quand bien même les moissons en épis devraient être couchées à ras de terre et les arbres abattus[3] ; quand bien même les châteaux devraient s'écrouler sur les têtes de leurs possesseurs, et les palais et les pyramides abaisser leurs faîtes jusqu'à leurs fondements ; quand bien même le trésor des germes de la nature devrait confondre ses richesses pêle-mêle, jusqu'à ce que la destruction elle-même fût frappée d'épuisement par ce désordre, répondez à ce que je vais vous demander.
Première sorcière. — Parle.
Seconde sorcière. — Demande.

ACTE IV, SCÈNE I.

TROISIÈME SORCIÈRE. — Nous répondrons.

PREMIÈRE SORCIÈRE. — Dis-nous si tu aimes mieux apprendre ce que tu as à demander, de nos bouches ou de celles de nos maîtres?

MACBETH. — Appelez-les, faites-les-moi voir.

PREMIÈRE SORCIÈRE. — Versez le sang d'une truie qui a mangé ses neuf marcassins[4]; jetez dans la flamme la graisse qui a suinté du gibier d'un meurtrier.

LES TROIS SORCIÈRES *ensemble*. — Viens, que tu sois grand ou petit;
Montre dextrement ta personne et ton office!

Tonnerre. — Une tête armée du casque apparaît au-dessus du chaudron.

MACBETH. — Dis-moi, puissance inconnue....

PREMIÈRE SORCIÈRE. — Il connaît ta pensée; écoute ce qu'il va te dire, mais ne prononce pas un mot.

L'APPARITION. — Macbeth! Macbeth! Macbeth! prends garde à Macduff; prends garde au thane de Fife. — Renvoyez-moi; assez. (*L'apparition rentre dans le chaudron.*)

MACBETH. — Qui que tu sois, merci pour ton bon conseil; tu as touché tout droit au sujet de mes craintes : mais encore un mot.

PREMIÈRE SORCIÈRE. — Il ne veut pas être commandé : en voici un autre plus puissant que le premier.

Tonnerre. — L'apparition d'un enfant ensanglanté surgit.

L'APPARITION. — Macbeth! Macbeth! Macbeth!

MACBETH. — Je voudrais avoir trois oreilles pour t'entendre.

L'APPARITION. — Sois sanguinaire, hardi et résolu; méprise en riant le pouvoir de l'homme; car nul homme né de la femme ne nuira à Macbeth! (*L'apparition rentre dans le chaudron.*)

MACBETH. — Vis, en ce cas, Macduff; qu'ai-je besoin

de te craindre? Cependant je doublerai la certitude de cette assurance et j'engagerai la destinée : tu ne vivras pas ; je veux pouvoir dire à la crainte au pâle visage qu'elle ment, et dormir en dépit du tonnerre.

Tonnerre. — Surgit l'apparition d'un enfant couronné tenant un arbre à la main[5].

MACBETH. — Quel est celui-ci qui se lève comme le rejeton d'un roi, et porte sur son front d'enfant le cercle et l'insigne suprême de la souveraineté?

LES TROIS SORCIÈRES *ensemble*. — Écoute, mais ne lui parle pas.

L'APPARITION. — Prends un cœur de lion, sois orgueilleux, n'aie pas souci de qui gronde, de qui s'agite, ni de savoir où sont les conspirateurs : Macbeth ne sera jamais vaincu, jusqu'à ce que le grand bois de Birnam marche contre lui sur la haute colline de Dunsinane. (*L'apparition rentre dans le chaudron.*)

MACBETH. — Cela ne sera jamais ! qui peut commander à la forêt; ordonner aux arbres de détacher leurs racines enfoncées en terre? Charmantes prédictions! excellentes ! Rébellion, ne lève jamais la tête avant que le bois de Birnam se mette en marche, et notre Macbeth placé au faîte vivra tout son bail naturel avec l'existence, et ne rendra son souffle qu'au temps et à la loi universelle. — Cependant mon cœur palpite du désir de savoir une certaine chose : dites-moi (si votre art vous permet de m'en dire aussi long), la postérité de Banquo régnera-t-elle jamais sur ce royaume?

LES TROIS SORCIÈRES. — Ne cherche pas à en savoir davantage.

MACBETH. — Je veux être satisfait ; ne me refusez pas cela, ou qu'une malédiction éternelle tombe sur vous! Instruisez-moi de cela. Pourquoi ce chaudron s'enfonce-t-il? et quel est ce bruit? (*Sons de hautbois.*)

PREMIÈRE SORCIÈRE. — Montrez-vous !

DEUXIÈME SORCIÈRE. — Montrez-vous !

TROISIÈME SORCIÈRE. — Montrez-vous !

Les trois sorcières *ensemble*. — Montrez-vous à ses yeux et affligez son cœur; venez comme des ombres et partez comme des ombres!

Huit rois apparaissent et défilent en ordre, le dernier tenant un miroir[6]; BANQUO *les suit.*

Macbeth. — Tu es trop semblable à l'esprit de Banquo; redescends! ta couronne blesse mes yeux : — et toi qui le suis, dont le front est ceint du cercle d'or, ta chevelure est semblable à celle du premier : — un troisième est comme les précédents. — Ignobles sorcières! pourquoi me montrez-vous ce spectacle? — Un quatrième! — Ouvrez-vous tout grands, mes yeux! Comment, est-ce que cette descendance va continuer jusqu'au jour du jugement? — Encore un autre? — Un septième? — Je ne veux pas en voir davantage! — Et cependant le huitième apparaît, portant un miroir qui m'en montre beaucoup d'autres encore, et j'en vois quelques-uns qui portent de doubles globes et de triples sceptres. Horrible spectacle! — Maintenant, je le vois, c'est vrai, car Banquo l'ensanglanté sourit en me regardant et me les montre comme ses rejetons. — Comment! en est-il ainsi?

Première sorcière. — Oui, Sire, tout cela est véritable : mais pourquoi Macbeth reste-t-il ainsi anéanti? Allons, mes sœurs, réveillons ses esprits, et montrons-lui les plus beaux de nos divertissements : je vais charmer l'air pour qu'il rende des sons, pendant que vous exécuterez votre ronde fantastique, afin que ce grand roi nous rende l'affectueux témoignage que nos dévouements lui ont payé la courtoisie de sa visite. (*Musique. Les sorcières dansent et puis s'évanouissent.*)

Macbeth. — Où sont-elles donc? Évanouies! Que cette heure détestable soit pour toujours maudite dans le calendrier! Entrez, vous qui êtes là dehors!

Entre LENNOX.

Lennox. — Que veut Votre Grâce?

Macbeth. — Avez-vous vu les sœurs fatales?

Lennox. — Non, Monseigneur.

Macbeth. — Ne sont-elles pas passées près de vous?

Lennox. — Non, en vérité, Monseigneur.

Macbeth. — Infecté soit l'air où elles chevauchent, et damnés soient tous ceux qui ont confiance en elles! — J'ai entendu le galop d'un cheval : qui est venu ici?

Lennox. — Ce sont deux ou trois personnes, Monseigneur, qui vous apportent la nouvelle que Macduff s'est enfui en Angleterre.

Macbeth. — *Qu'il s'est enfui en Angleterre!*

Lennox. — Oui, mon bon Seigneur.

Macbeth. — Ô temps, tu devances mes redoutables exploits! Le projet a des ailes et n'est jamais atteint, à moins que l'action ne marche de pair avec lui : à partir de ce moment les premières impulsions de mon cœur seront les premières impulsions de ma main. Aussi, sans délai aucun, afin de couronner mes pensées par des actes, — aussitôt pensé, aussitôt fait, — je vais surprendre le château de Macduff, saisir Fife, livrer au tranchant de l'épée sa femme, ses enfants, et toutes les âmes infortunées qui appartiennent à sa race. Ce ne sera pas la vanterie d'un sot; j'accomplirai cet acte avant que mon intention se refroidisse : mais plus de soupirs! — Où sont ces gentilshommes? Allons, amenez-moi où ils sont. (*Ils sortent.*)

SCÈNE II.

Fife. — Un appartement dans le château de Macduff.

Entrent Lady MACDUFF, son fils, *et* ROSS.

Lady Macduff. — Qu'avait-il fait qui l'obligeât à fuir le pays?

Ross. — Il vous faut avoir de la patience, Madame.

Lady Macduff. — Il n'en a eu aucune; sa fuite a été pure folie. Nos craintes font de nous des traîtres, lorsque nos actions ne nous font tels en rien.

Ross. — Vous ne savez pas si ce fut chez lui sagesse ou crainte.

Lady Macduff. — *Sagesse!* Abandonner sa femme, abandonner ses enfants, son château et ses titres, dans un pays d'où il s'enfuit lui-même! Il ne nous aime pas; il manque de l'instinct naturel; car le pauvre roitelet, le plus microscopique des oiseaux combattra dans son nid pour ses petits contre le hibou. Tout est crainte dans cette action, l'affection ne s'y montre en rien, et il y a aussi peu de sagesse, car cette fuite est contre toute raison.

Ross. — Ma très-chère cousine, je vous en prie, faites-vous la leçon à vous-même : mais, quant à ce qui est de votre mari, il est noble, sage, judicieux, et connaît parfaitement l'état critique de la situation où nous sommes. Je n'ose pas en dire davantage : mais ce sont de cruels temps, lorsque nous sommes traîtres et que nous ne le savons pas nous-mêmes; lorsque c'est de la rumeur que nous apprenons que nous avons lieu de craindre, sans savoir cependant ce que nous devons craindre, mais que nous flottons, ballottés de côté et d'autre, sur une mer orageuse et violente. Je prends congé de vous; il ne se passera pas longtemps avant que je revienne : les choses s'arrêteront quand elles seront au pire, ou bien elles remonteront à l'état où elles étaient auparavant. — Mon gentil cousin, la bénédiction de Dieu soit avec vous!

Lady Macduff. — Il a un père, et cependant il est sans père.

Ross. — Je suis vraiment fou; rester plus longtemps serait à la fois ma disgrâce et votre malheur : je prends mon congé sans plus de retards. (*Il sort.*)

Lady Macduff. — Votre père est mort, maraud; que ferez-vous maintenant? Comment vivrez-vous?

Le fils de Macduff. — Comme les oiseaux, ma mère.

Lady Macduff. — Comment! vous vivrez de vers et de mouches?

Le fils de Macduff. — Je veux dire que je vivrai de ce que je trouverai; c'est comme cela qu'ils font.

Lady Macduff. — Pauvre oiseau! tu ne craindrais jamais ni filets, ni gluaux, ni traquenards, ni piéges?

Le fils de Macduff. — Pourquoi les craindrais-je, mère? ce n'est pas pour les pauvres oiseaux qu'on les emploie. Mon père n'est pas mort, quoi que vous en disiez.

Lady Macduff. — Si, il est mort; comment feras-tu pour avoir un père?

Le fils de Macduff. — Et vous, comment ferez-vous pour avoir un mari?

Lady Macduff. — Mais je puis m'en acheter vingt à n'importe quel marché.

Le fils de Macduff. — Vous les achèterez pour les revendre, alors.

Lady Macduff. — Tu parles avec tout ton esprit, et ma foi, il est assez grand pour ton âge.

Le fils de Macduff. — Est-ce que mon père était un traître, mère?

Lady Macduff. — Oui, c'est ce qu'il était.

Le fils de Macduff. — Qu'est-ce qu'un traître?

Lady Macduff. — Eh bien, c'est un homme qui jure et qui ment à sa parole.

Le fils de Macduff. — Est-ce que tous ceux qui font cela sont traîtres?

Lady Macduff. — Tous ceux qui font cela sont des traîtres et méritent d'être pendus.

Le fils de Macduff. — Est-ce qu'on pend tous ceux qui jurent et mentent?

Lady Macduff. — Tous absolument.

Le fils de Macduff. — Et qui se charge de les pendre?

Lady Macduff. — Mais les honnêtes gens.

Le fils de Macduff. — Alors les menteurs et les jureurs sont des sots; car il y a assez de jureurs et de menteurs pour battre les honnêtes gens et les pendre.

Lady Macduff. — Dieu te protége maintenant, pauvre singe! Mais comment feras-tu pour avoir un père?

Le fils de Macduff. — S'il était mort, vous pleureriez sur lui : si vous ne pleuriez pas, ce serait bon signe que j'aurais bientôt un nouveau père.

Lady Macduff. — Pauvre babillard! comme tu bavardes!

Entre un messager.

Le messager. — Dieu vous bénisse, belle Dame! Je vous suis inconnu, bien que moi je connaisse parfaitement à quelle grande condition vous appartenez. Je crains que quelque danger ne soit au moment de vous approcher : si vous voulez croire au conseil d'un homme simple, qu'on ne vous trouve pas ici ; partez d'ici avec vos enfants. Il me semble que je suis bien sauvage de vous effrayer ainsi ; faire davantage serait atroce cruauté, et cette cruauté n'est que trop près de votre personne. Le ciel vous préserve! je n'ose pas rester plus longtemps. (*Il sort.*)

Lady Macduff. — Où fuirais-je? Je n'ai fait aucun mal. Mais je me rappelle maintenant que je suis dans ce monde terrestre où faire le mal est souvent louable ; où faire le bien est quelquefois réputé folie dangereuse : alors, pourquoi, hélas! mettre en avant pour ma défense cette raison de femme, je n'ai pas fait de mal? Quels sont ces visages-ci?

Entrent les meurtriers.

Premier meurtrier. — Où est votre mari?

Lady Macduff. — J'espère qu'il n'est en aucun lieu assez impur pour que des gens tels que toi puissent le trouver.

Premier meurtrier. — C'est un traître.

Le fils de Macduff. — Tu mens, scélérat à la crinière hérissée!

Premier meurtrier. — Qu'est-ce à dire là, œuf, jeune fretin de trahison! (*Il le poignarde.*)

Le fils de Macduff. — Il m'a tué, mère : fuyez, je

vous en prie! (*Il meurt. Sort Lady Macduff criant* au meurtre! *et poursuivie par les meurtriers.*)

SCÈNE III.

—Angleterre.— Devant le palais du Roi.

Entrent MALCOLM *et* MACDUFF.

Malcolm. — Cherchons quelque ombrage désolé, et là ouvrons-nous nos tristes cœurs au milieu de nos larmes.

Macduff. — Serrons plutôt solidement le glaive qui donne la mort, et comme des hommes courageux, remettons sur ses étriers notre patrie tombée à terre. Chaque matin, de nouvelles veuves hurlent de douleur, de nouveaux orphelins sanglotent, de nouveaux chagrins vont frapper le ciel à la face, si bien qu'il en retentit comme s'il partageait les sentiments de l'Écosse et mugissait les mêmes accents de douleur.

Malcolm. — Je consens à déplorer ce que je puis croire, à croire ce dont je suis sûr, et ce que je pourrai redresser, dès que j'en trouverai l'occasion propice, je le redresserai. Ce que vous avez dit peut être vrai. Ce tyran dont le nom seul ulcère nos langues, était autrefois réputé honnête : vous l'avez beaucoup aimé, et il ne vous a pas encore frappé. Je suis jeune, mais il se peut que vous cherchiez à bien mériter de lui par ma perte, et que vous jugiez sage d'offrir un faible, pauvre, innocent agneau pour apaiser un Dieu irrité.

Macduff. — Je ne suis pas traître.

Malcolm. — Mais Macbeth l'est. Une bonne et vertueuse nature peut agir contrairement à elle-même sur l'ordre d'un souverain. Mais je vous demande pardon; mes pensées ne peuvent changer ce que vous êtes : les anges continuent à être brillants, quoique le plus brillant de tous soit tombé ; quand bien même toutes les choses odieuses porteraient la physionomie de la grâce, la grâce 'en continuerait pas moins à garder son visage.

MACDUFF. — J'ai perdu mes espérances.

MALCOLM. — Peut-être à l'endroit même où j'ai trouvé mes doutes. Pourquoi avez-vous laissé avec cette précipitation femme et enfant, ces précieux sujets de sollicitude, ces puissants liens d'amour, sans prendre congé? Je vous en prie, prenez mes scrupules défiants non comme un déshonneur pour vous, mais comme une sécurité pour moi : quelque chose que je pense, elle ne peut atteindre en rien l'intégrité que vous pouvez avoir.

MACDUFF. — Saigne, saigne, ma pauvre contrée! Puissante tyrannie, assure solidement ta base, car la vertu n'ose pas te faire obstacle! affiche hardiment tes injustices, tes titres sont incontestés! — Porte-toi bien, Seigneur : je ne voudrais pas être le scélérat que tu me supposes pour toute l'étendue de terre qui est sous la griffe du tyran, et pour tout le riche Orient par-dessus le marché.

MALCOLM. — Ne soyez pas offensé : je ne vous parle pas ainsi parce que j'ai une crainte formelle de vous. Je crois que notre pays succombe sous le joug ; il pleure, il saigne, et chaque jour un nouveau coup de poignard est ajouté à ses blessures : je crois, en outre, que bien des mains s'y lèveraient en faveur de mon droit; et ici, le gracieux roi d'Angleterre m'offre l'appui de plusieurs milliers de braves troupes : mais tout cela fait, quand j'aurai foulé aux pieds la tête du tyran, ou que je l'aurai portée au bout de mon épée, ma pauvre contrée sera encore plus affligée de vices qu'auparavant ; elle souffrira davantage, et de beaucoup plus de manières, par le fait de celui qui lui succédera.

MACDUFF. — Quel peut être celui-là?

MALCOLM. — C'est de moi-même que j'entends parler, de moi en qui je sais que toutes les semences du vice sont tellement enracinées, que lorsqu'elles éclateront, le noir Macbeth paraîtra pur comme la neige, et que le malheureux royaume l'estimera un agneau quand il le comparera à la malfaisance infinie qui est en moi.

MACDUFF. — Il ne peut sortir des légions de l'horrible enfer, un démon plus damné et qui puisse surpasser Macbeth en méfaits !

MALCOLM. — J'accorde qu'il est sanguinaire, luxurieux, avare, fourbe, trompeur, violent, malicieux, qu'il n'est pas de vice ayant un nom dont il n'ait quelque fumet; mais il n'y a pas de fond, il n'y en a aucun, à ma luxure : vos femmes, vos filles, vos matrones, vos vierges, ne pourraient remplir la citerne de mon incontinence; et mes désirs franchiraient tous les obstacles qui voudraient s'opposer à ma volonté. Mieux vaut que Macbeth règne qu'un homme tel que moi.

MACDUFF. — L'intempérance sans limites est une tyrannie dans notre nature; elle a vidé prématurément plus d'un trône heureux et causé la chute de bien des rois. Mais ne craignez pas pour cela de prendre ce qui vous appartient : vous pourrez donner à vos plaisirs ample satisfaction, et cependant paraître froid, tant il vous sera facile de cacher votre jeu aux yeux du public. Nous avons assez de Dames de bonne volonté; vous ne pouvez avoir en vous un vautour assez affamé pour en dévorer autant que vous en trouverez de disposées à se dévouer à votre grandeur, lorsqu'elles reconnaîtront qu'elle incline de ce côté.

MALCOLM. — A ce vice se joint dans ma nature, composée tout entière de mal, une avarice tellement insatiable que, si j'étais roi, je décapiterais les nobles pour avoir leurs terres; je désirerais les joyaux de celui-ci et la maison de cet autre : tout surcroît de richesse serait comme une sauce qui me mettrait encore plus en appétit; en sorte que j'inventerais des querelles injustes contre les hommes vertueux et loyaux, afin de les détruire pour avoir leurs richesses.

MACDUFF. — Ce vice de l'avarice enfonce plus profondément, pousse de plus pernicieuses racines que la luxure pareille à l'été; l'avarice a été l'épée meurtrière de nos rois assassinés : cependant ne craignez pas encore; l'Écosse a des richesses suffisantes pour satisfaire votre appétit, rien qu'avec ce qui vous appartient en propre. Tous ces défauts sont supportables, mis en balance avec un poids correspondant de vertus.

Malcolm. — Mais je n'en ai aucune : de ces qualités qui conviennent aux rois, telles que la justice, la véracité, la tempérance, la fermeté, la générosité, la persévérance, la clémence, l'humilité, la piété, la patience, le courage, la force d'âme, je n'en ai pas le moindre atome ; mais, au contraire, je possède chaque vice dans toutes ses variétés, et je les satisfais de toutes les manières. Vrai, si j'en avais le pouvoir, je verserais en enfer le doux lait de la concorde, je troublerais la paix universelle, et je détruirais sur terre toute harmonie.

Macduff. — Ô Écosse ! Écosse !

Malcolm. — Si un tel homme est digne de gouverner, parle ; je suis ce que je t'ai dit.

Macduff. — *Digne de gouverner!* non, pas même de vivre. — Ô nation misérable! gouvernée par le sceptre sanglant d'un tyran sans droits, quand reverras-tu tes heureux jours, puisque le plus légitime héritier de ton trône s'en déclarant indigne, se l'interdit à lui-même et blasphème la race d'où il sort ? — Ton royal père était un très-saint roi ; la reine qui t'a porté était plus souvent à genoux que debout, et mourut au monde chacun des jours qu'elle vécut. Adieu ! ces vices dont tu me montres la répétition dans ta personne sont ceux-là même qui m'ont banni d'Écosse. Ô mon cœur, ton espoir finit ici !

Malcolm. — Macduff, cette noble colère, enfant de ton intégrité, a nettoyé mon âme de ses noirs scrupules, et réconcilié mes pensées avec ta sincérité et ton honneur. Plusieurs fois le diabolique Macbeth a essayé, par des artifices de cette sorte, de me mettre en son pouvoir ; aussi une sagesse réservée m'interdit-elle de me livrer à une crédulité trop hâtive : mais que Dieu qui est au-dessus de nous soit intermédiaire entre toi et moi ! car, dès ce moment, je me place sous ta direction, et je démens les calomnies que je me suis adressées à moi-même ; j'abjure ici les vices et les défauts que je me suis donnés, comme étrangers à ma nature. Je n'ai pas encore connu de femme; je ne fus jamais parjure; rarement j'ai convoité ce qui n'était pas à moi; en aucun temps je n'ai brisé ma foi; je ne voudrais pas trahir le diable lui-même à son compagnon; et je trouve dans la vérité autant de bonheur que dans la vie même : mon premier mensonge a été celui que je viens de diriger contre moi-même. Ce que je suis en réalité, je le mets à tes ordres et à ceux de mon pauvre pays, vers lequel le vieux Siward, avec dix mille guerriers déjà tout préparés, se disposait à marcher, avant ton arrivée. Maintenant nous partirons ensemble, et puisse notre succès répondre à la justice de notre cause! Pourquoi restez-vous silencieux?

MACDUFF. — C'est qu'il est difficile de réconcilier dans un même moment des choses si heureuses et si mauvaises.

Entre UN MÉDECIN.

MALCOLM. — Bon, nous en parlerons plus amplement tout à l'heure. — Est-ce que le roi vient, je vous prie?

LE MÉDECIN. — Oui, Seigneur; il y a là une troupe d'âmes misérables qui attendent sa cure; leur maladie défie les plus grandes ressources de l'art; mais le ciel a donné à sa main une telle sainteté, qu'à son toucher ils guérissent immédiatement.

MALCOLM. — Je vous remercie, docteur. *(Sort le médecin.)*

MACDUFF. — De quelle maladie veut-il parler?

MALCOLM. — Elle est appelée le mal du roi; c'est une opération très-miraculeuse de ce bon roi, que je lui ai vu souvent accomplir depuis mon séjour en Angleterre. Comment il s'y prend pour solliciter le ciel, lui seul le sait : mais il guérit des gens frappés d'une manière étrange, complétement ulcéreux et gonflés, qui font mal à voir et qui sont le désespoir de la médecine, en leur passant au cou avec de saintes prières une médaille d'or : on dit qu'il laissera aux rois qui lui succéderont ce pouvoir miraculeux de guérison[7]. A cette étrange vertu, il joint un don céleste de prophétie, et son trône est entouré de bénédictions diverses qui le proclament rempli de la grâce divine.

Macduff. — Voyez, qui vient ici?

Malcolm. — Un de mes compatriotes[6] ; mais je ne reconnais pas encore lequel.

Entre ROSS.

Macduff. — Mon très-gracieux cousin, soyez ici le bienvenu.

Malcolm. — Je le reconnais maintenant : — bon Dieu, éloignez bien vite les malheurs qui nous font étrangers les uns aux autres!

Ross. — Sire, je dis *Amen*.

Macduff. — L'Écosse est-elle toujours à la même place?

Ross. — Hélas! pauvre contrée qui ose à peine se connaître elle-même! Elle ne peut être appelée notre mère, mais notre tombe, cette contrée où nul n'est vu sourire, sauf ceux qui n'ont aucune connaissance; où les sanglots, les soupirs, les gémissements qui déchirent l'air retentissent sans être remarqués; où le plus violent chagrin semble une crise de nerfs ordinaire; où l'on demande à peine pour qui sonne le glas des morts; où les vies des hommes de bien expirent avant que les fleurs qui sont à leurs chapeaux soient mortes ou seulement languissantes.

Macduff. — Oh, rapport trop poétique, et cependant trop vrai!

Malcolm. — Quel est le plus récent malheur?

Ross. — Celui qui est âgé d'une heure fait paraître ridicule son narrateur; chaque minute en engendre un nouveau.

Macduff. — Comment va ma femme?

Ross. — Mais bien.

Macduff. — Et tous mes enfants?

Ross. — Bien aussi.

Macduff. — Le tyran n'a pas troublé leur paix?

Ross. — Non, ils étaient tout à fait en paix lorsque je les ai laissés.

Macduff. — Ne soyez pas avare de vos paroles; quel est l'état des choses?

Ross. — Lorsque je suis parti pour venir porter ici des nouvelles que j'ai trouvées d'un poids bien lourd, le bruit courait qu'une foule de braves gens courageux s'étaient levés, rumeur qui fut bientôt pour moi un fait réel, lorsque je vis sur pied les troupes du tyran : l'heure de venir à leur secours est arrivée; votre présence en Écosse créerait des soldats et ferait combattre nos femmes pour mettre fin à leurs cruelles détresses.

Malcolm. — Ils peuvent prendre courage, car nous partons : le gracieux roi d'Angleterre nous a prêté l'appui du brave Siward et de dix mille hommes; il n'existe pas dans la chrétienté un plus vieux et meilleur soldat.

Ross. — Que ne puis-je répondre à ces consolantes nouvelles par d'autres aussi consolantes! Mais j'ai à prononcer des paroles qui voudraient être hurlées dans l'air désert où l'oreille ne pourrait les saisir.

Macduff. — A quoi se rapportent-elles? Est-ce au sort général du pays, ou bien à un malheur individuel qui regarde avant tout le cœur qu'il atteint?

Ross. — Il n'y a pas d'âme honnête qui ne ressente pour sa part un tel malheur, quoique la plus grande partie vous en appartienne à vous seul.

Macduff. — S'il m'appartient, ne me le retenez pas, faites-le-moi bien vite connaître.

Ross. — Que vos oreilles ne méprisent pas à jamais ma langue pour leur avoir fait entendre les paroles les plus douloureuses qu'elles aient encore reçues.

Macduff. — Hum! je me doute de l'affaire.

Ross. — Votre château a été surpris; votre femme et vos enfants ont été sauvagement massacrés : vous rapporter comment serait ajouter votre mort à la boucherie de ces tendres victimes.

Malcolm. — Ciel miséricordieux! Allons, ami! n'enfoncez pas votre chapeau sur vos yeux; donnez parole à votre douleur : le chagrin qui ne parle pas chuchote à l'oreille du cœur trop plein et l'invite à se briser.

Macduff. — Mes enfants aussi?

Ross. — Femme, enfants, serviteurs, tout ce qu'on a pu trouver.

Macduff. — Et il a fallu que je fusse absent! Ma femme tuée aussi?

Ross. — Je vous l'ai dit.

Malcolm. — Prenez courage : faisons de notre grande vengeance la médecine qui guérira ce chagrin mortel.

Macduff. — Il n'a pas d'enfants. — Tous mes gentils petits? Avez-vous dit tous? — Ô milan d'enfer! — Tous! Quoi, tous mes gentils poussins et leur mère abattus dans une seule descente de ce milan?

Malcolm. — Raisonnez ce malheur comme un homme.

Macduff. — C'est ce que je ferai; mais je dois aussi le sentir comme un homme : il ne se peut pas que je ne me rappelle qu'il existait de tels êtres, qui étaient pour moi les plus précieuses des créatures. — Comment! le ciel a pu contempler ce spectacle et ne pas prendre leur parti? Pécheur de Macduff, c'est à cause de toi qu'ils ont tous été frappés! mauvais que je suis, ce n'est pas pour leurs démérites, mais pour les miens que le massacre est tombé sur leurs âmes. Le ciel les aie dans son sein maintenant!

Malcolm. — Que ce malheur serve à votre épée de pierre à aiguiser : que votre douleur se tourne en colère; qu'elle n'émousse pas votre cœur, mais qu'elle l'emplisse de rage.

Macduff. — Oh! je pourrais jouer avec mes yeux le rôle d'une femme, et avec ma langue celui d'un frénétique! Mais, ô ciel miséricordieux, coupez court à tous délais; conduisez-nous face à face, ce démon d'Écosse et moi; placez-le au bout de mon épée; s'il échappe, je veux bien que le ciel lui pardonne aussi.

Malcolm. — Voilà qui est parler virilement. Venez, allons trouver le roi; nos forces sont prêtes; il ne nous reste qu'à prendre congé. Macbeth est mûr pour la chute, et les puissances suprêmes ont déjà mis sur pied leurs ministres. Acceptez les consolations autant que vous le permet votre douleur; elle est longue la nuit qui ne voit jamais revenir le jour! (*Ils sortent.*)

ACTE V.

SCÈNE PREMIÈRE.

Dunsinane. — Un appartement dans le château.

Entrent un médecin *et* une dame de compagnie.

Le médecin. — J'ai veillé deux nuits avec vous, mais je ne puis apercevoir aucune vérité dans ce que vous me racontez. A quelle époque s'est-elle ainsi promenée pour la dernière fois?

La dame de compagnie. — Depuis que le roi est parti pour entrer en campagne, je l'ai vue se lever de son lit, jeter sur elle sa robe de chambre, ouvrir son cabinet, prendre du papier, le plier, écrire, lire ce qu'elle avait écrit, ensuite le sceller, et s'en retourner au lit ; et cependant durant tout ce temps-là elle était profondément endormie.

Le médecin. — C'est un trouble profond dans la nature, que de jouir du bienfait du sommeil tout en accomplissant en même temps les actes de la veille! — Mais dans ce sommeil agité, outre ses promenades et ses autres actions, que lui avez-vous entendu dire?

LA DAME DE COMPAGNIE. — Des choses, Monsieur, que je ne peux répéter après elle.

LE MÉDECIN. — Mais vous pouvez me les répéter, à moi, et il est même très-utile que vous le fassiez.

LA DAME DE COMPAGNIE. — Ni à vous, ni à personne, n'ayant pas de témoins pour confirmer mes paroles. — Tenez, la voici qui vient !

Entre LADY MACBETH *avec un flambeau allumé.*

LA DAME DE COMPAGNIE. — C'est là sa façon habituelle, et, sur ma vie, elle est profondément endormie. Observez-la, tenez-vous à l'écart.

LE MÉDECIN. — Comment s'est-elle procuré cette lumière ?

LA DAME DE COMPAGNIE. — Elle l'avait à côté d'elle : elle a de la lumière à côté d'elle perpétuellement ; c'est son ordre exprès.

LE MÉDECIN. — Vous le voyez, ses yeux sont ouverts.

LA DAME DE COMPAGNIE. — Oui, mais leur sens est fermé.

LE MÉDECIN. — Qu'est-ce qu'elle fait maintenant ? Voyez, comme elle se frotte les mains.

LA DAME DE COMPAGNIE. — C'est une de ses actions accoutumées de faire le simulacre de se laver les mains ainsi ; je l'ai vue continuer ce mouvement plus d'un quart d'heure.

LADY MACBETH. — Il y a encore une tache.

LE MÉDECIN. — Écoutez ! elle parle : je vais noter tout ce qu'elle laissera échapper, afin d'assister plus efficacement ma mémoire.

LADY MACBETH. — Disparais, tache damnée ! disparais, dis-je ! — Une, deux ; allons, il est l'heure de faire cela. — Oh ! que l'enfer est noir ! — Fi, Monseigneur, fi ! un soldat, et avoir peur ? Qu'aurons-nous à craindre qu'on le sache, lorsque personne ne pourra appeler notre puissance à en rendre compte ? — Qui aurait cependant pensé que le vieillard avait en lui tant de sang ?

Le médecin. — Entendez-vous bien ce qu'elle dit?

Lady Macbeth. — Le thane de Fife avait une femme; où est-elle maintenant? — Quoi! ces mains ne seront donc jamais propres? — Plus de cela, Monseigneur, plus de cela : vous gâtez tout avec vos tressaillements.

Le médecin. — Allez, allez, vous avez connu ce que vous ne deviez pas connaître.

La dame de compagnie. — Elle a dit ce qu'elle ne devait pas dire, je suis sûre de cela : le ciel sait ce qu'elle a connu.

Lady Macbeth. — Il y a toujours là l'odeur du sang : tous les parfums de l'Arabie ne purifieraient pas cette petite main. Oh, oh, oh!

Le médecin. — Quel soupir elle a poussé là! le cœur est chargé d'un poids bien douloureux.

La dame de compagnie. — Je ne voudrais pas avoir un tel cœur dans ma poitrine pour toutes les dignités de sa personne entière.

Le médecin. — Bien, bien, bien....

La dame de compagnie. — Prions Dieu que tout soit bien, en effet, Monsieur.

Le médecin. — Cette maladie échappe à mon art : cependant, j'en ai connu qui se promenaient dans leur sommeil et qui sont morts saintement dans leurs lits.

Lady Macbeth. — Lavez vos mains, passez votre robe de chambre; ne soyez pas si pâle : — je vous le répète, Banquo est enseveli; il ne peut sortir de son tombeau.

Le médecin. — Est-ce possible?

Lady Macbeth. — Au lit, au lit; on frappe à la porte. Venez, venez, venez, venez; donnez-moi votre main : ce qui est fait ne peut être défait. Au lit, au lit, au lit. (*Elle sort*[1].)

Le médecin. — Va-t-elle à son lit, maintenant?

La dame de compagnie. — Directement.

Le médecin. — De vilaines choses se chuchotent : les actes contre nature engendrent des troubles contre nature : les âmes malades révéleront leurs secrets à leurs sourds oreillers. Elle a plus besoin du prêtre que du médecin : Dieu, Dieu nous pardonne à tous ! — Suivez-la, éloignez d'elle tout ce qui pourrait lui nuire, et gardez toujours les yeux sur elle : là-dessus, bonne nuit, elle vient d'accabler mon âme et d'étonner mes yeux : je pense, mais je n'ose parler.

La dame de compagnie. — Bonne nuit, bon docteur. (*Ils sortent.*)

SCÈNE II.

La campagne près de Dunsinane.

Entrent, tambours battants et enseignes déployées, MENTEITH, CAITHNESS, ANGUS, LENNOX, *et des soldats.*

Menteith. — Les forces anglaises s'approchent, conduites par Malcolm, son oncle Siward, et le brave Macduff : ils brûlent du désir de la vengeance; car leurs poignants sujets de douleur exciteraient un ermite au carnage et au combat acharné.

Angus. — Nous les rencontrerons certainement près du bois de Birnam; c'est de ce côté qu'ils viennent.

Caithness. — Quelqu'un sait-il si Donalbain est avec son frère ?

Lennox. — Pour sûr, il n'y est pas, Seigneur : j'ai la liste de toute la noblesse qui s'y trouve : il y a le fils de Siward, et un grand nombre de jeunes gens imberbes qui font ici la première épreuve de leur courage.

Menteith. — Que fait le tyran ?

Caithness. — Il fortifie solidement la grande forteresse de Dunsinane : quelques-uns disent qu'il est fou; d'autres, qui le haïssent moins, appellent cela fureur vaillante : mais ce qui est certain, c'est qu'il est bien impossible qu'il pourvoie aux dangers de sa cause désespérée avec un esprit dirigé par l'ordre et la raison.

Angus. — Maintenant il sent ses meurtres secrets qui lui collent les mains; maintenant à chaque minute, des révoltes lui reprochent la foi qu'il a brisée; ceux qu'il commande marchent seulement par ordre, nullement par amour : maintenant il sent que son titre est trop large pour lui, et lui va comme la robe d'un géant à un nain voleur.

Menteith. — Qui donc alors pourrait blâmer ses sens empoisonnés, s'ils tressaillent et agissent de travers, puisque tout ce qu'il trouve au dedans de lui se condamne pour y être ?

Caithness. — Bon, marchons en avant pour aller porter notre obéissance à celui à qui elle est légitimement due : allons trouver le médecin de notre société malade, et versons avec lui pour la purgation de notre pays jusqu'à la dernière goutte de notre sang.

Lennox. — Versons-en au moins autant qu'il en faut pour arroser la fleur souveraine et noyer les mauvaises herbes. Mettons-nous en marche pour Birnam. (*Ils sortent.*)

SCÈNE III.

Dunsinane. — Un appartement dans le château.

Entrent MACBETH, le médecin, *et les gens de la suite.*

Macbeth. — Ne venez plus me rien rapporter; — qu'ils désertent tous : jusqu'à ce que le bois de Birnam marche sur Dunsinane, je n'ai pas à être troublé par la crainte. Qu'est-ce que le bambin Malcolm? Est-ce qu'il n'est pas né de la femme? Les esprits qui savent toute la suite des choses mortelles, m'ont fait cette déclaration : « Ne tremble pas, Macbeth; aucun homme né de la femme n'aura jamais pouvoir sur toi. » Ainsi donc fuyez, thanes déloyaux, allez vous mêler à ces épicuriens d'Anglais[2] : l'âme qui me gouverne et le cœur que je porte, ne seront jamais déconcertés par le doute et ne trembleront jamais de crainte.

Entre UN VALET.

MACBETH. — Le diable te teigne en noir, rustre au visage de crème! Où as-tu pris cette figure d'oie?

LE VALET. — Il y a dix mille....

MACBETH. — Dix mille oies, goujat?

LE VALET. — Dix mille soldats, Sire.

MACBETH. — Va, pique-toi au visage, et teins ta terreur en rouge, garçon au foie blanc comme lis. Quels soldats, imbécile? Mort de ton âme! tes joues couleur de linge sont des conseillères de crainte. Quels soldats, figure de petit-lait?

LE VALET. — Les forces anglaises, ne vous en déplaise.

MACBETH. — Tire ta figure d'ici. (*Sort le valet.*) Seyton! — Je me sens le cœur malade, lorsque je contemple.... — Seyton, dis-je! — Cette poussée actuelle va m'établir pour toujours sur mon trône, ou m'en faire tomber maintenant. J'ai vécu assez longtemps : le cours de ma vie est arrivé à son automne, à sa chute des feuilles; je ne dois pas m'attendre aux biens qui devraient accompagner la vieillesse, tels que l'honneur, l'affection, l'obéissance, les nombreux amis; mais, à leur place, je dois me contenter de malédictions non pas bruyantes, mais profondes, d'un respect rendu par la bouche seule, de vaines paroles que le pauvre cœur voudrait mais n'ose pas refuser. Seyton!

Entre SEYTON.

SEYTON. — Quel est votre gracieux plaisir?

MACBETH. — Quelles nouvelles encore?

SEYTON. — Tout ce qu'on avait rapporté est confirmé, Monseigneur.

MACBETH. — Je combattrai jusqu'à ce que ma chair soit arrachée de mes os. Donnez-moi mon armure.

SEYTON. — Ce n'est pas encore nécessaire.

Macbeth. — Je veux la mettre. Envoyez plus de cavaliers encore, faites battre toute la campagne à la ronde ; pendez ceux qui parlent de craintes. — Donnez-moi mon armure. — Comment va votre patiente, docteur?

Le médecin. — Elle est moins malade que troublée par des imaginations dont la succession rapide et le nombre lui enlèvent tout repos, Monseigneur.

Macbeth. — Guéris-la de ce mal : ne peux-tu porter assistance à une âme malade ; arracher de la mémoire un chagrin enraciné ; effacer les inquiétudss écrites dans le cerveau ; et au moyen de quelque doux antidote d'oubli purger une poitrine trop chargée de cette dangereuse humeur qui pèse sur le cœur?

Le médecin. — Dans des cas pareils c'est le malade qui doit se prêter assistance à lui-même.

Macbeth. — Alors jetez la médecine aux chiens, je n'en veux pas du tout. — Allons, mettez-moi mon armure ; donnez-moi mon bâton de commandement : Seyton, envoie des hommes battre la campagne. — Docteur, les thanes désertent ma cause. — Allons, Monsieur, dépêchons. — Docteur, si tu pouvais interroger l'urine de mon royaume, découvrir sa maladie, et le purger de manière à lui rendre sa santé solide d'autrefois, je t'applaudirais à l'écho même qui répéterait ainsi une seconde fois ta louange. — Enlevez cela, dis-je. — Quelle rhubarbe, quel séné, quelle drogue purgative pourrait nettoyer ces Anglais d'ici? — As tu entendu parler d'eux?

Le médecin. — Oui, mon bon Seigneur ; vos royaux préparatifs nous en apprennent quelque chose.

Macbeth. — Portez cela derrière moi. — Je n'ai pas à craindre la mort, ni la destruction, jusqu'à ce que la forêt de Birnam marche sur Dunsinane. (*Tous sortent, excepté le médecin.*)

Le médecin. — Je voudrais bien être hors de Dunsinane, clair et net ; l'amour du gain m'y ramènerait difficilement. (*Il sort.*)

SCÈNE IV.

La campagne près de Dunsinane. *Un bois est en vue.*

Entrent tambours battants et drapeaux déployés, MALCOLM, le vieux SIWARD et son fils, MACDUFF, LENNOX, MENTEITH, CAITHNESS, ANGUS, ROSS, *et des soldats en marche.*

Malcolm. — Cousins, j'espère que les jours sont proches où nos logis seront en sûreté.

Menteith. — Nous n'en doutons pas le moins du monde.

Siward. — Quel est ce bois qui est là devant nous?

Menteith. — Le bois de Birnam.

Malcolm. — Que chaque soldat coupe un rameau et le porte devant lui; de cette façon nous cacherons le nombre de nos troupes et nous tromperons les éclaireurs chargés de rapporter l'état de nos forces.

Les soldats. — Cela sera fait.

Siward. — Nous n'avons rien appris, sinon que le tyran, plein de confiance, continue à rester dans Dunsinane et nous laissera placer le siége devant cette forteresse.

Malcolm. — C'est sa principale espérance : car dans toutes les localités où cela a été possible, petits et grands à la fois se sont révoltés, et il n'a à son service que des gens contraints dont les cœurs sont également aliénés.

Macduff. — Attendons, afin de nous prononcer plus sûrement, la réalité des événements, et prenons bien toutes nos dispositions militaires.

Siward. — L'heure approche, qui établira nettement notre compte, et nous dira ce que nous aurons gagné ou perdu. Les projets en pensée se fondent sur des espérances sans certitude; mais les batailles amènent un résultat certain : poussons la guerre pour aller chercher ce résultat. (*Ils sortent.*)

SCÈNE V.

Dunsinane. — Entre les murs du château.

Entrent, avec tambours et drapeaux, MACBETH, SEYTON, et des soldats.

Macbeth. — Plantez nos bannières sur les remparts extérieurs ; le cri de guerre est toujours « *ils viennent.* » La force de notre château se rit d'un siége : qu'ils séjournent là jusqu'à ce que la famine et la maladie les aient dévorés. S'ils n'avaient pas été renforcés par ceux qui devraient être avec nous, nous les aurions hardiment affrontés, barbe contre barbe, et nous les aurions renvoyés battus chez eux. (*On entend des cris de femmes.*) Quel est ce bruit?

Seyton. — Ce sont des cris de femmes, mon bon Seigneur. (*Il sort.*)

Macbeth. — J'ai presque oublié en quoi consiste le sentiment de la crainte : il fut un temps où tous mes sens auraient frissonné en entendant un cri nocturne ; où mes cheveux, en écoutant un récit sinistre, se seraient dressés et levés tout droits sur mon cuir chevelu comme s'ils avaient été vivants : je me suis trop gorgé d'horreurs, et l'épouvante, familière à mes pensées meurtrières, ne peut plus me faire tressaillir.

Rentre SEYTON.

Macbeth. — Quelle était la cause de cette clameur?

Seyton. — La reine est morte, Monseigneur.

Macbeth. — Elle aurait dû mourir plus tard; alors cette nouvelle aurait eu pour se faire entendre une heure convenable. — Demain, et demain, et demain, c'est ainsi que de jour en jour, à petits pas, nous nous glissons jusqu'à la dernière syllabe du temps inscrit sur

ACTE V, SCÈNE V.

le livre de nos destins; et tous nos hiers n'ont été que des fous qui nous ont ouvert la route vers la poussière de la mort. Éteins-toi, éteins-toi, court flambeau! La vie, ce n'est qu'une ombre qui marche; un pauvre comédien qui gambade et s'agite sur le théâtre pendant l'heure qui lui est accordée, et dont on n'entend plus parler ensuite: c'est un conte récité par un idiot, un conte plein de tapage et de fureur, et qui ne signifie rien.

Entre UN MESSAGER.

MACBETH. — Tu viens pour te servir de ta langue; raconte ton histoire vivement.

LE MESSAGER. — Mon gracieux Seigneur, ce que j'ai à rapporter, je dirais bien que je l'ai vu, mais je ne sais comment m'y prendre.

MACBETH. — Bien, dites, Monsieur.

LE MESSAGER. — Comme je faisais ma garde sur la colline, j'ai regardé du côté de Birnam, et voilà qu'il m'a semblé que le bois commençait à marcher.

MACBETH. — Menteur et esclave!

LE MESSAGER. — S'il n'en est pas ainsi, que votre colère tombe sur moi. Vous pouvez le voir venir dans l'étendue de ces trois milles; c'est, dis-je, un bosquet mouvant.

MACBETH. — Si tu mens, tu seras suspendu vivant au premier arbre, jusqu'à ce que la faim t'ait fait rendre l'âme : si ton rapport est vrai, il m'est égal que tu m'en fasses subir autant. — Mon courage s'ébranle; je commence à me douter des équivoques du démon, qui ment en ayant l'air de dire vrai : « Ne crains pas, a-t-il dit, jusqu'à ce que le bois de Birnam vienne à Dunsinane; » et voilà maintenant qu'un bois marche sur Dunsinane! — Aux armes, aux armes, et sortons! — Si ce qu'il raconte nous apparaît, il n'y a ni à fuir d'ici, ni à s'y renfermer. Je commence à être fatigué du soleil, et je souhaiterais que le monde fût maintenant à sa fin. — Sonnez la cloche d'alarmes! — Souffle, vent! viens, naufrage ! nous mourrons au moins notre harnais sur le dos. (*Ils sortent.*)

SCÈNE VI.

DUNSINANE. — Une plaine devant le château.

Entrent avec tambours et drapeaux, MALCOLM, LE VIEUX SIWARD, MACDUFF, *etc., avec leurs soldats portant des rameaux devant eux.*

MALCOLM. — Maintenant, nous sommes assez proche ; jetez vos écrans feuillus, et montrez-vous au grand jour tels que vous êtes. Vous, mon digne oncle[5], avec mon cousin, votre très-noble fils, vous commanderez notre premier engagement : le noble Macduff et nous, nous prendrons sur nous de décider ce qui nous reste à faire, conformément à notre plan.

SIWARD. — Adieu. — Si nous rencontrons seulement les forces du tyran ce soir, je veux bien que nous soyons battus, si nous ne le combattons pas.

MALCOLM. — Faites résonner toutes nos trompettes ; donnez la parole à toutes ces messagères retentissantes de sang et de mort. (*Ils sortent.*)

SCÈNE VII.

DUNSINANE. — Une autre partie de la plaine.

Alarmes. Entre MACBETH.

MACBETH. — Ils m'ont lié à un poteau ; je ne puis fuir, mais il faut que comme un ours je combatte jusqu'à la fin. Quel est-il celui qui n'est pas né de la femme ? c'est celui-là qu'il me faut craindre, ou personne.

ACTE V, SCÈNE VII.

Entre LE JEUNE SIWARD.

LE JEUNE SIWARD. — Quel est ton nom?

MACBETH. — Tu trembleras en l'entendant.

LE JEUNE SIWARD. — Non, quand bien même tu t'appellerais d'un nom plus chaud qu'aucun de ceux qui sont en enfer.

MACBETH. — Mon nom est Macbeth.

LE JEUNE SIWARD. — Le diable lui-même ne pourrait pas prononcer un nom plus haïssable à mon oreille.

MACBETH. — Non, ni plus redoutable.

LE JEUNE SIWARD. — Tu mens, tyran abhorré! avec mon épée, je te prouverai que tu profères un mensonge. (*Ils combattent, et le jeune Siward est tué.*)

MACBETH. — Tu étais né d'une femme. Mais je me ris des épées, je méprise les armes brandies par l'homme né d'une femme. (*Il sort.*)

Alarmes. Entre MACDUFF.

MACDUFF. — C'est de ce côté qu'est le bruit. — Tyran, montre ta face! Si tu es tué, et que ce ne soit pas un de mes coups qui t'abatte, les fantômes de ma femme et de mes enfants me hanteront encore. Je ne puis frapper de misérables Kernes dont les bras sont loués pour porter leurs pieux : c'est toi que je veux tuer, Macbeth, ou bien je rengaine mon épée vierge de toute action et avec son tranchant intact. C'est ici que tu dois être : ce terrible cliquetis d'armes semble proclamer la présence d'un personnage d'une très-haute marque. — Permets-moi de le trouver, ô Fortune! et je ne te demande rien de plus. (*Il sort. Alarmes.*)

Entrent MALCOLM *et* LE VIEUX SIWARD.

SIWARD. — De ce côté, Monseigneur; — le château s'est facilement rendu : les gens du tyran divisés combattent de deux côtés différents; les nobles thanes se comportent bravement dans cette guerre; la journée est presque sur le point de se proclamer vôtre, et il ne reste que peu de chose à faire.

MALCOLM. — Nous avons trouvé des ennemis qui sont venus combattre à nos côtés.

SIWARD. — Entrons dans le château, Sire. (*Ils sortent. Alarmes.*)

Rentre MACBETH.

MACBETH. — Pourquoi jouerais-je le fou romain, et mourrais-je en me perçant de mon épée? Tant que je vois des gens vivants, les blessures font mieux sur eux que sur moi.

Rentre MACDUFF.

MACDUFF. — Retourne-toi, chien d'enfer, retourne-toi!

MACBETH. — Tu es de tous les hommes celui que j'ai le plus évité : mais retourne-t'en; mon âme est déjà trop chargée du sang des tiens.

MACDUFF. — Je n'ai pas de paroles.... ma voix est dans mon épée : scélérat plus sanguinaire que les mots ne peuvent l'exprimer! (*Ils combattent.*)

MACBETH. — Tu perds tes peines : tu pourrais aussi aisément blesser l'air indivisible avec ton épée tranchante que faire jaillir mon sang : fais tomber ta lame sur des cimiers vulnérables; je suis porteur d'une vie enchantée, qui ne doit pas céder à un homme né de la femme.

MACDUFF. — Désespère de ton charme, et que l'ange que tu as toujours servi t'apprenne que Macduff fut arraché avant terme du ventre de sa mère.

MACBETH. — Maudite soit la langue qui me parle ainsi, car elle a découragé la meilleure partie de l'homme que je suis! et puissent-ils ne plus être crus ces démons charlatans qui nous trompent avec des mots à double sens; qui donnent à nos oreilles des paroles de promesses, et qui les démentent à nos espérances! — Je ne combattrai pas avec toi.

MACDUFF. — Rends-toi en ce cas, lâche, et vis pour être le spectacle et la bête curieuse de l'époque. Nous te ferons peindre sur une enseigne fichée en haut d'une per-

ACTE V, SCÈNE VII.

che, comme nos monstres rares, et au-dessous, nous écrirons : « Ici vous pouvez voir le tyran. »

Macbeth. — Je ne me rendrai pas pour aller baiser la terre devant les pieds du jeune Malcolm, et pour être poursuivi par les malédictions de la canaille. Bien que le bois de Birnam soit venu à Dunsinane, et que je t'aie en face de moi, toi qui n'es pas né de la femme, j'essayerai cependant ma dernière chance. Je place devant mon corps mon bouclier de guerre : en garde, Macduff, et damné soit celui qui criera le premier : *arrête, assez !* (*Ils sortent en combattant.*)

Retraite. Fanfares. Entrent tambours battants et enseignes déployées, MALCOLM, LE VIEUX SIWARD, ROSS, LENNOX, ANGUS, CAITHNESS, MENTEITH, *et des soldats.*

Malcolm. — Je voudrais que les amis qui nous manquent nous fussent revenus sains et saufs.

Siward. — Quelques-uns devront nécessairement rester en route ; et cependant, par ceux que je vois ici, on peut dire qu'une journée aussi importante a été achetée bon marché.

Malcolm. — Macduff manque ainsi que votre noble fils.

Ross. — Votre fils, Monseigneur, a payé la dette d'un soldat ; il n'a vécu que jusqu'au moment où il a atteint l'âge d'homme ; et il n'a pas eu plutôt prouvé sa prouesse dans le poste où il a combattu sans fléchir, qu'il est mort comme un homme.

Siward. — En ce cas, il est mort ?

Ross. — Oui, et enlevé du champ de bataille : vous ne devez pas mesurer à son mérite votre sujet de chagrin, car alors votre douleur n'aurait pas de terme.

Siward. — A-t-il reçu ses blessures par devant ?

Ross. — Oui, sur le front.

Siward. — Eh bien, en ce cas, qu'il soit le soldat de Dieu ! Quand j'aurais autant de fils que j'ai de cheveux, je ne leur souhaiterais pas une plus belle mort : et maintenant son glas funèbre est sonné.

MALCOLM. — Il mérite de plus grands regrets, et il les aura de moi.

SIWARD. — Il n'en mérite pas de plus grands. Ils disent qu'il est bien parti de ce monde, et qu'il a payé sa dette de bravoure : eh bien, que Dieu soit avec lui, alors! Voici venir un plus nouveau sujet de consolation.

Rentre MACDUFF *avec la tête de* MACBETH.

MACDUFF. — Salut, roi! car tu es roi : regarde, au bout de ce pieu est fichée la tête maudite de l'usurpateur : notre pays est libre! Je te vois entouré de la fleur de ton royaume, et je sais que leurs âmes prononcent le même salut que moi; je demande que leurs voix, toutes d'accord avec la mienne, crient bien haut : « Salut, roi d'Écosse! »

TOUS. — Salut, roi d'Écosse! (*Fanfares.*)

MALCOLM. — Nous ne laisserons pas s'écouler un long temps avant de dresser le compte de chacune de vos affections et de nous acquitter envers vous. Mes thanes et parents, désormais vous serez comtes, les premiers que l'Écosse aura jamais nommés de ce titre[4]. Quant aux autres choses à faire que réclament les nouvelles circonstances, — comme rappeler à leurs foyers nos amis exilés à l'étranger pour avoir fui les pièges de la tyrannie soupçonneuse, instruire le procès des ministres cruels de ce boucher mort et de sa reine à l'âme de démon, laquelle, suppose-t-on, s'est débarrassée de la vie, en portant sur elle-même des mains violentes, — ces mesures et d'autres qui sont encore nécessaires, avec l'aide de Dieu, nous les prendrons successivement, en temps et lieu. Maintenant, je vous adresse à tous en général, et à chacun en particulier, mes remercîments, et je vous invite à venir nous voir couronner à Scone. (*Fanfares. Ils sortent.*)

COMMENTAIRE.

ACTE I.

1. Vieux nom populaire du chat.
2. Vieux nom populaire du crapaud.
3. *This is the sergeant.* Sergent ne désignait pas autrefois le sous-officier d'aujourd'hui; c'était un véritable officier, égal en rang à un *squire*, chargé de la garde du roi et de services importants, tels que l'arrestation des traîtres, etc.
4. Nous n'avons plus besoin d'expliquer au lecteur ce qu'étaient les *Kernes* et les *Gallowglasses* après les notes nombreuses que nous leur avons consacrées dans les drames historiques. Voir *Richard II* et le deuxième *Henri VI* notamment.
5. *Saint Colme's Inch*, dit le texte. *Inch* ou *inse* en langue erse signifie île. C'est une petite île à l'embouchure du Forth, près d'Édimbourg, qui s'appelle aujourd'hui *Inchcomb*. Elle contient une abbaye qui était dédiée à saint Colomban. La circonstance dont parle Ross est ainsi racontée par Hollinshed : « Les Danois qui échappèrent et regagnèrent leurs vaisseaux obtinrent de Macbeth pour une grosse somme d'or que ceux de leurs amis qui avaient été tués seraient ensevelis dans l'île de Saint-Colomban; par suite de quoi, on peut voir dans ladite île beaucoup de vieux tombeaux avec les armes danoises gravées sur leurs pierres. »
6. *Aroint thee witch!* Cette expression *aroint* se rencontre plusieurs fois dans Shakespeare dans le sens de *away*, arrière, et ne se rencontre dans aucun autre écrivain anglais. Aussi les commentateurs se sont-ils perdus en conjectures pour deviner d'où ce mot pouvait dériver. Quelques-uns ont cru à une erreur typographique, et lisent *anoint* (oindre) au lieu d'*aroint*. Dans le cas où cette supposition serait vraie, la réponse de la femme du marin équivaudrait à : « va te graisser, sorcière, » ce qui est bien une réponse à jeter à la face d'une sorcière, les personnes de cette profession étant célèbres par l'onguent dont elles se frottent avant d'aller au sabbat. D'autres ont cru que cette expression était une corruption de *rowan tree*, le frêne, arbre qu'on regardait comme tout-

puissant contre les sortiléges. Mais toutes ces suppositions sont plus qu'évidemment fausses, tout ingénieuses qu'elles sont. Il paraît que dans le Cheshire, les laitières ont l'habitude d'adresser cette interjection *roint thee!* à leurs vaches, lorsque celles-ci ne s'éloignent pas assez pour se laisser traire commodément. C'est Nares qui cite ce fait dans son *Glossaire*. Le docteur Johnson de son côté avait vu une vieille gravure représentant saint Patrick faisant une visite aux enfers; de la bouche d'un des diables qui conduit une troupe de damnés sortaient ces paroles : « *Out, out, arougt.* » D'où vient cette expression ? Nares la fait dériver du latin *averrunco*, préserver, détourner. *Di averruncent!* que les dieux nous en préservent! était une interjection assez fréquente chez les anciens. Ce mot a pu être employé dans les conjurations que les exorcistes faisaient toujours en latin, et passer de la langue latine dans l'idiome vulgaire du peuple.

7. *The rump fed ronyon.* Autrefois dans les grandes maisons et les établissements publics, les cuisiniers et cuisinières réclamaient comme partie de leurs émoluments, les restes, débris de viandes, os, peaux, etc., toutes ces parties qu'on nomme *réjouissance* dans l'argot des bouchers, et les vendaient aux pauvres gens.

8. Sir W. C. Trevelyan a remarqué que dans les *Voyages* d'Hakluyt, il se trouve diverses lettres et journaux d'un voyage fait à Alep sur le vaisseau *le Tigre*, de Londres, dans l'année 1583. (*Édition* STAUNTON.)

9. En 1591, il parut en Écosse un pamphlet intitulé : *Nouvelles d'Écosse racontant la vie et la mort damnable du docteur Fian sorcier notable*. Ce docteur Fian, paraît-il, s'était mis à la tête d'une conspiration de deux cents sorcières pour ensorceler et noyer en mer le roi Jacques. Une de ces sorcières, Agnès Thompson, déclara que dans la nuit de la Toussaint, elle avait fait partie d'une bande nombreuse qui avait exécuté une promenade sur mer; chacun des voyageurs était monté sur un *crible* ou *tamis*. En mer ils avaient fait bombance et bu force flacons; enfin ils avaient débarqué près de l'église de North Berwick, dans le Lothian, et s'étaient mis à danser en chantant ce refrain :

« Passez devant, vous dis-je, passez devant,
« Si vous ne voulez pas passer devant, laissez moi aller ! »

10. Les sorcières pouvaient se changer en n'importe quel animal; mais quel que fût l'animal dont elles empruntaient la forme, il leur manquait toujours la queue, parce qu'il n'y avait dans leur corps aucune partie qui pût fournir l'appendice caudal. (STEEVENS.)

11. Steevens fait remarquer que ce don d'un vent était une gracieuseté de la part de la sorcière, car les sorcières faisaient des vents un objet de trafic. Elles en faisaient commerce tout récemment encore, pas plus tard qu'en 1814. A Stromness, dans les Orcades, Walter Scott rendit visite à une personne qui tenait cette singulière marchandise. « Nous montons par des sentiers escarpés et boueux, dit le grand romancier, à une éminence qui s'élève au-dessus de la ville et qui domine une belle vue.

Une vieille sorcière vit sur cette hauteur dans une misérable cabane, et subsiste du commerce des vents. Tout capitaine de vaisseau marchand, moitié par plaisanterie, moitié sérieusement, donne à la vieille six pence, et elle fait bouillir sa marmite pour lui procurer une brise favorable. C'était une figure d'aspect misérable, âgée de plus de quatre-vingt-dix ans, nous dit-elle, et sèche comme une momie. » (LOCKHART, *Vie de Walter Scott*.) Walter Scott lui acheta un vent, et la vieille se montra, paraît-il, toute joyeuse de la rémunération qu'elle reçut en échange de sa précieuse denrée qu'il lui arrivait rarement de vendre cher. Dans une de ses notes, Steevens cite d'après une vieille traduction des voyages de Marco Polo, le trait suivant d'un sorcier qui vendait la même marchandise. « Ils lui demandèrent un vent, et lui, mettant les mains derrière son dos, leur montra d'où le vent viendrait. » C'est malpropre, mais c'est drôle, et tout à fait digne d'un sorcier. On sait que les sorciers et sorcières sont les plus mal élevées et les plus grossières de toutes les créatures humaines. C'est dans d'autres conditions sociales qu'il faut chercher l'urbanité. Toutefois il faut reconnaître qu'ils ont parfois beaucoup de cette verve qui se tire de l'irritation continuelle et un certain esprit lugubre qui n'est pas toujours sans valeur.

12. Il s'agit de la pratique connue en magie sous le nom d'envoûtement. Nous avons dit dans notre commentaire du deuxième *Henri VI* en quoi consiste cette pratique.

13. Le *thaneship* de Glamis était l'ancien héritage de la famille de Macbeth. Le château où vécurent les Macbeth est encore debout, et était dans ces dernières années la résidence du comte de Strathmore. (*Édition* PETER *et* GALPIN.)

14. Sinell était le père de Macbeth.

15. Cette racine est la racine de ciguë selon les uns, la racine de jusquiame selon les autres.

16. « La conduite du thane de Cawdor correspond dans presque toutes ses circonstances à celle du malheureux comte d'Essex, telle qu'elle est rapportée par Stowe. Le pardon qu'il demanda à la reine, sa confession, son repentir, son soin de se conduire en toute dignité sur l'échafaud, sont minutieusement racontés par cet historien. Une telle allusion ne pouvait manquer d'avoir l'effet désiré sur un auditoire où se trouvaient de nombreux témoins oculaires de la sévérité de cette justice qui priva le siècle d'un de ses plus grands ornements, et Southampton, le patron de Shakespeare, de son plus cher ami. » (STEEVENS.) La sévérité de cette justice, n'en déplaise à Steevens, priva surtout le siècle d'un traître aussi coupable que traître puisse l'être, et la noblesse de sa mort n'y change rien. Qu'un homme de son rang, de son courage, de sa valeur morale ait su mourir avec dignité, bienséance et beauté, cela n'a rien que de fort naturel. Ce qui serait extraordinaire, c'est qu'il en eût été autrement.

17. Duncan et Macbeth étaient les fils de deux sœurs, Béatrice et Doada, filles de Malcolm, précédent roi d'Écosse.

18. Primitivement la couronne d'Écosse n'était pas strictement héré-

ditaire, et lorsque le successeur était désigné du vivant du roi, ce roi futur prenait le titre de prince de Cumberland.

19. Le roi d'Écosse avait coutume de faire à travers ses États un voyage annuel pendant lequel il séjournait dans les châteaux de ses nobles.

20. Le corbeau, c'est-à-dire le serviteur qui porte à Lady Macbeth la nouvelle de cette visite qui sera fatale à Duncan.

21. Sur ce charmant passage, Sir Joshua Reynolds nous a laissé une note qui est un modèle de fine critique. « Ce court dialogue entre Duncan et Banquo, au moment où ils approchent du château de Macbeth, m'a toujours paru un exemple frappant de ce qui en peinture est appelé *repos*. Leur conversation tourne fort naturellement sur la beauté de la situation du château et l'agréable salubrité de l'air, et Banquo observant des nids de martinets dans toutes les encoignures des corniches, remarque que là où ces oiseaux bâtissent et couvent l'air est délicat. Le sujet de cette tranquille et aisée conversation crée ce repos si nécessaire à l'esprit après le tumulte des scènes précédentes, et fait un parfait contraste avec la scène qui lui succède immédiatement. Il semble que Shakespeare se soit demandé : « Qu'est-ce qu'un prince dans une occasion de ce « genre peut bien dire aux personnes de sa suite? » C'est tout le contraire de nos modernes écrivains qui semblent toujours courir après de nouvelles pensées telles que jamais elles ne se présenteraient à des hommes dans la situation qu'ils décrivent. C'est aussi fréquemment la pratique d'Homère qui, au milieu des batailles et des horreurs, soulage et rafraîchit l'esprit du lecteur en introduisant quelque paisible image rustique, quelque peinture de la vie domestique. »

ACTE II.

1. *Possets*, dit le texte. Nous avons expliqué dans nos notes aux deux *Henri IV* et aux *Joyeuses commères de Windsor*, que le *posset* était une sorte de crème très-épaisse composée de sucre, de vin d'Espagne et d'œufs battus ensemble. On prenait d'habitude le *posset* avant d'aller au lit.

2. *Roast your goose*. L'oie, *goose*, est ici le nom du large morceau de fer que nos tailleurs français nomment *carreau*.

3. Gorgone est ici pour Méduse, la plus célèbre des trois Gorgones qui avaient, on le sait, la propriété de changer en pierre tous ceux qui les regardaient.

4. Ce n'est pas à la mort du roi Duncan que les chroniqueurs rapportent ce prodige, ainsi que les autres, mais au meurtre du roi Duffe. Parmi ces prodiges il en est un que Shakespeare a omis, celui d'un enfant qui serait venu au monde sans yeux, sans nez, sans mains et sans pieds.

5. L'importance historique de Scone est de très-ancienne date. C'est vers 906 ou 909 qu'elle reçut le titre de cité royale. La Chronique

Picte nous informe que Constantin, fils de Ed, et l'évêque Kellach, de concert avec les Scots, jurèrent solennellement d'observer les lois et la discipline de la foi, les droits des églises et de l'Evangile, sur la colline de la croyance, près de l'antique cité de Scone. S'il est vrai que la pierre de la destinée fut transportée par Kenneth Mac Alpine de Dunstaffnage dans l'Argyleshire à Scone, en 838, nous avons l'explication du titre de cité royale que cette ville semble avoir porté avant la réunion du concile ecclésiastique. Un des combats les plus mémorables pour la possession de cette pierre fut livré contre les Danois, à Collin, près de Scone, au temps de Donald IV, fils de Constantin II. Cet événement doit être antérieur à 904, année où Donald périt dans un combat à Forteviot. Il est dit qu'une maison religieuse fut établie à Scone lorsque la pierre y fut transportée par Kenneth Mac Alpine. Durant le règne d'Alexandre, Scone semble avoir été occasionnellement une résidence royale, et comme Saint-André et d'autres localités dans lesquelles des monastères avaient été établis, cette ville était un marché pour les nations étrangères. Alexandre adressa une lettre royale aux marchands d'Angleterre pour les inviter à commercer avec Scone, en leur promettant protection, à la condition qu'ils payeraient une redevance à l'abbaye. Cette redevance était un impôt frappé sur tous les navires qui trafiquaient avec Scone, ce qui semble établir que cette ville était anciennement un port.

Édouard I (Édouard Plantagenêt, le grand-père de l'Édouard III de Crécy et de Poitiers), ayant pénétré au nord jusqu'à Elgin et réduit Balliol à un état d'abjecte soumission, au moment de son retour ordonna que la fameuse pierre sur laquelle les rois d'Écosse étaient couronnés fût enlevée de l'abbaye de Scone et transportée à Westminster, en témoignage, dit Hemingford, un chroniqueur anglais contemporain, de la conquête et de la soumission du royaume. Le rétablissement de la pierre, quoique omis dans le traité de Northampton (1328), fut stipulé par un traité séparé. Mais la pierre, comme il est bien connu, ne fut jamais rétablie. Cette pierre de la destinée, dit Walter Scott, avait, prétendait-on, été apportée d'Irlande par Fergus, fils d'Eric, qui conduisit les Dalriads aux rivages de l'Argyleshire. Les vertus qui lui étaient attribuées sont contenues dans ces vers célèbres :

> « Ni fallat fatum, Scoti, quocunque locatum.
> « Invenient lapidem, regnare tenentur ibidem. »

« A moins que le destin ne soit menteur à ses promesses, partout où les Écossais trouveront cette pierre placée, là même ils établiront leur domination. » Il y eut des Écossais qui tinrent cette prophétie pour accomplie à l'avénement de Jacques VI à la couronne d'Angleterre, et qui proclamèrent qu'en enlevant leur palladium, la politique d'Édouard avait ressemblé à celle qui introduisit le cheval de bois dans Troie et amena la destruction de la famille royale de Priam. La pierre est encore conservée et forme la base du fauteuil d'Édouard le Confesseur que le souverain occupe à son couronnement. En préparant ce fauteuil pour le couronnement de sa présente Majesté, la reine Victoria, quelques petits fragments de cette pierre furent brisés. (*Édition* STAUNTON.)

6. *Colme-Kill*, un des noms de l'île d'Iona, que l'on nomme en langue écossaise l'île des Druides (Innis-nan-Druidneach), ou l'île du Cimetière, ou de Colomban (Ii—cholum chille). Un certain Monro qui voyagea dans ces îles de l'ouest en 1549 en a laissé une description assez circonstanciée. Elle nous apprend que cette île contenait un monastère et un couvent de religieuses, élevés et dotés par les anciens rois d'Écosse; que cette abbaye fut l'église cathédrale des évêques des îles à partir du jour où ils furent chassés par les Anglais de l'île de Man, siége de la métropole religieuse des îles; que dans l'intérieur se trouve un grand et beau cimetière où l'on voit trois tombes en forme de petites chapelles sur lesquelles il est écrit : *Tumulus regum Scotiæ*; que dans ces monuments se trouvent les restes de quarante-huit rois écossais, et que dans ce cimetière se trouvent en outre la plupart des lignages des Lords des îles. (*Extrait de l'édition* STAUNTON.)

ACTE III.

1. Voir nos notes sur *Antoine et Cléopâtre*.
2. Hécate était de toute antiquité la reine des sorcières, puisque c'était sous ce nom que Diane était connue aux enfers. Réginald Scott, dans sa *Découverte de la sorcellerie*, rapporte que les sorcières avaient, de nuit, des entrevues avec Hérodiade et les dieux païens, et qu'elles couraient à cheval avec Diane, la déesse païenne. Leur reine, ou maîtresse souveraine, est toujours une divinité païenne, Dame Sibylle, Minerve, ou Diane. (TOLLET.)
3. Ce chant est perdu, mais M. Staunton conjecture qu'il n'était autre que le chant qui se trouve dans une scène correspondante de *la Sorcière* de Middleton, et que d'Avenant a modernisé dans sa paraphrase de *Macbeth*. Voici ce chant :

Voix *dans l'air :*

Viens-t'en, viens-t'en;
Hécate, Hécate, viens-t'en.

HÉCATE :

J'y vais, j'y vais, j'y vais,
Avec toute la diligence possible.
Maintenant je cours, maintenant je vole,
Avec mon doux esprit Malkin.
Oh! quel délicat plaisir cela est
De chevaucher dans les airs
Lorsque la lune brille avec éclat,
De chanter, de danser, de badiner, de se baiser;
Par-dessus les bois, les hauts rochers et les montagnes,
Par-dessus les mers, fontaines de notre maîtresse;

Par-dessus les hautes tours et les tourelles,
Nous volons, de nuit, parmi les bandes d'esprit.
Nul bruit de cloches n'arrive à nos oreilles,
Ni les hurlements des loups, ni les aboiements des chiens,
Non, ni le bruit des chutes d'eau,
Ni le tapage du canon, ne peuvent monter à nos hauteurs.

La Sorcière fut selon toute probabilité écrite vers 1613, mais elle ne fut imprimée qu'en 1778. La paraphrase de *Macbeth*, par d'Avenant, est antérieure d'un siècle à cette dernière date. On peut donc conjecturer avec assez de vraisemblance que c'est non pas au manuscrit de la pièce de Middleton que d'Avenant a pris ce chant, mais à un original antérieur, et cet original ne peut être que *Macbeth* même.

ACTE IV.

1. Warburton donne sur ce passage une note intéressante. « Le chat, depuis un temps immémorial, a été l'agent et le favori des sorcières. Lorsque Galinthia fut changée en chat par les destinées (dit Antonius Liberalis, *Métamorphoses*, chapitre XXIX), Hécate prit pitié d'elle, et la fit sa prêtresse, fonctions qu'elle occupe depuis ce jour. Hécate elle-même prit la forme d'un chat, lorsque Typhon força tous les dieux et toutes les déesses à se cacher sous des formes d'animaux. » A ces détails le commentateur Douce ajoute les suivants : « Chez les Égyptiens, le chat était consacré à Isis ou la Lune, leur Hécate ou Diane, et par conséquent tenu en grand honneur. On possède un grand nombre d'idoles de chats, et le *Sistrum* des prêtres d'Isis était généralement orné d'une figure de chat avec un croissant sur la tête. »

2. Ce chant comme celui de l'acte précédent se trouve également dans Middleton et dans d'Avenant.

3. Les sorcières avaient le pouvoir de transporter les moissons d'un champ dans un autre, et l'on croyait aussi que dès que la moisson était formée en épis il y avait danger qu'elle ne fût couchée sur le sol par une tempête soulevée par sortilége.

4. Hollinshed, dans son *Histoire d'Écosse*, rapporte qu'une des lois de Kenneth II ordonne que si une truie a mangé ses marcassins, elle soit lapidée à mort et enterrée, et que personne ne mange de sa chair.

5. Cette tête armée représente la tête de Macbeth coupée par Macduff et présentée à Malcolm ; l'enfant ensanglanté est Macduff arraché avant terme du ventre de sa mère. L'enfant avec une couronne sur la tête et un rameau à la main est Malcolm qui ordonna à ses soldats de couper des branches d'arbres et de s'en couvrir jusqu'à Dunsinane.

6. Un de ces miroirs magiques où l'on voyait la représentation des faits à venir, selon toute apparence.

7. Ces pouvoirs miraculeux d'Édouard le Confesseur sont rapportés

par Hollinshed. Un commentateur fait remarquer que cette allusion à l'attouchement royal est un compliment au roi Jacques, car cette coutume persista jusqu'après la reine Anne qui toucha le docteur Johnson lorsqu'il était enfant. (*Édition* Peter *et* Galpin.)

8. Malcolm reconnaît Ross pour un Écossais à son plaid, avant de distinguer son visage.

ACTE V.

1. Un médecin américain moderne, le docteur Kellogg, dans un livre intitulé : *Analyses de la folie, de l'imbécillité et du suicide dans Shakespeare* (1866), a certifié la profonde exactitude scientifique des descriptions que fait le grand poëte du somnambulisme de Lady Macbeth.

2. Les Écossais ont été de tout temps renommés pour la frugalité et la parcimonie de leurs habitudes ; aussi les Anglais de tout temps portés dès l'origine au confort et au bien-être matériel leur paraissaient-ils des épicuriens. Ce contraste entre les mœurs des deux pays se retrouvait dans leurs armées respectives. Autant les Anglais avaient besoin de provisions et de forte nourriture, autant les Écossais savaient s'en passer. Il faut voir dans Froissard cette différence des deux peuples. Lorsque les Anglais entraient en Écosse, ils ne manquaient jamais d'emporter abondance de vivres et provisions, sachant bien, dit notre vieux chroniqueur, qu'ils ne trouveraient rien dans ce pays-là. Voyez au contraire cette description des Écossais en campagne. « Certain est que quand ils veulent entrer en Angleterre, ils sont tous à cheval les uns et les autres, excepté la ribeaudaille qui les suit à pied ; c'est à savoir, sont les écuyers et cavaliers bien montés sur bons grous roncins, et les autres communes gens du pays sur petites haquenées. Et si ne mènent point de charroi, pour les diverses montagnes qu'ils ont à passer parmi ce pays dessus dit qu'on appelle Northonbrelande : et si ne mènent nulles pourvéances de pain ni de vin ; car leur usage est tel en guerre et leur sobriété qu'ils se passent bien assez longuement de chair cuite à moitié, sans pain, et de boire yaue de rivière, sans vin ; et si n'ont que faire de chaudières ni de chaudrons, car ils cuisent bien leur chair au cuir des bêtes mêmes quand ils les ont écorchées ; et si savent bien qu'ils trouveront bêtes à grand foison au pays là où ils veulent aller : par quoi ils n'emportent autre pourvéance, fors que chacun emporte entre la selle et le panneau une grande pierre plate, et trousse derrière lui une besace pleine de farine, en cette entente que, quand ils ont tant mangé de chairs malcuites que leur estomac leur semble vide et affoibli, ils jettent cette pierre au feu, et détrempent un peu de leur farine et d'eau ; et quand leur pierre est échauffée, ils jettent de cette claire pâte sur cette chaude pierre, et en font un petit tourtel, en manière d'une oublie de béguine, et le mangent pour réconforter leur estomac. Par quoi ce n'est point de merveille s'ils font plus grands journées que autres gens, quand tous sont à cheval,

hormis la ribaudaille, et si ne mènent point de charroi ni autres pourvéances, fors ce que vous avez ouï. » (*Chroniques de Jean Froissard*, livre I, partie I, chapitre XXXIV.)

3. Selon Hollinshed, la femme du roi Duncan était la fille de Siward, comte de Northumberland.

4. « Malcolm, immédiatement après son couronnement, convoqua un parlement à Forfair, dans lequel il récompensa par des terres et des bénéfices ceux qui l'avaient assisté contre Macbeth. Beaucoup de ceux qui étaient auparavant *thanes* furent à cette époque faits *comtes*, comme Fife, Menteith, Atholl, Lennox, Murray, Caithness, Ross et Angus. » (HOLLINSHED, *Histoire d'Écosse*.)

FIN DU HUITIÈME VOLUME.

TABLE.

ANTOINE ET CLÉOPÂTRE.................................... 1
    Avertissement.. 3
    Antoine et Cléopâtre................................... 13
    Commentaire... 131

PÉRICLÈS... 139
    Avertissement.. 141
    Périclès... 151
    Commentaire... 233

LE ROI LEAR... 239
    Avertissement.. 241
    Le roi Lear.. 255
    Commentaire... 374

MACBETH... 387
    Avertissement.. 389
    Macbeth.. 403
    Commentaire... 485

FIN DE LA TABLE.

8364. — Typographie Lahure, rue de Fleurus, 9, à Paris.

LIBRAIRIE HACHETTE et Cie, boulevard Saint-Germain, 79, à Paris.

BIBLIOTHÈQUE VARIÉE, FORMAT IN-18 JÉSUS

à 3 fr. 50 c. le Volume

About (Edm.). Causeries, 2 vol. — La Grèce contemporaine. 1 vol. — Le Progrès. 1 vol. — Le Turco, 1 vol. — Madelon. 1 vol. — Théâtre impossible. 1 vol. — A B C du travailleur. 1 vol. — Les Mariages de province. 1 vol. — Le Fellah. 1 vol.
Achard (Amédée). Album de voyages. 2 vol.
Ackermann. Contes et poésies. 1 vol.
Arnould (Edm.). Sonnets et poëmes. 1 vol.
Carrau. Histoire de la Révolution française. 1 vol.
Baudrillart. Économie politique populaire, 1 vol.
Bautain (l'abbé). La belle saison à la campagne. 1 v. — La chrétienne de nos jours. 2 vol. — Le chrétien de nos jours. 2 vol. — La religion et la liberté 1 v. — Manuel de philosophie morale. 1 vol. — Méditations sur les épitres et les évangiles. 2 vol. — Idées et plans pour la méditation et la prédication 1 vol. — Les choses de l'autre monde. 1 vol — Études sur l'art de parler en public. 1 vol.
Bayard (J.F.). Théâtre. 12 vol.
Bellemare (A.). Abd-el-Kader 1 vol.
Belot (Ad.). L'Habitude et le Souvenir. 1 vol.
Bersot. Mesmer ou le magnétisme animal; les tables tournantes et les esprits. 1 vol.
Boissier. Cicéron et ses amis. 1 vol
Busquet (A.). Le poëme des heures. 1 vol.
Caro. Études morales. 1 vol. — Nouvelles études morales. 1 vol. — L'idée de Dieu. 1 vol. — Le matérialisme et la science. 1 vol.
Carraud (Mme). Le Livre des jeunes filles. 1 vol
Castellane (de). Souvenirs de la vie militaire. 1 vol
Charpentier. Écrivains latins de l'empire. 1 vol.
Chenu (Le Dr J.C.). De la mortalité dans l'armée. 1 volume.
Cherbuliez (Victor). Comte Kostia. 1 vol. — Paul Méré. 1 vol. — Roman d'une honnête femme. 1 vol. — Le Grand-Œuvre. 1 vol. — Prosper Randoce. 1 vol. — L'aventure de Ladislas Bolski. 1 vol.
Chevalier (M.). Le Mexique ancien et moderne. 1 v.
Crépet (E.). Le trésor épistolaire de la France. 2 v.
Daumas (E.). Mœurs et coutumes de l'Algérie. 1 vol.
Deschanel (Em.). Physiologie des écrivains. 1 vol. — Études sur Aristophane. 1 vol. — A bâtons rompus. 1 vol.
Duruy (V.) De Paris à Vienne. 1 vol. — Introduction à l'histoire de France. 1 vol.
Ferry (Gabriel). Le coureur des bois. 2 vol. — Costal l'Indien. 1 vol.
Figuier (Louis). Histoire du merveilleux. 4 vol. — L'alchimie et les alchimistes. 1 vol — L'année scientifique, 14 années (1856-1869). 14 vol.
Flammarion (Camille). Contemplations scientifiques. 1 vol.
Fromentin (Eug.). Dominique. 1 vol.
Fustel de Coulanges. La Cité antique. 1 vol.
Garnier (Ad.). Traité des facultés de l'âme. 3 vol.
Gueulier (Charles). A travers les Arts. 1 vol.
Gonzalès (Em.). Voyages en pantoufles. 1 vol.
Guizot (F.). Un projet de mariage royal. 1 vol.
Houssaye (A.). Le 41e fauteuil. 1 vol. — Violon de Franjolé. 1 vol. — Voyages humoristiques. 1 vol.
Hugo (Victor). Œuvres. 20 vol.
Jouffroy. Cours de droit naturel 2 vol. — Cours d'esthétique. 1 vol. — Mélanges philosophiques. 1 v. — Nouveaux mélanges philosophiques 1 vol.
Jurien de la Gravière (l'amiral). Souvenirs d'un amiral. 2 vol. — La marine d'autrefois. 1 vol.

La Landelle (G. de). Le tableau de la mer. 4 v.
Lamarre (Cl.). De la Milice romaine. 1 vol.
Lamartine (A. de). Chefs-d'œuvre. 8 vol. — Les Girondins. 6 vol. — Lectures pour tous. 1 vol
Lanoye (F. de). L'Inde. 1 vol. — Le Niger. 1 vol.
Laugel. Études scientifiques. 1 vol.
Lavallée. Zurga le chasseur. 1 vol.
Laveleye (Emile de). Études et essais. 1 vol.
Marmier (Xavier). Romans et Voyages. 13 vol.
Martha. Les moralistes sous l'Empire romain. 1 v.
Mézières (L.) Charades et homonymes. 1 v.
Michelet. La femme. 1 vol. — La mer. 1 vol. — L'amour 1 v. — L'insecte. 1 v. — L'oiseau 1 v.
Michelet (Mme J.). Mémoires d'une enfant. 1 vol.
Monnier. Les aïeux de Figaro. 1 vol.
Mortemart (baron de). La vie élégante. 1 vol.
Nisard (Désiré). Études de mœurs et de critique sur les poètes latins de la décadence 2 vol
Nourrisson (J.-F.). Les Pères de l'église latine, leur vie, leurs écrits, leur temps. 2 vol.
Patin. Études sur les tragiques grecs. 4 vol. — Études sur la poésie latine. 2 vol.
Perrens (F.T.). Jérôme Savonarole. 1 vol.
Pfeiffer (Mme Ida). Voyage d'une femme autour du monde. 1 vol. — Mon second voyage autour du monde. 1 vol. — Voyage à Madagascar. 1 vol
Ponson du Terrail. Les contes du drapeau. 2 volumes.
Prevost-Paradol. Études sur les moralistes français. 1 vol. — Histoire universelle. 2 vol.
Quatrefages (de). Unité de l'espèce humaine. 1 v.
Roland (Mme). Mémoires. 2 vol.
Roussin (A.). Une campagne au Japon. 1 vol.
Sainte-Beuve. Port-Royal. 7 vol.
Saintine (X.B.). Le chemin des écoliers. 1 vol. — Picciola. 1 vol. — Seuil 1 vol. — La mythologie du Rhin. 1 vol.
Sand (George). Jean de la Roche. 1 vol.
Simon (Jules). La liberté politique. 1 vol. — La liberté civile. 1 vol. — La liberté de conscience. 1 v. — La religion naturelle. 1 vol. — Le devoir. 1 vol. — L'ouvrière. 1 vol.
Taine (H.). Essai sur Tite-Live. 1 vol. — Essais de critique et d'histoire. 1 vol. — Nouveaux Essais de critique et d'histoire. 1 vol. — Histoire de la littérature anglaise. 5 vol. — La Fontaine et ses fables. 1 vol. — Les philosophes classiques du XIXe siècle en France 1 vol. — Voyage aux Pyrénées. 1 vol. Notes sur Paris par Frédéric-Thomas Graindorge. 1 v.
Théry. Conseils aux mères sur les moyens de diriger et d'instruire leurs filles 2 vol.
Topffer (Rod.). Nouvelles genevoises. 1 vol — Rosa et Gertrude. 1 vol. — Le presbytère. 1 vol. — Réflexions et menus propos d'un peintre. 1 vol.
Troplong. De l'influence du christianisme sur le droit civil des Romains. 1 vol.
Vapereau (Gust.). L'année littéraire. 12 années.
Viennet. Fables complètes. 1 vol
Vivien de St-Martin. L'année géographique. 8 années (1862-1869). 8 vol.
Wallon. Vie de N.-S. Jésus-Christ. 1 volume. — La sainte Bible. 2 vol.
Wey (Francis). Dick Moon. 1 vol. — La haute Savoie. 1 vol.
Wurtz (Ad.). Histoire des doctrines chimiques depuis Lavoisier jusqu'à nos jours. 1 vol.

Typographie Lahure, rue de Fleurus, 9, à Paris.

www.ingramcontent.com/pod-product-compliance
Lightning Source LLC
Chambersburg PA
CBHW051132230426
43670CB00007B/777